Guerra por la paz

Guerra por la paz

El fin de la diplomacia

Ronan Farrow

Traducción de María Enguix Tercero

Rocaeditorial

Título original: *War on Peace*

© 2018, Ronan Farrow

Todos los derechos reservados, incluidos los derechos de reproducción, de toda la obra o de parte de ella, en cualquier forma.

Primera edición: junio de 2021

© de la traducción: 2021, María Enguix Tercero
© de esta edición: 2021, Roca Editorial de Libros, S. L.
Av. Marquès de l'Argentera 17, pral.
08003 Barcelona
actualidad@rocaeditorial.com
www.rocalibros.com

Impreso por EGEDSA

ISBN: 978-84-18417-35-1
Depósito legal: B. 7828-2021
Código IBIC: JPZ; JPSH

RE17351

Para mamá

Índice

PRÓLOGO. La matanza de Mahogany Row 13

PRIMERA PARTE. Los últimos diplomáticos 39

1. Mitos americanos 41
2. Lady talibán 46
3. Dick 54
4. El caso Mango 60
5. La otra Red Haqqani 71
6. Duplicidad 77
7. La casa de la fraternidad 85
8. Misión imposible 92
9. Con pies de plomo 107
10. Campesino Holbrooke 117
11. Menos discutir 123
12. A-Rod 138
13. Prometedme que pararéis la guerra 150
14. Nadie al timón 165
15 La nota 175
16. Diplomacia de verdad 182

SEGUNDA PARTE. Dispara primero, no preguntes después ... 191

17. Por regla general 193
18. Dostum: dice la verdad y desaconseja mentir 202
19. Bestia blanca 242
20. La primavera más corta 261
21. Medianoche en el rancho 277

TERCERA PARTE. Presente en la destrucción 295

22. El estado del secretario 297
23. El mosquito y la espada 310
24. La debacle 320

EPÍLOGO. El recurso de primera instancia 339

Agradecimientos 355
Notas 357

PRÓLOGO

La matanza de Mahogany Row

Que escoja un embajador perfectamente versado en el conocimiento de todos los Satras, el cual sepa interpretar los signos, el continente y los gestos (…). De un general es de quien depende el ejército (…), la guerra y la paz, del embajador. En efecto, el embajador es quien realiza el acercamiento de los enemigos, quien divide aliados, pues se ocupa de los asuntos que determinan una ruptura o la buena inteligencia.

Las leyes de Manu, texto sagrado hindú, *ca.* 1000 a. C.

Ammán, Jordania, 2017

*E*l diplomático no sospechaba que era el fin de su carrera. Antes de entrar en la sección segura de la embajada de Estados Unidos, dejó su teléfono en uno de los casilleros de la pared exterior, como exigía el protocolo. Llevaba treinta y cinco años cumpliéndolo mientras los muros caían y los imperios se hundían, mientras el mundo menguaba y los telegramas mudaban a teleconferencias y la elocuencia de la diplomacia se reducía a las fórmulas gnómicas y oficiosas del correo electrónico. Había desatendido algunas llamadas y el primer correo que entró fue escueto. El director general del Servicio Exterior había intentado dar con él. Tenían que hablar inmediatamente.

El diplomático se llamaba Thomas Countryman, es decir, «paisano», un apellido que parece inventado, pero no lo es. Estaba sentado a una mesa de prestado en la sección política en el centro de la embajada de Jordania, un complejo de edificios bajos y extensos en el barrio pijo de Abdún. La embajada era el estudiado homenaje de un contratista estadounidense a Oriente Próximo: piedra color sable con un motivo rojo en forma de rombo en las ventanas blindadas que venía a decir «local, pero sin pasarse». Como la mayoría de las embajadas estadounidenses en esta región del mundo, desprendía un aire de fortaleza. «Si nos dejan, construimos un foso», me susurró una vez un agente del Servicio Exterior destinado allí mientras nuestro todoterreno blindado sorteaba las barreras de cemento y acero, bordeando los transportes de personal blindados repletos de soldados en uniforme.

Corría el 25 de junio de 2017. Countryman era el alto responsable del control de armamento; una misión que, literalmente, era un asunto de vida o muerte. Supervisaba el trabajo del Departamento de Estado sobre el frágil acuerdo nuclear con Irán y su respuesta a las amenazas apocalípticas del régimen de Corea del Norte. Su viaje ese mes de enero era un sueño dorado: el último después de décadas de negociaciones sobre el desarme nuclear en Oriente Próximo. Se crearon zonas desnuclearizadas por todo el mundo, desde Sudamérica a regiones africanas y europeas. Nadie creía que Israel fuese a entregar sus bombas nucleares de la noche a la mañana. Pero era posible que algún día se dieran pequeños pasos, como conseguir que los Estados en la región ratificaran los tratados ya firmados, que prohibían los ensayos nucleares, cuando no las armas propiamente dichas. Incluso si era un «afán verdaderamente quijotesco porque los árabes y los israelíes tienen visiones dispares». Tom Countryman tenía el don del comedimiento.

Esta misión era de las clásicas, diplomacia de la vieja escuela o, traducido, una misión frustrante que requería muchos desfases horarios. Gracias a años y años de esmerados camelos y mediaciones, Oriente Próximo estaba más cerca que nunca de consentir al menos una conferencia. Se abrió un diálogo con la esperanza de un futuro diálogo, que es más fácil burlar que concretar. Por la tarde, Countryman y sus homólogos británico y ruso se dieron cita con funcionarios de Egipto, Jordania, Arabia Saudí y Kuwait para presionar sobre la importancia de la diplomacia de la no proliferación de armas. Al día siguiente, fue a Roma para reunirse con sus homólogos del mundo entero. «Fue una reunión importante —me dijo después—, si no decisiva.» Puntuó esto último con una risita hueca, lo que no es tanto una crítica de la comicidad de Tom Countryman como de lo ridículo de la proliferación nuclear en Oriente Próximo.

Countryman aterrizó en Ammán un día antes y se alojó en el InterContinental. Después se fue directo a la reunión con su homólogo de la Liga Árabe en torno a un café y cigarrillos. Countryman pidió el café *mazboot*, o solo con azúcar, según la moda local. En cuanto a los cigarrillos, prefería los Marlboro Lights, siempre que podía. (Una vida de viajes y negociaciones no le había ayudado a dejarlo. «Lo intento», me dijo más tarde, exhalando sin placer.)

Al día siguiente fue a cenar con los funcionarios ruso y británico. No todos los homólogos de Countryman tenían sus años de experiencia ni sus relaciones. El contacto británico había cambiado varias veces en los últimos años. Su semejante ruso envió a un diputado, lo que iba a complicar las cosas. Cuando la persuasión era un ejercicio de acrobacia, cada gramo de experiencia diplomática en la sala contaba.

Los diplomáticos desempeñan numerosas funciones esenciales: sacar silenciosamente a los estadounidenses de las crisis, mantener la unidad de países en vías de desarrollo, fraguar acuerdos entre gobiernos. Este último mandato, a veces, puede dar al trabajo un aire de cena de Acción de Gracias con tus parientes más difíciles, solo que la cena se dilata toda una vida y se celebra en los puntos más peligrosos del planeta. El arma de un diplomático es la persuasión y la despliega en frentes conversacionales al margen de las cumbres internacionales, en bares de hotel tenuemente iluminados, o mientras las bombas caen en zonas de guerra.

Desde su incorporación al Servicio Exterior en 1982, Tom Countryman se había curtido en todos estos azares de la diplomacia. Había servido en la antigua Yugoslavia y en El Cairo durante la Operación Tormenta del Desierto. Había salido indemne de sus viajes por Afganistán y la burocracia de Naciones Unidas. En el camino, había aprendido nociones de serbio y croata, así como de árabe, italiano y griego. Su inglés traslucía un acento curioso de todos estos sitios, o quizá de ninguno de ellos. Tom Countryman tenía una voz plana y sin inflexiones, y pronunciaba las vocales de forma parecida a una aplicación de texto a voz o a un villano de una película de James Bond.

15

Un trol de Internet dijo de él que era «uno de esos burócratas sin rostro del Departamento de Estado» y que tenía «un acento raro, de burócrata que, imagino, no se ha mezclado con gente de verdad en toda su carrera». Este comentario engloba otra faceta de la carrera del diplomático: que trabaja en los mismos sitios que el ejército, pero cuando vuelve a casa no lo reciben precisamente con desfiles y serpentinas.

Sin embargo, este trol en concreto se equivocaba: Tom Countryman no era alguien sin rostro. Lo tenía, y no era un rostro que podrías perder de vista en la multitud. Era un hombre esbelto de mirada dura, inquisidora, y solía llevar el cabello entrecano corto por delante y largo por detrás, en una caída gloriosa sobre sus impecables trajes. Era un corte de pelo *mullet* de diplomático: la paz por delante, la guerra por detrás. («Una melena de enfermo —había cacareado una agencia de prensa conservadora—, el rey de la fiesta.») Tenía fama por sus respuestas francas y nada burocráticas en declaraciones públicas y audiencias en el Senado. Pero nunca se desvió de su defensa del Departamento de Estado y su fe en que su trabajo protegía a Estados Unidos. En una obra de ficción, llamarlo «paisano» habría sido ofensivo a más no poder.

Sentado bajo las luces fluorescentes de la sección política ese día en Jordania, Countryman miró un momento el correo electrónico y después reenvió el número de su despacho. El director general del Servicio Exterior, el embajador Arnold Chacón, lo llamó de inmediato. Countryman recordaba la conversación. «No tengo buenas noticias», empezó Chacón. La Casa Blanca, prosiguió, acababa de aceptar la dimisión de Countryman, que se haría efectiva a finales de la semana. Chacón lo lamentaba. «No me esperaba que me tocara a mí —recordó Countryman entre caladas de su cigarro electrónico—. No tenía ni idea.» Pero así ocurrió: unas horas antes de una confrontación crítica con gobiernos extranjeros lo echaron como a un perro.

Cuando se produce un cambio de guardia en Washington, los funcionarios ratificados por el Senado envían notas breves, de una línea o dos, presentando su dimisión. Es una formalidad, una tradición. Que los funcionarios de carrera no partidistas como Tom Countryman permanecerán en su sitio es algo que se da por hecho universalmente. Se trata de una cuestión práctica. Los funcionarios del Servicio Exterior son los cimientos del Gobierno estadounidense en el extranjero, una estructura imperfecta que vino a reemplazar la incompetencia y la corrupción del sistema clientelista. Solo los diplomáticos de carrera tienen las décadas del conocimiento institucional requerido para mantener en funcionamiento las agencias del país y, si bien cada administración discrepa de la intransigencia y la nula rendición de cuentas de estos «vividores», nadie podría recordar ninguna administración que les haya destituido en números considerables.

El presidente no tiene técnicamente el poder de despedir a los altos funcionarios del Servicio Exterior, solo de apartarlos de sus cargos. Pero hay una regla del «asciendes o te vas fuera»: si después de cierto número de años en un nivel superior —como el de Countryman— no estás ocupando un empleo de designación presidencial, tienes que dimitir. Que lo destituyeran de sus funciones era el final de su carrera; solo era cuestión de cuánto tiempo querría alargarlo. Optó por un final rápido. Era miércoles. Cuando la renuncia entró en vigor el viernes, se fue.

Decidieron que asistiría a la reunión con los árabes esa misma noche. «¿Qué hay de la reunión en Roma?», preguntó Countryman. Era una de las raras oportunidades para Estados Unidos de presionar a las potencias mundiales en favor del plan de no proliferación. «Es importante», convino Chacón, pero las cuarenta ocho horas con las que Countryman contaba se le quedarían cortas. Tendrían que arreglárselas con un diplomático de rango inferior. «Vale, gracias por informarme —dijo sencillamente—, volveré a casa.» Para ser un hombre con un peinado *mullet*, Tom Countryman era reacio a dar un espectáculo. Otros fueron menos entusiastas. Su mujer, Dubravka, lo había conocido en su primer viaje a la antigua Yugoslavia y tuvieron un romance en el Servicio Exterior que duraba treinta años. Ella tenía una licenciatura en Pedagogía y talento como pintora, pero había aparcado sus ambiciones para seguirle por el mundo cada pocos años. Lo ayudaba a ganarse los garbanzos como intérprete al tiempo que criaba a sus dos hijos. Como su padre había sido diplomático, conocía los sacrificios del oficio; pero también entendía el respeto general que se esperaba hacia los diplomáticos de alto rango, en su nativa Yugoslavia y en

17

Estados Unidos. Esto era otra cosa. «No es justo —dijo cuando Countryman la llamó minutos después de saber la noticia—, y no es justo para mí.»

Estaba escandalizada. El funcionario de rango menor que lo sustituiría en Roma —enviado para negociar una de las cuestiones multilaterales más traicioneras del mundo desde una posición de escasa autoridad— estaba escandalizado. Los italianos estaban escandalizados. Los árabes, esa noche, estaban escandalizados. Countryman esperó al término de la sesión, a que los árabes refirieran sus quejas (y los árabes tenían quejas para dar y vender), que querían resolver antes de sentarse con los israelíes. Después les dijo que comunicaría los resultados de las conversaciones a un sucesor, porque esta era su última reunión en calidad de diplomático estadounidense. Uno a uno, se dieron un apretón de manos con Countryman e intercambiaron palabras de respeto; hacia él y hacia una tradición común que, súbitamente, parecía afrontar un futuro incierto.

18

La nueva administración Trump se había estrenado hacía apenas cinco días, y los rumores y la paranoia atenazaban a los diplomáticos de Estados Unidos. Durante la campaña electoral, Trump no se había prodigado mucho sobre la diplomacia. «America First» —primero América— se repetía como un soniquete. Quería «dejar de enviar ayuda exterior a países que nos odian», aunque no estaba claro, en la época, si esto significaba ayuda al desarrollo, al ejército o ambas. («Nadie puede hacerlo mejor que yo», añadió a modo de amable aclaración.)

Tom Countryman era uno de los numerosos altos funcionarios que salieron alarmados de sus primeras entrevistas con el equipo de transición de Trump. «La transición fue una farsa —recordaba—. En cualquier otro cambio de administración había gente que conocía los asuntos extranjeros, había gente con experiencia de gobierno, y se reunía sistemáticamente información para transmitirla al nuevo equipo. En este caso, no se hizo nada de eso.» Countryman presentó al equipo de transición detallados resúmenes sobre la no proliferación de armas, marcados como material «sensible pero sin clasificar», puesto que unos pocos miembros del equipo tenían autorizaciones de seguridad. Pero mostraron poco interés en el armamento nuclear. Lo que sí mostraron fue una «profunda desconfianza en los funcionarios públicos profesionales», dijo Countryman. No habían venido a aprender, comprendió con desazón. Habían venido a cercenar.

A continuación, comenzaron los despidos. Por regla general, incluso los embajadores nombrados políticamente en lugares importantes, sobre todo los que no tienen fama de ser abiertamente partidistas, permanecen en el cargo hasta que se confirma el reemplazo, a veces durante meses enteros. La administración Trump rompió con esta tradición: al poco de asumir el cargo, ordenó a todos los embajadores nombrados políticamente que se marcharan sin demora, más rápido que de costumbre. *Haz las maletas y ponte en camino.*

Después, el equipo de transición pidió a los administradores del Departamento de Estado que redactaran una lista de todos los funcionarios contratados. Countryman empezó a temer que el próximo objetivo fueran ellos, los contratados por una autoridad ideada *ex profeso* para abastecer de expertos en la materia a la diplomacia estadounidense. El Departamento los tenía a patadas y su función era esencial en las oficinas que supervisaban las áreas más delicadas de la política exterior de Estados unidos, incluida la suya. «Eran los mejores expertos posibles en cuestiones como Corea o Pakistán —recordó—. Y en la oficina de control de armas había un buen número que no eran fáciles de sustituir. Eran necesarios.» Estados Unidos no podía permitirse el lujo de perderlos. Pero «que fueran a librarse de todos los que pudieran era una inquietud palpable». De manera que se pasó las semanas que conducirían a ese día en Jordania, presionando discretamente a los administradores del Departamento de Estado y ayudándoles a concebir argumentos en contra de lo que temía iba a ser una ola de despidos de los expertos del Departamento.

De hecho, pensó que este era el motivo de la llamada. Lo que era impensable, ahistórico y a simple vista un sinsentido es que apuntaran a diplomáticos de carrera como él. Countryman insistió en que en su caso, personalmente, la noticia tampoco era como para echarse a llorar. Llevaba años trabajando y tenía una buena pensión, pero era una afrenta inquietante a la

19

cultura institucional. Tom Countryman tenía un historial de servicio impecable en todas las administraciones republicanas y demócratas. Había vivido algunos momentos polémicos en las audiencias del Senado, pero le habían reportado más respeto que iras. Los senadores «se me acercaron después a decirme: "Me gusta mucho cómo dispara, a bocajarro"». Quizá, especuló, la administración intentaba transmitir el mensaje de que a Estados Unidos ya no le interesaba el control de armas. O quizá habían accedido a su cuenta privada de Facebook, en la que había criticado a Trump en un pequeño círculo de amigos durante la campaña. «Hoy sigo sin saber por qué me eligieron a mí.»

En realidad, Tom Countryman no fue elegido por ningún motivo especial. Chacón le dijo que la Casa Blanca iba a destituir a seis diplomáticos de carrera en el mismo día. Algunos casos eran más explicables que el suyo. Patrick Kennedy, subsecretario de Estado a cargo de los asuntos administrativos, con más de cuarenta años de servicio en el mundo entero, había estado implicado en la trama de los correos electrónicos de la secretaría de Estado y seguridad diplomática y, el año anterior, el torrente mediático contra el servidor de correo electrónico de Hillary Clinton y la polémica sobre Benghazi lo arrastraron con él. David Malcolm Robinson había sido secretario de Estado adjunto, encargado de los conflictos y las operaciones de estabilización, un despacho con una cartera amorfa que, a juzgar por los críticos conservadores, venía a ser el equivalente a la formulación más detestada en Washington: la «construcción de una nación». Sin embargo, también habían echado a otros tres secretarios adjuntos que habían trabajado a las órdenes de Kennedy y que, por lo que se sabía, no tenían nada que ver con Benghazi. «Una sucia jugarreta. Por rencor», dijo Countryman.

Esto fue solo el principio. Unas semanas después, el Día de San Valentín, sonó el teléfono de Erin Clancy, el móvil personal que guardaba en un desgastado estuche de madera azul. Acababa de aterrizar en el aeropuerto John Wayne del condado de Orange y esperaba un coche de alquiler bajo la luz californiana de febrero, en vaqueros y camiseta. «No cuelgue. Tenemos una reunión urgente del equipo», le dijo el coordinador. El equipo era el vicesecretario de Estado, al que Erin Clancy, diplomática de carrera, estaba asignada. Trabajaba a dos pasos del secretario de Estado, en la séptima planta: tras la puerta de seguridad blindada, tras el límite donde los falsos techos combados y los suelos de linóleo se detienen y donde empiezan las salas de recepción de opulentos paneles; en el legendario pasillo del poder conocido como «Mahogany Row», la fila de caoba. Mahogany Row albergaba los puestos de élite, ocupados por lo mejorcito del Servicio Exterior; los Ferraris del personal del Departamento de Estado, pero más fiables.

Clancy permaneció en línea. Su colega, un veterano del Departamento de Estado, la miró inquisitivamente. Erin se encogió de hombros: «No tengo ni la más remota idea». Hasta ahora, los responsables despedidos al menos habían ejercido funciones confirmadas por el Senado. Su equipo se componía enteramente de funcionarios con cargos operativos, los más elitistas y protegidos, dicho sea de paso. Dieron por sentado que estaban a salvo.

Desde que Tom Countryman y otros diplomáticos de alto rango habían desalojado sus despachos hacía varias semanas, reinaba un silencio sepulcral en el Departamento. En esta época, en la mayoría de las administraciones, la oficina del vicesecretario solía ser un hervidero de actividad, dedicada a ayudar al nuevo secretario o secretaria de Estado a poner en marcha su programa. En este caso, la nueva administración ni siquiera había designado a nadie para el cargo y tardaría meses en hacerlo. Durante el mandato del último diputado, Tony Blinken, Clancy y el resto de su equipo llegaban a las 7.00 de la mañana y trabajaban doce o catorce horas al día. Ahora se quedaban de brazos cruzados, sin mucho que hacer, y hacían largas pausas para el café a las 9.00, esperando a diario unas órdenes que nunca llegaban. «Nadie nos requiere para nada, nos dejan completamente al margen, no nos invitan a las reuniones y hemos tenido que pelear para asistir a cualquier reunión de la Casa Blanca —recordó Clancy—. Nuestros encuentros matinales eran del tenor: "Oye, ¿habéis oído los rumores que corren?". No era lo ideal para formular la política exterior de Estados Unidos.» Finalmente, el adjunto interino, Tom Shannon, les dijo que aprovecharan para tomarse unos días de descanso. Clancy tomó un vuelo para ir a ver a su madre a Washington esa misma mañana.

21

Cuando Yuri Kim, la jefa de personal del vicesecretario y antiguo funcionario del Servicio Exterior, se puso al teléfono, su voz era solemne: «Estupendo —empezó con un tono que insinuaba que nada iba a serlo—. Gracias a todos por su tiempo. Acabamos de saber que nos han pedido que "cambiemos de tercio."» El personal del vicesecretario estaba reunido al completo: cinco en la sala de Mahogany Row y dos al teléfono. Todos hablaron a la vez. «¿Cómo? ¿Por qué?», preguntaron. Tendríamos que ir al sindicato, sugirió uno. Tendríamos que ir a la prensa, propuso otro. Clancy recordó lo que le habían dicho: «Sus misiones han sido interrumpidas. Quién sabe si les asignarán otras, puede que no. Es el caos total. Y ha venido de la nada. Sin motivo».

Kim, que por lo general defendía a ultranza a su equipo, hablaba maquinalmente. Tenían cuarenta y ocho horas. Tendrían una reunión con la oficina de recursos humanos al día siguiente para recibir instrucciones sobre los siguientes pasos. Debían utilizar el poco tiempo que les quedaba para iniciar los preparativos.

Cuando terminó la llamada, Clancy colgó y se volvió hacia su colega, atónita. «Van a despedirnos a todos.»

Como muchos jóvenes diplomáticos, Erin Clancy entró en el Servicio Exterior después del 11 de septiembre. Quería crear un mundo más seguro. Trabajó seis años en Oriente Próximo. Estaba en Damasco cuando la embajada de Estados Unidos allí se llenó de manifestantes. No la secuestraron por los pelos. Trabajó largas jornadas por un sueldo bajo. Como en el caso de Countryman, no podían despedir a todos los funcionarios del Servicio Exterior que formaban parte de su equipo. Pero sí que podían relevarlos de sus funciones. No se trataba solo de un contratiempo en sus carreras; para muchos, implicaba llegar o no a fin de mes. Los funcionarios del Servicio Exterior no pueden hacer horas extra. Por el contrario, las misiones con jornadas agotadoras se remuneran mejor, con una prima del 18 por ciento para el equipo del vicesecretario. Nadie se mete en esta carrera esperando hacerse rico. Aparte de la prima, Clancy ganaba 91 000 dólares al año. Pero estos empleos eran codiciados porque garantizaban trabajo durante un año. Muchos habían planificado la vida de su familia en torno a este sueldo. Para ellos, estos despidos eran gratuitos y no tenían en cuenta el servicio prestado.

En todas las oficinas de la séptima planta del Departamento de Estado se celebraron reuniones de urgencia ese día. El adjunto del personal administrativo se enteró de que su jefe recientemente fallecido no sería sustituido. A ellos también iban a despedirlos. Lo mismo que con la oficina del consejero del Departamento de Estado, función que algunos secretarios de Estado seguían ejerciendo y otros no. Conforme relataron varias personas presentes ese día, Margaret Peterlin, directora de la oficina del secretario de Estado entrante, Rex Tillerson, se hallaba en el despacho de la consejera, Kristie Kenney, para su primera entrevista cara a cara aquel Día de San Valentín. La primera pregunta que Peterlin le hizo a Kenney, embajadora veterana y una de las mujeres con más antigüedad en el Servicio Exterior fue: «¿Cuándo cree que podría marcharse lo antes posible?».

Según los cálculos estimados por algunos trabajadores, los empleos de más de la mitad del personal de carrera en Mahogany Row corrían peligro ese día. A última hora, Erin Clancy y el equipo del adjunto consiguieron un aplazamiento: Tom Shannon, el secretario de Estado adjunto interino, se había plantado. Ellos vivirían para ver otro día, pero los otros equipos tendrían que marcharse.

Cuando quedé con Clancy, llevaba camiseta y vaqueros otra vez y me esperaba al sol en la terraza de una cafetería de Los Ángeles. Conservaba su trabajo, pero había vuelto a casa para aclararse las ideas y pensar en los siguientes pasos. Sopesaba presentarse a las elecciones, murmuró, sería la mejor manera de cambiar de tercio a estas alturas. Finalmente, decidió quedarse y aceptar una misión en Naciones Unidas. Ella, al igual que muchas de las personas que continuaban en el Departamento de Estado, no pensaba tirar la toalla. Pero había sido un varapalo para la confianza en su profesión. «La cultura del Departamento de Estado está muy erosionada», comentó. Más de una docena de diplomáticos de carrera me dijeron que era una institución que apenas reconocían ya, una institución que había devaluado sobremanera sus conocimientos. Entrecerrando los ojos para protegerse del sol de la tarde, Erin Clancy guardó silencio. «Nos ven como a auténticos intrusos», me dijo.

Los miembros del equipo de Rex Tillerson se mantuvieron inflexibles: no sabían nada de los despidos, que, en al-

23

gunos casos, se habían producido después de que el equipo de transición de Trump se pusiera en contacto con el Departamento, pero antes de la confirmación de Tillerson. (Otros despidos, o intentos de despido, como el de Clancy, se produjeron después de la confirmación de Tillerson.) En los primeros días de 2018, cuando le pregunté a Tillerson acerca de Countryman y la ola de renuncias forzadas, el secretario de Estado me miró fijamente, sin pestañear, y me dijo: «No estoy al tanto de eso». Poco más de un mes después, Tillerson se fue también: otra víctima de un presidente caprichoso y de un Departamento de Estado a la desbandada.

En algunos aspectos, el mundo había cambiado y había dejado atrás a algunos diplomáticos profesionales como Countryman y Clancy. La tendencia del populismo, que desde el nacimiento de la nación se había opuesto al internacionalismo y lo había denigrado, experimentaba un auge en el mundo occidental. La élite dominante de la política exterior, que había apuntalado actos de creación diplomáticos desde la OTAN al Banco Mundial después de la Segunda Guerra Mundial, se había desintegrado en un partidismo sin escrúpulos. La tecnología despojaba el trabajo diplomático de su importancia y su estatus. Para la función básica de remitir mensajes a tierras extranjeras, el correo electrónico era más eficiente que cualquier embajador. El poder y el prestigio del Servicio Exterior estaban de capa caída.

La diplomacia estadounidense se había ganado parte del escepticismo que suscitaba. El Departamento de Estado con frecuencia era lento, tedioso y anquilosado. Sus estructuras y su formación eran caducas frente a los desafíos modernos que debía enfrentar la influencia norteamericana, desde el ciberterrorismo hasta el islam radical. Muchos en la Casa Blanca pusieron el grito en el cielo cuando se abordó el asunto de las «objeciones del Estado». Pero, para una serie de nuevos y complejos cambios —superar las barreras culturales en una relación tensa con China; disuadir a Corea del Norte de sus amenazas de una guerra nuclear; contener a un Irán moderno en busca de hegemonía regional—, los expertos duchos en el arte de las negociaciones agresivas siguen siendo indispensables. La tecnología puntera y un ejército en aumento no son un sustituto. En estas crisis, marginar a la diplomacia no es una consecuencia inevitable del cambio global; es una elección que las administraciones demócratas y republicanas hacen una y otra vez.

«Sin precedentes», tronaron *Foreign Policy* y un sinnúmero de publicaciones que denunciaron el «asalto» o la «guerra» contra el Departamento de Estado. Pero, si bien había múltiples maneras de describir el estupor ante los acontecimientos, decir que no había precedentes era sencillamente falso. La administración Trump llevó a un nuevo extremo una tendencia que, en realidad, había estado reuniendo fuerza desde el 11-S de 2001. De Mogadiscio a Damasco e Islamabad, descartaban el diálogo civil y sustituían las herramientas de la diplomacia con pactos directos y tácticos entre las fuerzas militares nacionales y extranjeras. En Estados Unidos, los distintos gobiernos se llenaron de generales. Los últimos diplomáticos, guardianes de una disciplina en vías de extinción que había salvado vidas y había creado estructuras que estabilizaron el mundo, con frecuencia se topaban con las puertas cerradas. En el mundo entero, agentes uniformados se ocupaban cada vez más de las negociaciones, la reconstrucción económica y el desarrollo de infraestructuras para las cuales antes contábamos con un cuerpo devoto de especialistas formados. Como resultado, una serie de relaciones diversas vino a constituir la base de la política extranjera estadounidense. Allí donde los civiles no tienen la capacidad de negociar siguen floreciendo los acuerdos entre militares. Estados Unidos ha cambiado quién sienta a la mesa y, por ende, a quién sienta enfrente. Los ministerios de Exteriores siguen presentes, pero las fuerzas militares extranjeras y las milicias a menudo se llevan los mejores asientos.

Estas relaciones no son nuevas, como tampoco son necesariamente negativas. «La fuerza militar de Estados Unidos, utilizada juiciosamente y con precisión estratégica, es una herramienta fundamental de la diplomacia —dijo James Baker, el secretario de Estado de George H. W. Bush, que encarna la línea más dura en política extranjera—. Siempre he dicho que la diplomacia entra mejor con mano dura.» Todo es cuestión de

25

encontrar el equilibrio. En numerosos compromisos de Estados Unidos en el mundo, estas alianzas militares han eclipsado la clase de diplomacia civil que antaño hacía de contrapeso, y los resultados han sido desastrosos.

Estas tendencias han sido visibles desde 2001, pero sus raíces se remontan a más atrás. Cuando los terroristas derribaron las Torres Gemelas, el escenario de esta crisis de la diplomacia moderna llevaba montado al menos una década. Bill Clinton prometió reinversiones nacionales —como apuntó James Carville, estratega de Clinton, en unas declaraciones que se convirtieron en la marca indeleble de su campaña, «es la economía, estúpido»—, y rápidamente se puso manos a la obra para reducir a mínimos la presencia civil norteamericana en el mundo. Cuando los republicanos tomaron el control del Congreso en 1994 y Jesse Helms —el de la quijada y el racismo y el enfebrecido aislacionismo— fue elegido presidente del Comité de Relaciones Extranjeras del Senado, el desplome se aceleró. El primer secretario de Estado de Clinton, el ya fallecido Warren Christopher, promovió un «presupuesto duro para tiempos duros», como él lo llamó.

La sucesora de Christopher, Madeleine Albright, defendió el compromiso personal de Clinton en la participación internacional, pero reconociendo que, como consecuencia de la Guerra Fría, «sentimos verdaderamente que había una necesidad de prestar atención a los asuntos nacionales».

En el transcurso de la década de 1990, el presupuesto que Estados Unidos destinaba a los asuntos internacionales se desplomó en un 30 por ciento, a la par que los recortes exigidos años después por la administración Trump. Esto es lo que pasó a continuación: el Departamento de Estado suspendió veintiséis consulados y cincuenta misiones de la Agencia de los Estados Unidos para el Desarrollo Internacional (USAID). La decisión no podía haber caído en peor momento. Con la desintegración de la Unión Soviética y Yugoslavia, Estados unidos necesitaba numerosas avanzadillas nuevas para estabilizar la región y ganarse asideros de influencia en espacios desocupados por los soviéticos. Si bien se crearon algunos, hacia mediados de los años noventa, Estados Unidos tenía menos embajadas y consulados que en plena Guerra Fría. Incluso los puestos que subsis-

26

tieron acusaron el cambio; Christopher reconoció tímidamente ante un comité del Congreso que la embajada en Pekín apestaba a alcantarilla, mientras que en Sarajevo, los diplomáticos desesperados por recibir noticias habían tenido que improvisar una antena parabólica en el tejado con una parrilla de barbacoa.

En 1999, el Organismo de Control de Armamentos y Desarme y el Organismo de Información de Estados Unidos se cerraron y sus respectivos mandatos fueron incorporados a un Departamento de Estado cada vez más erosionado y sobrecargado. ¿No se suponía que había terminado la Guerra Fría? ¿A santo de qué había de temer Estados Unidos el fortalecimiento de potencias nucleares o una guerra de la información contra la máquina de propaganda insidiosa de un enemigo ideológico? Dos décadas más tarde, las aspiraciones nucleares de Irán y de Corea del Norte, y el reclutamiento a nivel mundial del Estado Islámico figuran entre los desafíos internacionales más acuciantes. Pero, para entonces, ya habían eliminado al personal formado que debían enfrentar estos desafíos. Thomas Friedman corrió al rescate con una metáfora visual y lamentó que Estados Unidos «diese la espalda al pasado y al futuro de su política exterior para facilitar el presente». (El motivo tenía su razón de ser, ciertamente, aunque cabía preguntarse a qué le daba la espalda la nación. ¿Estábamos girando en espiral? Digamos que sí.)

Tanto fue así que el 11-S de 2001, el Departamento de Estado carecía del 20 por ciento de su personal, y el que quedaba carecía de la preparación y los recursos necesarios. Estados Unidos necesitaba más que nunca a la diplomacia, y no había dónde encontrarla.

La administración Bush se apresuró a reinvertir. «Hemos provisto al Departamento como nunca antes», recordó el entonces secretario de Estado, Colin Powell. Pero fue un aumento de fondos nacido de una nueva forma militarizada de política exterior. La financiación asignada al Departamento procedía cada vez más de «Overseas Contingency Operations», el fondo de reserva para las operaciones en el exterior, específicamente destinado a la promoción de la «guerra contra el terrorismo global». Promover la democracia, estimular el crecimiento económico, ayudar a los migrantes; todas estas misiones fueron reformuladas bajo el nuevo manto del contraterrorismo. Las categorías «blandas» del presupuesto del Departamento de Estado —es decir, cualquier cosa sin una relación directa con los objetivos inmediatos de la lucha contra el terrorismo— entraron en coma; en numerosos casos, profundo. El gasto en defensa, por otra parte, se disparó a extremos históricos, superando con creces el ritmo del modesto crecimiento del Estado. «El Departamento de Estado ha cedido un montón de autoridad al de Defensa desde 2001», reflexionó Albright.

Relegaron a los diplomáticos a la periferia del proceso político. Sobre todo en los inicios de la guerra de Irak, Bush concentró el poder en la Casa Blanca; específicamente en el vicepresidente Dick Cheney. Este estrechó lazos con Donald Rumsfeld, el secretario de Defensa, pero sacaba poco tiempo para Powell. «El vicepresidente tenía unas ideas muy muy firmes y se las comunicó directamente al presidente», recordó Powell. Con Bush, la Casa Blanca celebró «dos consejos de seguridad nacionales en ese período. Uno encabezado por Condi [Condoleezza Rice, entonces consejera de Seguridad Nacional] y otro por el vicepresidente. Todo lo que iba al presidente después de salir del Consejo de Seguridad Nacional iba al Consejo de Seguridad Nacional que presidía Cheney, y el problema que yo encontraba de vez en cuando es que... el acceso lo es todo en política y él estaba ahí siempre». Fue un desafío al que los antiguos secretarios de Estado recuerdan haberse enfrentado invariablemente, en mayor o menor medida. «Hay un dato psicológico interesante y es que el despacho del secretario de Estado está a diez minutos en coche de la Casa Blanca y el del consejero de seguridad está al final del pasillo —dijo Henry Kissinger, al recordar su período de desempeño en ambas funciones durante las presidencias de Nixon y Ford—. La tentación de la proximidad es muy fuerte.»

Durante la presidencia de Bush, esta inercia cercenó al Departamento de Estado incluso de las decisiones explícitamente diplomáticas. Powell supo de los planes de Bush de retirarse del Protocolo de Kioto sobre el cambio climático a tiro hecho, y le suplicó a Rice algo más de tiempo para avisar a los aliados de Estados Unidos de esta decisión radical. Corrió a la Casa Blanca para insistir en la causa. Rice le informó de que era demasiado tarde.

Pero la exclusión del Departamento de Estado fue más sangrante en la guerra internacional contra el terrorismo, que un Pentágono en auge acaparó como su dominio exclusivo. Que la invasión de Irak y el período inmediatamente posterior estuvieran bajo el control del Pentágono fue inevitable. Pero después, Bush encomendó la reconstrucción y las actividades de fomento de la democracia —tradicionalmente dominio del Departamento de Estado y de la Agencia de los Estados Unidos para el Desarrollo Internacional (USAID)— a militares que trabajaban con la Autoridad Provisional de la Coalición, que informaba al secretario de Defensa. Powell y sus responsables del Departamento de Estado sugirieron cautela, sin embargo no pudieron influir en la formulación de las políticas, un proceso completamente ensimismado en la táctica, a expensas de la estrategia, en opinión de Powell. «El señor Rumsfeld sintió que tenía una estrategia que no reflejaba la visión de Powell —recordó—. Y podía aplicarla en el límite más bajo y en pequeñas dosis. Seguramente pensé, claro, molimos a palos a este ejército hace diez años, no me cabe duda de que llegarán a Bagdad, pero no nos hicimos con el país para dirigirlo.» Powell nunca usó literalmente la expresión norteamericana «*The Pottery Barn Rule*» (la regla de la tienda de alfarería), como describió más tarde su razonamiento un periodista, aunque Powell sí que le dijo al presidente lo que venía a ser lo mismo: «Si lo rompes, lo pagas». Como me dijo después suspirando pesadamente: «Un tremendo error estratégico, tanto político como militar».

Más concretamente, fue una concatenación de errores estratégicos. El Pentágono disolvió a las fuerzas de seguridad iraquíes y dejó sueltos a cientos de miles de jóvenes iraquíes armados y sin empleo, sentando las bases de una insurgencia mortífera. Los dólares de los contribuidores, procedentes del Commander's Emergency Response Program con una dotación de cuatro mil millones de dólares, que en esencia daba autoridad a la jerarquía militar para emprender proyectos de desarrollo análogos a los del USAID, financiaron directamente

29

los de los insurgentes, como se descubrió más tarde. En cuestiones jurídicas relativas al tratamiento de los combatientes enemigos lo habitual es consultar al consejero legal del Departamento de Estado, pero el de Powell no participó en las conversaciones sobre el uso creciente de comisiones militares por parte de la administración, algo en parte inconstitucional, como declaró después el Tribunal Supremo.

A medida que los desastres de Irak se intensificaban, una administración Bush ya magullada logró desviar recursos adicionales hacia la diplomacia y el desarrollo. La Casa Blanca prometió duplicar el tamaño del Servicio Exterior del USAID y empezó a hablar de reequilibrar las funciones civiles y militares y dar más poder al embajador de Estados Unidos en Irak. El pretendido reequilibrio fue más una pantomima que una política significativa —no se reparó el enorme abismo de recursos e influencia entre los líderes militares y civiles en la guerra—, pero al menos quedó claro que las políticas militares habían tenido consecuencias tóxicas.

La lección no caló. Embargados por la nostalgia, los comentaristas liberales a veces describían a Barack Obama como a un fuera de serie de la diplomacia, a años luz de la belicosa era Trump. Lo recuerdan en un auditorio repleto en la Universidad de El Cairo proponiendo diálogo y calma con el mundo musulmán. «Los sucesos en Irak han recordado al país que necesita a la diplomacia y construir un consenso internacional para resolver nuestros problemas, siempre que sea posible», dijo en aquel discurso. Y la administración Obama, sobre todo en el segundo mandato, hizo gala de varios ejemplos de lo eficaz que resultaba empoderar a los diplomáticos: con el pacto con Irán, el acuerdo del cambio climático en París y la distensión de las relaciones con Cuba. Pero también, sobre todo en el primer mandato, aceleró varias de esas mismas tendencias que conspiraron para destruir la capacidad diplomática de Estados Unidos durante el gobierno de Trump.

En menor medida que Trump, pero en mayor medida que muchos de sus antecesores, Obama se rodeó de generales retirados u otros militares veteranos. Entre ellos se contaban

Jim Jones, consejero general de Seguridad Nacional; el general Douglas Lute, adjunto de Jones para Afganistán; el general David Petraeus, director de la CIA; el almirante Dennis Blair y el general James Clapper, directores sucesivos de los servicios de inteligencia nacional. El aumento del presupuesto del Departamento de Estado siguió fluyendo de los fondos de Overseas Contingency Operation, dirigidos explícitamente a objetivos militares. El gasto en defensa siguió creciendo. La tendencia no era lineal: el secuestro del presupuesto —las reducciones presupuestarias automáticas de 2013— asolaron tanto al Pentágono como al Departamento de Estado. Sin embargo, el desequilibrio entre el gasto en defensa y diplomacia siguió creciendo. «El presupuesto del Departamento de Defensa siempre es mucho más generoso, y por buenas razones, no tengo nada en contra, pero la proporción entre ambos sigue empeorando», dijo Madeleine Albright.

A lo largo de su presidencia, Barack Obama aprobó más del doble del valor en dólares de las ventas de armas a regímenes extranjeros que George W. Bush antes que él. De hecho, la administración Obama vendió más armas que ninguna otra desde la Segunda Guerra Mundial. Cuando le insistí a Hillary Clinton sobre estos datos, se mostró sorprendida. «No estoy diciendo que fuera perfecto. Como ha entendido, se tomaron decisiones que aumentaron los compromisos militares», me dijo. Al final, no obstante, pensaba que la administración Obama había hecho «más cosas bien que mal» en cuanto a la militarización de la política exterior. Citó, como ejemplo, la importancia acordada a la diplomacia durante la revisión estratégica sobre Afganistán, en la que ella había participado. Sin embargo, tanto el Departamento de Estado como los funcionarios de la Casa Blanca deploraron profundamente esta revisión y la vieron como un ejemplo de la exclusión de los civiles de cualquier toma de decisión importante en política exterior. En notas secretas remitidas directamente a Clinton durante el desarrollo del proceso y publicadas en estas páginas, el diplomático Richard Holbrooke, supuestamente el representante del presidente en Afganistán, condenó un proceso inspirado, en palabras suyas, en «puro pensamiento militar».

31

٢

La administración Obama también duplicó la clase de maniobras de la Casa Blanca que frustraron a Powell durante la administración Bush. Desde los primeros días en el cargo, Jones, el consejero de Seguridad Nacional, defendió ampliar el alcance del Consejo de Seguridad Nacional. Todo ello en detrimento de lo que se conocía despectivamente como la comunicación «extraoficial» entre el presidente y miembros del gabinete, entre ellos el secretario de Estado. Los sucesores de Jones, Tom Donilon y Susan Rice, aumentaron respectivamente el nivel de control, según altos funcionarios.

Samantha Power, directora de asuntos multilaterales y más tarde embajadora estadounidense del gabinete de Obama en Naciones Unidas, reconoció que existían «algunas críticas justificadas» sobre la tendencia a la microgestión por parte del Gobierno. «No era infrecuente», recordó, que las políticas que no partieran de los estamentos más elevados en la jerarquía de la Casa Blanca, «no tuvieran fuerza jurídica, o fuerza en la dirección. Nadie confiaba en que no las cambiaran una vez entraran en la cadena de la Casa Blanca». Nos habíamos refugiado en un rincón oscuro de ladrillo caravista del Grendel's Den, un bar cerca de la Kennedy School of Government de Harvard, donde ella daba clase. Samantha Power, la que una vez fuera reportera y profesora de derecho humanitario con un gran corazón, había ganado el Premio Pulitzer por su libro sobre la incapacidad norteamericana de confrontar los genocidios en el mundo. Durante mucho tiempo, Samantha fue objeto de alabanzas periodísticas llenas de admiración e inadvertidamente sexistas que siempre empezaban de la misma manera. «Cruzó decididamente la sala repleta y se sentó, su larga cabellera pelirroja cayendo sobre sus hombros como un chal protector», escribió *The New York Times*. Con una «tez de marfil, pecosa y una gruesa cabellera pelirroja», añadía el *Washington Post*. «Su larga cabellera pelirroja —convenía *Vogue*— contrastaba con el esperanzador fondo azul celeste de Naciones Unidas.» El cabello de Samantha Power, a pesar suyo, iluminó con su brillo una década de semblanzas hasta que, finalmente, el blog feminista *Jezebel* intercedió: «Ya está bien con la larga cabellera pelirroja de Samantha

Power». Power era de una sinceridad arrebatadora y tenía una tendencia a desvariar que en alguna ocasión le había causado problemas en el terreno de las relaciones públicas. Nadie olvidará el día en que llamó «monstruo» a Hillary Clinton durante la campaña presidencial de 2008. Decía mucho «joder».

«El cuello de botella es muy ancho —continuó— si hasta las decisiones sobre aspectos insignificantes de la política exterior estadounidense tienen que tomarlas adjuntos y directores para que se tengan en cuenta.» Denis McDonough, adjunto de Donilon y más tarde secretario general de la Casa Blanca, culpaba a quienes intentaban, en palabras suyas, «pasarse de la raya», dijeron dos de ellos que se llevaron sus buenas reprimendas. Susan Rice, según un alto funcionario, ejercía un control más férreo incluso sobre la política relativa a prácticamente cualquier parte del planeta, excepto Sudamérica. Rice señaló que todas las administraciones se pelean por cuestiones de microgestión en la Casa Blanca. «Es la queja eterna de las agencias —dijo—, y en mi carrera he servido más tiempo en el Departamento de Estado que en la Casa Blanca. Conozco muy bien los dos extremos de la calle. Si me encuentra a una agencia que le diga que no tiene a la Casa Blanca metida hasta en la sopa, me dará una buena sorpresa.»

Pero algunos diplomáticos de carrera del Departamento de Estado dijeron que la administración Obama había menoscabado el equilibrio con más frecuencia que las administraciones anteriores. Los ejemplos abundaban. La toma de decisiones relativa a Sudán del Sur, elevada «al más alto nivel» durante el mandato de Obama, con frecuencia se estancaba cuando el secretario de Estado John Kerry o el secretario de Defensa Ash Carter faltaban a las reuniones debido a sus innumerables obligaciones simultáneas. Los funcionarios de rango inferior carecían de las capacidades necesarias para llenar el vacío. Las reuniones se cancelaban y se posponían, y se perdían semanas enteras, mientras que había vidas que pendían de un hilo. Power reconoció que «el proceso tendría que haberse dejado al menos en manos de los adjuntos, porque, en vista de las inevitables limitaciones de nuestra capacidad, era poco probable que se sostuviera como un proceso al más alto nivel».

La centralización del poder tuvo un efecto fulminante sobre la capacidad exterior de la Casa Blanca. «Las agencias terminaron acostumbrándose a volver para pedir indicaciones o vía libre», reflexionó mientras un camarero le servía un plato de curry. Lo sazonó con una cantidad chocante de salsa *sriracha*, lo que tiene sentido si pides curry en un bar. «El problema es que, con el paso del tiempo, el control central genera algo así como una impotencia adquirida», continuó. Durante un momento, la mujer de Estado, intelectual y desafiante que se comía el mundo sonó casi melancólica. «Creo que en las otras agencias la gente tenía la sensación de no poder moverse.»

El control que los presidentes Trump y Obama ejercían en la Casa Blanca eran mundos aparte en cierto sentido. Mientras que una administración microgestionaba de cerca las agencias, la otra sencillamente se desentendía de ellas. «En las administraciones anteriores, el Departamento de Estado luchaba en los avatares de la burocracia. Ahora están intentando finiquitarla», afirmó Susan Rice. Pero el resultado final era parejo: diplomáticos sentados en el banquillo mientras la política se hacía en otra parte.

La caída libre del Servicio Exterior continuó durante los mandatos de Obama y Trump. Cuando llegó el año 2012, el 28 por ciento de los puestos internacionales del Servicio Exterior estaban vacantes u ocupados por empleados de nivel inferior que trabajaban por encima de su nivel de experiencia. En 2014, la mayoría tenía menos de diez años de experiencia, un descenso incluso en comparación con los años noventas. Y los que escalaron en la jerarquía fueron menos aún: en 1975, más de la mitad había accedido a altos cargos; en 2013, tan solo una cuarta parte. Una profesión que unas décadas antes había atraído a las mentes más despiertas de las universidades y del sector privado de Estados Unidos estaba enferma, por no decir moribunda.

Todos los que habían sido secretarios de Estado hablaron conmigo para este libro. Muchos expresaron su incertidumbre sobre el futuro del Servicio Exterior. «Estados Unidos debe dirigir una diplomacia global», dijo George P. Shultz, que tenía noventa y siete años cuando hablamos, durante el gobierno de

Trump. Según él, el Departamento de Estado se había estirado más de la cuenta y era vulnerable a los caprichos de las administraciones de paso. «Fue irónico que, en cuanto volvimos la atención hacia Asia, Oriente Próximo estalló y Rusia invadió Ucrania... Esta es la razón por la que es necesario dirigir una diplomacia mundial. En otras palabras, has de tener un Servicio Exterior con gente de forma permanente.»

Henry Kissinger sugirió que el curso de la historia había enflaquecido el Servicio Exterior, inclinando la balanza hacia el liderazgo militar. «El problema es si la selección de consejeros está sobrecargada en una sola dirección —musitó—. Ahora bien, existen muchas razones que lo explican. En primer lugar, hay menos funcionarios experimentados en el Servicio Exterior. En segundo lugar, podría aducirse que, si le das una orden al Departamento de Defensa, hay un 80 por ciento de probabilidades de que la ejecuten, pero si se las das al Departamento de Estado hay un 80 por ciento de probabilidades de que la discutan.» Estos desequilibrios son más acusados en tiempos de guerra, como es inevitable. «Cuando el país está en guerra, oscila hacia la Casa Blanca y el Pentágono —me dijo Condoleezza Rice—, lo cual también me parece lógico.» Rice expresó un punto de vista que compartían múltiples administraciones: «Es un compendio de circunstancias aceleradas. No hay tiempo para entrar en procesos burocráticos... No tiene nada que ver con el desarrollo estable del proceso que ves en tiempos normales».

Pero para cuando la administración Trump se puso a dar hachazos al Departamento de Estado, ya hacía casi veinte años de los «tiempos normales» en la política exterior de Estados Unidos. El razonamiento de Rice —que, con la edad, las burocracias constituidas después de la Segunda Guerra Mundial se movían con excesiva lentitud para los tiempos de emergencia— daba en el clavo. Sin embargo, un poder centralizador despiadado que sortea las burocracias rotas en vez de reformarlas para que cumplan su función está creando un círculo vicioso. Con un Departamento de Estado cada vez menos útil en un mundo de perpetua emergencia; con el dinero, el poder y el prestigio del Pentágono eclipsando los de cualquier otra agencia; y con la Casa Blanca repleta de antiguos generales, Estados Unidos está viviendo por debajo de su capacidad de encontrar soluciones diplomáticas que ni siquiera se hacen escuchar.

«Recuerdo que Colin Powell dijo una vez que existía un motivo por el que la ocupación de Japón no estaba en manos de un responsable del Servicio Exterior sino de un general —recordó Rice—. En tales circunstancias, tienes que inclinarte por el Pentágono.» Pero del mismo modo que la ocupación de Japón a manos de un responsable del Servicio Exterior se reveló absurda, la negociación de tratados y la reconstrucción de economías a manos de oficiales uniformados fue toda una contradicción, y de dudosos antecedentes.

La cuestión no es que las viejas instituciones de la diplomacia tradicional puedan solventar las crisis actuales, sino que están presenciando la destrucción de estas instituciones y no están pensando en diseñar repuestos modernos. Los antiguos secretarios de Estado discreparon sobre la forma de resolver el problema de la empresa diplomática del país en pleno deterioro. Kissinger, que siempre fue un halcón, reconoció el declive del Departamento de Estado, pero se encogió de hombros. «Sin duda me disgusta el hecho de que uno pueda entrar ahora en el Departamento de Estado y encontrar tantas oficinas vacías», me dijo. Kissinger tenía noventa y cuatro años cuando hablamos. Apoltronado en las profundidades de un sofá azul marino en su despacho de Nueva York, me miraba con un ceño fruncido de arrugas preocupadas. Parecía contemplar los problemas del presente desde una inmensa distancia. Incluso su voz, áspera y con acento bávaro, parecía resonar a través de las décadas, como si emanara de una grabación en el Despacho Oval de Nixon. «Es verdad que el Departamento de Estado carece del personal necesario. Es verdad que el Departamento de Estado no ha recibido lo que pensaba que le correspondía. Pero esto se debe, en parte, al hecho de que se han creado nuevas instituciones.» Cuando entrevisté a Kissinger, durante el gobierno de Trump, no había ninguna nueva institución que sustituyera el análisis de la política exterior, reflexiva, global, liberada de las exigencias militares que la diplomacia había procurado al Estados Unidos de antaño.

Hillary Clinton, que sonaba cansada en torno a un año después de haber perdido la campaña presidencial de 2016, me dijo que había visto venir este cambio desde hacía años. Cuando asumió el mandato de secretaria de Estado a principios del gobierno de Obama, «empecé a llamar a líderes del mundo entero que había conocido siendo senadora y primera dama, y muchos de ellos estaban consternados por lo que veían como la militarización de la política exterior con la administración Bush y el foco tan estrecho sobre cuestiones importantes como el terrorismo y, por supuesto, las guerras en Irak y Afganistán. Pienso que ahora la balanza se ha inclinado incluso más hacia la militarización generalizada de todas las cuestiones», me dijo. Y añadió, expresando un sentimiento común entre los antiguos secretarios de Estado, tanto republicanos como demócratas: «La espada de Damocles pende sobre la democracia».

No son problemas de principios. Los cambios aquí descritos están produciendo resultados en tiempo real, que hacen menos seguro y próspero el mundo. Ya han sumido sin remedio a Estados Unidos en compromisos militares que deberían haberse evitado. Ya se han cobrado un precio muy alto en vidas e influencia en todo el mundo. Las páginas que siguen son el relato de una crisis. Son el relato de una disciplina de supervivencia hecha añicos por la cobardía política. Este libro describe mis años como responsable del Departamento de Estado en Afganistán y otros lugares, observando el avance del declive, con resultados desastrosos para Estados Unidos y para la vida de los últimos grandes defensores de la profesión. Y observa las alianzas modernas en cada recoveco del planeta, forjadas por soldados y espías, y los costes que estas relaciones han entrañado para Estados Unidos.

En resumen, esta es la historia de la transformación del papel de Estados Unidos entre las naciones de nuestro mundo, y de los funcionarios públicos incomparables que ven cómo sus instituciones se resquebrajan y luchan desesperadamente por mantener con vida una alternativa.

PRIMERA PARTE

Los últimos diplomáticos

Pakistán, 2010

Si no hablas el lenguaje de la pela, no te sigo.
Sabes que me cuentas pamplinas, hablar no tiene sentido.

DR. DRE, «Everyday thing» (con Nas y Nature)

1

Mitos americanos

$\mathcal{E}$l diplomático no fue siempre una especie en peligro de extinción. Quienes sienten reverencia por la profesión señalan que otrora fue floreciente, sostenida por figuras legendarias, trotamundos, cuyos logros siguen siendo el sostén del orden internacional moderno. Las historias de la diplomacia son parte del mito fundador de Estados Unidos. Sin las negociaciones de Benjamin Franklin con los franceses no se habría firmado el tratado de alianza ni el apoyo naval para garantizar la independencia de Estados Unidos. Si Franklin, John Adams y John Jay no hubieran pactado el Tratado de París, la guerra contra los británicos no habría terminado oficialmente. Si Adams, un yanqui de Massachusetts de orígenes modestos, no hubiese viajado a Inglaterra y presentado sus credenciales como nuestro primer diplomático en la corte del rey Jorge III, es posible que el nuevo Estados Unidos jamás hubiera estabilizado sus relaciones con los británicos después de la guerra. Incluso en el siglo XIX, cuando los diplomáticos apenas ganaban un sueldo que les alcanzara para vivir y el Congreso cargó al Departamento de Estado con un chorro de responsabilidades domésticas —desde mantener la casa de la moneda hasta autentificar documentos oficiales—, el Departamento definió el mapa moderno de Estados Unidos, negociando la compra de Luisiana y solucionando las controversias con Gran Bretaña a propósito de la frontera con Canadá. Al término de la Primera Guerra Mundial, cuando la nación se replegó en sí misma y confrontó la Gran Depresión, los secretarios de Estado orquestaron la Conferencia

Naval de Washington sobre el desarme y el Pacto de París, renunciando a la guerra y forjando vínculos que después resultaron fundamentales para movilizar a los aliados contra las potencias del Eje.

Los políticos estadounidenses siempre han explotado la vena nacionalista y aislacionista contra el trabajo de la política exterior. Un congresista de finales del siglo XIX acusó a los diplomáticos de «conducirnos a la ruina creando un deseo por las costumbres de fuera y sus disparates. La enfermedad es importada por nuestros diplomáticos cuando vienen de vuelta y por los embajadores extranjeros que monarcas y déspotas nos envían aquí para corromper y destruir los ideales americanos». El congresista sugirió que confinaran a los diplomáticos al volver de sus misiones, «igual que ponemos en cuarentena los trapos que vienen de fuera por temor al cólera». Pero los grandes logros diplomáticos siempre atajan esta hostilidad.

Esto nunca fue tan cierto como durante la Segunda Guerra Mundial, cuando el Departamento se adaptó a los desafíos de entonces y dio pie al período más fructífero de los logros diplomáticos en la historia de Estados Unidos. A la sazón, el Departamento de Estado sufrió una crisis pareja a la desentrañada en 2017. «La nación americana necesita desesperadamente y carece desesperadamente de un Departamento de Estado a la altura en este momento de conformación de su devenir», proclamó a los cuatro vientos el periódico *St. Louis Post-Dispatch* en un número de 1943, en nítida consonancia con la futura cobertura de los secretarios de Estado de Trump generaciones más tarde. Pero la respuesta estuvo en las antípodas: entre 1940 y 1945, el Departamento se modernizó y se reformó. Triplicó su fuerza de trabajo y duplicó su presupuesto. Se reestructuró y creó oficinas que se ocuparían de la planificación a largo plazo, la reconstrucción posbélica y la información pública en una era en que los medios de comunicación cambiaban a la velocidad de la luz.

Este Departamento de Estado modernizado, dirigido por una nueva generación de diplomáticos solventes, configuró un nuevo orden internacional. En aquellos años se forjó una gran alianza bélica entre Estados Unidos y el Reino Unido, negociada por Winston Churchill y Franklin Roosevelt. En la misma época nacieron el Banco Mundial y el Fondo Monetario Internacional, por consenso de Estados Unidos, Canadá, Europa occidental, Australia y Japón. Engendró la doctrina de la «contención» que vino a definir el compromiso de Estados Unidos con los soviéticos durante las décadas venideras. Entre los prominentes arquitectos de esta época había seis amigos, que serían conocidos más adelante como «los Sabios». Dos de ellos, George Kennan y Charles Bohlen, eran miembros del Servicio Exterior, la entonces recién creada organización profesional para diplomáticos. En los años de posguerra, los Sabios guiaron al presidente Truman en lo que sería la Doctrina Truman, en virtud de la cual Estados Unidos se comprometía a dar apoyo a otras naciones contra los soviéticos y el gigantesco Plan Marshall para la asistencia internacional a estas naciones. El mismo período de tiempo dio paso a la creación de la OTAN, defendida por otro miembro de un rejuvenecido Departamento de Estado, el subsecretario Robert Lovett.

La era de los Sabios distaba mucho de ser perfecta. Algunas de sus ideas más celebradas eran también una fuente de meteduras de pata y desgracias. A pesar de las advertencias de Kennan, por ejemplo, la contención fue una lógica adecuada para la escalada y el conflicto militar que terminaron definiendo la Guerra Fría. John Kerry dijo de la memoria de ochocientas páginas densamente pormenorizada de Dean Acheson sobre su experiencia en el Departamento de Estado: «Por mucho que me encante leer *Present at the Creation*, quizá la historia y cierta distancia nos dirá que Acheson y Dulles cometieron algunos errores por la certidumbre que tenían de su visión del mundo y que hemos pagado durante mucho tiempo, o por lo menos en algunos lugares. En mi generación, Richard Holbrooke y yo sabíamos que, por culpa de los que creíamos mejores y más brillantes, a muchos de nuestros amigos los mataron en Vietnam».

Pero los Sabios tenían el éxito innegable y el aguante para estabilizar el mundo. Y hoy parece más difícil encontrar a diplomáticos de su altura —y la diplomacia de la vieja escuela que ellos practicaban— que hace setenta, cincuenta o veinte

43

años. «¿Es la persona? ¿Su función? ¿Nuestra época? —se preguntó Kerry—. Veo que algunos diplomáticos de primera fila han hecho un trabajo fantástico... ¿Quizá es que ya no reconocemos a la gente en el Gobierno y el Departamento de Estado como hacíamos antes?»

Para Henry Kissinger se había producido un cambio más amplio: algo había cambiado no simplemente en el Departamento de Estado y su relativa influencia burocrática, sino también en la filosofía del pueblo americano. A mí no se me escapaba que estaba sentado enfrente de un hombre cuyo legado era más complejo que el de los Sabios: alguien que, en algunos círculos, era considerado un ejemplar del diplomático feroz y, en otros, un criminal de guerra por haber bombardeado Camboya. (A él tampoco se le escapaba: cuando intenté abordar temas controvertidos, quiso concluir la entrevista.) Puede que esta sea la razón por la que Kissinger se perdiera en generalidades y filosofara tanto. Para él la táctica había triunfado sobre la estrategia, y la reacción rápida sobre las decisiones historiadas. «Estados Unidos está eternamente enredado en resolver cualquier problema que se presente al momento —dijo—. Tenemos un número inadecuado de personas experimentadas en la gestión de la política exterior, pero, lo que es más importante, un número inadecuado de personas capaces de pensar en la política exterior como en un proceso histórico.»

Así es como los últimos abanderados de la profesión diplomática se encontraron cada vez más en desacuerdo con las administraciones que buscaban el oportunismo político y la eficiencia militar. Kissinger señaló la confrontación entre la administración Obama y su representante para Afganistán y Pakistán, Richard Holbrooke: una lucha que buscaba hacerse oír en un proceso político asumido por los generales y quería aprovechar las lecciones de Vietnam en una administración obsesionada por la innovación. «Ellos querían empezar algo nuevo y él quería aprovechar las lecciones del pasado», dijo Kissinger de Holbrooke. Antes que él, otros diplomáticos perdieron batallas similares, y más se han perdido desde entonces. Pero la historia de Richard Holbrooke y la desintegración de su última misión, y las consecuencias devastadoras que tuvo en la vida de los diplomáticos que lo rodeaban, nos dejan entrever qué se perdió cuando le dimos la espalda a una profesión que antaño nos salvaba. «Que siempre puedes intentar algo nuevo es uno de los grandes mitos americanos», añadió Kissinger hablando despacio.

45

2

Lady talibán

Se fue la luz, como era costumbre en Islamabad, y la habitación se oscureció. Pero el ordenador portátil tenía batería y el activista por los derechos humanos que yo había venido a ver giró la pantalla y me dijo que observara. Un vídeo parpadeó en la pantalla. La imagen era inestable, grabada desde cierta distancia. Seis hombres jóvenes caminaban a trompicones por una zona boscosa, con los ojos vendados, las manos atadas detrás de la espalda. Vestían el típico *kurta* civil; no tenían pinta de combatientes. Unos soldados con uniformes del ejército paquistaní condujeron a los jóvenes a un claro y los pusieron en fila delante de un paredón.

Un oficial de más edad y barbudo, comandante quizá, se acercó a los jóvenes y les preguntó uno a uno si conocían los *kalimas*, refiriéndose a las frases religiosas islámicas que a veces se pronuncian antes de morir. Volvió junto a más de media docena de soldados en el otro extremo del claro. Estaban en fila, como un pelotón de ejecución. «¿Uno a uno o todos juntos?», preguntó uno. «Juntos», dijo el comandante. Los soldados levantaron sus rifles —eran G3, el equipo básico del ejército paquistaní—, apuntaron y dispararon.

Los hombres cayeron al suelo. Algunos sobrevivieron y gemían y se retorcían por tierra. Un soldado se acercó y les disparó uno a uno, silenciándolos.

Cuando el vídeo terminó, durante un rato nadie dijo nada. El ruido del tráfico entraba por una ventana cercana. Finalmente, el activista por los derechos humanos preguntó: «¿Qué piensa hacer ahora?».

Ϫ

El vídeo era impactante, pero su existencia no era ninguna sorpresa. Corría el año 2010 en Pakistán, el colaborador más estrecho de Estados Unidos contra el terrorismo. Los líderes de Al Qaeda habían huido de las operaciones militares de Estados Unidos en Afganistán, volatilizándose en las montañas de la zona fronteriza indomable de Pakistán. Esto era el corazón de la guerra contra el terrorismo y de la caza a Osama bin Laden. Como novato del equipo del Departamento de Estado para Afganistán y Pakistán, encargado de hablar con los grupos de desarrollo y de derechos humanos, me pareció que la diplomacia en la región tenía algo de pantomima. Todas las conversaciones, ya abordaran la construcción de presas, ya la reforma de la educación, versaban, en realidad, sobre el contraterrorismo: mantener contento a Pakistán para que participara en el combate y permitiera que nuestros suministros cruzaran sus fronteras para llegar a las tropas estadounidenses en Afganistán. Sin embargo, con frecuencia los paquistaníes se mostraban reacios a (según los estadounidenses) o incapaces de (según ellos mismos) movilizarse contra los bastiones terroristas de su propio país.

Ese mismo otoño se produjo un logro poco habitual: las fuerzas paquistaníes lanzaron una ofensiva en el valle rural de Swat, donde tomaron el control y capturaron a militantes talibanes. Pero los rumores en torno a lo que había supuesto exactamente este éxito no tardaron mucho en circular. Se publicaron informes sobre una nueva oleada de ejecuciones a raíz de las operaciones militares en Swat. Cuando llegó el verano, Human Rights Watch había investigado 238 supuestas ejecuciones y había descubierto que, como mínimo, cincuenta de ellas estaban profusamente documentadas. Como con todo lo del gobierno, las ejecuciones tenían incluso un acrónimo: EJK, *extrajudicial killings* («ejecuciones extrajudiciales»). El asunto era complejo. En el Pakistán rural, los tribunales y las prisiones eran más un desiderátum que una realidad. Para algunas unidades militares paquistaníes, las ejecuciones sumarias eran la única manera práctica de lidiar con los extremistas que apresaban. Pero la táctica también estaba resultando

47

útil para deshacerse de un número cada vez mayor de disidentes, abogados y periodistas. El personal militar paquistaní, cuando era posible inducirlos a reconocer el asunto, señalaba con amargura que Estados Unidos los había presionado para que buscaran a algunos malvados, pero luego se quejaban si se cargaban a otros.

Los asesinatos eran un punto de extraordinaria delicadeza en las relaciones entre Pakistán y Estados Unidos. Para los paquistaníes eran embarazosos. Para los estadounidenses eran la nota discordante. Los contribuyentes norteamericanos financiaron a Pakistán con la bonita suma de 19,7 mil millones de dólares en asistencia militar y civil desde el 11-S de 2001. Las revelaciones sobre los asesinatos despertaron el fantasma de un escrutinio no deseado.

Informé al Departamento de Estado de la existencia del vídeo y de los llamamientos cada vez más numerosos de los observadores de los derechos humanos a una respuesta. Los resultados fueron kafkianos. Los funcionarios se pusieron a anular reuniones con los grupos que habían elaborado los informes. Cuando accedieron a una única rueda de prensa, en Washington, con Human Rights Watch, lo hicieron a condición de no permitir ningún interrogatorio al Gobierno estadounidense y que nuestros comentarios se limitaran a una «orientación muy general a la prensa». Un burócrata de carrera con una conducta remilgada y una sonrisa vacua respondió a mis correos electrónicos sobre el tema con una jovial sugerencia:

Enviado: lunes 8 de marzo de 2010 16:43 h
Asunto: RE: Ejecuciones extrajudiciales/petición de reunión de HRW

Una sugerencia: para evitar referenciar específicamente el término EJK, hemos intentado englobar estas cuestiones bajo el paraguas de «violaciones flagrantes de los derechos humanos» (lenguaje estatutario tomado de las disposiciones Leahy). Una de las ventajas de utilizar la terminología Leahy es que cubre el amplio espectro de abusos (EJK incluido) que preocupan al Gobierno de Estados Unidos; otra ventaja es que engloba violencias cometidas por insurgentes así como las atribuidas a las fuerzas y las agencias gubernamentales. Además, contribuye a aislar las reuniones de «código abierto» de los debates políticos sensibles en las altas esferas.

Un simple giro semántico al servicio de la diplomacia.

El estatuto al que hacía referencia —que lleva el nombre de su patrocinador, el senador Patrick Leahy de Vermont— prohibía prestar asistencia norteamericana a las unidades militares extranjeras que cometieran atrocidades. Remití el correo a un colega. «Amigo, ¿¡no te suena esto a las conferencias de prensa de Ruanda allá por 1994!?», escribí, aludiendo a los «giros semánticos» que los funcionarios estadounidenses habían empleado para evitar la palabra «genocidio» en medio de aquella crisis. Varios meses después, deslicé un dosier por la mesa de conferencias hasta Melanne Verveer, embajadora extraordinaria de Hillary Clinton para las cuestiones relativas a las mujeres en el mundo. Ambos estábamos de visita en Islamabad y ella había preguntado qué decían los grupos de derechos humanos. Imprimí parte de los documentos; nada clasificado, solo documentos públicos. De todas formas, me atuve a los eufemismos.

—Hay un repunte de… violaciones flagrantes de los derechos humanos.

—¿Y cuando dice «violaciones flagrantes»…? —dijo, hojeando el informe.

—Ejecuciones.

Era junio, el mes más caluroso del año en Islamabad, y en la angosta sala de la embajada americana en Pakistán el aire estaba enrarecido. Al otro lado de la mesa, enfrente de nosotros, una diplomática que trabajaba en la embajada me fulminó con la mirada. Me había lanzado una mirada de advertencia cuando surgió el tema. Ahora fruncía los labios y me perforaba con los ojos. En la mesa, delante de ella, sus nudillos se habían tornado blancos como el mármol. La embajadora Robin Raphel, la diplomática de carrera del Servicio Exterior que se encargaba de supervisar un repunte de la ayuda estadounidense en Pakistán ese año, estaba furiosa.

ϒ

Unos días después, el personal de la embajada y algunos vecinos se congregaron fuera de la residencia del embajador norteamericano en la «zona roja» de seguridad de Islamabad. Anidadas a los pies de los densos bosques de Margalla Hills, eucaliptos y pinos bordean las anchas avenidas de la ciudad. En aquel mes de junio de 2010, sus parques y pastos eran una explosión de gladiolos blancos y amarantos violáceos. De noche, los barrios opulentos bullían de energía intelectual. Mientras la guerra arrasaba a proximidad, un grupo internacional de diplomáticos, reporteros y trabajadores humanitarios se codeaban en fiestas de auras doradas para intercambiarse los chismes de las intrigas palaciegas.

Robin Raphel era una veterana en estos cócteles, pues había empezado a trabajar en Pakistán décadas antes. Para muchos residentes, era simplemente «Robin».

Esa noche, en la residencia del embajador, Raphel estaba en su elemento, perorando ante un grupo de asistentes. Sus altos pómulos y su postura tiesa como una baqueta le daban un aire aristocrático, la rubia melena recogida en un prieto moño francés. Hablaba con la mandíbula trabada y la cadencia entrecortada del Atlántico medio propia de una actriz de cine de los años cuarenta. Echado sobre uno de los hombros, llevaba, como de costumbre, un chal de pashmina bordado que le daba a su vestido un aire al vaporoso *salwar kameez* de las mujeres de la región.

Desde ese día en la sala de conferencias, Raphel había hecho cuanto había estado en su mano por derribar al inexperto diplomático que había respondido a la pregunta de los derechos humanos. Cuando no me vedaba directamente la entrada a las reuniones, me cortaba en mis intervenciones, con deleite. Aquella noche en la fiesta no mantuvo en secreto su desaprobación. «¿Cómo se ha atrevido a hablar —aquí bajó la voz con complicidad— de EJK en una reunión en esta embajada?» Le tembló el labio. «No es quien para juzgar.»

Me pregunté cuánto había de frustración en ella por mis críticas al papel de Estados Unidos en Pakistán y cuánto de que yo le pareciera sencillamente un incordio. Le expliqué, tratando de mostrarme deferente, que el Departamento de Estado había adoptado una política de reconocimiento de los informes sobre los derechos humanos, incluso si no los ratificábamos. «Bien, puede que las cosas sean así en Washington —dijo con desdén. Revolvió con el collar de perlas que llevaba al cuello—. Pero esto no es Washington. Y aquí no discutimos de este tema.»

Todavía faltaban tres años para el destripe de Mahogany Row, pero en los puntos calientes de la seguridad nacional como este, podías ver el poder que se escapaba de las manos de los diplomáticos en tiempo real. Pakistán fue la ilustración perfecta de la tendencia: durante décadas, el Pentágono y la CIA habían sorteado los sistemas de política exterior civil de Estados Unidos para hacer negocios directamente con los líderes militares y de los servicios de inteligencia de Pakistán. En los años sucesivos al 11-S de 2001, lograron más libertad que nunca para hacerlo. En el calor estival de Islamabad, pensé en Robin Raphel, tan dispuesta a sortear las preguntas difíciles sobre un ejército extranjero y sus tejemanejes con el nuestro. ¿Cuál entendía que era su papel en una época en que buena parte de este papel estaba siendo recortado y eliminado? Cuando las analistas del siglo XIX sugirieron la puesta en cuarentena de los diplomáticos, no fuera que se trajeran con ellos lealtades mixtas, ¿era esto a lo que se referían? ¿Estábamos ante algo viejo o nuevo?

Durante décadas, Robin Raphel encarnó una tradición de la diplomacia a la antigua. Nacida Robin Lynn Johnson, creció en una soñolienta población maderera en el estado de Washington, devorando las revistas *National Geographic* que su padre coleccionaba y soñando con ver mundo. En el instituto Mark Morris la eligieron «la chica con más probabilidades de éxito». «Se veía que tenía ganas de ver mundo exterior», recordó un compañero de clase. En la universidad no perdió una sola oportunidad de viajar y estuvo un verano en Teherán con un grupo parroquial, antes de pasar el penúltimo año de carrera en el extranjero, en la Universidad de Londres.

«¿Sigue siendo creyente?», le pregunté un día. Ella resopló burlonamente. Le pareció una pregunta absurda. «¿Cómo que si "sigo siendo creyente"?», me replicó. Como insistí, descartó el asunto con la mano. «¿Qué quiere que le diga?» Si Robin

51

Raphel tenía tiempo para la espiritualidad, desde luego no tenía tiempo para compartirla conmigo. Era puro pragmatismo. Y se vanagloriaba de ello.

Tras licenciarse, se pasó un año estudiando en Cambridge, donde conoció a un grupo deslumbrante de compatriotas norteamericanos con sus propios sueños cosmopolitas y unos anuarios excepcionales. La guerra de Vietnam estaba en su punto álgido y en las residencias de Oxford y Cambridge no se hablaba de otra cosa que de una guerra subsidiaria que había salido mal; guerra que presentaba un inquietante paralelismo con otro conflicto que, décadas después, tendría un impacto de cataclismo en la vida de Robin Raphel: una nueva administración enfrentada a una opinión pública agotada, un gobierno socio recalcitrante y una insurgencia escurridiza que disponía de refugios seguros al otro lado de una frontera que desafiaba todas las tácticas.

Raphel, todavía Johnson entonces, empezó a salir con un joven becario de Rhodes y graduado como ella en la Universidad de Washington, Frank Aller, y se hizo amiga de sus compañeros de cuarto: Strobe Talbott, llamado a convertirse en periodista y vicesecretario de Estado, y un político en ciernes llamado Bill Clinton. En su modesta casa del 46 de Leckford Road en North Oxford, los amigos se pasaban horas enteras atormentándose con la amenaza de que los llamaran al servicio militar. Clinton y Aller eran ambos «1-A» —disponibles para el servicio— y ambos se oponían a la guerra. Clinton sopesó varias estrategias para escaquearse del servicio, pero finalmente se resignó, «para mantener mi viabilidad política dentro del sistema», según sus propias palabras. Por su parte, Aller se quedó en Inglaterra para huir del servicio, atormentado por la estigmatización que pudiera ocasionarle esta decisión. Un año más tarde regresó a su casa en Spokane, se metió un Smith & Wesson del calibre 22 en la boca y se voló los sesos.

Le pregunté a Raphel cómo le había afectado la muerte de Aller, al poco de que salieran juntos. «¡Oh! —dijo, como si le hubiera preguntado por un raspón sin importancia—. Me entristeció mucho, ¡ni que decir tiene!» Hizo una pausa, comprendiendo cómo había sonado. «Como habrá notado sin duda, me apasiona ser desapasionada.» Robin Raphel no iba a dejar

que las emociones fueran un obstáculo en la vida mundana que
ya empezaba a fraguarse. En los años que siguieron, su camino
la llevaría de Teherán a Islamabad y a Túnez.

Durante el curso de este viaje, los críticos con Raphel no dieron muestras de compartir su desapasionamiento. Al final de su
carrera la habían llamado traidora, chaquetera y filoterrorista.
En la prensa india, la apodaron con deleite «Lady Talibán». Fue
durante la administración Obama cuando tocó fondo. Cuatro
años después de nuestro encontronazo en Islamabad, Raphel
llegó a su despacho en la primera planta del Departamento de
Estado, entre un mar de cubículos a poca distancia de la cafetería. Comprobó su correo electrónico y asistió a algunas reuniones rutinarias. Fue durante la sobremesa cuando vio las
llamadas perdidas. La primera era de Slomin's Home Security:
habían intentado entrar en su casa. La siguiente llamada era de
su hija Alexandra, que estaba aterrorizada. Raphel tenía que
volver a casa inmediatamente, dijo Alexandra. Se subió a su Ford
Focus y condujo el trayecto de veinte minutos hasta su casa en
Northwest Washington.
    Cuando llegó, se encontró con una docena de agentes del
FBI merodeando por su modesta casa de dos plantas al estilo
de Cape Cod. Dos agentes vestidos de civil y semblante serio se
le acercaron y le enseñaron sus placas. A continuación le entregaron una orden de arresto.
    La orden especificaba que Robin Raphel estaba siendo in-
vestigada en virtud del Código de Estados Unidos, Título 18,
Sección 793(e), una disposición penal que cubre la recopilación
ilegal o la transmisión de información de seguridad nacional:
    Espionaje.

53

3

Dick

Vietnam era un horror que se cernía como un espectro sobre los amigos del número 46 de Leckford Road a finales de la década de 1960, pero para otros jóvenes la guerra tenía algo así como una atracción magnética. Richard Holbrooke, que años después haría buenas migas con Strobe Talbout y, a través de él, con Bill Clinton, partió en su búsqueda como terreno de pruebas. Sus vivencias resonarían a lo largo de cuarenta años de artes militares norteamericanas. Décadas más tarde, sería una de las últimas voces que llevaría las lecciones de Vietnam al conflicto moderno en Afganistán y Pakistán.

Holbrooke era neoyorquino, de padres judíos. Era «Dick» para sus amigos, hasta que su elegante tercera mujer impuso la transición al más refinado «Richard». (Sus enemigos nunca lo hicieron.) Dick Holbrooke era codicioso, despiadado, mostraba su ambición sin tapujos; era la clase de persona que podía entrar en una puerta giratoria detrás de ti y salir antes que tú, como dijo un amigo. Se pasaba por el forro las convenciones sociales cuando se trataba de perseguir sus objetivos. Un día que explicaba una idea con vehemencia, siguió a Hillary Clinton hasta el baño de mujeres; en Pakistán, ella se enervaba solo de pensarlo. Una ex recordó haber esperado un taxi con él, durante una eternidad, bajo un aguacero en Manhattan. Cuando por fin se les acercó uno, él la besó en la mejilla y se metió dentro sin mediar palabra, dejándola bajo la tormenta. Como constató una vez con acritud Pamela Harriman, la famosilla convertida a diplomática: «No está muy bien enseñado».

Siempre me llamó la atención su enormidad; no tanto por su altura de un metro ochenta, sino por su ancha constitución. Tenía los ojos claros y la mirada de un ave de presa, pero también un parpadeo incontenible, sus finos labios siempre proclives a sonreír con satisfacción. Sus cambios de temperamento eran legendarios, pero lo mismo mantenía la calma, disminuyendo la voz a casi un susurro. Desplegaba sendas tácticas en un singular estilo negociador que él comparaba con «una combinación de ajedrez y alpinismo»; adulador, acosador, encantador e intimidante en su forma de persuadir. Escribía a porrillo y poseía la rara habilidad de expresarse con parrafadas enteras y frescas. Por muy ajeno que fuera a la sensibilidad de las personas de su entorno, era un agudo observador del mundo y su pasión por él, indómita. En otras palabras, era uno de esos raros tocapelotas que merecía la pena aguantar.

De niño idolatraba a científicos como Einstein o Fermi. Pero sus intereses se abrieron a un mundo más amplio. Después de que su padre sucumbiera a un cáncer de colon, intimó con la familia de su compañero de clase, David Rusk, cuyo padre, Dean, sería al poco tiempo secretario de Estado de Kennedy, y también visitó la clase de Holbrooke en el instituto Scarsdale para ensalzar las virtudes del Servicio Exterior. En la época, lo que tenía cautivado a Holbrooke era el periodismo. Fue redactor deportivo del periódico de su instituto y luego redactor jefe del de su universidad, el *Brown Daily Herald*, que publicaba sus análisis de las tensiones de la Guerra Fría y salían debajo de los anuncios de pruebas para animadoras. En segundo año convenció a sus editores de que lo enviaran a la cumbre de las Cuatro Potencias en París (1960), donde los líderes occidentales iban a reunirse con Nikita Khrushchev para tratar de aliviar las tensiones sobre la división de Berlín. La cumbre fue un estrepitoso desastre. Días antes, los soviéticos derribaron un avión espía U-2 y la confrontación que siguió pronto dio al traste con las conversaciones. James «Scotty» Reston de *The New York Times*, a quien Holbrooke idolatraba y quien dio al joven estudiante de periodismo un empleo llevando bebidas al equipo del *Times* en París, le dijo: «Puedes dedicarte al periodismo o hacer carrera en el Servicio Exterior, pero siempre podrás decir: "Empecé mi carrera en el peor fiasco diplomático de la historia"». Se equivocaba: Holbrooke vería cosas peores. Tras graduarse en Brown, intentó conseguir un trabajo en el *Times* sin éxito y decidió presentarse al examen del Servicio Exterior. Y así fue como el recién nombrado diplomático del Servicio Exterior, Richard Holbrooke, llegó al aeropuerto de Tan Son Nhut en una bochornosa noche de junio de 1963.

Vietnam era la primera prueba moderna de «contrainsurgencia» norteamericana: la estrategia de proteger a una población vulnerable, al mismo tiempo que te ganabas su lealtad gracias a los programas sociales. Durante un curso de formación del Servicio Exterior, Holbrooke y sus contemporáneos destinados en Vietnam —entre ellos, Anthony Lake, que después sería el asesor de seguridad nacional de Clinton— mataban las noches sofocantes jugando a un juego que se llamaba *fan ball,* y que consistía en lanzar una bola de tenis a un ventilador de techo e intentar cazarla mientras rebotaba por la habitación. (No les habría salido una metáfora más elocuente de Vietnam ni aunque lo hubieran intentado.) Cuando llegó a sus veintidós años y soltero, enviaron a Holbrooke a destacamentos rurales para que supervisara los programas de desarrollo. Con esta experiencia adquirió una visión sin adornos que sus superiores en Washington no tenían de los fallos políticos, cada vez más frecuentes.

También fue testigo de la precipitada militarización de las decisiones políticas en Vietnam. Durante un viaje con el 9º regimiento de marines en la zona rural de Da Nang, Holbrooke vio al general Lewis Walt, comandante de la fuerza anfibia de marines, arrodillarse y dibujar semicírculos en la arena. Estaba explicando la táctica norteamericana para expulsar al Viet Cong y abrir paso a los sudvietnamitas y la buena gobernanza. Un grupo de niños vietnamitas se acercaron a mirar y parloteaban curiosos. Holbrooke, que no tenía pelos en la lengua, señaló: «Pero El Viet Cong les pisará los talones». El general, y todos los norteamericanos en Vietnam, llevaban años ciñéndose a esta estrategia. «A pesar de las horas y los días de instrucción en "contrainsurgencia" que recibieron, a pesar de todas las sesiones informativas que hicieron hincapié en la naturaleza política de la guerra, eran incapaces de entender lo que estaba pasando y cómo gestionarlo», escribió Holbrooke en unas memorias sin publicar. Los insurgentes no pensaban rendirse y la población local «no iba a pasarse al otro bando a cambio de un poco de jabón gratis».

Holbrooke disintió en voz alta. Durante su estancia en las provincias, una vez discutió abiertamente con el general William Westmoreland, el comandante de las fuerzas estadounidenses en Vietnam.

—¿Cuántos años tiene? —le preguntó finalmente Westmoreland, exasperado.

—Veinticuatro.

—¿Qué le hace pensar que sabe tanto?

—No lo sé, pero llevo aquí dos años y todo ese tiempo lo he pasado en el terreno —dijo Holbrooke.

Westmoreland informó a Washington de su convencimiento de que era posible vencer a la insurgencia aumentando los niveles de contingentes. A medida que Holbrooke escalaba puestos en la Casa Blanca y el Departamento de Estado, enviaba notas categóricas y a menudo *motu proprio* a sus jefes. «Nunca había visto a los norteamericanos sumidos en semejante desorganización», escribió en una de ellas cuando apenas contaba veintiséis años. Cuarenta años más tarde, cuando yo trabajaba para él y el ejército presionaba en favor de un aumento de tropas en Afganistán, Holbrooke desenterró las notas e hizo que yo se las enviara a sus colegas en Vietnam.

Cuando del Departamento de Defensa publicó el balance *top-secret* sobre Vietnam, que se conocería en lo sucesivo como «los papeles del Pentágono», un funcionario llamado Leslie Gelb, futuro jefe del Consejo de Relaciones Exteriores y un amigo de toda la vida de Holbrooke, encargó al joven diplomático iconoclasta que escribiera un volumen. Las contribuciones de Holbrooke fueron mordaces. La contrainsurrección había sido «concebida defectuosamente y ejecutada chapuceramente». Los halcones, decía, se habían apropiado peligrosamente de las decisiones políticas.

Cuando el legendario diplomático Averell Harriman encabezó una delegación para negociar con los norvietnamitas, Holbrooke doblegó a sus jefes para que le buscaran un hueco en el equipo. Creía en el poder de la negociación para poner fin a la guerra. «Holbrooke siempre quiere hablar con el otro bando —dijo Nicholas Katzenbach, el subsecretario de Estado que fue jefe de Holbrooke a finales de la década de 1960—. Siempre piensa que negociar es posible, que hay un camino medio.» Pero París fue un estrepitoso fracaso. Durante una reñida carrera presidencial, la campaña de Nixon, como se supo después, se afanó en torpedear las conversaciones, animando a los sudvietnamitas a dar largas al asunto. El equipo perdió dos meses discutiendo sobre la forma de la mesa de negociaciones mientras la guerra hacía estragos, como es bien sabido.

Poco después de que Nixon asumiera el cargo, Holbrooke presentó su renuncia y salió del Gobierno. «No estaba predestinado ni era inevitable que la guerra continuara, con otros veinticinco mil norteamericanos e innumerables vietnamitas muertos —escribió más tarde—. Un final de la guerra negociado en 1968 era posible; la distancia hasta la paz era mucho más corta de lo que la mayoría de los historiadores creen.» Había visto a Estados Unidos perder una oportunidad para poner fin a la guerra; no iba a dejar que pasara de nuevo.

Mientras la guerra en Afganistán arrasaba en septiembre de 2010, la Oficina del Historiador del Departamento de Estado publicó el último volumen de la historia oficial de Vietnam. Richard Holbrooke fue andando de su despacho al George C. Marshall Conference Center del Departamento de Estado para entregar sus comentarios sobre la publicación, incluida una de sus primeras notas. Era un día gris y llevaba un traje de color gris y arrugado y estaba delante de una lona gris. Las luces fluorescentes proyectaban hondas sombras bajo sus ojos. Hizo más pausas de las habituales. Cuando alguien del público preguntó sobre los paralelismos entre Afganistán y Vietnam, Holbrooke esbozó una sonrisa lánguida. «Me estaba preguntando durante cuánto tiempo podríamos evitar esa pregunta.»

Hablaba con cautela. A medida que los coetáneos de Holbrooke dejaban el poder y una nueva generación agarraba las riendas, la palabra «Vietnam» se iba grabando a fuego como una lección histórica poco grata. Pero, en privado, yo le había oído la comparación. En Vietnam, Estados Unidos había sido derrotado por un país adyacente al conflicto, que albergaba refugios seguros para el enemigo al otro lado de una frontera porosa; por confiar en unos socios de gobierno corruptos; y por aceptar una doctrina fallida de la contrainsurgencia a petición del estamento militar. En Afganistán, Holbrooke estaba presenciando ecos de estas tres inercias, en concreto otra administración que favorecía las voces militares y perdía oportunidades para negociar. «Dick Holbrooke era amigo mío, por supuesto», dijo Henry Kissinger. «Fue una comparación justa», observó a propósito de los paralelismos que Holbrooke trazó entre Vietnam y Afganistán. En sendos casos, Estados Unidos se vio aplicando marcos de trabajo que habían funcionado en otras regiones del mundo con resultados desastrosos. «Vietnam fue el intento de aplicar los principios de contención que Europa utilizó en Asia —continuó Kissinger—. Pero, en Europa, la contención se aplicó en sociedades que habían existido durante cientos de años y cuya estructura interna fue relativamente estable salvo por el impacto de la guerra.» Vietnam resultó ser otro asunto completamente diferente. Del mismo modo, en Afganistán, después del 11-S la pregunta era: «¿Podemos convertir a Afganistán en un gobierno democrático que ha dejado de apoyar estas iniciativas? —como planteó Kissinger—. No era la pregunta adecuada.»

Ese día en el Departamento de Estado, Richard Holbrooke apuntó rápidamente que Afganistán no era Vietnam. El elemento detonador —un ataque en suelo norteamericano— alteraba el cálculo estratégico. «Pero estructuralmente existen claras similitudes —dijo—. Y hojeando estos libros de aquí, salta a la vista. Muchos de los programas que se están siguiendo, muchas de las doctrinas básicas son las mismas que intentamos aplicar en Vietnam.»

4

El caso Mango

*P*oco después de que Richard Holbrooke dejase atrás el naufragio de Vietnam y dimitiera de la administración Nixon, Robin Raphel se fue de Cambridge y regresó a Irán, donde aceptó un trabajo de profesora de Historia en el Damavand College, una universidad para mujeres. Antes de la caída del sah, Teherán era una ciudad cosmopolita y acogedora. Robin Raphel bailaba y actuaba en producciones teatrales con el apoyo de Estados Unidos, como, por ejemplo, *Anything Goes*. Se prendó de un diplomático del Servicio Exterior, apuesto y divertido, Arnold Raphel, «Arnie» para los amigos. En 1972 se casaron en el recinto de la embajada americana durante una ceremonia interconfesional que mezcló el judaísmo de él, el cristianismo de ella y terciopelo a tutiplén de la década de 1970.

Cuando los destinaron a Pakistán en 1975, Robin Raphel lo acompañó. Pakistán no se le hizo más raro que Irán. Islamabad era una ciudad soñolienta, exuberante y verde, con un tercio de su población actual. «Era ideal —dijo Robin Raphel, radiante al recordarlo—. Era prometedora.» Ingresó en el Servicio Exterior y aceptó un empleo en el USAID. La joven pareja estadounidense tenía un perfil glamuroso y organizaba fiestas y cócteles en los que proyectaban películas norteamericanas. Ella se introdujo sin esfuerzo en la alta sociedad paquistaní y se trabajó una red de conexiones que le serviría —y la perseguiría— en los años venideros. Para Robin Raphel, como para las generaciones de diplomáticos del Servicio Exterior que le precedieron, promover la influencia estadounidense pasaba por la amistad y la conversación. «Necesitas moverte y descubrir cómo son y qué les motiva —dijo—. Para mí está más claro que el agua.» Se quedó pensativa un rato. «Pero, a veces, lo olvidamos. Y en este tiempo posterior al 11-S, más urgente y exigente, caemos en acusaciones.»

Apenas unos años después de la época dorada de Robin Raphel en Islamabad, una transformación barrió la región. Cuando el sah de Irán, que era laico y contaba con el respaldo de Estados Unidos, cayó tras la revolución islámica de 1979, cimentó la dependencia de Estados Unidos en Pakistán como socio militar y en materia de inteligencia. Estados Unidos había perdido importantes estaciones de escucha en Irán que le permitían vigilar a los soviéticos. La CIA se acercó a la agencia Inter-Services Intelligence de Pakistán (ISI), que aceptó construir instalaciones paquistaníes para suplir el vacío.

La llamada a la revolución islámica también llegó de Irán al vecino Afganistán, donde un régimen marxista apoyado por los soviéticos había tomado el poder un año antes. Bajo la guía del KGB, los marxistas instituyeron reformas laicas, como la educación obligatoria de las niñas. En carteles de propaganda, mujeres con *babushkas* rojos y carmín en los labios sostenían libros abiertos que gritaban en cirílico: «SI NO LEES LIBROS, OLVIDARÁS LAS LETRAS». Para los afganos conservadores aquello fue demasiado. El ejército afgano se rebeló contra los comunistas.

Al principio, mientras cundía la revuelta, los soviéticos dudaron. Pero Moscú había marginado a la diplomacia y la influencia del KGB había escalado. Yuri Andropov, el jefe del KGB, sorteó hábilmente a los diplomáticos soviéticos que pedían cautela. En Nochebuena, aviones de transporte cargados de tropas soviéticas aterrizaron en el aeropuerto de Kabul. La administración Carter vio en la invasión una oportunidad de avergonzar a Moscú. Carter dio luz verde a una guerra encubierta orquestada por la alianza militar de Estados Unidos con Pakistán. «Es esencial que la resistencia de Afganistán continúe —escribió Zbigniew Brzezinski, consejero de Seguridad Nacional—. Esto significa más dinero, así como remesas de armamento para los rebeldes... Para hacerlo posible, debemos tranquilizar a Pakistán e incentivarlo a que ayude a los rebeldes. A tal efecto, será necesario revisar nuestra política con Pakistán, darle más garantías, más suministro de armas y, a pesar nuestro, decidir que nuestra política de seguridad respecto de Pakistán no puede dictarla nuestra política de no proliferación de armas.»

Pakistán no había sido un dechado de virtudes a finales de la década de 1970. Su dictador militar, Muhammad Zia-ul-Haq, colgó al líder civil que lo había sacado del cargo, Zulfikar Ali Bhutto, y canceló las elecciones. Pakistán buscaba la bomba atómica a toda costa, desoyendo los llamamientos de Estados Unidos a que desistiera. En nombre de la guerra contra los soviéticos, como ocurriría después con la guerra contra el terrorismo, todas estas preocupaciones eran secundarias.

Durante el primer mandato de Reagan, los fondos aprobados por el Congreso para la guerra encubierta engrosaron de decenas a centenares de millones de dólares al año. Zia insistió en que las armas compradas con estos fondos se distribuyeran enteramente según las condiciones paquistaníes. Al inicio de la guerra, una orden presidencial *top secret* pedía a la CIA que se plegara a los deseos de Pakistán. Un oficial al mando en Islamabad recordó sus órdenes de la siguiente manera: «Mimad a los paquistaníes y que ellos hagan cualquier cosa que necesitéis». Cuando Zia fue a ver a Reagan, Shultz, el secretario de Estado, escribió una nota en la que advertía que «no olvidemos que sin el apoyo de Zia la resistencia afgana, clave para que los soviéticos paguen caro su aventura afgana, morirá sin remedio». (Cuando le pregunté a Shultz por su defensa del régimen paquistaní, fue irredento. «Zia y el presidente Reagan se llevaban bien. La idea principal era ayudar al muyahidín a sacar a la Unión Soviética de Afganistán —dijo, utilizando la palabra árabe para los combatientes musulmanes de la yihad, como los que luchaban contra los soviéticos—. Y lo conseguimos»). De esta manera, como insistía Zia, se entregarían las armas al ISI de Pakistán, que elegiría con esmero a los muyahidines que se repartirían el botín. Estados Unidos, aún escocido por las complejidades de gestionar una guerra subsidiaria en Vietnam, dejó estos pormenores a Pakistán para su gran alivio.

Υ

Con la urgencia de la batalla contra los soviéticos, fue fácil hacer la vista gorda a otras realidades menos placenteras de esta asociación. Los funcionarios paquistaníes vendieron las armas suministradas por la CIA en el mercado negro; una vez, incluso se las revendieron a la CIA. Pakistán siguió alardeando descaradamente de su desarrollo nuclear. En 1985, el Senado votó la enmienda Pressler, en virtud de la cual el presidente debía certificar anualmente que Pakistán no estaba en posesión de bombas atómicas. La norma era estricta: si no había certificación, no había asistencia. Zia mintió al presidente Reagan sobre el programa nuclear paquistaní. «No hay duda de que, desde 1987, contamos con toda la información necesaria para no certificarlo», dijo un veterano agente de la CIA. Sin embargo, Reagan siguió certificando que Pakistán no tenía la bomba nuclear. El senador de Ohio, John Glenn, afirmó que la proliferación nuclear era «un peligro mucho mayor para el mundo que el temor a cortar el flujo de ayuda a Afganistán… Es el corto plazo primando sobre el largo plazo». Pero fue una de las raras voces disidentes.

La guerra encubierta también exigía que los estadounidenses hicieran la vista gorda ante la brutalidad de la yihad que se estaba armando al otro lado de la frontera. Los paquistaníes entregaron las armas estadounidenses a la línea dura del islamismo más feroz: extremistas radicales como Abdul Sayyaf, Burhanuddin Rabbani y Jalaluddin Haqqani, todos ellos estrechamente vinculados con redes terroristas. Uno de los hijos predilectos del ISI fue Gulbuddin Hekmatyar, un fundamentalista furibundo célebre por desollar vivos a los soldados capturados y cuyos hombres asesinaban a civiles indiscriminadamente. Un agente combativo de la CIA llamado Milt Bearden tomó el mando del programa en la segunda mitad de la década de 1980. Según sus cálculos, los paquistaníes entregaron la mitad del botín norteamericano a Hekmatyar. «Hekmatyar era uno de los favoritos de los paquistaníes, pero no mío, desde luego», me dijo. Añadió con rotundidad: «Tendría que haberle pegado un tiro cuando tuve la oportunidad».

Los islamistas internacionales acudieron como moscas a los

fuegos del extremismo atizados por paquistaníes y estadounidenses. Un patrocinador saudí rico llamado Osama bin Laden se mudó a Pakistán a mediados de los años ochenta y se acercó a algunos de los yihadistas más queridos del ISI, entre ellos Hekmatyar y Sayyaf. Ofreció ayudas económicas a los combatientes de los campos de entrenamiento del ISI y al final acabó creando el suyo propio, inspirado sobremanera en el ISI.

Y funcionó. Al cabo de unos pocos años, la CIA anunció que la guerra encubierta era rentable. Los verdaderos costes salieron a la luz después.

Robin y Arnold Raphel se habían mudado a Washington, justo antes de que la guerra con los soviéticos estallara y que «muchas cosas se fueran a pique», como me diría ella más tarde. Era una descripción precisa de los acontecimientos, tanto en las relaciones entre Estados Unidos y Pakistán como en su propia relación personal. Ella quería tener hijos; Arnold, no. Se divorciaron a principios de los años ochenta. Raphel se casó dos veces más y tuvo dos hijas. Los amigos dicen que Arnold fue el amor de su vida, aunque uno intuye que ella se habría tirado por la ventana antes que prestarse a tamaña sensiblería.

Arnold, que seguía siendo una figura emergente en el Servicio Exterior, regresó a Pakistán en calidad de embajador de Estados Unidos. Una calurosa tarde de agosto de 1988, se reunió con el presidente Zia en el desierto, cerca de Bahawalpur, una ciudad de provincias, para asistir a un desfile del tanque Abrams norteamericano —el último regalo que Pakistán compró con el flujo de asistencia que seguía en curso— y luego aceptó una invitación de última hora para volver a Islamabad con Zia en su Hercules C-130 de fabricación estadounidense. Viajaron con ellos el jefe del Estado Mayor de Zia y jefe del ISI, el general Akhtar, que había seleccionado a los muyahidines apoyados por la guerra encubierta norteamericana, y el general Herbet M. Wassom, que era el encargado de supervisar la ayuda militar de Estados Unidos a Pakistán. Exactamente cinco minutos después del despegue, el avión se zambulló en el desierto y explotó formando una enorme bola de fuego. Las treinta almas a bordo murieron, entre ellas, Zia-ul-Haq y Arnold Raphel.

Hasta hoy, el accidente es uno de los mayores misterios sin resolver de la historia de Pakistán. Si bien el embajador estadounidense había muerto y el FBI tenía autoridad legal para investigar, el secretario de Estado Shultz ordenó a los detectives del FBI que se mantuvieran al margen. Milt Bearden hizo lo mismo y mantuvo alejada a la CIA. Los únicos estadounidenses con permiso para ir al lugar del siniestro, siete investigadores de la Fuerza Aérea, descartaron cualquier fallo técnico en un informe secreto. La única explicación era el sabotaje. Una lata de gas nervioso VX o un agente similar podría haber eliminado el avión. Según una antigua teoría conspiradora, el gas nervioso fue introducido secretamente en una caja de mangos que fue cargada a bordo antes del despegue.

El accidente exacerbó la desconfianza paquistaní en los estadounidenses. El general Beg, que tomó el poder poco después, mostró el mismo compromiso que Zia con el desarrollo nuclear de Pakistán y el apoyo a los poderes terroristas, pero fue menos amistoso con Estados Unidos. Para Robin Raphel, la tragedia supuso un punto de ruptura con aquellos primeros días esperanzados en Teherán. Cuando le pregunté por la pérdida de Arnold, me sonrió con la boca chica, quebradiza. «Sería difícil para cualquiera. Pero la vida sigue.»

Aquel fue el año en que los últimos soviéticos abandonaron Afganistán. El cable que la CIA envió desde su estación en Islamabad decía simplemente: «Hemos ganado». Pero la falta de un diálogo estratégico más ambicioso entre Estados Unidos y Pakistán golpeó con fuerza y rapidez tan pronto como la «amenaza roja» disminuyó.

Cuatro meses después, cuando la nueva ministra de Pakistán, Benazir Bhutto, hizo su primer viaje oficial a Estados Unidos, las fisuras ya empezaban a mostrarse. Bhutto, hija de Zulfiqar Ali Bhutto, el primer ministro que fue ahorcado bajo la presidencia de Zia, había regresado a Pakistán tras años de exilio. Formada en Harvard y con apenas treinta y cinco años de edad, tenía una imagen glamurosa. Con un pañuelo blanco en la cabeza, un *salwar kameez* dorado y rosa y gafas de aviador literalmente tintadas de rosa, habló delante de la bandera de Estados Unidos en una sesión conjunta del Congreso y citó a Lincoln, Madison y Kennedy. «Hablo en nombre de Pakistán y puedo decir que no poseemos ningún dispositivo nuclear ni tenemos intención de fabricarlo», dijo categóricamente.

No obstante, unos días antes, Bhutto se hallaba en la Blair House, en una esquina de la Casa Blanca, cuando recibió un informe alarmante de William H. Webster, el director de la CIA. Según uno de los presentes ese día, Webster entró con una pelota de fútbol convertida en un modelo del prototipo nuclear que sabía que Pakistán tenía. Webster le dijo a Bhutto que si su país seguía adelante con el proceso del uranio enriquecido —convertido en las «pastillas» sólidas que conforman el núcleo de las bombas atómicas—, no sería posible que el presidente Bush certificara que Pakistán no tenía la bomba nuclear ese año. Antes de que concluyera el mes, empezó el baile. La CIA tenía pruebas irrefutables de que Pakistán había mecanizado el uranio en varios núcleos. En 1990, justo un año después de la salida de los soviéticos de Afganistán, George H. W. Bush fue el primer presidente en negarse a certificar que Pakistán seguía siendo un país sin armas nucleares. En virtud de la enmienda Pressler, se suspendió prácticamente toda la ayuda económica y militar, y los jets de combate F-16 que Pakistán había encargado y pagado se quedaron acumulando polvo en Arizona durante años. Hasta hoy, los F-16 son una obsesión para cualquier oficial militar paquistaní que he conocido. Simbolizan una traición que Estados Unidos olvidó rápidamente y que Pakistán nunca ha olvidado.

Cuando las relaciones militares se detuvieron en seco, había poco que hacer por la vía diplomática para suavizar el golpe. Incluso Milt Bearden, maestro en el caos de los muyahidines, lamentó la falta de diálogo: «Las relaciones eran siempre superficiales —recordó—. Cuando los soviéticos se marcharon de Afganistán en febrero de 1989, en el plazo de un año los habíamos sancionado y habíamos cortado los contactos con los militares». Este hecho definió el tono de las relaciones en la década siguiente, cuando Pakistán asumió el papel del amante rechazado. «Adoran adorarnos —reflexionó Bearden—, pero en lo más hondo están convencidos de que, cuando llega la hora de la verdad, se la colamos.»

Una vez terminada la urgencia de una guerra subsidiaria,

el estamento de la política exterior estadounidense se centró en Pakistán. El apoyo del país al islam militante, antaño conveniente, se había tornado una responsabilidad. Cuando los soviéticos se marcharon, el ISI intentó instaurar en el poder a Hekmatyar, su extremista predilecto. Pero después de perder una lucha cruenta por Kabul, los paquistaníes recurrieron a una solución diferente y armaron y financiaron otro movimiento conservador con el deseo de que sirviera de contrapeso a su rival regional, la India: los «estudiantes del islam», o talibanes.

Las historias de las políticas sociales radicales y la brutal represión de las mujeres empezaron a llegar al mundo occidental. La secretaria de Estado entrante, Madeleine Albright, se hallaba entre las filas de las personalidades del *establishment* que empezaron a movilizarse contra el régimen por su creciente represión. («No lamento no haber tratado con los talibanes —dijo años después—. Sin embargo, no tengo inconveniente en reconocer que era muy complejo saber realmente quién estaba al mando.») La indignación se enardeció cuando la amenaza de los terroristas que los talibanes cobijaban se hizo explícita. Las bombas de 1998 en las dos embajadas americanas en África, y la revelación de que su cerebro, Osama bin Laden, tenía estrechos lazos con los talibanes, sentenció al régimen, que, a ojos del mundo, adquirió la condición de paria. Pakistán, como país benefactor de los talibanes, no fue menos.

Robin Raphel era una voz disidente solitaria. Cuando Bill Clinton asumió la presidencia en 1993, eligió a Raphel, su vieja amiga de Inglaterra, para el cargo de secretaria de Estado adjunta para los asuntos de Asia meridional. Mientras que las relaciones entre Washington e Islamabad se enfriaron en el curso de los años noventa, Raphel era la abogada fiel para el país donde había tejido tantas relaciones al comienzo de su carrera. Cuando un senador llamado Hank Brown introdujo legislación para aliviar las restricciones sobre la asistencia a Pakistán, ella trabajó durante meses con diplomáticos paquistaníes defendiendo la ley. Su aprobación, en 1995, despejó el camino para las exportaciones de armas a Pakistán, a pesar del arsenal nuclear cada vez mayor del país. Raphel también era una ferviente defensora de Benazir Bhutto, que regresó al poder durante el primer año de Raphel como secretaria adjunta y que autorizaba veladamente la ayuda a los talibanes, si bien mentía al respecto al pueblo norteamericano. Raphel me dijo que siempre mantuvo los ojos abiertos con ella. «Yo no confiaba en Bhutto, pero sentía que era preciso hablar con todas las partes.» No obstante, se opuso a las sanciones y ayudó a garantizar la ayuda a Pakistán.

Raphel también hizo campaña a favor de las conversaciones con los líderes talibanes. Un cable resumiendo una de sus visitas a Kabul en 1996 pintaba de color de rosa el régimen, citando al líder que le había dicho a Raphel «No somos mala gente» y que describía con optimismo la «creciente conciencia, antes ausente» que los talibanes tenían «de sus propias limitaciones». Poco después de que los talibanes asumieran el control de Kabul ese año, Raphel pidió en un llamamiento a otros países que aceptaran el régimen en una sesión de Naciones Unidas a puerta cerrada. «Son afganos, son autóctonos, han demostrado su aguante —dijo—. No es conveniente ni para los intereses de Afganistán ni para los nuestros aislar a los talibanes.» Como dijo un diplomático paquistaní veterano que trabajó con Raphel durante muchos años: «Si Robin hubiera durado un año más como secretaria adjunta, habría una embajada talibán en Washington.»

El entusiasmo poco ortodoxo que Raphel profesaba hacia los paquistaníes y los talibanes levantaba sospechas, tanto en Washington como en la región. En este punto, la prensa india empezó a llamarla «Lady Talibán» despectivamente, apodo que perduraría durante décadas enteras. «Fue estúpido —dijo—. Solo porque yo quería hablar con esta gente y lo hice. Era mi trabajo. Pero, como no estaba horrorizada y no quise tratarlos como a unos parias... a la gente le chocó muchísimo que yo pensara que era perfectamente normal hablar con ellos. —Suspiró—. Fue un error demonizar a los talibanes y pudo contribuir a que la cosa se les fuera totalmente de las manos. Nadie los escuchaba... Los mandamos a tomar viento y pensamos que eran unos completos neandertales con turbante.» En su opinión, esto fue un error garrafal: «Algo puramente emocional».

Más tarde, buena parte del estamento de la política exterior aceptó estos mismos argumentos para hablar con los talibanes, como en el caso de Richard Holbrooke. ¿Se arrepentía Raphel de sus posturas poco ortodoxas y polémicas?, le pregunté. «No —me respondió con una risa—. ¡Fui una adelantada a mi tiempo!»

Cuando Raphel hacía de tripas corazón por templar las relaciones con Pakistán en 1995, un asistente del equipo de Strobe Talbott, entonces secretario de Estado adjunto, llamó a la puerta de su despacho y le habló de un suceso perturbador. Mientras vigilaban a funcionarios paquistaníes, agentes de la inteligencia habían pescado una conversación ilícita, como ellos la entendían. Raphel, afirmaban, se dedicaba a filtrar información clasificada a los paquistaníes; información que revelaba detalles sensibles de los servicios de inteligencia de Estados Unidos sobre su programa nuclear. Raphel se quedó de piedra. Se reunió con la policía interna del Departamento de Estado, el Servicio de Seguridad Diplomática, cuyos agentes la acribillaron a preguntas. La investigación quedó en agua de borrajas. A Raphel no se le imputó ninguna infracción y el asunto cayó rápidamente en el olvido, aunque, como se vería después, no para siempre.

Raphel fue alternando funciones: embajadora en Túnez, vicepresidenta de la National Defense University y asistente de coordinación en los inicios de la guerra de Irak. Pero su historia siempre la devolvía a Pakistán. Cuando se marchó de Irak en 2005, se incorporó a Cassidy & Associates, el prestigioso bufete cabildero de K-Street cuya lista de clientes incluía a los servicios de inteligencia egipcios y, en alguna ocasión, a Pakistán. Durante el tiempo en que ella trabajó aquí, el despacho cerró dos contratos con Pakistán, lo que le valió que la prensa —especialmente la india— la llamara «cabildera de Pakistán». («La cabildera que atormentó a Nueva Delhi en la década de 1990», se indignaba el *Times* de la India. «Una partidaria descarada de Pakistán en Washington.») Raphel se rio y dijo que solo trabajó en un contrato «durante tres semanas» antes de anular el acuerdo, cuando el caudillo Pervez Musharraf suspendió la constitución del país en noviembre de 2007.

En una fiesta celebrada en 2009, Raphel se cruzó con una colega del Servicio Exterior, diplomática de carrera y a la sazón embajadora norteamericana en Pakistán, Anne Patterson. Patterson era una mujer menuda y acerada de Fort Smith, en Arkansas, que hablaba con un acento suave del sur y sin pelos en la lengua. Era una diplomática de la tradición clásica, con décadas de servicio en Sudamérica y Oriente Próximo. En Pakistán se enfrentaba a una nueva era y a una de las relaciones más complejas del mundo; una era en la que, una vez más, Pakistán volvía a ser esencial para Estados Unidos. Pero encontrar a estadounidenses con buenos contactos en la sociedad paquistaní no era cosa fácil. En la era moderna, los destinos duros como Pakistán consistían en misiones cortas para principiantes en busca de una experiencia para el currículum y un año o dos de prima de riesgo (entonces, un 30 por ciento extra en Islamabad). Alguien como Raphel, con una visión clara del nudo gordiano que era la política paquistaní, podría ser indispensable. Patterson le preguntó a Raphel si volvería para una misión nueva, para ayudar a gestionar la ayuda en Islamabad.

Raphel acababa de cumplir sesenta y un años. Se había casado tres veces, la última con un diplomático británico; unión que duró apenas unos años y terminó en 2004. Había criado a sus dos hijas en edad universitaria, Anna y Alexandra, prácticamente ella sola. Sus servicios de cabildera le habían brindado la oportunidad de pasar más tiempo con ellas, y con sus amigas. Pero se intuía que, en su cabeza, estaba dispuesta a regresar rápidamente al servicio público.

Le dijo a Anne Patterson que se lo pensaría.

5

La otra Red Haqqani

*E*l día después de que el presidente Clinton anunciara la nominación de Robin Raphel como secretaria de Estado adjunta en 1993, ella se subió a un avión con destino a Sri Lanka para asistir al funeral del presidente del país, recientemente asesinado. Viajaban con ella Nawaz Sharif, el primer ministro de Pakistán, y un diplomático paquistaní de treinta y seis años llamado Husain Haqqani. En los años que siguieron, Haqqani se convertiría en un elemento habitual de las relaciones entre Estados Unidos y Pakistán. Sus detractores terminarían llamándolo con las mismas etiquetas que usaron más tarde con Robin Raphel: chaquetero, traidor, espía.

Haqqani era urbano, atractivo y un adulador. «Como sabrá bien... —solía decir con una sonrisa felina—. Como un hombre con vuestra experiencia comprenderá, por supuesto...» Haqqani se había criado en un barrio de clase baja tirando a media en Karachi, el centro comercial de Pakistán. Sus padres eran migrantes indios: su madre, maestra; su padre, un abogado que llegó a Pakistán con escasos contactos profesionales y se dedicó a representar a los más desfavorecidos y necesitados. Los Haqqani vivían en unos barracones para familias desarraigadas por la partición de la India. El joven Husain tenía catorce años la primera vez que habitó en una casa de verdad. Al igual que Holbrooke, no había nacido entre las élites; se labró su propio camino.

Recibió tanto una educación islámica tradicional como una educación moderna laica. Se debatía ante una disyuntiva típicamente paquistaní: la Iglesia y el Estado, lo viejo y lo nuevo, Oriente y Occidente. Cuando ingresó en la Universidad de Karachi, fue un líder estudiantil del partido Jamaat-e-Islami, junto con una nueva generación de musulmanes que iniciaba el cambio en la región. Pero él estaba desgarrado. Pasaba horas en el American Center del consulado de Estados Unidos en Karachi, devorando los libros de su biblioteca. Se imbuyó de perspectivas occidentales y creció su desencanto con el antiamericanismo en auge de sus pares. Cuando una turba furiosa enardecida por el sentimiento antiamericano quemó la embajada de Estados Unidos en Islamabad en 1979, los líderes estudiantiles en la cercana Karachi se acercaron a Haqqani para pedirle que liderara el ataque. Según su versión de la historia, dio un discurso efectista, citando el Corán, para disuadirles del recurso a la violencia. Un motivo ulterior que no dijo a los furiosos estudiantes: quería proteger su amada biblioteca del consulado, y los libros occidentales de sus estantes.

Al igual que Holbrooke, Haqqani se sintió atraído por el periodismo y la diplomacia. Escribió para la *Far Eastern Economic Review*, y después colaboró con la televisión estatal paquistaní, a veces bruñendo el legado del régimen militar de Zia-ul-Haq. Cuando llegó a la treintena, Haqqani se había forjado una reputación de comunicador con pico de oro y gran desparpajo para moverse entre públicos occidentales y paquistaníes.

Después de que Benazir Bhutto fuera elegida primera ministra en una plataforma progresiva y laica en 1988, el líder de la oposición conservadora, Nawaz Sharif, recurrió a él para crear su estrategia mediática. Como admitió el mismo Haqqani, Sharif explotaba la xenofobia y el antiamericanismo, pero le creía «posiblemente capaz de aportar cierto equilibrio al país, después de casi una década de régimen militar».

No mucho tiempo después de que Sharif tomara el poder (y después de que, según el ciclo convencional de la política paquistaní, Bhutto fuera depuesta por acusaciones de corrupción), se abrieron rencillas entre Haqqani y su jefe. En 1992, mientras la guerra contra los soviéticos se difuminaba y Estados

Unidos mostraba con más descaro sus recelos hacia Pakistán, el Departamento de Estado le pidió ayuda para remitir un mensaje a Sharif: Estados Unidos sabía que Pakistán suministraba «material de apoyo a grupos involucrados en el terrorismo» y que mentía al respecto. O paraban, o Estados Unidos incluiría a Pakistán en su lista oficial de patrocinadores estatales del terrorismo, lo que desencadenaría sanciones aplastantes. Sharif reunió a su gabinete para abrir una conversación que enfrentó a los generales islamistas contra los progresistas como Haqqani. El jefe del ISI entonces, el teniente general Javed Nasir, adoptó una postura paquistaní tradicional: la carta era responsabilidad de un *lobby* «indo-sionista» y de un embajador judío (que el embajador, Nicholas Platt, fuera en verdad un protestante era la última de las preocupaciones de Haqqani).

Mientras contaba la historia, Haqqani defendió que Pakistán debía reconsiderar su política de relaciones con intermediarios y recurrir más a la diplomacia. Cuando Sharif tomó partido por las voces militares y los agentes de inteligencia, Haqqani amenazó con marcharse. Como se resistía, Sharif le hizo aceptar el puesto de embajador en Sri Lanka; una forma de neutralizarlo sin arriesgarse a tener mala prensa. Era el equivalente paquistaní al exilio en Siberia. Un año después, dimitió.

73

Pero si había un hombre que no se amilanaba, ese era Haqqani. Cuando las nuevas elecciones llevaron a Bhutto de nuevo al poder, se convirtió en su portavoz. Estuvo de su lado cuando, como un reloj, fue derrocada por nuevas acusaciones de corrupción, y criticó más abiertamente a los militares paquistaníes que se aferraban al poder mientras los líderes civiles iban desfilando.

Consiguió algunos seguidores. En 1999, agentes de inteligencia paquistaníes lo interceptaron en una calle atestada de gente, le cubrieron la cabeza con una manta y lo metieron en un coche que aguardaba en la calzada. Con un móvil que llevaba escondido en el bolsillo, Haqqani marcó el número de un amigo, que alertó a los medios de comunicación. Estaba convencido de que la llamada le había salvado la vida, aunque estuvo dos meses y medio entre rejas por falsas acusaciones de corrupción. Cuando el general Pervez Musharraf se hizo con el poder, Haqqani comprendió que no podría vivir a salvo en su país natal con los estallidos frecuentes del régimen militar. «No veía con buenos ojos lo que yo escribía en la época —dijo de Musharraf—. Me sentía muy presionado, porque teníamos otra vez un régimen militar. Así que me marché. Vine a Estados Unidos.» Husain Haqqani se americanizó. Empezó a trabajar de profesor asociado en la Universidad de Boston y a criticar al estamento militar desde una distancia segura.

Haqqani y Benazir Bhutto, que vivía su propio exilio en Dubái, hablaban a menudo del futuro de Pakistán. Ella le pidió que esbozara por escrito una nueva visión de la política exterior del país, por si volvía al poder. Las relaciones entre militares habían reforzado el patrocinio del terrorismo por parte de Pakistán, arguyó. Se había vuelto un «Estado rentista: vivía de los pagos de una superpotencia por su ubicación estratégica y la cooperación de sus servicios de inteligencia», y no de unos intereses comunes. El flujo de dinero fácil desde Estados Unidos alimentó el poder desproporcionado del Ejército y los servicios de inteligencia de Pakistán, y mermaba las posibilidades de reforma. A Bhutto le gustó el artículo y «la idea de una nueva relación con Estados Unidos que sería estratégica y no táctica».

Por un momento dio la impresión de que tenía posibilidades de hacer realidad esa visión. Tras años de presiones diplomáticas por parte de estadounidenses y británicos, Musharraf permitió volver a Bhutto para que presentara su candidatura a las elecciones. Muchísima gente le deseaba la muerte y Bhutto pidió más seguridad tras haberse librado por los pelos de un atentado con bomba. Musharraf le concedió solamente algunos de los refuerzos requeridos. Si algo le ocurría, escribió en un correo electrónico a su cabildero, Mark Siegel, «haré responsable a Musharaf».

El 27 de diciembre de 2007, cuando las sombras se alargaban al final de la tarde, Bhutto salió del Parque Nacional Liaqat en Rawalpindi, a poco más de tres kilómetros de los cuarteles del ejército paquistaní, tras un discurso de campaña que urgía a la democracia. Sus partidarios se arremolinaron alrededor de su Toyota Land Cruiser blanco. Bhutto, que lucía su característico pañuelo blanco y el *kameez* violeta sobre unos sencillos pantalones de algodón y zapatos negros sin tacón, se subió al asiento trasero, sacó la cabeza por la capota y saludó con la mano, como Eva Perón desde el balcón. El disparo resonó en el aire, acompañado de la explosión ensordecedora de un terrorista suicida detonando su carga. Un fotógrafo de Getty, John Moore, activó el disparo continuo de alta velocidad de su cámara y captó el caos desenfocado: una bola de fuego naranja; caras aterrorizadas que emergían entre chispas y humo; supervivientes que se tambaleaban entre cadáveres.

Bhutto murió. Su testamento pasaba el liderazgo de su partido político a su viudo, Asif Ali Zardari, conocido por sus detractores como «Señor Diez por Ciento», por las acusaciones de corrupción persistentes contra él. Sus afligidos partidarios lo encumbraron a la presidencia.

Durante el exilio de Bhutto, Haqqani había intimado con Zardari tanto como con ella. Cuando Zardari y su primer ministro, Yousaf Raza Gilani, buscaban a un nuevo embajador para Estados Unidos después de la elección, se lo pidieron a su antiguo portavoz del partido, Husain Haqqani.

Aceptó. En junio de 2008, se dirigió a Washington y presentó sus credenciales a George W. Bush.

Haqqani había vuelto al escenario político, pero muchos paquistaníes recelaban de él. Su cambio de chaqueta para trabajar con Bhutto —una mujer contra la que había hecho campaña primero— mancillaba su lealtad. Algunos vieron su viaje a Estados Unidos como un Rubicón. Días después del asesinato de Bhutto, Musharraf analizó minuciosamente lo que interpretó como un fracaso de Bhutto. Se había saltado una de las reglas más importantes: «Que no te vean como una extensión de Estados Unidos». Haqqani, recién llegado de años enteros de exilio en Estados Unidos, fue elegido para el puesto en la embajada precisamente por esta imperdonable cualidad.

Años después, el *Express Tribune* de Pakistán trazó una semblanza de Haqqani que se hacía eco de la descripción de

Squealer en *Rebelión en la granja* de George Orwell: «Era un orador brillante, y cuando discutía algún asunto difícil, tenía una forma de saltar de lado a lado».

«Nadie pretende, faltaría más, establecer una comparación con el estimado señor Husain Haqqani —continuaba la semblanza—; al fin y al cabo, Squealer permaneció leal a los cerdos todo el tiempo.»

6

Duplicidad

*R*ichard Holbrooke había sido un secretario de Estado adjunto prodigiosamente joven para el Este asiático durante la administración Carter, antes de marcharse a Lehman Brothers durante los años de liderazgo republicano. Como en todas sus funciones, estrechó lazos con los periodistas de su entorno mientras trabajaba en el Este asiático. Por azares del destino, entre ellos estaba Strobe Talbott, quien, como anticipara en Oxford, había orientado su carrera hacia el periodismo y cubría los asuntos exteriores para *Time*.

Los contactos de Holbrooke en la administración Clinton escaseaban. Había respaldado a Al Gore en las primarias de 1988 y se quedó al margen prácticamente durante toda la campaña de Clinton, aunque no por falta de intentos. Fichó a amigos de Vietnam más cercanos a Clinton, como Anthony Lake, a quien envió *motu proprio* una nota que describía el conflicto que se estaba gestando en Bosnia como «la prueba fundamental de la política de Estados Unidos en Europa» y advertía del peligro de quedarse de brazos cruzados. Holbrooke veía con frustración que los buenos cargos eran para Lake y sus iguales. Fue solo después, por intermediación de Talbott, elegido vicesecretario de Estado, cuando le pidieron que aceptara el puesto de embajador en Alemania. Y fue solo por pura fuerza de voluntad como ascendió a secretario de Estado adjunto para Europa, y luego al cargo decisivo de su carrera como negociador del Gobierno en el conflicto de Bosnia.

La matanza étnica detonada por la desintegración de Yugoslavia fue un problema insoluble en la periferia de los intereses estadounidenses durante muchos años. En 1995, al menos 100 000 personas —y hasta más de 300 000, según algunos cálculos— fueron asesinadas. Los intentos vacilantes de mediación, como el encabezado por Jimmy Carter, apenas interrumpieron las agresiones de las fuerzas serbias contra los musulmanes y los croatas de la región. Fue solo después de que la matanza de miles de hombres y niños musulmanes en la ciudad de Srebrenica escandalizara al mundo entero, cuando Estados Unidos pasó de creer que la violencia era un «problema europeo» a dar luz verde a una presión diplomática más agresiva.

Holbrooke siempre había contemplado el conflicto en términos magnánimos: como una prueba de la OTAN con unas consecuencias potencialmente dramáticas para el futuro de Europa y, por extensión, para los intereses estratégicos de Estados Unidos. Cuando la administración Clinton decidía quién encabezaría la nueva intervención, Holbrooke se prestó a ello, y lo peleó. No gustaba, pero algunos veían su heterodoxia como una ventaja. «Las mismas cualidades por las que lo criticaron —agresividad, cero mano izquierda con sus rivales, una tendencia a cultivar los medios— eran exactamente lo que exigía la situación», dijo el secretario de Estado Warren Christopher. Las partes del conflicto —el presidente serbio Slobodan Milošević, el presidente croata Franjo Tuđman y el presidente bosniaco Alija Izetbegović— eran buscabullas con un historial de tácticas deshonestas. Richard Holbrooke era una rara avis capaz de plantarles cara. Años más tarde, el presidente Clinton pinchó a Holbrooke con un brindis amable: «En los Balcanes todo el mundo está loco y todo el mundo tiene un ego descomunal. ¿A quién si no ibas a enviar?».

Durante un período de tres meses en 1995, Holbrooke mimó y arengó, alternativamente, a las partes del conflicto. Durante un mes los encerró a todos en la base de la Fuerza Aérea Wright-Patterson en Dayton, Ohio, un escenario donde podía dirigir con precisión el teatro de la diplomacia. En la comida que abrió las negociaciones, sentó a Milošević debajo de un bombardero B-2, literalmente a la sombra de la fuerza de combate occidental. En las horas bajas de las negociaciones, le comunicó que habían concluido y mandó sacar las maletas delante de las puertas de los norteamericanos. Al verlo, Milošević pidió a Holbrooke que alargaran las conversaciones. El teatro funcionó: las partes, varias de ellas enemigas mortales, firmaron los Acuerdos de Dayton.

Fue un documento imperfecto que cedía casi la mitad de Bosnia a Milošević y a los agresores serbios, premiando básicamente sus atrocidades. Otros creyeron que dejar a Milošević en el poder haría el acuerdo insostenible. Pocos años después, Milošević continuó con sus agresiones en Kosovo, lo que finalmente provocó los bombardeos aéreos de la OTAN y su destitución del poder, enfrentándose a un juicio en La Haya. La víspera de los bombardeos, Milošević tuvo una última conversación con Holbrooke por la noche. «¿No tiene nada más que decirme?», le suplicó. A lo que Holbrooke respondió: «Hasta la vista, *baby*». (Que le increparan con una frase manida de Schwarzenegger no fue la mayor indignación que Milošević sufrió esa semana.)

Pero el acuerdo logró poner fin a tres años y medio de una guerra cruenta. En cierta manera, Holbrooke llevaba preparándose para esto desde los días en que había presenciado las conversaciones de París con unos vietnamitas deshechos, y trabajó arduamente para no caer en los mismos errores. Para el éxito fue decisivo que Washington le diera manga ancha, sin control de su microgestión y y así aislarse de los caprichos de la política nacional. Una vez autorizados los bombardeos de la OTAN, el ejército estuvo listo para respaldar sus decisiones diplomáticas, y no al revés. En su siguiente y última misión, se aferró a estos mismos elementos, aunque no logró ponerlos en práctica.

Los acuerdos de Dayton convirtieron a Holbrooke en una verdadera celebridad de la política exterior. Al año siguiente fue nominado al Premio Nobel de la Paz. Una viñeta de la revista *Time* lo retrató como a Tom Cruise en *Misión imposible*, colgado de un cable sobre la región, sudando la gota gorda. Sin embargo, solo un año después de Dayton, perdió la secretaría de Estado en favor de Madeleine Albright. Holbrooke, devastado, aceptó el puesto de embajador de Estados Unidos ante Naciones Unidas. «Sé que él quería ser secretario de Estado —dijo Albright—. Pero lo fui yo. Fue una sorpresa para bastante gente, pero creo que [especialmente] para él.» Al Gore

79

dijo más tarde que Holbrooke habría sido el «primero de la lista» para la secretaría de Estado en una administración Gore en 2000. Las circunstancias siempre se conjuraban en su contra para el puesto que más quería.

Cuando Richard Holbrooke presidió la firma de los Acuerdos de Dayton en 1995, Estados Unidos había empezado a recortar en gasto diplomático. El giro hacia la dominación de los militares y los servicios de inteligencia que se produjo después del 11-S estaba todavía a años luz. En los años que transcurrieron entre este triunfo en Bosnia y el siguiente intento de Holbrooke de poner fin a la guerra, el lugar de Estados Unidos en el mundo cambiaría drásticamente. Afganistán y Pakistán estuvieron en el epicentro de estos cambios.

Antes de los ataques del 11-S, la CIA ya había colaborado con Pakistán para capturar a Osama bin Laden. Y por este motivo no fue sorprendente que, al cabo, Estados Unidos adoptara un enfoque estrecho y táctico y se pusiera a trabajar a través de la agencia de inteligencia militar de Pakistán. La mañana del 12 de septiembre de 2001, Richard Armitage, el vicesecretario de Estado, se reunió con el general Mahmood Ahmad, director general del ISI, para intentar concitarse el apoyo de Pakistán en las represalias norteamericanas en Afganistán. Mahmood le prometió el apoyo a Armitage, y también el fin de la colaboración paquistaní con los talibanes. Musharraf hizo lo mismo con Colin Powell. Como por arte de magia, Pakistán pasó de ser un enemigo a ser un amigo otra vez. Las sanciones que se habían acumulado sobre el programa nuclear de Pakistán y el golpe de Estado de Musharraf se evaporaron. «Llamé al presidente Musharraf después de que sugiriéramos que era hora de tomar una decisión estratégica para dejar de sostener a los talibanes —dijo más tarde Powell—. Y revertió la dirección en la que se movía Pakistán.»

Esto era una mera ilusión, cuando no pura superstición. El ISI había dedicado los años que condujeron al 11-S a bombear dinero, armamento y consejeros a Afganistán para respaldar a los talibanes y vencer a sus enemigos, incluida la coalición de señores de la guerra conocidos como la Alianza del Norte, que recibía apoyo de la India. Cuando los estadounidenses reclamaron la cooperación de Pakistán después del 11-S, Musharraf reunió a su equipo de crisis —repleto de generales célebres por haber derrotado a los talibanes y otros grupos militantes islamistas— y decidió «aceptar inequívocamente todas las demandas de Estados Unidos, aunque después... no estuviera necesariamente de acuerdo con todos los detalles», como recordó uno de los presentes. Pakistán estaba jugando un doble juego, como ya había hecho en el pasado. Al igual que ocurrió en plena cooperación contra los soviéticos, Estados Unidos volvió a mirar hacia otro lado.

La otra mitad de la respuesta estadounidense implicaba armar a la Alianza del Norte, y las consecuencias de respaldar a las dos facciones rivales se revelaron casi de inmediato. Cuando los combatientes de la Alianza del Norte con apoyo estadounidense derrocaron el bastión talibán de Kunduz, Musharraf llamó desesperado al presidente Bush para pedirle un favor: una tregua en los bombardeos y permiso para aterrizar en Kunduz y evacuar en avión a los paquistaníes. Un grupo de vuelos recogieron a los hombres y los transportaron a Pakistán, donde desaparecieron inmediatamente. Fue una operación secreta y los responsables estadounidenses mintieron para ocultarla. «Ni Pakistán ni ningún otro país fletó aviones a Afganistán para evacuar a nadie», insistió el entonces secretario de Defensa, Donald Rumsfeld. Los evacuados, según la mayoría de los testimonios, no eran gente inocente que pasaba por allí: entre ellos había numerosos partidarios de Al Qaeda. Un agente de la CIA que trabajaba entonces con la Alianza del Norte me dijo sin rodeos del incidente: «Fue un error».

Los extremistas huidos se establecieron en Pakistán, donde florecieron estructuras terroristas organizadas en dos refugios seguros. En Quetta, Mulá Omar creó un nuevo consejo talibán, o *shura*, y designó a los comandantes que encabezarían una insurgencia en las provincias meridionales de Afganistán. En las Zonas Tribales de Administración Federal (FATA) en el noroeste de Pakistán, Jalaluddin Haqqani (sin relación con Husain, el embajador) y Gulbuddin Hekmaytar —ambos antiguos operativos utilizados por el ISI y la CIA contra los soviéticos— dirigieron sus propios movimientos aliados con los talibanes.

El ISI también siguió financiando y armando directamente a los talibanes dentro de Afganistán. Los líderes militares y de los servicios de inteligencia permitieron que los extremistas siguieran operando abiertamente, mientras que mentían con descaro a los estadounidenses y negaban que pasara nada. Esta fue una de las grandes ironías de la guerra contra el terrorismo: mientras Estados Unidos se acercaba más a Pakistán para combatir a los talibanes, también estaba garantizando *de facto* la supervivencia de los mismos.

Husain Haqqani, que en el último año del Gobierno de Bush fue nombrado embajador, dijo que los mandamases militares y de los servicios de inteligencia le pidieron reiteradamente que mintiera sobre el apoyo a los terroristas. Cuando Lashkar-e-Taiba (LeT), un grupo con base fuera de Pakistán y fuertemente patrocinado por el ISI, realizó una serie de atentados con bomba y fusilamientos en Mumbai, que se cobraron la vida de 164 personas, el director del ISI, Ahmed Shuja Pasha, le dijo a Haqqani que informara a los estadounidenses que «nadie sabía nada en Pakistán» de los atentados y que ninguno de los autores era paquistaní. «Yo respondí: "Pero sabéis que eso es una mentira descarada". La razón por la que Estados Unidos y Pakistán tienen este déficit de confianza tan grande es que les mentimos con desfachatez —dijo Haqqani—. La diplomacia nunca dice la verdad al cien por cien, pero tampoco miente nunca al cien por cien. Yo quería que fuera… —se calló un momento, esbozando una media sonrisa en la comisura de los labios— una verdad bien contada.»

La administración Bush sabía que Pakistán estaba jugando a un doble juego, pero, por regla general, lo negaba públicamente. Michael Hayden, el director de la CIA, dijo entonces que Estados Unidos «no tenía otro socio mejor en la guerra contra el terrorismo que los paquistaníes». Hayden, un general cuatro estrellas retirado, era un hombre achaparrado, enérgico y afable. Hablaba rápido y arqueaba las cejas por encima de los cristales ovalados de sus pequeñas gafas sin montura. Cuando le insistí en la descripción halagüeña que la administración Bush hacía de sus relaciones con Pakistán, fue sincero. «Si dije eso de los paquistaníes, fue para equilibrar lo que siguió —me dijo—: que eran los aliados del infierno porque, de hecho, habían hecho un pacto con el diablo.» Había visto la sólida cooperación de algunas divisiones del ISI. Pero había otras, como el infame «Directorate S» a favor de Al Qaeda, «cuyo único objetivo en la vida era, en realidad, apoyar a los grupos que nosotros identificaríamos como terroristas», dijo Hayden. El general Pasha, igualmente, había sido un «embaucador». Pasha no quiso responder. «No puedo decir la mitad de la verdad —me escribió en un correo electrónico— ¡¡¡y no creo que deba decir toda la verdad!!!» (La correspondencia del general Pasha se caracterizaba por una fina cortesía y un chorrón de puntos de exclamación, como un caballero victoriano que le dictara a un adolescente milenial.)

Numerosos funcionarios de la administración Bush dijeron que rara vez, si alguna, interrogaron a Pakistán a propósito del apoyo a los terroristas, por miedo a poner en peligro la alianza contraterrorista. Hayden recuerda solamente una conversación directa de esta índole, al final del mandato, en la que Musharraf «dio largas a agentes del ISI retirados. Ya sabe, los que apoyaron a los *mooj* (muyahidines) durante la guerra contra los soviéticos». Estados Unidos había contribuido a crear la financiación del Estado paquistaní a los islamistas en esta época, y ahora no acertaba a meter de nuevo el genio en la lámpara. Hayden decía que, si querían, la cosa superaría los estrechos confines de la cooperación de los servicios de inteligencia y el ejército. «Mire, lo que quiero decir es que el director de la CIA no va a hacer que el Gobierno de Pakistán cambie de tercio basándose en una conversación que tuvo en Washington o en Islamabad —dijo—. Para ello es necesario todo un esfuerzo por parte del Gobierno a largo plazo... y sanciones verdaderamente poderosas, pero yo no he visto evidencias de que estemos dispuestos a aplicarlas.» Estaba describiendo la necesidad urgente de un mayor esfuerzo diplomático que nunca tendría lugar.

El resultado del doble acuerdo de Pakistán, y la relativa tolerancia de Estados Unidos al respecto, fue un patinazo hacia un desorden violento en la franja afgana de la frontera, caracterizado por la reaparición constante de los talibanes en el transcurso del mandato de Bush. Las operaciones estadounidenses y de la OTAN les hacían recular periódicamente, pero

83

los refugios seguros en Pakistán siempre procuraban una cantera de combatientes. Durante el segundo mandato de Bush, la insurgencia cobró fuerza y realizó ataques devastadores y, a veces, el ejército paquistaní les proporcionaba cobijo al otro lado de la frontera, disparando contra soldados estadounidenses y afganos. Los logros talibanes les permitieron establecer un gobierno paralelo en el sur y luego en el este del país, con sus gobernadores y sus jueces. En los primeros días de la administración Obama, Estados Unidos estaba perdiendo la guerra.

7

La casa de la fraternidad

$\mathcal{M}$ientras Afganistán y Pakistán se desenredaban, Richard Holbrooke seguía persiguiendo el papel para el que creía haber nacido: ser secretario de Estado. Lo conocí cuando volvía a acercarse a su objetivo, apoyando contra viento y marea la fallida candidatura de John Kerry a la presidencia en 2004. Holbrooke trabajaba como particular, de nuevo en la banca de inversiones, pero se le seguía viendo invariablemente en Naciones Unidas y en actos benéficos. Yo estaba trabajando con UNICEF en Nueva York y en relación a varias zonas en conflicto. En Sudán, empecé a producir columnas como longanizas para el *Wall Street Journal* y el *International Herald Tribune* sobre una campaña de limpieza étnica que iba a más. Durante años, Holbrooke me enviaba con religiosidad valoraciones de mi trabajo: «Ronan, este es un artículo espléndido, muy vivo… Tendría que intentar despegar en este asunto con el Departamento de Estado y la ONU. Lo voy a pasar». O, con la misma frecuencia: «La próxima vez insista un poco más en las soluciones para que el artículo sea algo más que una queja contra la ONU».

Se tomaba la correspondencia en serio. En aquel discurso del Departamento de Estado en 2010 que marcó la publicación de los documentos de Vietnam, lamentaba que «con toda probabilidad, los volúmenes que se publiquen ahora jamás serán igualados… con los correos electrónicos y las teleconferencias por vídeo, la documentación ya no es lo que era». Cuando lo conocí era un practicante de las artes moribundas. El que yo fuera excesivamente joven para cualquiera de estas cosas —un adolescente, cuando hice las prácticas con él durante la época en que asesoraba la campaña de Kerry—, nunca pareció perturbarle. Tenía sentido: él mismo había perfeccionado el arte de ser excesivamente joven y deslenguado para su puesto. Me abrió la puerta y yo estaba lo bastante verde como para no pensármelo dos veces.

Holbrooke no era uno de la banda en ese momento, un papel con el que terminaría familiarizándose en los años posteriores. Corría el 19 de enero de 2009, la víspera de la investidura del presidente Barack Obama y el momento estelar de las recepciones previas a la investidura, que arrojan a las élites de Washington a una caza frenética de invitaciones cada cuatro años. Una de estas recepciones, organizada por una republicana de la alta sociedad, Buffy Cafritz, y su marido Bill, había sido un punto de reunión para los cotilleos de ambos partidos desde la década de 1980. Casi todos los años atraía a doscientos cincuenta o trescientos invitados. Ese año, más de quinientos atestaban el salón de baile de The Fairfax en Embassy Row, que bullía de expectación. Los astros del cine empujaban a los políticos que empujaban a los reporteros. Se agolpaban, cócteles en mano, los cuellos estirándose para atisbar nombres populares del nuevo gobierno. Se respiraba un cambio, y nadie quería perdérselo.

Puedes notar que la energía de un grupo de políticos cambia cuando alguien cuyo favor más vale tener entra en la sala. Cuando Bill y Hillary Clinton llegaron esa noche —ella derrotada en la campaña electoral, pero aupada por su nominación como la nueva secretaria de Estado de Barack Obama—, la sala de baile tenuemente iluminada prácticamente se inclinó hacia ella. Hillary Clinton esbozó una amplia sonrisa gélida y se abrió paso entre la asistencia saludando con la cabeza. Huma Abedin, la asistente personal de Hillary Clinton desde hacía mucho tiempo, se rezagó tras ella, tecleando su BlackBerry con los pulgares.

Richard Holbrooke había estado estudiando a la asistencia con indisimulada intensidad y su mirada repasaba el mar de rostros sin prestar demasiada atención a nuestra charla. Estaba en los márgenes de la sala de baile, vestido con un traje gris marengo que le quedaba grande y una corbata violeta y blanca.

A sus sesenta y siete años, tenía sobrepeso y encanecía; estaba a un universo y una generación del diplomático del Servicio Exterior, desgarbado y sonriente detrás de sus gafas de pasta, que posaba en las fotos del delta del Mekong. Pero su sonrisa satisfecha y sus ojos penetrantes no habían cambiado.

Nos pusimos al día en pocas palabras. Pero Holbrooke no dejó de fijarse en la asistencia ni un momento. Estaba «conectado», en modo trabajo. Cuando Hillary Clinton entró en escena, se fue con un sucinto «hablamos después» y se acercó a ella lo bastante rápido como para atraer algunas miradas de reojo. Ambos habían estrechado lazos desde la presidencia de su marido, cuando Holbrooke la aconsejó más de una vez durante sus primeros años en el escenario internacional. Durante la administración entrante, ella se mostraría como su defensora más acérrima. Pero él nunca pareció seguro de por dónde iba pisando en esos años, ni siquiera con ella. La menor oportunidad de un preciado cara a cara contaba. «No podías estar con él ni siquiera un segundo sin darte cuenta de las ganas que tenía de triunfar», escribió el reportero de guerra David Halberstam después de trabar amistad con Holbrooke en Vietnam. La noche en el Fairfax lo demostró con creces.

Con su respaldo a Hillary Clinton, Holbrooke apostó una vez más por el caballo perdedor. Pero, tan aguerrido como siempre, en el momento en que Clinton perdió las primarias de 2008, inició una campaña para entrar en una administración Obama en la que era un perfecto desconocido. Se puso a hacer llamadas a diestro y siniestro, a cualquiera que se le ocurría, hasta que, finalmente, los amigos le dijeron que se cortara. Durante un tiempo batió el récord de apariciones en el programa de entrevistas de la PBS presentado por Charlie Rose. En una aparición de agosto de 2007 intentó a toda costa reorientarse hacia Obama.

—Apoyé a la senadora Clinton basándome en una vieja y estrecha relación personal con ella y unos compromisos duraderos. Pero he… he leído las posturas del senador Obama con suma atención… y no hay una postura importante que él tomara con la que yo pueda estar en descuerdo…

—También se trajo con él a un grupo de trece personas de política exterior… y mucha gente vio que su nombre, su presencia no estaba entre ellos —contraatacó Rose. Holbrooke no era de los que ponían cara de póquer y, por un momento, pareció casi desesperado—. Y se sintieron decepcionados, francamente, porque piensan que usted es uno de los portavoces principales en política exterior del bando demócrata, por su amplia experiencia y sus…

—Mis frecuentes apariciones en su programa —rio él con excesivo furor.

—Sus frecuentes apariciones en este programa. ¿Por qué no estaba en el grupo?

—Pensaba que estaba haciendo un programa con usted.

—Sea sincero conmigo. Dígame por qué no estaba en el grupo y a qué se debió.

Holbrooke miró de reojo y luego dijo con un tono que sugería que hubiera preferido rociarse de gasolina y autoinmolarse en esa mesa de roble antes que reconocer lo que vino a continuación: «No estuve allí porque no me invitaron». A lo que añadió rápidamente: «No tengo ningún problema con eso. Pueden invitar a quien quieran a una reunión. De hecho, yo estaba fuera de la ciudad ese día y no habría podido ir de todos modos».

Rose le preguntó si había hablado con Obama, y Holbrooke le respondió cambiando de tema y mencionando una lista de consejeros con los que tenía relación. «Hemos trabajado todos juntos, Susan Rice, Tony Blinken para Biden, Greg Craig. He colaborado estrechamente con todo el equipo actual del Senador Obama. Los conozco bien.»

Pero lo cierto era que Richard Holbrooke tenía escaso valor para el equipo de Obama. Había trabajado con Susan Rice, era verdad, durante la administración Clinton. Decir que no se llevaron bien sería quedarse corto. Durante una reunión, las diferencias llegaron a tal extremo que ella le hizo la peineta delante de una sala llena de empleados. Los aliados de Holbrooke dijeron de ella que era un «fantoche» y «una resentida» en la prensa. Diplomáticos que trabajaban con ambos dijeron que ella pensaba que Holbrooke la había pisoteado. («Ha intentado pisotearme —aclaró ella—. No creo que lo haya conseguido.») La relación de Holbrooke con Blinken tampoco fue suficiente para impedir que su jefe, el vicepresidente Joe Biden, le dijera a Obama: «Es el capullo más egocéntrico que he conocido en mi vida». (Aunque Biden reconoció que Holbrooke era «posiblemente el tipo indicado» para manejar la guerra de Afganistán.) Y Greg Craig, también mencionado por Holbrooke, pronto perdería el favor del bando de Obama.

Para muchos leales a Obama, Richard Holbrooke era el enemigo: formaba parte de la vieja guardia de las élites de la política exterior que se habían concentrado alrededor de los Clinton y habían desdeñado a Obama y su círculo íntimo por advenedizos. Holbrooke había evitado criticar públicamente al joven senador de Illinois, pero se había aplicado en su papel de político leal a Hillary, y llamó a otros expertos en política exterior para señalarles que el apoyo a Obama podía echar a perder sus oportunidades de lograr un cargo en la presidencia de Clinton (y, presumiblemente, en un Departamento de Estado de Holbrooke). Como muchos otros altos diplomáticos demócratas, su apoyo inicial a la guerra en Irak también lo había marcado. Más tarde, escribió y habló largo y tendido sobre las desastrosas repercusiones de esta invasión, haciendo hincapié en el abandono de Afganistán. Pero a ojos de muchos miembros del nuevo gobierno, representaba exactamente eso contra lo que Obama había medido sus fuerzas.

Existía también una brecha cultural. Obama había hecho campaña apelando a la emoción y el cambio, no la historia o la experiencia. Más tarde se describiría como «probablemente el primer presidente que es lo bastante joven como para que la guerra de Vietnam hiciera mella en [mi] desarrollo personal». Cuando Estados Unidos salió finalmente de Vietnam en 1975, él solo tenía trece años, «así que crecí sin la mochila de la discusión sobre la guerra de Vietnam». Salvo unas pocas excepciones notables, se rodeó de hombres jóvenes con la misma mirada generacional. Ben Rhodes, quizá la voz más perdurable e influyente en materia de política exterior en la Casa Blanca, recibió un cargo hecho a medida —consejero adjunto de Seguridad Nacional para las comunicaciones— a sus treinta y un años. Los empleados se pasaron años espantando una comparación recurrente: la Casa Blanca como la *frat house*, la «casa de la fraternidad».

En esta Casa Blanca, los representantes de la jerarquía casposa estaban pasados de moda. Después de una durísima carrera, los leales a Clinton fueron menos bienvenidos si cabe, especialmente quienes hacían gala de una personalidad desmesurada. «Creo que su actividad arrolladora, *mmm*, suscitó algunas reprobaciones en la Casa Blanca —dijo Hillary Clinton de Holbrooke—. Pensaron que se pasaba de rosca, que se salía de la política sosegada, sin dramas, que querían para la Casa Blanca. Y fue muy doloroso para mí.»

Dos días después de la elección, Richard Holbrooke llegó a Chicago para entrevistar al presidente electo. La reunión, que duró treinta minutos, fue un desastre desde el principio. Según cuentan los amigos de Holbrooke a los que este llamó después, Obama lo saludó por el nombre de «Dick», cosa que Holbrooke le corrigió, diciendo que su mujer, la escritora Kati Marton, prefería que lo llamaran «Richard». «¿Estás de broma, no?», recordó haberle dicho Les Gelb a Holbrooke, un amigo suyo de hacía muchos años que lo había puesto al corriente de los papeles del Pentágono unos años antes. No era broma. Lo había hecho. Obama se molestó, y así se lo dijo a varias personas después. «Por alguna razón, el presidente Obama pensó que él, Holbrooke, lo había tratado con cierta condescendencia —dijo Henry Kissinger—. No sé si será verdad. En cualquier caso, Holbrooke tenía mucha más experiencia que cualquier recién llegado, eso está claro.» En cierto sentido, todo esto son interpretaciones de algo muy simple: aquello fue una entrevista de trabajo como cualquier otra y a Obama no le gustó el colega, sin más.

En medio del sudoroso parloteo en el Fairfax la víspera de la investidura, Holbrooke se concentró en su objetivo. Hillary Clinton como nueva secretaria de Estado era una noticia agridulce, pero también un alivio. Desempeñaría un cargo en la administración. Los observé mientras conversaban. Él le susurró algo al oído y los dos se echaron a reír. Él se aseguró de que la multitud reunida lo viera.

Hillary Clinton estaba exuberante. Los Obama no iban a asistir y ella era el foco de cada mirada y susurro. Ella y yo habíamos ido a la misma facultad de Derecho, donde compartimos varios profesores antediluvianos, a pesar de pertenecer a distintas promociones. Nos vimos varias veces en el curso de los años, y siempre había sido más amable de lo necesario conmigo. Hillary Clinton tenía una gran capacidad para recordar a la gente o, al menos, para disimular los recuerdos que se le habían olvidado. Me confesó haber leído varias de mis columnas sobre política exterior y me preguntó qué estaba escribiendo. Le dije que estaba decidiendo si volver al bufete de abogados donde había hecho prácticas en verano. Me miró con firmeza y me dijo: «Hable con Holbrooke».

Ella y Holbrooke ya habían empezado a esbozar un nuevo papel para él, que ella describiría más tarde como «con muchos parámetros», el más difícil de la administración. «Desde mi experiencia en París en 1968 como miembro bisoño del equipo de negociación de Vietnam con Averell Harriman y Cyrus Vance —escribió una vez Holbrooke—, he querido medirme en las negociaciones más difíciles del mundo.» Su deseo iba a cumplirse.

91

8

Misión imposible

*C*uando la misión de Holbrooke se filtró por primera vez, lo presentaron como al «enviado especial para la India, Pakistán y Afganistán». El desliz no se debió a una cobertura informativa poco rigurosa. Si bien su mandato se reducía en definitiva a los dos últimos países solamente, Holbrooke había previsto inicialmente negociaciones de gran calado en toda la región. «El futuro de Afganistán no puede garantizarse solo a través de la contrainsurgencia», escribió en 2008. «También exigirá acuerdos regionales que concedan a los vecinos de Afganistán una participación en el acuerdo. Estos vecinos son Irán, así como China, la India y Rusia. Pero el más importante es, sin duda, Pakistán, que puede desestabilizar a Afganistán a su antojo... y lo ha hecho.» En Bosnia, Holbrooke había hecho malabarismos con partidos díscolos del tenor: no solo musulmanes bosniacos, croatas y serbios, sino también con Rusia, los aliados europeos y organizaciones como Naciones Unidas y la OTAN. En esta ocasión, Holbrooke vio de nuevo la necesidad de un acercamiento estratégico a lo grande.

Este ambicioso plan de otro acuerdo político de la cuerda de *Misión imposible* construido sobre la diplomacia de la vieja escuela, chocó con las realidades de la nueva administración. Dos días antes de las recepciones de la víspera de la investidura, Holbrooke habló ante un público de antiguos y actuales diplomáticos en el comedor de Estado Benjamin Franklin, la sala de ceremonias más esplendorosa del Departamento de Estado, en la octava planta. La sala se renovó en la década de 1980, con un estilo clásico que evoca las grandes salas de recepciones de Europa continental. Ornamentadas columnas corintias, revestidas de yeso rojo y pintadas con vetas de falso mármol, jalonaban las paredes. En el techo, candelabros de cristal tallado portugués colgaban alrededor de un molde del Gran Sello de Estados Unidos: un águila imperial, cuyas garras se aferran por un lado a un haz de flechas y por otro a una rama de olivo. Holbrooke estaba flanqueado por Barack Obama y Hillary Clinton a su derecha, y por Joe Biden y George Mitchell, el enviado para la paz en el Próximo Oriente recién nombrado por la administración, a su izquierda.

«Es extraordinariamente conmovedor para mí volver a este edificio, en el que entré hace tantos años en calidad de responsable subalterno del Servicio Exterior», empezó. En Afganistán, describió una guerra que se había torcido; en Pakistán, un desafío «infinitamente complejo». Agradeció al presidente que rindiera homenaje a los diplomáticos al segundo día de asumir sus funciones, y Obama, a su vez, subrayó su «compromiso con la importancia de la diplomacia» y su reconocimiento «de que la fortaleza de Estados Unidos procede no solo del poder de nuestras armas». Estas convicciones se pusieron a prueba durante sus ocho años de mandato.

Holbrooke miró a su mujer, Kati, y a sus hijos David y Anthony, y a colegas que conocía desde hacía decenios. Estaba visiblemente conmovido; le temblaba la voz. «Veo que mi antiguo compañero de habitación en Saigón, John Negroponte, está presente —dijo—. Recordamos bien aquellos días, y espero que esta vez obtengamos mejores resultados.» La asistencia se rio. Obama permaneció impasible.

Si bien otras iniciativas regionales anunciadas por la nueva administración estaban encabezadas por «enviados», Holbrooke, en lo que sería uno de tantos engorros para la Casa Blanca, insistió en que le dieran el título sui géneris de «representante especial». Un término más concreto, desde su punto de vista, para describir su gestión; una forma de señalar que estaba constituyendo un equipo operativo de envergadura.

En 1970, el joven Holbrooke escribió un artículo en *Foreign Policy*, una publicación con pretensiones, de la que sería más tarde redactor jefe, denunciando la burocracia anquilosada y estanca del Departamento de Estado. De vuelta décadas más

93

tarde, decidió sacudirla. Empezó por reunir a un equipazo de funcionarios de toda la estela gubernamental. Había representantes del USAID y el Departamento de Agricultura, la Tesorería y el Departamento de Justicia, el Pentágono, la CIA y el FBI. Luego estaban los externos: pensadores contraculturales procedentes de la sociedad civil, el mundo empresarial y académico. Vali Nasr, el investigador iranoestadounidense de estudios de Oriente Próximo, recibió un texto una noche de diciembre. Era teatral a más no poder: «Si trabaja para alguien más, le partiré las rodillas». Y luego, previendo que Nasr preferiría trabajar en algo relacionado con Irán: «Esto es más importante. Esto es en lo que está centrado el presidente. Esto es algo que no querrá perderse». Barnett Rubin, profesor de la Universidad de Nueva York y una autoridad en historia y cultura afganas, también recibió una llamada. Rina Amiri, una activista afgana que había colaborado con la ONU y el Open Society Institute, reconoció a Holbrooke en un vuelo Delta que conectaba Washington con Nueva York y le insistió a propósito de las próximas elecciones afganas. Holbrooke quedó impresionado y le dijo que estaba juntando a un equipo. «Lo sé —dijo ella—, pero estoy aquí para presionarle.» «Y yo soy muy hábil —le dijo él—. Acabo de convertir sus presiones en una entrevista de trabajo.»

La entrevista que me hizo a mí también fue peculiar.

«¿Qué tendríamos que estar haciendo que sea diferente?», gritó Holbrooke por encima del silbido de la ducha que se estaba dando en medio de mi entrevista de trabajo. Desde la estancia contigua, me reí. No pude evitarlo.

Fue la culminación de una reunión que se había alargado durante horas enteras, primero en su despacho para pasar luego al de la secretaría de Estado y finalmente a su casa adosada en Georgetown. Seguí el consejo de Hillary Clinton en la recepción previa a la investidura en The Fairfax y me puse en contacto con Holbrooke y su jefa de personal, Rosemarie Pauli. Un mes y pico después, en marzo de 2009, fui al Departamento de Estado para reunirme con él en persona. Él salió zumbando de su despacho, acribillándome a preguntas sobre política.

¿Cómo revitalizaría yo el comercio en Asia central? ¿Cómo maximizaría el impacto de la ayuda a los paquistaníes? Tanto daba que yo fuera un abogado que estaba muy verde, con una modesta experiencia de política exterior en África, no en Afganistán. Yo había trabajado con grupos no gubernamentales en el mundo en vías de desarrollo y Holbrooke quería acelerar el interés de Estados Unidos en estos grupos; un cambio de cultura en una zona de guerra donde casi todas las mejoras pasaban por poderosos contratistas estadounidenses. Quería respuestas alejadas de la tradición y la experiencia de gobierno.

El Departamento de Estado, en el barrio Foggy Bottom de Washington, es un imponente bloque de arquitectura clásica sobria, revestida de caliza, y construida a retazos entre los años 1930 y 1950. La parte inicial del complejo se proyectó para albergar el Departamento de Guerra, en constante expansión, después de la Segunda Guerra Mundial, si bien con la construcción del más ambicioso Pentágono nunca llegó a ser la sede del Ejército. La intimidante entrada trasera del edificio se sigue conociendo hoy en día como Departamento de Guerra; un alarde de ironía para la sede de la promoción de la paz. El Departamento es una jerarquía, literalmente: salas de ceremonias opulentas para recibir a los dignatarios extranjeros en la octava planta, el despacho del secretario de Estado en la séptima y los despachos de importancia decreciente en las plantas inferiores. Durante el prodigioso giro de Holbrooke en calidad de secretario adjunto en su treintena, este ocupó un complejo de oficinas en la sexta planta. Ahora lo relegaron a la primera, junto a la cafetería; la misma donde consignaron más tarde a Robin Raphel y al otro lado del quiosco del Departamento, donde Holbrooke se aprovisionaba de comida basura entre reuniones.

Nuestra cháchara mientras caminábamos empezó en su despacho y siguió por el pasillo, a la séptima planta después y al ornamentado despacho con paneles de madera del secretario de Estado. No dejó de moverse ajetreadamente durante toda la conversación, mirándome a los ojos solo alguna vez, mientras sus asistentes corrían tras él para entregarle documentos. Me dejó más de una vez con la respuesta en la boca para atender llamadas en su BlackBerry. Aquello no era un gobierno propio de la vida real, con interlocutores formales sentados en reuniones, sino que parecía un gobierno escenificado por el dramaturgo Aaron Sorkin.

Holbrooke y yo, y un veterano agente de la CIA que Holbrooke intentaba agenciarse para su equipo, Frank Archibald, nos reunimos brevemente con Hillary Clinton en la antecámara que hay fuera de su despacho. Esbozó una visión deslumbrante de las funciones que iba a desempeñar cada cual. Reformulado y vendido con arte por Holbrooke, cada subordinado era una revolución en sí mismo. Archibald se encargaría de disipar él solito el recelo patente entre el Departamento de Estado y la CIA. Yo iba a enderezar la ayuda estadounidense a las oenegés. Amiri, como se lo oí decir en múltiples ocasiones, habría escrito la constitución afgana. (Mientras él le daba jabón a este respecto durante un acto, ella se inclinó hacia mí y me susurró al oído: «Yo no escribí la constitución afgana».) Ninguno de nosotros tendría que haber hablado de su trabajo con la secretaria de Estado durante las entrevistas, pero muchos lo hicimos, y todo por el empeño de Holbrooke. Holbrooke, a su vez, se había apoyado en el patrocinio de hombres ilustres, desde Scotty Reston en el *Times* hasta Dean Rusk y Averell Harriman. Él quería ser esa clase de hombre también a ojos de la sociedad, y lo era.

Después de reunirnos con la secretaria, volvimos a la suite de despachos que Holbrooke tenía en la primera planta, donde recogió sus maletas. Acababa de volver de viaje y tenía que ir a casa a cambiarse antes de una reunión vespertina en la Casa Blanca. Me pasó una de las maletas y salimos a parar un taxi, sin que él interrumpiera el chorro de preguntas. ¿Sería yo partidario de una ayuda del USAID más abiertamente estadounidense en la región? ¿Cómo reclutaría yo grupos de vigilancia para garantizar la transparencia electoral? Yo acababa de recuperarme de varios años en una silla de ruedas por culpa de una infección de la médula ósea sin tratar, mientras trabajaba en Sudán. Holbrooke lo sabía, pero, como no podía ser de otra manera, se le había olvidado el detalle. Fui renqueando detrás de él con su maleta. Cuando llegamos a su casa de Georgetown, enfiló escaleras arriba; sin preguntarme qué tal, naturalmente, y continuando sencillamente con la conversación. Dejó la puerta del cuarto de baño entreabierta y se alivió. «¿Y qué me dice de las negociaciones con los talibanes?», me preguntó como si nada. «¿Perdone?», dije. «¿Qué?», contestó con inocencia desde el otro lado de la puerta del baño, como si fuera la cosa más normal del mundo. Y para él lo era: al parecer, prácticamente todo el mundo tenía una anécdota sobre las reuniones de Holbrooke en cuartos de baño. Asomó la nariz, desabotonándose la camisa. «Me voy a dar una duchita.» Yo me quedé fuera mientras la entrevista seguía su curso.

Muchos de los cortejados por Holbrooke vacilaban. Rina Amiri, temerosa de que se silenciaran sus ideas abiertas sobre los derechos humanos, lo tuvo un mes en vilo. Barnett Rubin puso la condición de que le permitieran conservar su puesto académico en la Universidad de Nueva York a tiempo parcial. Yo mismo no estaba convencido. El Departamento de Estado ya no era un paso atractivo en mi carrera. «Yo de ti iría a Davis Polk», me escribió un compañero de clase, aludiendo al bufete de abogados que me había hecho una oferta de trabajo. «¿Qué tienen de bueno esos cargos tecnocráticos? ¿En serio tienes ganas de pasarte cuarenta años intentado medrar? Si trabajas muy duro, con suerte terminarás donde Holbrooke está ahora, que es como estar en ningún sitio, en serio. Pasa de esa mierda.»

Sin embargo, Holbrooke siempre aportó a cualquiera de sus trabajos una cualidad visionaria que trascendía las consideraciones prácticas. Hablaba abiertamente de cambiar el mundo. «Si Richard te llama para pedirte algo, dile que sí a la primera —decía Henry Kissinger—. Si le dices que no, terminarás aceptando, solo que el rodeo habrá sido penoso.» Todos dijimos que sí.

A inicios del verano, Holbrooke había reunido a su equipo de ladrones a lo *Ocean's Eleven*; éramos una treintena, de distintas disciplinas y agencias, con experiencia de gobierno y sin ella. En la prensa paquistaní, las notas de color que se sumaban al equipo se observaban de cerca y, generalmente, se aprobaban con entusiasmo. Otros eran más pesimistas. «Se rodeó de una banda de personajes estrafalarios. Pero no me atribuya esta frase a mí», me dijo un alto rango militar. «Su afán por traer al Departamento de Estado a representantes de todas las agencias que habían participado de alguna manera a

97

nuestros esfuerzos me pareció una idea brillante —dijo Hillary Clinton—, mientras que todos los demás luchaban con uñas y dientes.»

Fue solo después, cuando trabajé para la burocracia ampliada del Departamento de Estado de Hillary Clinton como director de cuestiones de juventud mundial durante la Primavera Árabe, cuando comprendí cuán singular era la vida en la Oficina del Representante Especial para Afganistán y Pakistán —pronto referida por su acrónimo, SRAP, como todo en el gobierno—. El espacio de la oficina anodina de techos bajos contigua a la cafetería estaba en las antípodas de las oficinas abiertas y coloridas de Silicon Valley, pero tenías la sensación de estar en una *start-up*. La oficina pronto se embelleció con la aparición de caras eclécticas e inesperadas. Holbrooke acogía a una procesión de periodistas, con quienes mantenía la misma relación cercana que en sus empleos anteriores. Nos visitaban prominentes juristas. Se reunió con Angelina Jolie para hablar de los refugiados y con Natalie Portman, de las microfinanzas. Holbrooke sabía que lo que estaba haciendo era contracultura, y creyó que era histórico. Había recordatorios de su visión de nuestro lugar en la historia por todas partes. Incluso su despacho era un altar a las guerras que nos habían precedido. Lo veías en fotografías enmarcadas en las paredes, sonriendo en el delta del Mekong; en otra posaba con Bill Clinton en Timor oriental, o en Sarajevo, flanqueado por guardas armados. «¿Está llevando un diario? —me preguntó un día—. Un día escribirá sobre esto.»

Hillary Clinton le dijo a Holbrooke que sería el homologo civil directo del general David Petraeus, a la sazón comandante del Mando Central de Estados Unidos (CENTCOM), la poderosa división del Pentágono responsable de Irak, Afganistán y Pakistán. «Él tiene más aviones que yo teléfonos», se quejó Holbrooke más tarde. Petraeus era un hombre menudo de físico fibroso, perfeccionado por un régimen de entrenamiento diario, antes del amanecer, que era pasto de los redactores de perfiles: ocho kilómetros de carrera, seguidos de veinte flexiones —con una modificación tortuosa que implicaba levantar la pierna entera hasta que los cordones de sus zapatillas tocaban la barra— y luego cien planchas. En una reunión de 2016 del misterioso grupo Bildeberg en Dresde, Petraeus, que entonces contaba sesenta años, fue abordado por periodistas de veintipocos años que le gritaron sus preguntas. Se fue corriendo. Intentaron darle alcance, en vano. Una vez, un disparo de un M-16 le alcanzó el pecho durante un ejercicio de entrenamiento con fuego real y vivió para contarlo. La leyenda decía que solo ingería una comida al día y que nunca dormía más de cuatro horas. Una vez tuve la mala fortuna de hacer cola a su lado en un bufé. Echó un vistazo a mi plato de macarrones con queso. «Luego… luego saldré a correr un rato», me defendí. Me dio una palmada en el hombro. «¿En serio? ¿Cree que podrá?» (No he salido a correr en mi vida.)

Petraeus, como Holbrooke, era un tipo fuera de serie, que sabía construir un relato público y utilizarlo en su provecho. También él tenía el oído de cada periodista en Washington, una línea directa a las columnas de opinión, y una tendencia a rodearse de expertos que pudieran ayudarle a propagar su mensaje fuera del gobierno. Como apuntaban las semblanzas extasiadas, era un general erudito, y era cierto: había sido un estudiante de primera en West Point antes de recibir un doctorado de la Woodrow Wilson School of Public and International Affairs de Princeton. Su tesis doctoral se tituló «El ejército estadounidense y las lecciones de Vietnam: Un estudio de la influencia militar y el uso de la fuerza en la era posterior a Vietnam».

Holbrooke y Petraeus se interrogaron sobre las desventuras de Estados Unidos en Vietnam, pero ambos hallaron respuestas diametralmente opuestas.

Holbrooke creía que la doctrina de la contrainsurgencia —o COIN, como se dio a conocer— conducía de cabeza al atolladero, porque alimentaba la dependencia en las poblaciones locales. Petraeus creía en la doctrina y se forjó una carrera defendiendo su renacimiento. En Irak se basó en una estrategia COIN arrolladora. En líneas generales, cristalizó en un vasto despliegue de tropas, integradas en la sociedad iraquí durante un largo período de tiempo, y en garantizar la seguridad de las comunidades, al tiempo que se apresaba a los malos de la película. Petraeus salió de este conflicto como un héroe. Sus detractores aseguran que se benefició de acontecimientos que escapaban a su control, como cuando el líder de Al Qaeda Muqtada al-Sadr declaró un alto el fuego unilateral. Otros sostenían que sus logros se desmoronaron tras su partida, o que eran exagerados para empezar. (Entre estos últimos estaba Hillary Clinton, entonces senadora, que en una audiencia del Congreso de 2007 acusó a Petraeus de presentar una valoración descaradamente optimista del refuerzo de los contingentes en Irak, en un momento en el que ella buscaba distanciarse de su voto a favor de Irak. «Creo que los informes que nos ha entregado están pidiendo a gritos una voluntariosa suspensión de incredulidad», dijo.) Pero desde el punto de vista de Petraeus, la COIN había funcionado en Iraq, y para muchos de sus más fervientes valedores en el Pentágono, se convirtió en el evangelio. En Afganistán, se propuso poner a prueba a la COIN por segunda vez.

Poco después de que Hillary Clinton aceptara la oferta de trabajo de Obama, ella, Petraeus y Holbrooke se sentaron junto a la chimenea en la mansión georgiana de ella cerca de Embassy Row, en Washington, y abrieron una botella de vino. «Me esforcé muchísimo para asegurarme de que Richard se relacionaba con los generales —dijo Hillary Clinton—. Los invité, a él y a Dave Petraeus, que no se conocían, a venir a mi casa y hablar de lo que cada cual pensaba que era necesario hacer.» Ella sabía que Petraeus —recién nombrado comandante de CENTCOM— desempeñaría un papel relevante en algunos de los mayores retos internacionales.

Esa noche en casa de Hillary Clinton fue la primera de una serie de cenas y copas entre los dos hombres y la prensa solía referirse a esta asociación de ambos con solidez. «Richard sí que compartía el interés de Petraeus en una estrategia contrainsurgente agresiva —recordó Hillary Clinton—, pero se centró en aumentar la credibilidad del Gobierno en Kabul y en intentar debilitar el poder de seducción de los talibanes. Richard no estaba seguro de que el refuerzo de tropas ayudara en algo; él pensaba que podría socavar la buena voluntad.»

La verdad era que Petraeus y Holbrooke recelaban el uno del otro. Petraeus, una persona organizada y con un férreo autocontrol (aunque, como sugieren los años de escándalos

100

posteriores, no se controlaba tanto en algunas áreas), no terminaba de sentirse a gusto con las espontáneas improvisaciones de Holbrooke. El periodista del *New York Times* Mark Landler, recordó un día en que Petraeus acudió para una reunión cuando él estaba entrevistando a Holbrooke, y la cara que puso Petraeus cuando Holbrooke sugirió que Landler se quedara y vio los pies descalzos de Holbrooke encima de la mesa de centro. «Richard, ¿por qué no llevas los zapatos puestos?», preguntó Petraeus, horrorizado. Holbrooke dijo que estaba más cómodo así.

Conocí a Petraeus en la sede de la Fuerza Internacional de Asistencia para la Seguridad (ISAF) en Kabul —la misión de la OTAN en Afganistán—. Presenté un PowerPoint (los militares adoran los PowerPoint) sobre la sociedad civil en Afganistán y a continuación Holbrooke me presentó al general con su manera característica de poner por las nubes a los subordinados. «Así que está trabajando para mi compinche en la diplomacia», dijo Petraeus, levantándose de su asiento para darme un apretón de manos. Petraeus llamaba mucho «compinche» a Hoolbroke, en privado y en la prensa. Holbrooke no lo soportaba. No le entusiasmaba especialmente ser el compinche de nadie. Y el desequilibrio de poder, y lo que se tomaba como una tomadura de pelo por parte de Petraeus, le tocaba una fibra sensible, que iba a la contra de la convicción de Holbrooke según la cual el poder militar debe usarse para apuntalar objetivos diplomáticos. «Su trabajo debería consistir en lanzar las bombas cuando yo se lo diga», dijo Holbrooke malhumorado a nuestro equipo. Petraeus me dijo después que, para él, «compinche» era una muestra de respeto, pero reconoció que la relación entre ambos era tensa. «Resultaba un socio difícil a veces. Creo que tenía TDA (trastorno por déficit de atención) y otras cosas. No era capaz de permanecer concentrado —recordó—. Richard llegó pensando: "Soy Richard Holbrooke", y la administración llegó pensando: "Soy Barack Obama". Gente brillante de veras. Pero se suponía que eran capaces de hacer algo que nadie más podía hacer.»

101

ϒ

Mientras la nueva administración se constituía, Obama ordenó una revisión pormenorizada del papel de Estados Unidos en Afganistán y Pakistán. El proceso fue tan tortuoso que el periodista Bob Woodward consiguió armar un libro entero sobre las discrepancias al respecto. Durante diez reuniones que se dilataron durante más de veinticinco horas, el presidente escuchó argumentos y propuestas. Otros responsables de menor rango dirigieron otro sinfín de reuniones. La cuestión fundamental era saber cuántas tropas era necesario desplegar y cuándo. El ejército ya había solicitado un refuerzo de 30 000 tropas cuando empezó el mandato de Obama y, durante el examen, los líderes militares lucharon con uñas y dientes por una contrainsurgencia plenamente dotada, con tantas tropas y tan rápido como fuera posible, que permaneciera *in situ* el mayor tiempo posible. «No podemos alcanzar nuestros objetivos sin más tropas», defendió Petraeus. Después de la primera reunión sobre este asunto del Consejo de Seguridad Nacional, dijo que avanzaría en el refuerzo de tropas que quedaba pendiente. Rahm Emanuel, el jefe de personal de la Casa Blanca, tuvo que pararle los pies: «Un momento —dijo, según los testimonios filtrados—. General, valoro que esté haciendo su trabajo, pero no he oído al presidente de Estados Unidos dar esa orden».

Holbrooke copresidía nominalmente el proceso de revisión, junto con el veterano retirado de la CIA Bruce Riedel y, de acuerdo con Riedel, Petraeus en calidad de «tercer copresidente oficioso». Pero Holbrooke fue desbancado, por intermediación de Riedel, que tenía más acceso al presidente, por una serie de generales y la propia Casa Blanca. La revisión dejó claramente al descubierto la brecha generacional y cultural que existía entre Holbrooke y Obama. En una reunión del Consejo Nacional de Seguridad en febrero de 2009, Holbrooke comparó las deliberaciones con las de Lyndon Johnson con sus consejeros durante la guerra de Vietnam. «La historia no debe olvidarse», dijo. La sala se sumió en el silencio. Obama murmuró: «Fantasmas». Cuando Holbrooke volvió a referirse a Vietnam varios meses después, el presidente fue menos recatado. «Richard —saltó, cortándole—, ¿cree que la gente habla realmente así?» Holbrooke había empezado a grabar el diario de sus experiencias en audio, con la mirada puesta en la historia (y unas memorias). «En algunas de las primeras reuniones del Consejo Nacional de Seguridad con el presidente, hablé de Vietnam, y Hillary me dijo que el presidente no quería referencias a Vietnam», dijo en uno de esos audios de mala calidad, en el que su voz sonaba cansada. «Esto me chocó mucho, porque yo creía que eran cuestiones a todas luces relevantes.» «Estaba increíblemente desconcertado por cómo lo trataban —reflexionó Hillary Clinton—. Yo también. Porque pensaba que mucho de lo que ofrecía tenía auténtico mérito y no casaba con la cosmovisión de la Casa Blanca.» Holbrooke permitió que lo catalogaran no como a alguien a quien había que escuchar, sino como alguien a quien había que tolerar.

Pero la brecha más significativa fue con el Ejército. Holbrooke no era pacifista. Había apoyado la invasión de Irak y, al principio de la revisión, respaldó un envío de tropas inicial para adelantarse a las elecciones de Afganistán en modo provisional. Pero pensaba que el compromiso militar debía organizarse en torno al objetivo de un acuerdo político. Le alarmó el poder de persuasión de las voces militares a la mesa del Consejo de Seguridad Nacional, que a veces desbancaba otras soluciones no militares. «Le dije a David Axelrod que llevábamos demasiado tiempo dominados por las ideas puramente militares —dijo en otra cinta—. Las ideas militares y la dominación militar. Y, si bien siento un gran respeto hacia el ejército, eh..., Petraeus era brillante y me gustaban como individuos y eran grandes americanos, no debían dictar la estrategia política, que es lo que está pasando ahora.»

Al término de una reunión, salió exhausto y le dijo a Vali Nasr algo absurdo: el secretario de Defensa Robert Gates tenía carpetas más grandes. Sus mapas y gráficos eran más coloridos. El equipo de la SRAP, la Oficina del Representante Especial para Afganistán y Pakistán, había producido como churros voluminosos documentos normativos, pero muchos consejeros del presidente no los leían. «Edadismo», murmuré, y me puse manos a la obra para hacer PowerPoints en tecnicolor con sus propuestas políticas, que me dictaba hasta el mínimo detalle. Con frecuencia, se centraba en soluciones políticas y diplomáticas que, en su opinión, la Casa Blanca despachaba rápidamente. Una serie de círculos concéntricos mostraban el complejo

103

paisaje de los actores internacionales con los que Estados Unidos debía tratar de contraer un compromiso mayor; desde donantes internacionales hasta estados miembros de la OTAN, pasando por potencias emergentes como la India y China. Unos triángulos enlazados con flechas ilustraban las relaciones trilaterales entre Pakistán, la India y Estados Unidos. Un organigrama, titulado «Cambiar la conducta de Pakistán con los talibanes», ofrecía a modo de libro de cuentos una simplificación de su plan para la relación bilateral más difícil del mundo:

1. Centrarse en el país entero con una nueva asistencia internacional dirigida por Estados Unidos y una nueva campaña de compromisos...
2. ... que favorezca un sentimiento proamericano...
3. ... que contribuya a posicionar de nuestro lado al Gobierno y al Ejército paquistaní...
4. Que incite al Ejército de Pakistán a emprender más acciones contra los talibanes y Al Qaeda.

Los gráficos no ayudaron mucho a inclinar la balanza. Los partidarios del refuerzo pleno de tropas eran más numerosos y estaban mejor relacionados que las voces que aconsejaban prudencia. Riedel voló en un Air Force One con el presidente y le informó en privado, sin otros mandos presentes. El secretario de Defensa, Bob Gates, respaldó a sus generales en la urgencia de un refuerzo de tropas robusto. El antiguo general Jim Jones, consejero de Seguridad Nacional, hizo lo mismo, al igual que su adjunto para Afganistán, el teniente general retirado Doug Lute. Hillary Clinton, a pesar de abogar por Holbrooke, era fundamentalmente un halcón. «Hay mucho de culpa repartida», recordó más tarde Ben Rhodes, consejero adjunto de Seguridad Nacional. «Su mayor defensora [de Holbrooke] fue Hillary y, sin embargo, se ponía constantemente de parte de los generales en las discusiones sobre estas políticas.»

«Yo estaba convencida de que Richard estaba en lo cierto sobre la necesidad de una campaña diplomática de envergadura y también de un refuerzo civil —dijo Hillary Clinton—. Discrepaba con él en que las tropas extra no eran necesarias para realizar este trabajo, porque, teniendo en cuenta que la administración Bush había perdido el interés en Afganistán porque estaban híper preocupados con lo de Irak, pensaba que los talibanes se estaban recrudeciendo en serio, y teníamos que hacerles ver como fuera que estábamos dispuestos a hacerles retroceder.»

Holbrooke tuvo que morderse la lengua, pero sabía que la crisis de Afganistán no podía resolverse solo por la fuerza. «Mi postura estaba muy clara —dijo durante un almuerzo con Bob Woodward, quien grabó la conversación—. La apoyaré decida lo que decida porque es mi jefa, pero tiene que saber qué pienso de verdad. Me preocupa seriamente que nuestras tropas intenten abarcar más de la cuenta, y lo que más me preocupa es que vamos a meternos en un desequilibrio de misión/recursos. Mucha gente pensaba que Vietnam me influía claramente. A mí eso no me importaba. Al menos tenía algo de experiencia allí.»

«Siempre me ha sabido muy mal aquello con Holbrooke —dijo Rhodes—. La cosa salió mal y, cuando miro atrás, creo que fue totalmente gratuito.» Fue como si «Holbrooke estuviera jugando a las sillas musicales y fuese el que no tenía ninguna donde sentarse», reflexionó.

Una de las cualidades kafkianas de este período fue la profusión de revisiones, al parecer duplicadas; no solo la de la Casa Blanca a cargo de Riedel, sino otras evaluaciones anteriores de Petraeus, y una de Stanley McChrystal, el nuevo general a cargo de Afganistán. Justo antes de que McChrystal publicara sus recomendaciones, Holbrooke le dijo a nuestro equipo cómo se desarrollaría exactamente el proceso. Habría tres elecciones. «Una opción "de alto riesgo" —dijo, levantando la mano a la altura de los ojos—; así es como la llaman siempre y precisará de muy pocas tropas. Pocas tropas, riesgo elevado. Luego habría una opción "de bajo riesgo" —dijo, bajando la mano—, que requerirá duplicar el número que están pidiendo ahora. Y en el medio estará lo que quieren.» Holbrooke ya se conocía la película. La primera recomendación del informe final de Riedel estaba a favor de una contrainsurgencia «plenamente dotada» en Afganistán. Después de meses de vacilaciones, el presidente escogió la COIN y un despliegue de 30 000 tropas adicionales.

105

Obama anunció el refuerzo con una fecha de vencimiento: dos años más tarde, a mediados de 2011, daría comienzo la retirada. Tanto en el informe de Riedel como en el anuncio del presidente, todo compromiso de negociación brillaba por su ausencia, bien con Pakistán sobre los refugios seguros de los terroristas, bien con los talibanes en Afganistán. No hubo «ninguna conversación en absoluto sobre la diplomacia y un acuerdo político —recordó Vali Nasr—. Holbrooke quería que el presidente considerara esta opción, pero la Casa Blanca no dio su brazo a torcer. Los militares querían seguir al mando e ir en contra de ellos habría debilitado la imagen del presidente».

9

Con pies de plomo

Era Ramadán del 2010 y Umar Cheema, un periodista paquistaní, se despertó en mitad de la noche para pasar el rato con unos amigos mientras esperaban la hora del *suhoor*, la comida antes del alba que rompe el ayuno de los musulmanes practicantes. Se estaban dando una vuelta por el parque Daman-e-Koh, que durante el día tiene unas vistas espectaculares de Islamabad y de noche se transforma en un dédalo de patios y jardines románticos bañados por una luz dorada. El grupo se fue en torno a las 2.30 de la madrugada, apretujados en el coche de Cheema, que los acercó a sus respectivas casas. Había dejado al último de sus amigos y se dirigía a casa cuando advirtió que dos coches lo estaban siguiendo. El primero, un Toyota Corolla de color blanco, se puso detrás de él. El segundo, un Jeep de color negro, frenó delante.

Mientras paraba, tres hombres con uniforme de policía se apearon del Jeep de un salto. Dijeron que había atropellado a un hombre y se había dado a la fuga, cosa extrañísima, porque Cheema, que escribía para la edición paquistaní de *The News* y trabajaba para el *New York Times*, no se había visto implicado en un delito en su vida. Por el contrario, había escrito una serie de artículos contundentes sobre los poderes establecidos, en los que exponía controversias del Ejército, como las acusaciones de que los oficiales juzgados en la corte marcial no tenían derecho a un juicio justo. Hurgaba en pruebas que demostraran que los servicios de inteligencia paquistaníes estaban detrás de una serie de desapariciones de civiles. Informó de que los agentes de inteligencia estaban dejando marchar a sospechosos de un ataque terrorista sonado. Les dijo a los agentes que tenía que haber una confusión, pero dejó que lo condujeran a su coche. Una vez dentro es cuando le taparon los ojos con una venda y le quitaron el teléfono.

Cuando le quitaron la venda de los ojos, Cheema estaba sentado en una sala desnuda con paredes de cemento verdes descascarilladas, con una bombilla como única iluminación. Un ventilador giraba perezosamente en un rincón. Cuando preguntó dónde estaba, sus secuestradores le mandaron cerrar el pico. Bajo la tenue luz, pudo ver que tres de ellos llevaban la cara tapada con máscaras de carnaval infantiles. Le arrancaron la ropa, lo tiraron al suelo y le propinaron una paliza con porras de madera. Le afeitaron la cabeza y las cejas y le sacaron fotos encogido. No se anduvieron con rodeos sobre sus motivos: «Estás aquí por tus artículos —dijo uno—. Así aprenderás a ser obediente».

«Yo había estado informando sobre las personas desaparecidas, por eso me dieron una idea de las historias aterradoras por las que habían pasado las familias —me dijo—. Pensé en mi hijo, que solo tenía dos años. Comprendí que si no salía de esta, mi hijo crecería solo.» Cheema se aceró contra el dolor. «Me dije a mí mismo: "Me están castigando por hacer algo bueno, por ser veraz".». Los secuestradores de Cheema le pegaron a intervalos durante casi siete horas y después lo tiraron, desnudo y sangrando, en una cuneta de la carretera a las afueras de Islamabad. Habían dejado allí su coche. Le dieron cien rupias para pagar los peajes hasta la ciudad. La operación fue una máquina de intimidación bien engrasada; Cheema tuvo el claro instinto de que no era la primera vez que lo hacían. Su caso fue inusual exclusivamente porque la intimidación no funcionó: lo denunció públicamente de inmediato.

En la mente de Cheema no cabía duda de quién estaba detrás del ataque. Antes de la noche que regresó del infierno tuvieron lugar varias reuniones con el ISI, que se había puesto en contacto con él antes y después de sus artículos con inquietantes «advertencias». La agencia tenía antecedentes de «lidiar» con personas desobedientes, le recordaron los agentes. Ser periodista en Pakistán puede ser un deseo de morir. Los reporteros reciben palizas rutinariamente, y a veces cosas peores. El año después de la paliza a Umar Cheema, Syed Saleem Shahzad, que había estado informando sobre los vínculos entre el ISI y grupos militantes islamistas, recibió una paliza que acabó con su vida. Encontraron su cadáver flotando en un canal a las fueras de Islamabad. Posteriormente, la CIA interceptó llamadas telefónicas que sugerían que el asesinato había sido por orden directa del ISI —del propio general Pasha, lo más probable—. Desde 1992, el Comité para la Protección de los Periodistas documentó sesenta asesinatos de periodistas con motivos relacionados con su trabajo en Pakistán. Las historias sobre los derechos humanos, la guerra en Afganistán y la corrupción son peligrosas, pero el golpe más letal, el que comprende el 67 por ciento de las muertes, tiene que ver con la política: casi siempre con historias sobre el ISI o el ejército. Pakistán era una paradoja a este respecto: el país tenía un sofisticado ciclo de noticias televisivas de veinticuatro horas al día, lo que había animado a columnistas y comentaristas. Pero el Ejército y el ISI seguían gobernando con mano dura. Innumerables periodistas estaban incluso a sueldo de los servicios de inteligencia, que les pagaban para que escribieran historias favorables y como garantía de que no escribirían nada perjudicial.

La lamentable situación de los periodistas, como las desapariciones y las ejecuciones extrajudiciales que a veces les costaban la vida, puso de manifiesto el menguante espacio para la conversación en las relaciones entre Estados Unidos y Pakistán. En el Departamento de Estado descubrí que sacar a flote las historias de los periodistas desaparecidos y las historias prohibidas era una ardua batalla. Era una lucha que no valía la pena rescatar en el punto álgido de la cooperación contra el terrorismo. Un compromiso moral de estas características era un elemento conocido —algunos dirían que inevitable— de las delicadas relaciones de la seguridad nacional. Sin embargo, la lista cada vez más inflada de asuntos que Estados Unidos parecía incapaz de abordar era alarmante. Este fue el reto que Richard Holbrooke se encontró cuando se incorporó a su tarea: una relación en la que nadie hablaba de nada que no fueran estrategias militares.

Cheema refirió su experiencia a varios responsables del

Departamento de Estado, los cuales se mostraron comprensivos, pero no interesados. «Nadie decía literalmente una palabra sobre estas violaciones de los derechos humanos, a no ser que existieran tensiones entre el ISI y la CIA —me dijo—. Washington tiene sus propios intereses. ¿Por qué iba a molestarles que haya algún problema mientras el ISI siga cooperando con ellos?» Las cuestiones de derechos humanos ponían claramente de manifiesto los desequilibrios de poder del Gobierno estadounidense. La relación bilateral con Pakistán estaba prácticamente en manos de las agencias de inteligencia y los militares. Pero ninguno de estos organismos creyó que debía abordar la cuestión de los derechos humanos durante su mandato.

«Nunca entró en mis conversaciones con los paquistaníes», dijo de los asesinatos y las desapariciones el general Hayden. «Cuando fui a Islamabad tenía preguntas muy específicas. Fui con un propósito. "Tenemos que ir por esto. Necesito tu ayuda para hacer esto. Esto es lo que vamos a ofrecerles. ¿Puedo contar con tu ayuda allí?" —Hayden suspiró—. Ya sabíamos que, al parecer, el ISI estaba asesinando periodistas. ¿De acuerdo? Eso puede afectar lo que pienso de ISI, pero no afecta a mi trabajo con el ISI para intentar atrapar a un operativo de Al Qaeda en Wana o Mir Ali.» Este era un sentimiento común entre los líderes de la inteligencia y del ejército que supervisaban la relación con Pakistán. Estas conversaciones más generales eran el problema de otra persona, así lo sentían. Pero como el poder en el proceso político de Estados Unidos estaba tan alejado de los líderes civiles, era difícil saber quién podría abordar a conciencia estas cuestiones.

Para el sucesor de Hayden en la CIA, Leon Panetta, sus intentos de confrontar estas cuestiones eran frustrantes. Panetta había sido político y un veterano de la rama ejecutiva, pero un intruso para la comunidad de los servicios de inteligencia cuando el presidente Obama lo eligió para dirigir la agencia. Fornido y con gafas, era paternalista y de risa fácil. Dijo ser consciente de la necesidad jurídica de detener la asistencia a las unidades militares implicadas en violaciones de los derechos humanos, la llamada Ley Leahy. «Cuando descubrimos que estaban recurriendo claramente a enfoques extrajudiciales —dijo, y el giro le arrancó una risita—, empezamos a preocu-

110

parnos de verdad. Por eso decidimos enfocar el asunto intentando ver si existían vías de mejorar sus métodos en lugar de dar un golpe encima de la mesa.»

Los paquistaníes se mostraron menos receptivos. «Me miraron enigmáticamente, como diciendo: "Tú sabes que no tenéis ni idea de por dónde va la cosa" —más risas—. "Tenéis todas esas leyes y normas monísimas, pero lo cierto es que esa gente son asesinos, han asesinado a gente, han asesinado a los nuestros y nuestra historia es la de enfrentarse básicamente a ellos con las mismas armas". Al mismo tiempo dices: "A ver, ¿queréis los F16, queréis lo último en equipamiento, queréis tener la posibilidad de recibir lo que podemos suministraros? Pues entonces tendrás que tener cuidado con algo...". Ellos te miraban con el rabillo del ojo como diciendo, mira: "Vamos a seguiros la broma, pero no olvidemos que es una broma".» Volvió a reírse. Nunca he visto a nadie reírse tanto durante una conversación sobre ejecuciones extrajudiciales.

Los imperativos del contraterrorismo en la región y la capacidad nuclear de Pakistán conspiraron para despojar a Estados Unidos de su poder. «Tanto daba lo mucho que despotricaras de lo que estaban haciendo, y de sus jueguecitos, y de lo difícil de la relación con ellos, el balance final era que estabas tratando con un país con potencia nuclear —recordó Panetta—. Por eso, siempre existía el peligro de que si te tenían cruzado, ya fuera por su propio descuido, ya por su forma de funcionar... en algún momento un grupo terrorista le metería mano a una de estas armas. Siempre andabas con pies de plomo cuando tratabas con los paquistaníes.»

Así las cosas, la inercia de la relación no se vio alterada. Las mentiras descaradas eran su base; y, dentro de los confines de la cooperación contra el terrorismo, estas mentiras se toleraron o incluso se alentaron. La estrategia al completo de los ataques con drones para eliminar a los líderes de Al Qaeda se basó en el acuerdo mutuo de que los paquistaníes mentirían a su pueblo por necesidad política. La cultura del engaño en las relaciones a veces parecía imposible de invertir. «Era muy difícil de entender —me dijo más tarde la embajadora Anne Patterson con su apenas perceptible acento sureño—. Todo era rarísimo. No había nada lineal, en absoluto.»

111

El ritmo habitual de la relación era como sigue: el ISI plantaba artículos negativos sobre Estados Unidos en los medios de comunicación paquistaníes, sobre todo teorías conspiratorias sobre agentes indios en el Congreso o en la Casa Blanca. Las historias enardecían un sentimiento antiamericano frenético. Luego el ISI volvería a insistirles a los norteamericanos que la opinión pública les impedía cambiar su política en materia de refugios seguros de terroristas, o de apoyo a las milicias islamistas. «Lo cual es verdad, en el fondo —reflexionó Patterson—. Pero es la opinión pública que ellos mismos han creado.» Patterson era franca y directa, y uno de los escasos diplomáticos que intentaba plantar cara a las capas de engaño. En una reunión, le dijo a Zardari: «Yo vengo aquí, señor presidente, a hablar con usted, y luego sale una nota de prensa que dice algo que nunca hemos comentado siquiera». El presidente miró a Patterson como si hubiera perdido la cabeza y le dijo: «¡A ver, es que no pretenderá en serio que digamos de qué hemos estado hablando en realidad!». Un círculo similar se repetía en otros puntos calientes donde Estados Unidos dependía de militares extranjeros problemáticos, como Egipto.

Panetta dijo que después de sus reuniones con el general Pasha y el ISI, sus colegas a menudo le comentaban: «¿Se da cuenta de que está mintiendo?». Panetta se daba cuenta. «Pues claro, como si no lo supiera… No se te escapaba… la gente solía preguntarme por qué se clasificaban nuestras operaciones. ¡La razón es que los paquistaníes querían que se clasificaran y así no tener que reconocer nunca lo que estaba pasando!» Panetta se reía otra vez. El general Pasha, con sus curiosas maneras de milenial, declinó responder a los comentarios de Panetta. «Lo siento, Ronan. No voy a participar. ¡¡¡Que Leon tome la palabra!!!»

Aceptar el doble juego de Pakistán salvaguardaba la cooperación en teoría, pero incluso en el nivel de las operaciones tácticas, la relación podía ser tensa, a veces para ambas partes. Un comandante del ejército paquistaní, que habló desde el anonimato porque ahora tiene un cargo más importante en el ejército, me dijo que las operaciones conjuntas brillaban por su falta mortal de comunicación. Él había vivido una de estas operaciones cuando era comandante de infantería durante los esfuerzos iniciales fallidos de la lucha contra el terrorismo en el valle Swat, a comienzos de 2009. El invierno no había terminado y el aire del montañoso valle era gélido. Conducía a su unidad de treinta y cinco hombres por un terreno accidentado, tras la pista de un objetivo terrorista «muy importante» elegido por los norteamericanos. (Nunca supo hasta qué punto era importante. «Cuando estás operando en el campo, al mando de una unidad, no tienes la habilidad de imaginar si se trata de un objetivo de alto valor —reflexionó el comandante—. Lo único que te preocupa es eliminarlo antes de él te elimine a ti.») Sobre sus cabezas, veía los drones estadounidenses que le cubrían. «Muy poca gente sabe que teníamos a un equipo técnico de Estados Unidos, con cierto control de los drones Predator, sobrevolando nuestras cabezas. Con el consentimiento de Pakistán, por supuesto», me dijo.

Uno de estos equipos técnicos norteamericanos estaba a cierta distancia de las operaciones de combate en Swat, que vigilaba con drones. La presencia de Estados Unidos era un asunto de estricto secretismo. Ni siquiera se informaba de los detalles específicos a los hombres de su unidad. Pero el comandante tenía una línea de radiocomunicación abierta con los responsables estadounidenses y le habían dicho que podía pedir ataques de Predator para multiplicar su fuerza.

Según el comandante, la primera noche de la operación su unidad se acercó a su objetivo, pero vio cómo se les escapaba en una «zona hostil» a la que tenían órdenes de no entrar. El comandante envió por radio las coordenadas a los norteamericanos. Los drones habían estado en las inmediaciones durante horas, pero no se produjeron ataques.

A la noche siguiente, otra unidad que operaba a unos cincuenta y seis kilómetros de distancia tuvo un encuentro similar con un objetivo y pidió un ataque. Esta vez se produjo, pero no contra los terroristas a los que perseguían, sino contra la unidad paquistaní. «Nuestros propios soldados —me dijo, pegando un puñetazo en la mesa frente a mí—. Perdimos a treinta y uno de nuestros hombres. Y lo atribuyeron a un error del operador... Nunca volvimos a pedir el ataque de

113

un dron.» Los paquistaníes dijeron al equipo técnico norteamericano que no estaban dispuestos a cooperar con ellos; en menos de dos semanas, los estadounidenses se fueron.

Esta historia refleja un sentimiento que afloró en muchas conversaciones con la cúpula militar paquistaní. «La sinceridad brillaba por su ausencia», dijo el comandante, fruto del limitado alcance de la relación y de la falta de comunicación. Le parecía mortificante la poca información que los norteamericanos parecían prestos a compartir sobre los objetivos globales de las operaciones por las que él estaba arriesgando la vida. «Estados Unidos nunca ha compartido con nosotros, oficialmente, si habían logrado sus objetivos en Afganistán —refunfuñó—. Este es un ejemplo clásico de la interacción estratégica entre Estados Unidos y Pakistán. Hemos estado trabajando en cuestiones operativas. No hemos estado hablando de las cuestiones estratégicas más importantes sobre las que las dos naciones deberían estar hablando entre ellas.» Otro oficial militar paquistaní presente durante la conversación asintió enérgicamente. «Nadie está preguntando qué hace que Pakistán haga lo que hace», añadió el segundo oficial.

Las opiniones sobre si los compromisos de la relación merecían la pena eran variadas. Anne Patterson era de la opinión de que «tuvimos un grado de cooperación extraordinario con el ISI sobre algunas de estas cuestiones del contraterrorismo, verdaderamente único en el mundo», un sentimiento compartido por otros muchos responsables del Departamento de Estado, el Pentágono y agentes de inteligencia. Por otra parte, otros muchos tenían serias dudas. Rememorando sus días como director de la CIA, Petraeus me dijo: «ISI no fue una de nuestras mayores fuentes de infor... Resumiendo, la relación era muy transaccional».

El debate se tensaba cada vez que se revelaban las deficiencias en la cooperación contraterrorista con Pakistán. Cuando un terrorista estuvo a punto de detonar un camión bomba en Times Square en 2010, el FBI descubrió que el culpable, un estadounidense de origen paquistaní de treinta y tres años llamado Faisal Shahzad, se había entrenado en uno de los refugios seguros de Pakistán en Waziristán. Rápidamente, comprendieron que el ISI no había hecho nada para avisarles de la amenaza. Los responsables de la Casa Blanca reprendieron furiosos a los paquistaníes y les exigieron que compartieran más información secreta, incluidos los datos de pasajeros de vuelos que partieran de Pakistán, y que dejaran de aplazar la emisión de visados a ciudadanos estadounidenses. En un espectáculo característico de disonancia cognitiva, los paquistaníes insistieron en que ya compartían toda esa información y luego se negaron a entregar los datos de los vuelos.

El bloqueo de visados fue un punto particularmente peliagudo. Cuando llegué al Departamento de Estado en 2009, los paquistaníes llevaban años obstruyendo descaradamente la emisión de documentos de viaje para diplomáticos estadounidenses. La campaña era una concesión al sentimiento antiamericano en Pakistán, sobre todos los temores a que agentes de la CIA estuvieran colándose masivamente en el país. El coste de los esfuerzos de asistencia civil fue considerable. A menudo, los diplomáticos del Departamento de Estado no podían entrar en el país, sencillamente. En una ocasión, un día antes de que me programaran un viaje a Islamabad, supe que mi petición de visado de hacía meses seguía demorándose. Como solía ocurrir con Pakistán, la respuesta no dependía de los civiles. Por el contrario, logré reunirme con el *attaché* militar, el teniente general Nazir Ahmed Butt. Nos vimos en su amplio despacho en la cuarta planta de la embajada de Pakistán, con vistas a la de China, justo enfrente. Butt lucía el uniforme entero y tres estrellas en el cuello, era apuesto, con un mostacho encanecido y ojos azul eléctrico, lo que era inusual en un paquistaní. Se reclinó en su silla y me escuchó atentamente, mientras un asistente servía té de una tetera de porcelana salpicada de flores rosa y yo hablaba de la importancia de trabajar con la sociedad civil paquistaní, con mi mayor elocuencia. Una hora más tarde salí de la embajada con un visado de entrada múltiple, válido durante un año. No todo el mundo tenía tanta suerte. En cualquier momento, cientos de solicitudes quedaban pendientes, a la espera de la autorización directa de agentes militares o de los servicios de inteligencia paquistaníes.

La situación finalmente se volvió tan problemática que Hillary Clinton la abordó con el primer ministro paquistaní, Yousaf Raza Gilani. Gilani autorizó secretamente a Husain Haqqani para que empezara a aprobar visados sin pasar por Islamabad, lo que le valió el apodo del «zar de los visados», en palabras de Haqqani. Durante el curso del año siguiente, aprobó un chorro de peticiones de visados norteamericanos, lo que impidió que las relaciones se ofuscaran más. Desde su punto de vista, se dedicaba a «maquillar un montón de problemas entre Pakistán y Estados Unidos». Haqqani sabía que sus esfuerzos levantarían las sospechas del *establishment* político de Pakistán. Para él, como en el caso de los acercamientos diplomáticos malinterpretados de Robin Raphel, hablar con el otro bando estaba en un tris de convertirse en un juego peligroso.

10

Campesino Holbrooke

*I*ncapaz de desplazar lo que él llamaba el «pensamiento militar», Richard Holbrooke se puso a trabajar en sus márgenes. Seguía pensando que cualquier esperanza de éxito pasaba por ampliar el papel de Estados Unidos, tanto en Afganistán como en Pakistán, más allá de las estrategias tácticas.

Propuso un nuevo flujo de asistencia dirigida por civiles en el lado afgano de la frontera. Movida por su inquietud, en 2009 la administración Obama pidió al Congreso ochocientos millones de dólares más que la administración Bush el año precedente para la reconstrucción. Holbrooke se apropió del control de los proyectos del USAID e insistió en firmar personalmente muchos de ellos. Pudo garantizarse dicho control gracias a los informes que el USAID enviaba al Departamento de Estado. Su influencia desmesurada fue una fuente de rencor entre los burócratas; especialmente cuando Holbrooke, siempre con una actividad de derviche danzante, dejaba los proyectos en remojo durante meses, a la espera de su aprobación, por negarse a renunciar a su control. Pero consideró que la decisión era necesaria. El despilfarro del USAID en Afganistán era carísimo y vergonzante: desde las calles adoquinadas que los afganos consideraban intransitables porque herían las patas de los camellos hasta los proyectos agrícolas para la tierra que se surtían de agua excesivamente salada para sostener los cultivos, pasando por la distribución de fertilizantes que estimulaban veladamente el cultivo de la adormidera y, por ende, la economía de estupefacientes de Afganistán. Cuando Holbrooke estaba en Vietnam, el

USAID contaba con un cuerpo robusto de especialistas técnicos en áreas como la agrícola. Cuando fue el turno de la administración Obama, décadas de recortes presupuestarios habían disminuido la capacidad de la fuerza de trabajo y la habían despojado de sus expertos. Los fondos que el USAID seguía recibiendo con frecuencia eran mal gestionados y malgastados en proyectos que abarcaban incluso a megacontratistas norteamericanos de altos vuelos con una escasa comprensión de las circunstancias en el terreno. Era uno de los síntomas del desequilibrio que había aquejado a Holbrooke a lo largo de su carrera. Con la guerra moderna contra el terrorismo, casi toda la capacidad y los recursos iban a parar a las arcas militares.

Holbrooke tenía el convencimiento de que la agricultura era la clave. El ejército de Estados Unidos, que dirigió buena parte de la lucha contra el narcotráfico en la región, llevaba tiempo afirmando que el lucrativo cultivo de la adormidera para la producción de heroína sostenía a los talibanes. De ahí que uno de los objetivos principales de la administración Bush fuera erradicar el cultivo, a base de talar y arrasar a su paso los campos de cultivo en Afganistán, cosa que ponía furioso a Holbrooke. Señaló valoraciones de los servicios de inteligencia que demostraban que el apoyo de Pakistán y los países del Golfo era mucho más decisivo para el sustento de los talibanes. Afirmó que la erradicación del cultivo arrojaba a los campesinos sin blanca en brazos de los talibanes; con frecuencia su única fuente de empleo después de que hubieran barrido sus cultivos.

Decidió que era preciso recentrar la ayuda de Estados Unidos al campesinado afgano. «Necesitan la clase de ayuda agrícola sin paliativos que Roosevelt ofreció a los campesinos durante la gran depresión», dijo. Era un hombre poseído por esta forma de pensar. Las granadas, otrora una exportación lucrativa para los afganos, eran su particular obsesión. A petición suya, organicé docenas de reuniones centradas en esta fruta. A veces él me cortaba en medio de una frase que nada tenía que ver con el tema y me decía desde un lugar lejano: «¿Cómo va lo de las granadas?». A finales de su primer año en el cargo, Richard Holbrooke, un hombre que, hasta donde yo sabía, jamás había conseguido mantener vivo un cactus en una maceta, era capaz de explicar los niveles de humedad que requería la granada, los tipos de suelo favorables y el calendario ideal para la cosecha. Hillary Clinton empezó a llamarlo Campesino Holbrooke.

Sin embargo, a pesar del empeño de Holbrooke, la reconstrucción civil se vio empequeñecida ante la magnitud de los programas del Pentágono en el mismo espacio. En los primeros años de la administración George W. Bush, el gasto en reconstrucción del Departamento de Estado superó a veces el del Pentágono en una proporción de más de diez a uno. Cuando Holbrooke llegó al Departamento de Estado, la situación se había revertido prácticamente. La tendencia era imposible de obviar: de 2008 a 2010, el gasto en reconstrucción del Departamento de Estado en Afganistán saltó de 2,2 a 4,2 mil millones de dólares, mientras que el presupuesto del Pentágono para unas medidas similares se triplicó con creces de 3,4 a 10,4 mil millones de dólares. Esto incluyó un mar de proyectos de desarrollo asociados convencionalmente con el Departamento de Estado y el USAID, que abarcaba desde programas contra el narcotráfico hasta la educación, pasando por el Programa de respuesta urgente de comandantes, un auténtico cajón de sastre inicialmente utilizado para construir y reparar carreteras. El Cuerpo de Ingenieros del Ejército, igualmente, trabajó en proyectos de infraestructura en todo el país, y el USAID a veces era el último en ser informado.

Incluso para los proyectos garantizados por la nueva financiación del USAID y el Departamento de Estado, Holbrooke se las vio y se las deseó para desenmarañar los objetivos de desarrollo de los militares. La estrategia de la contrainsurgencia se describía típicamente en tres pasos: «despejar, retener, construir». Despejar de enemigos la zona, retenerla con nuestras fuerzas y construir capacidad. Mientras transcurría el primer año de la administración Obama, este lenguaje propio de la COIN, arrancado del manual de contrainsurgencia de Petraeus, empezó a aparecer en los contratos de desarrollo del USAID. Una solicitud de candidaturas para una iniciativa de desarrollo de base comunitaria llamaba a las organizaciones benéficas socias del USAID a «permitir que las comunidades inestables que participan de la COIN implementen directamente proyectos de interés comunitario a pequeña escala» y a «apoyar las

119

operaciones militares… en las comunidades, ayudando a retener las zonas una vez que hayan sido despejadas».

Los objetivos de seguridad y desarrollo en un teatro bélico activo nunca son completamente independientes, si bien históricamente se ha reconocido que el área de desarrollo debería depender de expertos técnicos y obedecer a metas a largo plazo y no verse obstaculizado por operaciones tácticas. Militarizar explícitamente el lenguaje de los contratos era algo nuevo y, como se vio más tarde, inextricable. Las organizaciones no gubernamentales que se presentaron a los contratos se sublevaron. El director de una entidad benéfica me dijo que su personal era víctima de ataques basados en su visible identificación con el ejército. Otras dijeron que estaba destruyendo la confianza con las comunidades de afganos que aceptaban de buen grado la reconstrucción norteamericana, pero no su poder militar.

Holbrooke consideró, acertadamente, que los años de limitado compromiso bajo control militar durante la administración Bush habían atrofiado también las relaciones con la sociedad civil, especialmente a nivel local. Grandes compañías estadounidenses se llevaban comisiones igual de grandes, luego subcontrataban a otros grupos que a su vez subcontrataban de nuevo algunas veces. El resultado era evidente: una ineficacia descomunal y una ausencia de rendición de cuentas.

Uno de los primeros problemas: Estados Unidos sencillamente no estaba al tanto de qué grupos estaban en el terreno, y dónde. La reacción de Holbrooke fue ambiciosa, cómo no: me pidió que buscara todas y cada una de las oenegés en Afganistán y Pakistán. Recluté al único friki de la informática que conocía —una programadora llamada Jillian Kozyra a la que Google fichó poco después— y trasnochamos en mi diminuto estudio en un sótano de U Street mientras yo diseñaba y ella codificaba. Jillian utilizó el lenguaje de programación Ruby para desarrollar una aplicación de *scraping* —una herramienta automática que permite extraer datos de fuentes de Internet— que, conjugada con Google Maps y otras herramientas básicas de análisis, era capaz, por ejemplo, de producir un diagrama en sectores de los distintos tipos de actividad de la sociedad civil en una zona determinada. Al final del proceso teníamos un mapa de Afganistán y Pakistán poblado con más de cien mil grupos locales. Lo volcamos todo en una URL abierta, no gubernamental, que yo compré. Holbrooke estaba encantado con la tecnología y me pidió que la presentara en la Casa Blanca, en el Pentágono y en nuestras embajadas en Afganistán y Pakistán.

Pero el proyecto también ilustró, en miniatura, los escollos de su método «como elefante en una cacharrería». Los contratistas norteamericanos estaban furiosos por que Holbrooke los había excluido. Empezaron a presionar para que lo despidieran y a quejarse del protagonismo de las oenegés locales en la prensa. Y, como en todas las empresas de Holbrooke, el ejército se aseveró un homólogo arrollador y no siempre amical. En los dos años que siguieron a las primeras presentaciones del sistema de localización de las oenegés, tanto el Pentágono como los juristas de la CIA bajaron a mi despacho. ¿De dónde salía esta misteriosa tecnología, querían saber? La respuesta, desde luego, era que se trataba de una solución chapucera que usaba datos y herramientas de código abierto por el precio de un único nombre de dominio. Ambas agencias reclamaron su propiedad del producto de trabajo, pero no hicieron nada con él. Cuando me fui del Gobierno casi cuatro años después, Estados Unidos seguía sin tener la base de datos básica de entidades de la sociedad civil que Holbrooke había querido tener.

Un tiempo después, recibí un sobre grande de papel de manila de un apartado de correos anónimo de Virginia. Dentro había un formulario de solicitud para un proceso de entrevistas de trabajo que se realizarían bajo un estricto velo de secretismo. Siguieron un examen en línea cronometrado y una serie de reuniones en bares de hotel con funcionarios anónimos. Tenían escaso interés en mi trabajo en el Departamento de Estado. ¿Estaría dispuesto a estrenarme como abogado o periodista sin inmunidad diplomática, me preguntaron? «Venga —me dijo uno de los entrevistadores—. Lo que están haciendo todos allí es una atracción de feria. Esto es el trabajo de verdad.»

Como casi todo lo que tenía que ver con Holbrooke, la Oficina del Representante Especial para Afganistán y Pakistán (SRAP) era algo ambicioso y emocionante y, para muchos, alienante. Dar prioridad a los agentes de fuera sobre los diplomáticos de carrera del Servicio Exterior le valió el odio de la burocracia

121

del Departamento de Estado. El poder de convocatoria institucional que se había adjudicado era tradicionalmente dominio de la Casa Blanca —y de una Casa Blanca especialmente controladora—. Tales eran los pecados originales que Holbrooke nunca había expiado por completo. Desde el momento del inicio, el sistema se puso a expulsar esta singular creación, como un cuerpo que rechaza un órgano trasplantado. Holbrooke, y como afirmaron algunos más tarde, el país entero lo pagarían muy caro.

11

Menos discutir

Una semana después de la ceremonia en la sala Ben Franklin, durante la cual se anunció el nuevo cargo de Richard Holbrooke en enero de 2009, Holbrooke y Husain Haqqani se vieron en el restaurante Lafayette del hotel Hay-Adams, un salón amplio e iluminado, de paredes color crema y vistas despejadas a la Casa Blanca. La propiedad había sido antaño la casa de John Hay, diplomático de carrera y secretario de Estado, y los salones legendarios donde él y su vecino y vástago político, Henry Adams, acogían a las élites intelectuales de Washington. En la década de 1920, sus casas fueron derribadas para ceder el espacio al elegante complejo de estilo renacentista italiano donde Haqqani y Holbrooke almorzaban ahora. Holbrooke tuvo encuentros pasajeros con Haqqani en el transcurso de sus carreras diplomáticas, que se habían solapado. Ambos trabaron relación en 2008, cuando nombraron embajador de Estados Unidos a Haqqani y Holbrooke, que entonces presidía la Asia Society, empezó a viajar para fortalecer su buena imagen en la región. El día en que anunciaron oficialmente su nuevo cargo, llamó a Haqqani para que almorzaran juntos; en algún lugar donde los vieran reunidos, dijo con ironía, pero en serio. El hotel Hay-Adams era imbatible en cuanto a visibilidad. Sin embargo, esta clase de consideraciones reflejaba a las claras que Holbrooke era una criatura de otra época, cuando dejarse ver en un lugar importante enviaba una señal, y cuando había una camarilla de personas influyentes y observadores interesados prestos a recibir esta transmisión. Lo cierto era que nadie les estaba prestando atención.

Holbrooke explicó sus objetivos: quería poner término a la guerra en Afganistán, y un Pakistán estable. Quería un acuerdo. Como siempre, hizo preguntas incisivas, buena parte de ellas sobre su idea de sentar a los partidos regionales a la mesa. «¿Podía Estados Unidos ser amigo de la India y de Pakistán al mismo tiempo?», preguntó. Quería unas conversaciones más francas sobre los intereses nacionales de Pakistán. Si había algo que Haqqani sabía por experiencia, era que la franqueza no sería fácil de conseguir.

«Recuerde una cosa —advirtió Haqqani a Holbrooke—: esto no es Yugoslavia.» Citó un pasaje del libro de Holbrooke sobre Bosnia, *To End a War*: «Los líderes de los tres bandos estaban dispuestos a dejar que su gente muriera mientras ellos discutían».

«En el subcontinente —prosiguió Haqqani—, no se trata solo de eso. La gente no es receptiva y no sabe lo que significa el compromiso. Esto no va a ser tan fácil como se piensa.»

Los dos hombres —por razones diferentes, ambos intrusos en sus esferas políticas y ambos examinando el problema de política exterior más espinoso del mundo— se miraron.

Holbrooke observó que el viraje del nuevo presidente de Estados Unidos hacia la región podría complicarle la vida a Haqqani también. «Este foco y escrutinio más intenso plantea preguntas para las que no hay respuestas sencillas.» Le dijo a Haqqani que no le envidiaba su trabajo. El sentimiento era mutuo. Durante el curso de los años siguientes, su amistad se estrechó. Holbrooke sacaba a Haqqani de la cama a las siete de la mañana por teléfono para comentarle sus últimos planes diplomáticos. Daban paseos juntos cerca de la casa de Holbrooke en Georgetown. Los fines de semana, cuando la mujer de Holbrooke se ausentaba de la ciudad, iban al cine. En marzo de 2010, fueron caminando hasta el E Street Cinema para ver *El escritor*, el *thriller* de Roman Polanski sobre el primer ministro británico acusado de crímenes de guerra mientras trabajaba estrechamente con los norteamericanos, y sobre su esposa, que resultaba ser una agente de la CIA. Después de la película, Holbrooke y Haqqani tomaron helado de yogur.

El papel regional que Holbrooke había ambicionado desapareció de un plumazo antes de que pudiera acariciarlo siquiera. La Casa Blanca se reservó el negociado de Irán y designó a Dennis Ross para que dirigiera el diálogo con ese Estado. En un revés incluso mayor, los indios, cuyo auge económico meteórico los había convertido en un centro de gravedad diplomático más importante que los paquistaníes, se pusieron como fieras ante la sugerencia de que los incluyeran en la cartera de guerra de Holbrooke junto con un Estado villano como Pakistán. Lograron convencer al equipo de transición de Obama para negarse a enviar a nadie de la India, sobre todo si Holbrooke metía baza en el asunto.

Holbrooke me dijo que, así y todo, no cejó en su empeño de entenderse con el elefante indio en su cacharrería y se dedicó a incluirlo con regularidad en la diplomacia regional. Los indios no eran su único objetivo. En febrero de 2010, pidió a su personal, yo incluido, que redactara una lista de sus viajes internacionales desde que había asumido el cargo. Solo de pensarlo ya agotaba. Únicamente en los dos primeros meses de 2010, sus viajes diplomáticos incluían veinte ciudades de casi otros tantos países: Londres, Abu Dabi, Islamabad, Kabul, Nueva Deli, París, Múnich, Doha, Riad, Taskent, Tiflis, Berlín y un largo etcétera. Junto con la lista de ciudades, documentamos los compromisos que había contraído con socios externos bien para Afganistán, bien para Pakistán. Nueva Deli pedía una asistencia civil continua para unas relaciones comerciales de mayor envergadura con Afganistán, junto con una promesa de evitar cualquier «asistencia provocadora en el sector de la seguridad». En un momento determinado, los rusos ofrecieron «formación técnica militar» y el mantenimiento de helicópteros para los paquistaníes. Esto suponía una amenaza global, y Holbrooke quería crear una solución global.

Su sueño era juntar a paquistaníes e indios para desactivar las causas que habían originado el apoyo de Pakistán a los terroristas. Incluso llegó a organizar una reunión secreta entre él, Haqqani y S. K. Lamba, el ex alto comisionado indio para Pakistán. «Nos reunimos una vez —reconoció Haqqani—. Holbrooke quería que yo y los indios habláramos.» Pero para Haqqani su país era renuente a cualquier tipo de negociación importante. «¿Qué podría satisfacer a los paquistaníes, aparte de que la India dejara de existir?», reflexionó. El problema de la India y Pakistán requería un cambio fundamental de postura de las partes negociadoras; un cambio como el que Holbrooke había logrado en Dayton, solo con el robusto respaldo de la Casa Blanca y la amenaza de los ataques militares que podía dirigir con prudencia. En este caso, apenas dispuso de un mandato para hablar con los indios, y con frecuencia tuvo que hacerlo en secreto para no irritar a los paquistaníes y tampoco a la Casa Blanca. En este caso, los militares conducían el compromiso. En este caso, iba a tener que sortear los límites de su limitada capacidad de acción.

Otro de los grandes desafíos era simplemente hablar con los paquistaníes. Durante la guerra con los soviéticos funcionaron durante años las conversaciones entre las agencias de inteligencia, ciegas a cualquier diálogo más ambicioso. Pero durante el conflicto, paquistaníes y estadounidenses permanecieron en el mismo bando. Ambos necesitaban que las fuerzas invasoras salieran de la región, cada cual por sus propias razones. La relación estaba repleta de decepciones en otras áreas, como el desarrollo nuclear de Pakistán. Aunque al menos cooperaban estratégicamente. No había un mayor diálogo, pero tampoco lo necesitaban.

En la guerra mundial contra el terrorismo, los estadounidenses intentaron reconstruir la misma relación, sin embargo, existía una diferencia difícilmente superable: esta vez, Pakistán estaba en el otro bando. Ahora queríamos fuera de la región a los militantes pro Al Qaeda. Pero Pakistán se reservó el derecho a utilizarlos como fuerza de sustitución, justo como nosotros les habíamos enseñado. Sin embargo, por más que los paquistaníes parecieran acceder a las demandas de cooperación, sus objetivos siempre se oponían a los de Estados Unidos. Para que Pakistán reconsiderara sus prioridades básicas, era necesario emplazarlos a una conversación más amplia y honesta. Para lograrlo, Holbrooke tendría que transformar las transacciones incómodas de una guerra subsidiaria en una verdadera alianza diplomática, o algo que se le acercara.

Holbrooke sabía que para engatusar a los paquistaníes y establecer un diálogo más extenso haría falta que Estados

Unidos mostrara un compromiso en otras áreas distintas de la asistencia militar. Necesitaba actuar —o por lo menos dinero—. En abril de 2009, reunió a numerosos países de su lista de compromiso internacional en una conferencia de donantes en Tokio, donde los cortejó para que donaran cinco mil millones de dólares a Pakistán. «Es una suma respetable para salir a bolsa», bromeó. ¿Era suficiente?, preguntó un periodista. «Pakistán necesita cincuenta mil millones de dólares —dijo Holbrooke—, no cinco mil.»

De vuelta en casa, él y Davis Petraeus se pusieron a ejercer presión como locos. «Richard y yo trabajamos arduamente en el Capitolio —me dijo Petraeus—. Recuerdo que los dos trabajamos en esto juntos.» Holbrooke desplegó sus artes marciales con su BlackBerry como nunca en la vida: se trabajó todos los contactos que tenía en cada despacho de legisladores. En septiembre de 2009, el Senado autorizó por unanimidad 7,5 mil millones de dólares en nueva asistencia para Pakistán durante cinco años. La legislación se llamó Kerryu-Lugar-Berman en honor a sus promotores. Fue el primer paquete de ayudas civiles a largo plazo para Pakistán, fruto de un esfuerzo deliberado por revertir el carácter casi exclusivamente militar de las relaciones. «Fue un intento estratégico inmenso para combatir la percepción de que a Estados Unidos solo le importaba un compromiso con el ejército paquistaní y que la democracia o los paquistaníes les traían sin cuidado», recordó Alan Kronstadt, el analista del Servicio de Investigación del Congreso a propósito de la ayuda a Pakistán. Pero cambiar estas percepciones resultó mucho más difícil de lo que los estadounidenses habían esperado.

El día que se aprobó la ley Kerry-Lugar-Berman, Mark Siegel, el cabildero de Benazir Bhutto, dio una fiesta en su casa. Había traído su contrato paquistaní al bufete con el que trabajaba entonces, Locke Lord, y un gran número de empleados, diplomáticos paquistaníes y políticos brindaron por el éxito. Menos de veinticuatro horas después, empezaron a verse las repercusiones. Mohsin Kamal, un joven cabildero paquistaní, se había incorporado al bufete de Siegel el día de la fiesta. Esperaba capitalizar la distensión aparente de las relaciones. En lugar de eso, su primera tarea consistió en intentar controlar desesperadamente los daños. La prensa paquistaní empezó a llenarse de artículos que vilipendiaban la ley. La tacharon de «degradante», de tener «intenciones maliciosas contra la soberanía de Pakistán», bramaba *The Nation*. «Una afrenta al país a ojos de su pueblo», opinaba el diplomático Maleeha Lodhi en *The News*. Incluso el jefe del ejército paquistaní, el general Kayani, expresó su agravio y arengó en privado a los responsables estadounidenses.

Una disposición por resolver era la exigencia de que el secretario de Estado estadounidense certificara anualmente que Pakistán cumplía umbrales básicos de buena conducta para mantener el flujo de la asistencia a la seguridad. Todo ello incluía la cooperación para garantizar que el armamento nuclear quedara fuera del alcance de los terroristas, dejar de apoyar a grupos extremistas y terroristas y contribuir al combate de los refugios seguros en FATA —las áreas tribales bajo administración federal— y Quetta. Ciertamente, era un toque muy modesto a la rendición de cuentas. Los requisitos de certificación solo concernían a la asistencia relativa a la seguridad e incluso así podían saltárselos libremente por cualquier motivo de seguridad nacional. En la práctica, era un regalo sin compromiso. Pocos legisladores en Estados Unidos sospecharon siquiera que pudiera suponer la amenaza real de arrasar la relación entera. Pero en Pakistán la paranoia es un pasatiempo nacional. Algunos estaban convencidos de que era la prueba de la injerencia india. Y otros de que la culpa era de Husain Haqqani. «Husain Haqqani cometió una auténtica estupidez al incluir estas provisiones», fue la lectura directa que Moshin Kamal hizo de los acontecimientos.

Cuando se desató el furor, Holbrooke reunió a sus subalternos en su despacho para una sesión de crisis. Se paseaba arriba y abajo en calcetines. La respuesta predilecta de Holbrooke, esgrimida a cualquier periodista que quisiera escucharlo, era insistir en que la asistencia venía «sin condiciones», o sin «la palabra c», como abreviaba jocosamente. John Kerry, cuyo apellido había tomado prestado la legislación, fue despachado a Islamabad para intentar apaciguar a los paquistaníes. «Hicimos una gira completa de disculpas con Kerry-Lugar-Berman, y nos reunimos con Nawaz y toda la banda», recordó un funcionario. En una ocasión, Kerry se sentó con el general Kayani durante una cena que duró cinco horas. «Queremos darles el dinero, queremos cambiar la naturaleza de nuestra relación —le dijo Kerry—. Pero para poder hacerlo, ustedes van a tener que darse cuenta de la imagen que darán si siguen haciendo las maldades que han estado haciendo hasta ahora.» «Mire, yo también soy político —respondió Kayani—. Entiendo su política. Sé lo difícil que es todo eso.» Como solía suceder, los paquistaníes tenían un mensaje para su pueblo y otro para los norteamericanos.

Me pregunté por un momento qué concluiría de esta locura un observador externo: un presunto aliado cabreadísimo por una limosna de siete mil millones y medio de dólares, y una potencia mundial tratando a toda costa de negar que dicha limosna implicara cualquier tipo de rendición de cuentas. La situación era un espejo de los hondos problemas por los que estaba pasando la relación. Holbrooke había intentado comprar una conversación más amplia, pero Pakistán había sido el apoderado de los intereses militares de Estados Unidos durante muchos años. Mientras florecían las conversaciones entre jefes de espionaje y generales, la relación más extensa que habían desatendido se convirtió en un caldo de cultivo de la paranoia y la sospecha. Siete mil millones y medio de dólares no bastaban para recuperarla.

129

Robin Raphel aceptó la oferta de trabajo de Anne Patterson, la embajadora de Estados Unidos en Pakistán entonces. Un mes antes de que se aprobara la ley Kerry-Lugar-Berman en la Cámara de Representantes y en el Senado en septiembre de 2009, hizo las maletas y se mudó a Islamabad una vez más. Se instaló en una casa de estuco de dos plantas en el sector F-6, un barrio acomodado y residencial de la ciudad, muy cerca de Margalla Hills. Se hizo con un Toyota renovado y conducía ella misma a fiestas y recepciones. Durante mis viajes a Islamabad, la vi arrasar en fiestas celebradas por diplomáticos rusos y responsables de organizaciones benéficas británicas, siempre abarrotadas de paquistaníes. Robin Raphel estaba de nuevo entre las élites de Islamabad que había conocido a sus veinte años.

La tarea de gastar la nueva inyección de dinero que Holbrooke y Petraeus habían peleado en el Capitolio recayó sobre ella.

«En aquella época me pareció una buena idea, y sigue pareciéndomelo, votar la ley Kerry-Lugar-Berman, tener un gran gesto… para contribuir a elevar el nivel de vida general del pueblo y no solo del ejército», me dijo. Pero gastar el dinero resultó ser una experiencia tan dificultosa como el anuncio de su concesión. Se hacía eco, en parte, de la larga historia de relaciones transaccionales; unas relaciones que, sencillamente, no se habían creado para acomodar 1,5 mil millones de dólares al año en asistencia civil. Se vio enseguida que había más dinero autorizado del que el USAID podía gastar productivamente. A ojos de muchos paquistaníes, el resultado fue otra promesa rota más; una cifra inflada que, después de todo el furor inicial, nunca se materializó.

Al igual que en Afganistán, faltaban expertos técnicos. En ciertas áreas, como la infraestructura hídrica, el USAID no tenía a nadie cualificado. Empecé a buscar grupos externos y los puse en contacto con el Gobierno paquistaní y el USAID. Pero ninguna cantidad de grupos expertos podía accionar la máquina de la asistencia estadounidense con la suficiente rapidez para cumplir el plazo estipulado por la legislación vigente en tiempos de guerra. «La verdad es que no avanzábamos mucho porque se tarda mucho tiempo en ponerlo todo en marcha. Así que las expectativas acumuladas eran enormes, pero fue imposible cumplirlas», reconoció Raphel.

El mismo sistema fallido que había frustrado la iniciativa de Holbrooke en Afganistán frustraba ahora la lucha de Raphel por que los proyectos se tramitaran más deprisa. A pesar de la búsqueda por localizar a oenegés locales, buena parte del dinero de Kerry-Lugar-Berman pasaba por gigantescos contratistas norteamericanos que echaban mano de distintas capas de subcontrataciones. «Desperdiciamos casi todo ese dinero en contratistas», dijo rotundamente Raphel. Y no daba tiempo a arreglarlo. Cinco años pasan volando en el contexto de los proyectos de infraestructura, y menos que eso en términos del cambio en la relación a largo plazo que Holbrooke buscaba efectuar. «No comprendí desde el principio que tendría que haber sido un programa de diez años, no de cinco —me dijo Raphel más tarde—, porque no pudimos pensar con rapidez en qué emplear bien el dinero.» Una vez más, los plazos dictados por las exigencias militares y las presiones políticas nacionales no cuadraron con el mundo real de la diplomacia y el desarrollo.

Después estaba la reticencia de los grupos responsables de implementar la asistencia, que, como en Afganistán, tenían pocas ganas de que los identificaran como parte del esfuerzo bélico norteamericano. Holbrooke y Petraeus vendieron Kerry-Lugar-Berman con una lógica simple: nos hemos gastado un dineral en presas y escuelas, los paquistaníes verán todos esos dólares norteamericanos a raudales y —¡abracadabra!—, Pakistán pasará de ser un avatar de la CIA en operaciones secretas de contraterrorismo a un amigo de Estados Unidos. Las reuniones sobre la asistencia a Pakistán solían recaer en altos responsables que suplicaban cada vez con mayor desesperación «proyectos emblemáticos» altamente visibles susceptibles de provocar esta conquista fabulada de corazones y mentes.

Holbrooke quería eso más que nadie. En una fotografía tomada en un campo de refugiados en el noroeste de Pakistán, aparece agachado junto a un refugiado paquistaní con barba que está sentado en postura de meditación con su hija pequeña en el regazo. Holbrooke se ha quitado las gafas de sol y una sincera solidaridad se dibuja en su rostro, junto con una intensa concentración. Mechones de pelo cano sobresalen de su gorra de color caqui con las palabras «USAID» y, más abajo, el eslogan: «De parte del pueblo americano». Lo llevaba a menudo. «Parece ser que la prensa paquistaní se está tomando un interés particular en la gorra de béisbol de RCH (las iniciales de Holbrooke)», escribió Vali Nasr en un correo electrónico a Holbrooke y su jefa de personal, Rosemari Pauli. «¿Tiene un significado más profundo, doctor Freud?», respondió Holbrooke. «Fue prácticamente el único signo, aunque fuera temporal, de que se estaba haciendo un esfuerzo por parte de Estados Unidos... Cualquier otra ayuda prestada al país, aunque provenga de Irán, tiene mejor prensa que nosotros. Únicamente nuestros helicópteros son visibles. El hospital de campo de China (por el que pasé conduciendo en Thatta), Turquía, Arabia Saudí (visité su campo de refugiados, donde están construyendo una

mezquita), Australia (hospital de campo en Multan), Suiza, el
Reino Unido, etc. Mientras que nosotros nos escondemos y las
oenegés cooperantes se niegan a admitir que las financiamos.»

Holbrooke estaba en lo cierto: en zonas delicadas de Pakistán, donde abunda un sentimiento antiamericano violento,
los grupos no gubernamentales con frecuencia intentan que
las barras y las estrellas se vean lo mínimo, por temor a los
ataques contra los trabajadores. En las zonas más volátiles,
Estados Unidos incluso permitió la retirada completa de banderas y de logos del USAID mediante exenciones. Se limitaba, desde hacía tiempo, a un pacto entre caballeros. Pero Holbrooke empezó a hacer campaña en público y en privado. Remitió el intercambio de correos al asistente de Clinton, Jake
Sullivan, que se lo remitió a Clinton. Días después, abordó la
cuestión públicamente, y dijo: «Tenemos que luchar por que
la marca del Gobierno de Estados Unidos figure en nuestro
material, porque muchos de nuestros trabajadores y oenegés
colaboradoras tienen miedo de que los asocien al Gobierno de
Estados Unidos».

De la noche a la mañana estábamos en guerra, con los grupos responsables de buena parte de la asistencia en el corazón
de la estrategia Afganistán-Pakistán. «Estamos ayudando a
Pakistán. No nos pongan una diana en la espalda», se quejaba
el titular de un artículo de opinión del *Washington Post* escrito por el director de InterAction, una coalición de oenegés.
«En países como Liberia o El Congo, las oenegés norteamericanas que reciben financiación del Gobierno de Estados Unidos
promueven sin cesar que están prestando ayuda "de parte del
pueblo norteamericano" —escribió Sam Worthington—, pero
en Pakistán, donde la vida de los cooperantes peligra con más
frecuencia, una campaña de marca forzada podría… poner en
peligro la vida de los estadounidenses y de sus colegas paquistaníes». Me despacharon para que calmara los ánimos, y llevé a
estos grupos al Departamento de Estado, después de lo cual acu-
dí a una cumbre de oenegés para pronunciarme contra el boicot.

Ambos bandos se atrincheraron. Judith McHale, la exeje-
cutiva de Discovery Channel y ahora subsecretaria de Estado
de Hillary Clinton para la diplomacia pública, envió el artículo
de opinión a esta última, diciendo: «Como saben, creo fervien-

132

temente que no está en nuestro interés nacional seguir abasteciendo miles de millones de dólares en ayuda y asistencia sin que el propio pueblo al que estamos ayudando sepa que esa asistencia viene de nosotros». Hillary Clinton respondió: «Grcias. Me encanta trabajar contigo. A veces pienso que ns separaron al nacer!». Jake Sullivan apostilló en un correo electrónico a McHale: «¡No deberían esconder su ayuda, dársela bajo cuerda!». Luego añadió, utilizando solo la primera letra del secretario de Estado como abreviatura: «S cree que deberíamos expandir esto más allá de Pakistán y defender que se conozca la ayuda del pueblo norteamericano en el mundo entero».

Mientras que la cadena de correos electrónicos de gestión de crisis se hinchaba, me convencieron para que ayudase a perfilar un artículo de opinión que se publicaría con la firma de Rajiv Shah, el presidente del USAID.

Yo era —cosa absurda, dado mi rango de novato— la única persona que se comunicaba activamente con los grupos que amenazaban con retirarse. Se me ocurrió que había una solución sensata: una conversación más específica, no sobre si había que echar mano de una marca estadounidense, sino cuándo, dónde y cómo utilizarla; esencialmente un ajuste de la política de exención que ya existía. Otros cambios, como trabajar con grupos locales que habían mostrado su buena disposición a utilizar la bandera estadounidense, incluso en las áreas difíciles, podían tener un mayor impacto que imponer la mano dura de los grupos occidentales ya controvertidos de por sí en Pakistán.

En una serie de notas a Holbrooke y de correos electrónicos al grupo, intenté defender esta idea con el mayor tacto. Holbrooke se salió de sus casillas. Me llamó a su despacho una noche, después de enviar una respuesta al grupo sugiriendo un reconocimiento público de las exenciones que ya estaban disponibles para las zonas no seguras. El sudor relucía en su cara y parecía exhausto. En aquella época se enfrentaba casi a diario con una Casa Blanca hostil. «¿Ha perdido el juicio?», tronó. Me arrebató la nota que le había traído con tanta fuerza que la rompió por la mitad. Me quedé mirando la media página que seguía teniendo en la mano y luego la vena hinchada en la frente de Holbrooke. «Sé que se cree alguien especial —bramó—. Sé que se cree que tiene un destino. Que hará grandes cosas. Que

133

hará cosas que cambiarán su país. Sé que lo cree desde que era joven.» —Me pareció que estuvo a punto de decir «desde que estuvo en Vietnam»—. Una fotografía de un joven Holbrooke sonriendo detrás de sus gafas de culo de vaso bajo el sol del delta del Mekong nos miraba fijamente desde una pared cercana. «Pero primero tiene que saber cuál es su sitio. Elegir sus batallas. Comprender que incluso la mejor idea no es una buena idea si nadie quiere oírla. Y ahora mismo nadie quiere oír… ¡¿DONNA?!» Su asistente, una abuelita sureña y afable llamada Donna Dejban, estaba en el vano de la puerta de su despacho, mirándonos boquiabierta y llorando a moco tendido. «Donna. BASTA. ¡DEJE DE LLORAR!», rugió.

El artículo de opinión de Rajiv Shah apareció en el *Huffington Post*, con una breve mención a las exenciones. Ninguno de los grandes ejecutores se retiró, y la asistencia continuó. Pero el sueño de un nuevo programa de asistencia civil de mayor envergadura en Pakistán nunca llegó a materializarse. Buena parte de los fondos nunca fueron asignados por el Congreso. Algunas veces interfirieron casos de fuerza mayor. La respuesta de Estados Unidos a las inundaciones y una crisis de refugiados tenían que financiarse con fondos aprobados. «La ayuda humanitaria desvió buena parte de los mismos», dijo Kronstadt, el investigador del Congreso. Pero lo más importante: se habían puesto en marcha cambios que alterarían radicalmente los retos de la relación y, con ellos, la reducción drástica de la financiación.

En marzo de 2010, Hillary Clinton y el ministro de exteriores paquistaní, Shah Mehmood Qureshi, presidieron una serie de mesas largas dispuestas en un rectángulo en la sala Ben Franklin. Detrás de ellos, las banderas de Estados Unidos y Pakistán alternaban el rojo, el blanco y el azul en yuxtaposición con las lunas crecientes blancas sobre verde. Una delegación paquistaní se sentó del lado de Qureshi y los norteamericanos del de Hillary Clinton, con Holbrooke próximo a ella. Incluso con la fortuna en su contra en su propósito de aumentar la financiación civil en Afganistán y Pakistán, Holbrooke no cejó en su empeño de sentar a una misma mesa a los distintos actores políticos. Convenció a Hillary Clinton de que Pakistán —como sus aliados de más peso, la India y China— debía gozar de un «diálogo estratégico» anual: un debate ceremonial de alto nivel sobre las cuestiones candentes en sus relaciones.

En esta primera reunión se discutieron asuntos de poca relevancia, y los compromisos que Qureshi garantizó se restringieron al ámbito tradicional de la cooperación contra el terrorismo. («Hemos convenido acelerar nuestras exigencias de transferir equipos militares a Pakistán que llevan pendientes desde hace meses y años», soltó de un tirón a los periodistas.) Pero el simple hecho de que hubiera ocurrido, después de tantos contratiempos, era un pequeño milagro. Posteriormente a estas conversaciones, Hillary Clinton se puso al lado de Qureshi delante de las paredes azules y las columnas corintias de la sala de tratados del Departamento de Estado, y agradeció a Pakistán su amistad. Holbrooke presentó las conversaciones como el inicio de una nueva clase de relación: «Pakistán es importante en sí mismo. No lo vemos simplemente en función de su vecino gigante al este o de su vecino asolado por la guerra al oeste». La declaración fue más una desiderata que una realidad, pero era un comienzo.

Holbrooke le sacó todo el partido que pudo. Defendió la necesidad de nuevas conversaciones trilaterales con Afganistán. Se formaron grupos de trabajo para abordar cuestiones específicas. A veces le permitieron abordar grandes desafíos que excedían sus competencias, como las restricciones al comercio, fruto de la animosidad entre Pakistán y la India, estrangulaban la economía de Pakistán. No pudo sentar a la India a la mesa, pero abogó contra viento y marea por las conversaciones trilaterales con Estados Unidos, Pakistán y Afganistán, que culminaron en la firma de un acuerdo para abrir las relaciones comerciales. Fue el primer avance importante en un proceso de negociación que llevaba estancado, literalmente, desde 1965. En 2015, incluso la India parecía dispuesta a entrar en el acuerdo comercial.

Otra meta del grupo de trabajo trilateral —la política del agua— se convirtió en una fijación para Holbrooke. En una crítica poco publicitada, terminó concluyendo que las crecientes tensiones sobre las cuestiones relativas al agua podían dar al traste con la paz precaria entre la India y Pakistán. La cuenca del río Indo suministraba agua a ambos países, atravesando la India, y la disputada Cachemira a su paso, hasta llegar a Pakistán. Un tratado de 1960, negociado por el Banco Mundial, dividió los distintos afluentes del Indo entre ambos países. Sin embargo, el cambio climático complicaba este frágil acuerdo. Las riadas amenazaban las tierras de cultivo a ambos lados de la frontera, incrementando el riesgo de guerras territoriales. La sequía podía desencadenar un efecto similar, y ya era una tendencia visible. Un estudio preveía que el deshielo de los glaciales reduciría el caudal del Indo un 8 por ciento en 2050. «Si no hacemos caso —me dijo Holbrooke—, podría precipitar una Tercera Guerra Mundial.» Lo miré con incredulidad. Hablaba completamente en serio.

Holbrooke mencionó la dimensión del agua en la lucha regional durante una sesión del Consejo de Seguridad Nacional, con el deseo de poder expandir su objetivo con un apoyo al más alto nivel. Los responsables de la Casa Blanca se mostraron incrédulos y le preguntaron si estaba de guasa. Si había algún motivo de risas, el último en reír sería Holbrooke; en 2016, los indios comenzaron a amenazar con salirse del Tratado de las Aguas del Indo.

Al comprender que lo estaban dejando al margen, Holbrooke bregó por que otra funcionaria —la subsecretaria de Estado María Otero— asumiera ser algo así como una enviada oficiosa para el asunto del agua. (Como siempre, nunca confiaba en que nadie más que él pudiera hacer el trabajo. «¿Qué tal es?», me preguntó después de una de las sesiones informativas con ella. «¿Está a la altura? Es una misión importante.»). Y siguió presionando para que hubiera más conversaciones. Me pasé meses recorriéndome el mundo con el grupo de trabajo para el agua, para cerciorarme de que estaban integrando a expertos externos que pudieran ayudarles a anticipar una posible crisis. Un imán de nevera que me regaló —a saber el motivo— el Gobierno paquistaní, me muestra con un puñado de responsables del Departamento de Agricultura y un ministro paquistaní, con el pulgar en alto, al lado de los aparatos que servían para medir los niveles de freáticos. Una vez nos vimos en el llamativo Ritz-Carlton de Doha, intentando iniciar la conversación sobre el momento de la verdad entre la India, Pakistán y Afganistán a propósito del agua. Afganos barbudos se sentaban a orillas de lagos artificiales desdeñando piñas coladas. Parecía una pérdida de tiempo. La India se negó a despachar a un enviado oficial.

Pero a Holbrooke no le parecía que estaba luchando contra molinos de viento. Las conversaciones entre los actores regionales, si bien vacilantes, se celebraban, y en una medida que no se había visto en años. Y, además, los paquistaníes estaban actuando contra los terroristas dentro de sus fronteras en una medida que no habían logrado hasta entonces. «Hubo un período en 2009 en que pensamos que las cosas estaban funcionando de verdad —me dijo Petraeus—. Y fue en la época en que crearon Swat, Bajaur, Mohmand, Khyber, Orakzai, el sur de Waziristan... Suministrábamos cantidades nada desdeñables de ayuda financiera, información, formación, infraestructura y logística, y teníamos la sensación de que todo iba sobre ruedas.» Holbrooke parecía animado. A pesar de los escollos, me dijo, se acercaba a algo importante.

137

12

A-Rod

Justo después del Día de Acción de Gracias de 2010, un elegante Falcon 99EX trimotor aterrizó en el aeropuerto de Múnich cubierto de nieve. El jet pertenecía a la *Bundesnarchrichtendienst* —la CIA alemana— y había despegado de Qatar. A bordo iba un hombre llamado Syed Tayyab Agha. Rozaba el final de la treintena y tenía unos rasgos juveniles y una barba negra cuidada. Hablaba en inglés, escogiendo sus palabras con esmero, y tenía un porte sosegado, comedido. Desde hacía mucho tiempo, Agha era asistente del líder talibán Mulá Omar y había trabajado en la embajada del régimen en Pakistán.

Llevaba años participando en esfuerzos vacilantes para iniciar conversaciones con el mundo exterior, entre ellas, un acercamiento a los afganos en 2008. Su viaje a Alemania fue la culminación de un año de esmeradas negociaciones conducidas por su homólogo alemán, Michael Steiner. Este hombre delgado y de porte distinguido, de rasgos marcados y hombros encorvados, también había sido el homólogo alemán de Holbrooke en Bosnia. Tenía una reputación similar a este último por sus tácticas de negociación agresivas y una teatralidad espectacular. (Durante una temporada posterior como embajador de la India, él y su mujer representaron una conocida película de Bollywood, con Steiner haciendo *playback* en numeritos de canto y baile, que sin duda se considera uno de los vídeos de YouTube más raros subidos jamás por el Ministerio de Asuntos Exteriores de Alemania.) Pensaba, como Holbrooke, que la única manera de deshacer el entuerto de Afganistán era hablando. Los agentes alemanes solo se habían comunicado con Agha indirectamente, a través de intermediarios que guardaban su ubicación en secreto. Confirmó su identidad a los alemanes publicando mensajes específicos y pactados en sitios web oficiales de los talibanes.

Agha fue despachado a un refugio seguro de los servicios de inteligencia alemanes en un pueblo exclusivo de la campiña bávara, próximo a la ciudad. Se adoptaron fuertes medidas de seguridad y se cerraron los aledaños del refugio. Al día siguiente, dos estadounidenses llegaron a la casa desafiando el frío. Uno de ellos trabajaba en la Casa Blanca y se llamaba Jeff Hayes. El otro era nuestro adjunto del equipo de Holbrooke, Frank Ruggiero, que había servido de consejero civil al ejército en el bastión talibán de Kandahar. Se reunieron con Steiner, un príncipe qatarí que, por insistencia de Agha, se sumó al grupo como garante de su seguridad, y el propio Agha. Era la primera vez en una década que Estados Unidos hablaba con los talibanes.

Para Agha, los riesgos eran elevados. Figuraba en las listas de vigilancia estadounidenses y alemanas, y había acudido solo con el compromiso de ambos países de que no lo arrestarían. Si Al Qaeda o sus facciones amigas en el seno del ISI de Pakistán descubrían las conversaciones, le esperaría un destino más espantoso. Para los norteamericanos también existían riesgos. Solo un año antes, un presunto agente doble que informaba sobre Al Qaeda a la agencia de inteligencia jordana fue recibido en una base en Khost, Afganistán. Resultó ser un agente triple y detonó una bomba que se cobró la vida de siete agentes de la CIA. El recuerdo seguía presente entre todos los que trabajaban en Afganistán. Los servicios de inteligencia alemanes prometieron a los norteamericanos que habían registrado concienzudamente a Agha.

El grupo pasó junto once horas. Varios se dedicaron a hacer turismo (el agente talibán estaba deseando ver castillos alemanes tradicionales). Dedicaron seis horas a hablar. Agha perfiló las principales inquietudes de los talibanes: sus líderes querían desvincularse claramente de Al Qaeda y pidieron que borraran los nombres talibanes de la lista de sanciones de Naciones Unidas, además de pedir permiso para abrir una oficina política en Qatar, no solo en Pakistán donde operaban actualmente. Tenían un objetivo más que les obsesionaba: querían que liberaran a los presos talibanes retenidos por Estados Unidos en Afganistán y en la Bahía de Guantánamo. Los norteamericanos expusieron sus condiciones: que los talibanes depusieran las armas, renunciaran a Al Qaeda y aceptaran la Constitución afgana y las protecciones que estipulaba para las mujeres. Y Estados Unidos también tenía una petición sobre un preso: que liberasen al sargento Bowe Bergdahl, que había sido capturado por los talibanes tras desertar del ejército un año antes.

Cuando Agha se hubo marchado, los negociadores estaban extasiados. Holbrooke, que había seguido obsesivamente las conversaciones desde lejos, fue a recibir a Ruggiero al día siguiente a Dulles. En Harry's Tap Room, en el vestíbulo B del aeropuerto, Holbrooke pidió una hamburguesa con queso y Ruggiero le refirió todos los detalles. No se trataba de una conversación a fondo —todavía no—. Pero Agha no había rechazado las condiciones norteamericanas. Era la mayor oportunidad hasta la fecha de los occidentales para meter cizaña entre Al Qaeda y los talibanes.

«Recuerde este momento», le había dicho Holbrooke a Ruggiero cuando le instó a realizar el viaje un mes antes. «Puede que estemos a un paso de hacer historia.» Era la tarde de un domingo de octubre de 2010, y Ruggiero conducía por el puente Benjamin Franklin de Filadelfia con su hija de siete años cuando recibió la llamada. Nunca la olvidaría. Por varias razones —para evitar el escrutinio público; para evitar las repercusiones si resultaba que el contacto era falso; para sortear los peligros de su tensa relación con la Casa Blanca—, Holbrooke decidió no ir a la primera reunión en persona. Pero se esperaba que él se encargara de las negociaciones posteriores.

Holbrooke había oído hablar de Agha en otoño de 2009 en El Cairo, durante una de sus giras relámpago internacionales. Los egipcios le dijeron que los líderes talibanes, entre quienes se hallaba un ayudante de Mulá Omar, los habían visitado. Steiner y los diplomáticos alemanes, que también se habían puesto en contacto con él, creían que Agha era sincero. Y, lo que era más tentador, estaba dispuesto a hablar con los norteamericanos. Hillary Clinton, que al principio se había mostrado escéptica con la idea de mantener negociaciones de alto nivel, le dijo a Holbrooke que empezara a explorar·la perspectiva bajo un estricto velo de secretismo. El amor de Holbrooke por los Yankees se consolidó a la edad de quince años, cuando su padre no le dejó saltarse las clases para ir a ver el quinto partido de la Serie Mundial, y el que terminó siendo el juego perfecto histórico de Don Larsen. Por ese motivo se le dio por llamar a Agha «A-Rod» —el apodo del jugador Alex Rodríguez— para mantener cualquier fuga a raya.

Hasta ese momento, para Holbrooke un acuerdo negociado con los talibanes había sido la ballena blanca de Ahab. Barnett Rubin, cuyo escritorio no distaba mucho del mío en nuestra suite del Departamento de Estado, fue contratado expresamente porque era el experto más destacado en los talibanes del mundo occidental. Justo antes de que Holbrooke lo contratara a principios de 2009, Rubin se reunió con intermediarios talibanes en Kabul y Arabia Saudí. Durante estos viajes de exploración, sondeó qué condiciones había que cumplir para las conversaciones venideras e insistió en las mismas prioridades que A-Rod sugirió después. Rubin estaba convencido de que las conversaciones eran una posibilidad real. El día en que Holbrooke juró el cargo, se reunió con Rubin para hablar de su viaje y de las perspectivas de negociación. «Si esto funciona —dijo Holbrooke—, puede que sea la única forma de salir airosos.» Holbrooke no consideraba que la posibilidad de llegar a un acuerdo político estuviera reñida con un mayor despliegue de tropas. Más bien lo contrario: con frecuencia hablaba de utilizar el período de mayor presión militar como un medio de obligar a las partes a sentarse a la mesa. Era una táctica que había utilizado con gran éxito en los Balcanes.

Había dos escuelas de pensamiento a propósito de cómo abordar las conversaciones con los talibanes. El método más modesto era separar y reintegrar a los combatientes rasos —los que lo hacían para ganarse la vida y no por defender una ideología hasta la muerte— de abajo arriba. El método más ambicioso —el que debatían Holbrooke y Rubin— era traer a los líderes talibanes a la mesa de negociaciones para intentar una reconciliación. La revisión política exhaustiva conducida por Bruce Riedel había avalado la reintegración de estos combatientes

141

rasos, pero había rechazado de plano un proceso de paz. Los líderes talibanes «no se prestan a ninguna reconciliación y no podemos cerrar un trato que los incluya», concluía el informe. La idea misma de estas conversaciones era contraria a una ética básica que se había anquilosado durante los años del Gobierno de Bush: con terroristas no se negocia. Durante buena parte de los dos primeros años de la administración Obama nos prohibieron hacer referencia siquiera a esta idea en comunicaciones no confidenciales. La reconciliación, dijo más tarde Vali Nasr, era «una palabra tabú... los militares decían, miren, si negocian con los talibanes ya están tirando la toalla».

Holbrooke anhelaba hablar del asunto con el presidente y presionó para entrevistarse con él, pero nunca lo consiguió. Al ver que no era posible, defendió un acercamiento diplomático ante cualquier otra persona de la administración con la que pudo hablar. El hueso más duro de roer fue el Ejército. Buena parte de la jerarquía, incluido Petraeus en su puesto en el CENTCOM, pensaba que hablar con los talibanes interferiría en su causa a favor de una escalada militar. Pero el comandante de Petraeus en Kabul, McChrystal, empezó a sopesar la idea. Él y Holbrooke no tenía una relación fácil, sin embargo, lo vi escuchar atentamente a Holbrooke una vez que este montó en cólera —a diferencia de Petraeus, que no siempre disimulaba su desdén—. Un coronel del ejército bajo el mando de McChrystal llamado Christopher Kolenda, que trabajaba por la reintegración de los insurgentes a nivel local, llegó a creer que los talibanes se estaban moderando en algunos aspectos, y a compartir el punto de vista de Holbrooke sobre unas negociaciones prometedoras. McChrystal estaba intrigado y se puso en contacto con Holbrooke y ambos empezaron a discutir los pros y los contras de la reconciliación, y cómo encajarían en la campaña militar de Estados Unidos. A principios de junio, McChrystal notificó a su personal que se había «embarcado» en las negociaciones con los talibanes, e incluso comenzó a preparar un informe sobre el asunto para Karzai.

Unas semanas más tarde, el timbre de su BlackBerry despertó a Holbrooke. Eran las dos y media de la madrugada y todos nos alojábamos en la embajada de Estados Unidos en Kabul —él en una de las suites para visitantes como es debido; yo, en mi «cubículo»—. Mi cubículo era un contenedor marítimo Conex equipado con una litera, un mini frigorífico y un lavabo diminuto. ¡RECUERDE LAVARSE LAS MANOS! :), rezaba un cartelito de plástico descascarillado. INSTRUCCIONES EN CASO DE UN ATAQUE CON COHETES, rezaba otro cartel a la derecha. Una de las instrucciones indicadas era meterse debajo de la cama, lo cual no me inspiraba mucha confianza. La víspera, Holbrooke había estado en Marja, una ciudad estratégicamente importante que los talibanes habían reclamado unos meses antes. Cuando se acercaba, combatientes talibanes abrieron fuego desde su V-22 Osprey, una aeronave de combate futurista pero controvertida, equipada con rotores basculantes que le permitían hacer de helicóptero o de avión. Aterrizó sin contratiempos y se mofó del incidente ante los periodistas reunidos. («Me han disparado en muchos otros países —dijo con su bravata habitual—. Muchos, a decir verdad.») Pero el fuego abierto siguió durante su corta visita y, poco después de despegar, tres terroristas suicidas se detonaron cerca. Fue un recordatorio violento del carácter efímero de las victorias militares en Afganistán. Yo me rezagué en la embajada, comiendo comida grasienta en el economato y cerrando reuniones. Cuando Holbrooke volvió, estaba rendido. A las dos y media de la madrugada dormía profundamente.

La llamada que lo despertó era de Stan McChrystal, al otro lado de la ciudad, en la sede del ISAF, la Fuerza Internacional de Asistencia para la Seguridad. Holbrooke se molestó. ¿Qué podía ser tan urgente como para llamarlo a esas horas? «Va a salir un artículo en el *Rolling Stone* —dijo McChrystal—. Y dice algunas cosas molestas.» «Stan, no te preocupes por eso», le dijo Holbrooke. McChrystal tenía razones para estar preocupado. El artículo de Michael Hastings, «El general Fugitivo», describía a McChrystal y a sus empleados hundiendo hasta el fondo a casi todos los que trabajaban en la administración. «El jefazo dice que es como un animal herido —dijo de Holbrooke un miembro de su equipo—. Holbrooke sigue oyendo rumores de que lo van a despedir y eso le vuelve peligroso. Es un tipo brillante, pero llega, tira de cualquier palanca, lo primero que está a su alcance. Pero esto es la COIN y no puedes tener a alguien haciendo de las suyas.» Otra anécdota memorable fue cuando McChrystal estaba mirando su

BlackBerry y refunfuñando. «Buf, otro email de Holbrooke no, por favor. Es que ni voy a abrirlo.» Dos días más tarde, el presidente Obama aceptó la dimisión de McChrystal. El apoyo militar para la reconciliación se fue con él.

En lugar de McChrystal, Obama colocó a Petraeus en Afganistán. Técnicamente, no se trataba de una degradación para Petraeus, puesto que McChrystal había estado a sus órdenes. Aunque fue un ascenso a una participación más directa en la configuración de la política de guerra. Y no compartía la apertura de McChrystal a las negociaciones. «Es que pienso que no era negociable —me dijo Petraeus—. Lo intentamos, eso desde luego, y nuestras fuerzas apoyaron los desplazamientos y la seguridad de nuestros interlocutores potenciales. Pero dudo que hubiéramos sido capaces de convencer a los buenos talibanes para que se sentaran a la mesa y negociar en serio. Sus líneas rojas, que no estaban dispuestos a negociar, eran totalmente inaceptables para los afganos y para nosotros. Y si no convencíamos a los auténticos jefes talibanes, para qué hablar de los líderes de los talibanes Haqqani, o los del Movimiento islámico de Uzbekistán o Al Qaeda —dijo, refiriéndose a los elementos más extremos ubicados en las fronteras de Afganistán—. Los líderes de todos los grupos se refugiaban en santuarios y estaba claro que los paquistaníes, en aquella época, no estaban dispuestos o no eran capaces de ir tras ellos.» Para él, las llamadas incesantes a las negociaciones, de Holbrooke y del Departamento de Estado, eran una distracción inútil. «Creíamos que si lo intentábamos con un poco más de tesón, conseguiríamos un acuerdo negociado», dijo. El mensaje transmitido a los militares era que «no estamos poniendo toda la carne en el asador. Arrimad el hombro. Sois un estorbo, tíos. No vais a por todas». Años después, Petraeus seguía poniéndose a la defensiva sobre este punto: aseguraba que había hecho «todo lo humanamente posible», incluso «reintegrar» a decenas de miles de talibanes rasos en Afganistán. «Pero nunca pudimos ejercer presión sobre los líderes de los grupos fuera de Afganistán y tenían pocos incentivos para negociar cuando sabían que les bastaba con esperar que nos fuéramos en vista de la fecha de retirada anunciada». En octubre de 2010, mientras las conversaciones con A-Rod se iban cerrando, intentó acercarse a Petraeus.

—Dave, tenemos que hablar de la reconciliación —le dijo.

—Richard, eso lo finiquitamos en quince segundos —repuso Petraeus—. Sí, un día de estos. Pero ahora no.

Que estas primeras conversaciones secretas en Múnich llegaran a tener lugar fue un monumento a la perseverancia de Holbrooke. Una y otra vez, había sacado el asunto a colación y una y otra vez lo habían desairado. La Casa Blanca era incluso más rotunda en su oposición que los militares a la idea de las conversaciones y, más aún, a la idea de que las condujera Holbrooke. En julio de 2009, los saudíes notificaron al presidente Obama que su servicio de inteligencia estaba en contacto con responsables talibanes y que parecían abiertos a hablar. Pidieron a los norteamericanos que les enviaran un representante para reunirse con ellos. Holbrooke transmitió la petición a la Casa Blanca, pero no movieron ficha. Más tarde, se las apañó para que borraran algunos nombres talibanes de la lista negra de Naciones Unidas; una de las primeras peticiones de A-Rod en Múnich, al parecer. La Casa Blanca, los militares y la CIA también se negaron rotundamente. Incluso sacar el tema de las negociaciones en las conversaciones con los afganos estaba prohibido; la presión de Holbrooke para incluir las conversaciones con los talibanes en la agenda del presidente durante uno de los viajes de Karzai a Estados Unidos era una vía muerta.

145

Sin embargo, Holbrooke siguió presionando y enviando a miembros de la SRAP para que explicaran los méritos de la reconciliación a Hillary Clinton, lo que desgastó paulatinamente su escepticismo. La Casa Blanca empezó a ceder. A principios de 2010, el teniente general Lute, consejero del presidente para Afganistán, empezó a respaldar un plan de reconciliación, conducido no por Holbrooke, sino por el diplomático argelino de Naciones Unidas Lakhdar Brahimi. Fue un desaire deliberado dirigido directamente contra Holbrooke. Hillary Clinton puso el grito en el cielo. «Nosotros no delegamos nuestra política exterior», le dijo a nuestro equipo. «Holbrooke solía decir: "Con tus amigos no haces la paz", y tuvimos que ser abiertos sobre nuestras conversaciones y exploraciones con los talibanes», recordó Hillary. «Pero fue una lucha ardua y constante.»

La lucha no era únicamente producto de divisiones ideológicas sobre las negociaciones con el enemigo; también era fruto de políticas personales mezquinas. Lo que había empezado como rumores de descontento en el círculo más íntimo de Obama a propósito de las bufonadas de Holbrooke terminó convirtiéndose en un auténtico circo de humillaciones. El general Jim Jones, consejero de Seguridad Nacional, y Lute estaban acostumbrados a que los militares tuvieran la última palabra en los teatros de la guerra, y trabajaban en una Casa Blanca que había organizado activamente otras políticas sensibles a la seguridad nacional bajo su propio techo. Jones y Lute estaban furiosos por que Holbrooke hubiera mantenido el control de la operación de Afganistán y Pakistán.

Todos los lunes por la tarde, en una sala de conferencias con paneles de madera y una luz mortecina en la séptima planta del Departamento de Estado, Holbrooke convocaba a las agencias a una reunión que llamaban *shura*, en un guiño al término local equivalente a «consultas». La reunión había sido idea de Holbrooke, pero, en una concesión a las continuas tensiones con la Casa Blanca, en principio la dirigía Lute. Todas las semanas, veíamos a ambos hombres tomar asiento a la cabecera de la mesa, delante de un telón de fondo con un mapamundi y relojes digitales que señalaban la hora de las principales capitales y del lugar donde se encontraba el secretario de Estado en esos momentos. Habría sido posible refrigerar un filete en el hielo que los separaba. «Me complace tener al general Lute para codirigir conmigo esta reunión», dijo Holbrooke al grupo para dar inicio a una sesión temprana. Lute reaccionó rápidamente. «Me complace muchísimo que el embajador Holbrooke haya podido venir. Y codirigir la reunión conmigo.»

Jones y Lute compilaron un dosier de las supuestas pifias de Holbrooke. No le reservaron un sitio en el avión del presidente cuando viajó por primera vez a Afganistán; un viaje del que solo se enteró cuando Obama ya iba de camino. En lugar de dar apoyo a Holbrooke durante las tensas discusiones con el presidente Karzai en Afganistán, los funcionarios de la Casa Blanca intentaron sembrar cizaña entre el diplomático y el presidente afgano como parte de su estrategia para que lo despidieran. Durante una de las visitas de Karzai a Estados

Unidos, sacaron a Holbrooke de la lista de invitados para la reunión del Despacho Oval con el presidente afgano y esbozaron algunos puntos de debate para el presidente Obama, específicamente ideados para socavar a Holbrooke, cosa que puso de relieve que solo los presentes en la sala tenían la confianza del presidente. Hillary Clinton intervino e insistió en que Holbrooke estuviera presente.

En otra ocasión, en la bufonada gubernamental que se convirtió en la leyenda del Departamento de Estado, Jones envió una nota al embajador de Estados Unidos en Kabul, el teniente general jubilado Karl Eikenberry, prometiéndole que no tardarían en despedir a Holbrooke. Eikenberry pensaba igual de mal de Holbrooke que él, y Jones sabía que era un confidente seguro para el mensaje. Desafortunadamente, envió por error la nota como correspondencia oficial de la Casa Blanca, con copia automática a cada agencia con cartas en el asunto de la política afgana. Jones actuó rápido: convocó a Holbrooke a una reunión en la Casa Blanca durante la cual reprendió al diplomático y le dijo que planeara su estrategia de salida del Gobierno. Hillary Clinton intercedió una vez más, compilando su propio dosier sobre los logros de Holbrooke y dirigiéndose directamente al presidente Obama para atajar el complot para despedirle. «Los asistentes de la Casa Blanca me dijeron a las claras que me deshiciera de Richard —recordó—. Me dijeron: "Tiene que despedirle", y yo respondí: "No pienso hacerlo… Si la Casa Blanca quiere despedirlo, que se lo digan ellos mismos".» No despidieron a Holbrooke, lo cual le dejó en una suerte de limbo: dentro, pero con todo el mundo deseando que se fuera.

Lute «odiaba a Holbrooke, y con todas sus fuerzas», me dijo uno de sus empleados. Cuando la campaña para despedirle se filtró en la prensa más tarde, Lute estaba avergonzado y dijo: «No me mueve el odio a nadie ni a nada», pero reconoció que «fue una experiencia muy personal para mí y sigo procesándola. Pero pienso que las tensiones se volvieron un poco personales en un momento determinado».

Holbrooke era en parte o en gran medida responsable de su situación de paria, dependiendo de a quién le preguntaras. Se había ganado el apodo de «Bulldozer» durante la administración Clinton por una razón, y una vez más trataba al personal

147

con prepotencia, a Lute incluido. «Mire, él concertaba sus citas cuando le venía bien, entraba, cerraba la puerta y ponía los pies encima de la mesa —recordó más tarde Lute, espeluznado solo de pensarlo—. Mire, estaba tan seguro de sí mismo que rayaba en la arrogancia, sabía muy bien lo que quería y no permitía que nadie se interpusiera en su camino.» Uno tenía siempre la sensación de que Holbrooke no sintonizaba con su época. «Francamente, tenía carta blanca en la administración Clinton y seguramente esperaba seguir teniéndola con Obama.»

Nada ilustraba mejor esta tensión que la relación de Holbrooke con la prensa, a la que había utilizado con gran éxito para ampliar sus tácticas de negociación en Bosnia. Un elemento frecuente en los argumentos de Jones y Lute contra él era que lo acusaban de haber sido la fuente de una serie de filtraciones de cables en los primeros días de gobierno. No era cierto. Los periodistas de entonces, como Rajiv Chandrasekaran del *Washington Post* y Mark Landler del *New York Times*, escribieron después que Holbrooke no era un filtrador. Pero sí que le gustaba hablar con periodistas a los que respetaba, y yo le he oído innumerables conversaciones entre bastidores, en las que nunca filtraba secretos, pero no se cortaba un pelo con sus comentarios. Lamentablemente, en estas llamadas oficiosas solía desgranar estudiadamente sus opiniones políticas sobre la administración; de hecho, a medida que su posición se hizo más endeble, daba la impresión de que se pasaba de rosca y a veces sonaba como el jugador más entusiasta del equipo.

Pero estas conversaciones abrieron la brecha abismal entre Holbrooke y el equipo de Obama. Para Holbrooke, los medios de comunicación eran un escenario, un espacio donde ganarse teatralmente el favor de sus adversarios o exprimir sus puntos débiles. Estas tácticas sacaban de quicio a la Casa Blanca «sin dramas» de Obama, que se preciaba de que sus disquisiciones internas no llegaban a la prensa y quería que el foco se centrara en el jefe. (O, al menos, en los aliados escogidos del presidente; a medida que la administración se fue desgastando, la casi totalidad de los colaboradores más cercanos a Obama buscaron darse postín.) Un artículo de George Packer, publicado en el *New Yorker* en septiembre de 2009, torpedeó las ya tensas relaciones de Holbrooke con la Casa Blanca justo cuando se estrenaba en su cargo. Packer, un periodista incisivo con talento narrativo, convirtió lo que Holbrooke había deseado que fuera una celebración de su política en Afganistán y Pakistán y su lucha por las negociaciones con los talibanes en un artículo biográfico amplio, repleto de fotografías de Holbrooke en Vietnam. Cuando se hizo evidente que el artículo se desmadraba, Holbrooke intentó frenarlo. Se negó a posar para una sesión de fotos. (El *New Yorker* utilizó una foto antigua, un retrato hosco tomado por Brigitte Lacombe, fotógrafa de celebridades.) Su mujer, Kati Marton, llamó al redactor jefe del *New Yorker*, David Remnick, y le suplicó que no sacara el artículo. «Kati, parece mentira que estés haciendo esta llamada», le respondió él.

Cuando la revista se puso en contacto con el Departamento de Estado para corroborar los datos del artículo, corrió la alarma en la administración. «Importancia: Alta», rezaba el correo electrónico de P. J. Crowley a los asistentes de Hillary Clinton, Jake Sullivan, Huma Abedin, Cheryl Mills y Philippe Reines. «Obviamente, Richard se ha descarriado, digámoslo así, del debate de nuestra estrategia. Al final es prácticamente un perfil de Richard. Voy a avisar a la Casa Blanca.» Holbrooke ya había avisado a Hillary Clinton. «Tengo más información de esto si quiere que lo hablemos», le respondió a Mills. El episodio confirmó lo que los consejeros de la Casa Blanca pensaban de Holbrooke: que, en su historia, el resto solo éramos figurantes.

«El retrato del *New Yorker* lo condenó ante su administración —dijo Marton—. No querían que en aquellos primeros años nadie le robara protagonismo al presidente.» Le dijo a su marido que no se preocupara, que él formaba parte del equipo y que el círculo íntimo de Obama seguro que veía el beneficio de una prensa positiva. «Tú no entiendes cómo son», repuso él. Así era.

149

13

Prometedme que pararéis la guerra

*L*legamos a Fort McNair a las siete en punto de la mañana. Era septiembre de 2010 y Holbrooke tenía que copresidir un examen civil y militar de la política de Pakistán con el sucesor de Petraeus en el CENTCOM, un tal general James Mattis, apodado «Mad Dog» —perro rabioso— y futuro secretario de Defensa. Se esperaba la asistencia de más de 225 partici-pantes, entre ellos, los homólogos británico, alemán y francés de Holbrooke, y el embajador británico para Pakistán. Los in-vitados entraron en fila en el *hall* George C. Marshall de la Universidad de Defensa Nacional, una estructura enorme de ladrillo y cemento construida al estilo de una mega iglesia, con mampostería de color marrón topo y un vasto atrio de varios pisos. Al igual que el resto del campus de la UDN, ocupaba una angosta península que se extendía al sur de Washington hasta la afluencia de los ríos Potomac y Anacostia. Mattis se mostró receptivo con los planes de Holbrooke y escuchaba atentamen-te mi presentación de la tecnología de localización de oenegés y me sugería que pusiera al tanto a su equipo del CENTCOM en Tampa. Holbrooke parecía distraído. Su conflicto con la Casa Blanca había alcanzado su sima, y las filtraciones públicas eran cotidianas y sugerían que tenía los días contados. Sin embargo, contra todo pronóstico, él se creía en la brecha. El mes pre-cedente, Marton lo sorprendió con una mirada que describió como «perdida» y le preguntó en qué estaba pensando. «Creo que ya lo tengo —le dijo—. Creo que veo cómo encajan todas las piezas. Marton y Holbrooke compartían el don de saber crear un relato; en este caso, la idea de que lo que faltaba era una respuesta, una forma de armar el rompecabezas, a diferencia de un montón de problemas increíblemente complejos que nunca podrían discernirse claramente, que requerían no tanto una solución grandiosa como un trabajo de pulido. No obstante, en las semanas posteriores, se puso a redactar un informe para Hillary Clinton que vertebraba con convicción qué había salido mal en las relaciones de Estados Unidos con Afganistán y Pakistán, y cómo enderezarlas. Iba a ser, me dijo, un documento serio; un informe completo de sus opiniones a menudo amordazadas durante el mandato de la administración.

Enviar documentos por la vía burocrática del Gobierno es todo un infierno. Las notas dirigidas a la secretaría de Estado pasan por «The Line», un cuerpo de guardianes que garantizan que los documentos son «supervisados» por todos los departamentos con competencias antes de llegar a la mesa del jefe. En este caso, esto implicaba a las embajadas y a la Casa Blanca; los rivales burocráticos que se las ingeniaban para eliminar a Holbrooke. Él quería remitir este mensaje directamente a Hillary Clinton y no quería dejar un rastro digital. Sus asistentes originales, los de confianza, habían sido sustituidos por nuevos funcionarios que, según creía, eran más leales al sistema que a él. En señal de lo profundo que se había vuelto su aislamiento burocrático, me preguntó si lo ayudaría a componer la nota y a pasársela a Hillary Clinton. A pesar del romance ininterrumpido de Holbrooke con su BlackBerry, jamás lo vi utilizar un procesador de texto. Ni siquiera tenía un ordenador en su mesa de despacho. Total, que el día antes de nuestro viaje a Fort Mc-Nair, me dictó su primer borrador. A la mañana siguiente, salió de sus sesiones con Mattis para apuntar notas y correcciones al margen. Era información clasificada, me dijo, unas instrucciones de uso para garantizar que solo Hillary Clinton lo leería, pero, a causa del empeño de Holbrooke de sortear el sistema, nunca lo clasificaron oficialmente. Aun así, escribí un mensaje de texto a un amigo en aquella época, diciéndole que me producía ansiedad ir por ahí con la información.

La nota empezaba así: «A: HRC, De: RCH. Asunto: EN LA ENCRUCIJADA». Durante nueve páginas a un solo espacio en Times New Roman, Holbrooke se explicaba en términos sucintos. «Sigo creyendo que la importancia de nuestra seguri-

dad nacional en Afganistán, Pakistán y la región es tan elevada como siempre —escribió—. Pero nuestra estrategia actual
no prosperará.» El Gobierno afgano, poblado de caudillos que
habíamos utilizado como fuerzas de sustitución al estilo de la
Guerra Fría que había sucedido al 11-S, se hundía bajo el peso
de la corrupción y mostraba pocos signos de alineamiento estratégico con Estados Unidos. «Pase lo que pase en la contrainsurgencia, nuestras políticas están en peligro por una razón
básica: la carencia de un socio creíble y fiable que comparta
nuestros objetivos...», continuaba, enumerando una letanía
de ejemplos de dobles juegos y corrupción del Gobierno de
Karzai. «No conozco a ningún socio estratégico en la historia
de las relaciones exteriores norteamericanas que se haya com-
portado de una manera tan extraordinaria. Y, sin embargo, lo
hemos tolerado, hemos hecho concesiones y hemos buscado
excusas, y en general le hemos dado la impresión de que puede
salir indemne de casi cualquier cosa.»

Si bien los comentarios sobre el proceso de revisión de Afganistán realizados por Bob Woodward y otros caracterizaron en
grandes líneas las perspectivas de Holbrooke sobre el despliegue de tropas, él siempre fue meticuloso y se cuidó de exponer
sus puntos de vista públicamente en documentos diseminados por los canales habituales de la administración. «Durante
el debate del año pasado, compartí mis recomendaciones solo
contigo y con Tom Donilon, que dice haberlas compartido con
el presidente. Nunca se hicieron públicas.» Posiblemente, la
nota contiene el único resumen sincero de estas recomendaciones en sus propias palabras. «En aquella época recomendé una
estrategia que le habría dado a McChrystal un nivel de tropas
algo inferior con una configuración muy diferente: en torno a
20 000-25 000, "compuesta de una única brigada de combate
y de sus facilitadores (en torno a 10 000 tropas) y en torno
a 10 000-15 000 instructores, consejeros y sus ayudantes". En
mi opinión, esto podía causar menos pérdidas norteamericanas
y civiles, ser menos provocador para los paquistaníes (que se
habían opuesto a cifras más altas) y acaso comprar más tiempo de la opinión pública estadounidense. También habría sido
en torno a 15-20 mil millones de dólares más barato al año.»
También discrepaba del plazo de julio de 2011 que Obama ha-

bía fijado para empezar la retirada de tropas, «que se introdujo en el último momento, casi como una idea de última hora, y demasiado tarde para que nosotros pudiéramos considerar todas sus implicaciones». Entre estas implicaciones, me dijo, estaba un despilfarro de influencia norteamericana en cualquier negociación con los talibanes, quienes sabían ahora que esto podía esperar a la partida de los norteamericanos.

Utilizar a los paquistaníes como intermediarios para los objetivos contraterroristas también estaba fracasando. Recomendó una diplomacia más extensa y otro intento de sentar a la India a la mesa. Obama debía viajar a la India al mes siguiente, y Holbrooke defendió una parada en Pakistán. Integrar Pakistán en los viajes presidenciales siempre había sido un asunto espinoso, puesto que se corría el riesgo de que incordiaran a los indios —y potencialmente también a los paquistaníes, puesto que ellos recibían invariablemente una visita más breve y menos festiva—. Pero Holbrooke sugería que había llegado el momento de dar este salto.

153

> [E]sta sería una ocasión clara para hacer un viaje así, porque sobrevolar la zona golpeada sin pararse podría levantar críticas. En estas circunstancias únicas, creo que la cuestión perenne del equilibrio de las relaciones y las visitas a ambos países, que el presidente Clinton manejó con éxito en el 2000, puede resolverse con tacto.

Al final, el presidente visitó solo la India, como estaba previsto. Holbrooke insinuó que el fracaso de la transición de Pakistán de una relación transaccional, entre militares, a una asociación más extensa dejaba a Estados Unidos escasas posibilidades de terminar definitivamente con los refugios seguros de los terroristas en la región fronteriza. Al final, solo contemplaba una vía para el futuro. Holbrooke destacaba en negrita el siguiente fragmento que se inspiraba en las lecciones de Vietnam que la administración parecía poco deseosa de escuchar:

> Al final, no obstante, los insurgentes ganan en una guerra de guerrillas si no pierden. Es más, hay una constante en la contrainsurgencia: no puede vencer a un enemigo que tiene un santuario seguro. Sin embargo, no podemos convencer a Pakistán para que

sus intereses estratégicos sean simétricos a los nuestros, debido a su obsesión con la India y la dominación de los militares en sus políticas estratégicas. Por estos motivos, deberíamos explorar si existe una base para un acuerdo político con los talibanes que entre en el marco de nuestras líneas rojas. No hay nada menos apetecible que la idea de negociar con los talibanes, pero seguir ignorando este asunto sería una irresponsabilidad por nuestra parte.

Además del esfuerzo inminente con A-Rod, que le recordó a Hillary Clinton que la había informado al respecto, sugirió que Estados Unidos anunciara públicamente su respaldo a las conversaciones preliminares entre el Gobierno de Karzai y cualquier fuerza que renunciara a Al Qaeda. Recomendó seguir con la clase de pensamiento que subyacía a la ley Kerry-Lugar-Berman, con «otro esfuerzo importante por ayudar al pueblo de Pakistán» que se realice «con la debida atención a la India». Y se manifestó abiertamente a favor de una retirada de las tropas más lenta, con un plazo de tres a cinco años para transferir la autoridad a las fuerzas afganas (de cuya capacidad pintó un cuadro sombrío) y la promesa de mantener al menos cierta presencia militar norteamericana «durante el tiempo necesario para perseguir a aquellos grupos terroristas que amenacen directamente a Estados Unidos».

En la nota, Holbrooke aducía que Estados Unidos había perdido importantes oportunidades para la diplomacia, y señalaba rotundamente con el dedo la dominación militar sistemática del proceso político. Era el primer punto de su lista de desafíos:

1. La dominación militar del proceso de revisión debe terminar. Incluso si todo el mundo defendió de boquilla la propuesta de una «contrainsurgencia» que requería una estrategia mixta de civiles y militares, el año anterior los militares dominaron y definieron las decisiones. E incluso si todo el mundo convino en que la guerra no terminaría en un desenlace puramente militar, el Departamento de Estado nunca fue capaz de hacer una presentación pormenorizada ante el Consejo Nacional de Seguridad sobre el proceso civil y político o la necesidad de buscar una solución política a la guerra. A diferencia

de los militares, nunca celebramos una reunión a solas con el presidente, con la importante excepción de su sesión semanal privada sobre todas las cuestiones con el presidente, a la que asistí una vez. En el debate futuro, deberíamos intentar enderezar este desequilibrio.

Los militares, decía, habían estado «autoevaluándose», congregándose para una «valoración sincera» del progreso en el terreno. Fue el eco directo de sus primeras notas enviadas desde Vietnam. Contrariamente a la valoración militar de que solo necesitaban más tiempo y más tropas, Holbrooke pensaba que la COIN era fundamentalmente indefendible en Afganistán por muchas de las mismas razones que había sido indefendible en Afganistán. «"[L]a COIN clásica", una frase repetida por Petraeus y McChrystal en la revisión del año pasado, es solo eso: algo que pertenecía al pasado y allí donde tuvo éxito fue básicamente un concepto colonial que implicó una buena dosis de fuerza coercitiva —escribió Holbrooke—. Y la COIN no puede tener éxito cuando los insurgentes tienen un santuario seguro.» En este caso, retirar las tropas de Estados Unidos y la OTAN en el plazo dictado por las inquietudes políticas nacionales exigiría un Gobierno autosuficiente en Afganistán con una fuerza de seguridad autónoma. Eso era, dijo Holbrooke simplemente, «poco realista».

La ausencia de un espacio para las voces civiles, incluida la suya, dolorosamente excluida, había matado la voluntad de abandonar el «pensamiento militar». Esto, a su vez, condujo al fracaso en la búsqueda de relaciones estratégicas más ambiciosas en el momento en que Estados Unidos había ejercido su mayor influencia. El pronóstico era sombrío. «Lo mejor que se puede alcanzar en un período aceptable de tiempo es un desenlace turbio, en el que la violencia local continúe, pero a un nivel mucho más reducido.» Sin embargo, seguía creyéndose capaz de garantizar la participación de Pakistán en un acuerdo regional, y pensaba que un trato con los talibanes era realista; incluso «uno que siguiera protegiendo a las mujeres de una vuelta a lo peor de «los años negros». Lo decía en serio. La administración había perdido oportunidades importantes. Pero él no pensaba tirar la toalla.

155

Υ

Aquel otoño se respiraba inquietud. Mientras la animosidad de la Casa Blanca alcanzaba su punto álgido, cada día parecía presagiar la partida de Holbrooke. Cuando este convocó una reunión de esas de «todos a cubierta» a finales de noviembre, varios miembros de su personal reconocieron que pensaron que era el fin. Y además estaba el propio Holbrooke, con un aspecto cada vez más demacrado y cansado. Se quedaba parado y más quieto que de costumbre. A veces callaba, como si le faltara el aliento. En la nota enviada a Hillary Clinton, había perfilado un programa incansable de viajes diplomáticos que parecían haberle pasado factura. Durante una reunión anterior de «todos a cubierta» ese mismo año, Holbrooke se levantó para anunciar con la voz trémula de la emoción que tendría que cancelar un viaje importante a Afganistán debido a unas pruebas médicas que habían revelado una dolencia cardíaca que debía tratarse con urgencia. Luego, curiosamente, sí que hizo el viaje. Le habían hecho más pruebas y todo estaba en orden, explicó.

156

Pero muchos nos quedamos preocupados. Frank Wisner, otro diplomático veterano con quien Holbrooke había trabado amistad en Vietnam, contó después a un periodista que, durante un almuerzo ese otoño, Holbrooke se hizo un corte en la nariz con una almeja (no era un comensal delicado) y empezó a sangrar profusamente. «Pero ¿qué te pasa?», le preguntó Wisner. Holbrooke le dijo que estaba tomando grandes dosis de anticoagulante Coumadin por problemas de corazón persistentes. «Hoy ha sido un mal día, porque al despertarme esta mañana tenía mucha molestia y me he dado cuenta de que volvía a tener fibrilación auricular», dijo Holbrooke en una de sus grabaciones nocturnas para sus memorias. Impostó la voz al decir «molestia» con su peculiar acento que separaba nítidamente cada sílaba. «No he trabajado todo lo que hubiera debido este fin de semana, pero me lo esperaba. Sientes la tensión y la presión creciendo por todos lados. Las siento de verdad.» Wisner fue uno de sus varios amigos que empezaron a aconsejarle que lo dejara. «No hubo semana que no le dijera que abandonara», dijo Les Gelb.

Holbrooke estaba en la lucha profesional de su vida. Observaba como otra misión se iba al garete, lo mismo que en Vietnam, y ahora, como entonces, sentía que era la única persona capaz de apreciar honestamente la dura realidad. Pero bajo el paso de la historia había una pequeña lucha humana, de ego, edad y miedo. Marcharse habría sido admitir lo lejos que había caído su estrella. Hillary Clinton había protegido a Holbrooke del despido, pero no de la marginación. Él también era un insurgente con un santuario. Quizá él también podía ganar si no perdía.

«Siempre estaba esperando que mañana ocurriera un milagro, que Obama le cogiera aprecio —prosiguió Gelb— y todo se arreglara.»

Fue durante este período cuando Holbrooke y yo tuvimos un tira y afloja que dejó a la pobre Donna Dejban en lágrimas. Nuestra comunicación había sido somera desde entonces. Esta especie de frialdad era rutinaria para quienes trabajábamos para Richard Holbrooke año tras año; yo había ofrecido mi consejo a sus asistentes más cercanos en los momentos bajos y sensibles de sus relaciones con él, igual de volátiles que la mía. En los últimos días de noviembre, cuando empezaba a tomar forma la primera conversación con A-Rod, abordé a Holbrooke en el pasillo, cerca de la cafetería. «No irá a dejarnos, ¿verdad?», me preguntó. Acababa de prestar juramento en el colegio de abogados, para lo que había estado estudiando de noche durante mi primer año en el Departamento de Estado. «No ejerza. No sirve para nada.» Me sonrió, unas arrugas profundas surcando el contorno de sus ojos. «De todas formas, acaba de empezar a calentar motores.» El 8 de diciembre me llamó para pedirme un favor. Su amigo James Hoge, el veterano redactor jefe de *Foreign Affairs*, recibía un homenaje esa noche. Planeaba desollarlo vivo. ¿Podía buscarle un artículo de «algún momento en los años 1970» que se burlaba de él por ser excesivamente guapo? Su memoria era, como siempre, sobrenatural: después de varias horas abordando a empleados en la Biblioteca del Congreso, encontré un perfil de Hoge publicado en la revista *Esquire* en septiembre de

157

1979 y titulado «Los peligros de ser demasiado guapo». Le pasé una copia a Holbrooke justo antes de que se subiera a la lanzadera con destino a Nueva York. «¡Qué currazo, Ronan! —me escribió por correo—. Sabía que si alguien podía hacerlo, ese es usted. Gracias, es justo lo que necesitaba.» Ese fue el último correo electrónico que me envió.

Una fría mañana dos días después, Holbrooke y Husain Haqqani quedaron a desayunar en el hotel Four Seasons de Georgetown. Ambos estaban frustrados. Holbrooke se estaba preparando para insistir una vez más en reunirse con el presidente y defender el mismo acuerdo político que había defendido ante Hillary Clinton. Haqqani estaba llevándose cada vez más palos del ISI. Su estrecha relación con los estadounidenses había sido una fuente de controversia en cada una de sus encarnaciones a lo largo de los años. Una vez finalizada la congelación de los visados y que se empezara a permitir la entrada de más estadounidenses al país, la polémica alcanzó nuevas cotas, y se rumoreaba que Haqqani estaba dejando entrar espías para socavar los intereses paquistaníes.

—Yo tengo cantidad de problemas con el ISI y usted con el Consejo de Seguridad Nacional. ¿Cuánto tiempo más vamos a seguir así? —preguntó Haqqani.

—Husain —respondió Holbrooke—. Seguiremos así hasta que la cosa cambie.

La siguiente reunión de Holbrooke fue en la Casa Blanca, donde insistió una vez más para tener una audiencia con David Axelrod, el cercano consejero del presidente Obama. Hillary Clinton le había entregado una nota a Obama sobre las conversaciones con los talibanes, y Holbrooke pensó que podría convencer al presidente de su plan para usarlos como vía de salida de Afganistán, puesto que se presentaba la oportunidad. «Hillary ha entregado la importantísima nota al presidente que investiga rutas de negociación para salir de esta», dijo en una de sus grabaciones. «Por fin el presidente se ha centrado en ello. Puede que la recordemos como una de las notas más importantes que hayamos escrito nunca, pero queda por verlo.» Axelrod dijo que se ocuparía de la reunión. Holbrooke estaba colorado y parecía faltarle el aliento. El asistente de Axelrod le ofreció un vaso de agua.

Se demoró más de lo previsto en la Casa Blanca y llegó tarde a su siguiente reunión con Hillary Clinton, Jake Sullivan y Frank Ruggiero, su primera sesión estratégica importante sobre las conversaciones con los talibanes después de la reunión secreta con A-Rod. Ella lo estaba esperando en su despacho externo, una estancia espaciosa revestida de madera blanca y dorada, con cortinas con borlas azul y rosa y un surtido de sillas y sofás tapizados de vivos colores. En todo el tiempo que estuve a sus órdenes, siempre la vi sentarse en el sofá, dejando el sillón grande rinconero a sus invitados de honor. «Entró como un rayo... —dijo ella más tarde—. Y no dejaba de decir "uy, cuánto lo siento, cuánto lo siento".» Se sentó pesadamente y se desembarazó del abrigo mientras recitaba una letanía de sus últimas reuniones, como su parada en la Casa Blanca. «Era Richard en toda su esencia. Era como si te dijera: "Estoy haciendo un millón de cosas e intentando hacer malabares"», recordó. Mientras él hablaba, la cara se le puso «rojo escarlata», según Hillary Clinton. Se apretó los ojos con las manos y respiraba con esfuerzo.

159

—Richard, ¿qué te pasa? —preguntó ella.

—Me está pasando algo horrible —dijo él.

Unos minutos más tarde, Holbrooke estaba en una ambulancia, atado con correas a una camilla, en dirección al cercano Hospital Universitario George Washington, donde Hillary Clinton le había dicho a su médico personal que preparase la sala de urgencias. Con la presuntuosidad que lo caracterizaba, Holbrooke pidió una ambulancia para que lo llevara al Sibley Memorial Hospital, que quedaba más lejos. Hillary Clinton hizo caso omiso de sus peticiones. Uno de nuestros diputados en el equipo de la SRAP —la Oficina del Representante Especial para Afganistán y Pakistán—, Dan Feldman, fue con él en la ambulancia y no le soltó la mano. Feldman no llevaba su BlackBerry, de modo que tomó notas de los mensajes que le dictaba Holbrooke en un formulario de gastos del Departamento de Estado mientras un médico lo examinaba. Las notas son una corriente no lineal de la personalidad indomable de Holbrooke, entrecortada de observaciones médicas. «Llamar a Eric a la oficina de Axelrod», dice la primera. Al lado: «disección aórtica tipo A... riesgo operatorio @ > 50 por ciento», con la posibilidad de morir. Una serie de mensajes para sus seres queridos, de nuevo interrumpidos por su situación de deterioro: «S —secretaria Clinton— ¿por qué estamos siempre juntos cuando hay crisis médicas?». (El año anterior había estado con Hillary Clinton cuando ella se cayó al suelo de cemento del garaje del Departamento de Estado y se fracturó el codo.) «Niños —cuánto amor por ellos + hijastros»... «el mejor equipo de mi vida»... «no dejar que se muera aquí»... «cirugía vascular»... «sin circulación, no se siente las piernas»... «embolia»... y luego de nuevo: «no dejar que se muera aquí quiere morir en casa c/ su familia». Plenamente consciente de la seriedad de la situación, Holbrooke se centró en la sucesión de su puesto: «Decir a Frank —Ruggiero— que tiene las riendas». Y por último: «Quiero a tanta gente... Me quedan muchas cosas por hacer... Mi carrera en el servicio público está acabada».

Holbrooke se hizo el gracioso hasta que lo anestesiaron para operarle. «Traedme lo que haga falta —exigió—. Un corazón de cerdo. El corazón de Dan.»

Cuando le dijeron que la intervención era peligrosa, dijo: «Me encuentro mejor. Ahora sé que no me estáis diciendo chorradas». Cuando uno de sus médicos, Jehan El-Bayoumi, le hizo prometerle que se relajaría, bromeó: «Pues tendrá que prometerme que van a parar la guerra en Afganistán». Las variaciones de esta cita tuvieron tanto eco en la prensa que P.J. Crowley, la portavoz del Departamento de Estado, tuvo que tomar la palabra en la sala de prensa para aclarar que Holbrooke estaba bromeando. Pero si había una broma era solo que le hubiera confiado a otra persona que lo hiciera.

Tres noches más tarde, centenares de invitados se agolparon en la sala Ben Franklin mientras Hillary Clinton se subía al atril donde, dos años antes, había anunciado la misión de Richard Holbrooke. Los embajadores extranjeros en Estados Unidos estaban presentes, junto con seis miembros del gabinete de Obama. «El embajador Richard Holbrooke ha sido un gigante del cuerpo diplomático durante casi cincuenta años —empezó—. Y esta semana sus médicos están descubriendo lo que diplomáticos y dictadores del mundo entero saben desde hace tiempo: que no hay nadie más fuerte que Richard Holbrooke. Es un fiero negociador. Estoy segura de que esta noche hay entre nosotros algunos hombres todavía doloridos por su mano de hierro.» Rindió un homenaje sombrío al equipo de Holbrooke, y a los dignatarios presentes. «Ahora, dentro de un momento —dijo, impostando la voz con júbilo—, les invitamos a disfrutar de otra delicia festiva, ¡una actuación musical de los incomparables Marvin Hamlisch y J. Mark McVey!» Se hizo a un lado, revelando un piano de cola negro reluciente detrás de ella. Hamlisch y McVey empezaron a tocar una alegre versión de «Deck the Halls». El World Children's Choir se unió a ellos. Focos brillantes al estilo de un plató de televisión diseminados por el escenario proyectaban una luz antiséptica sobre el acto. Alguien había decidido que la forma más apropiada de organizar la fiesta navideña anual del Departamento de Estado para los embajadores extranjeros era fusionarla con el homenaje a Holbrooke. Allí de pie, escuchando los villancicos, yo no lo tenía tan claro.

El presidente apareció brevemente para mover la cabeza al son de los villancicos y luego decir unas palabras. Después de una broma sobre el atractivo bipartidista de Hillary Clinton que eclipsaba el suyo (una observación típica de la época), pasó a «nuestro amigo y socio Richard Holbrooke. Richard Holbrooke ha servido a esta nación con distinción durante casi cincuenta años… Nunca para, nunca abandona. Porque siempre ha creído que si no perdemos el norte, si actuamos en nuestros intereses mutuos, ese progreso es posible. Las guerras pueden acabarse, la paz puede forjarse». Interpeló a nuestro aturdido equipo, reunido entre la asistencia. «El equipo de la SRAP, ¿dónde está? Richard los reclutó, fue su mentor, y quiero que sepan que, en nuestras reuniones, siempre reconocía su increíble mérito. Estaba muy orgulloso, y está muy orgulloso, del trabajo que hacen.» Los embajadores extranjeros aplaudieron, y se oyeron murmullos de apreciación en varias lenguas. Miramos fijamente al presidente. Holbrooke se habría abierto la aorta voluntariamente si hubiera sabido que era capaz de conjurar unos recuerdos tan tiernos.

«América es más segura y el mundo es un lugar más seguro gracias al trabajo del embajador Richard Holbrooke —con-

161

tinuó Obama—. Es duro de roer, y confiamos en que, por muy difícil que sea esto, luchará como el que más.» Luego, con un aire más aliviado, pasó a bromear sobre el calendario de viajes de Hillary Clinton.

A tres manzanas de allí, Richard Holbrooke yacía en un coma inducido con el pecho abierto. Después de veinte horas de operación, los médicos dijeron vagamente que «estaba aguantando». La víspera de la fiesta, le habían hecho otra operación para restablecer la circulación de sus miembros inferiores. Habían registrado una disminución del pulso en sus pies. El estado de su atributo más famoso, su cerebro, era completamente desconocido.

Como tenía el pecho abierto, no permitieron que nadie estuviera en la sala con él, pero el equipo se había pasado los tres últimos días en la puerta de todas formas. Nos dividimos las responsabilidades del hospital en turnos de dos horas, cada uno asumido por un par de colaboradores. La pareja de guardia se encargaba de recibir a las llamativas celebridades que empezaron a llegar para rendirle homenaje. Yo acogí a Joe Biden, a John y Teresa Heinz Kerry y a Judy Woodruff. Me senté junto a Jack Lew, el futuro secretario del Tesoro, y Cheryl Mills, la jefa de personal de Hillary Clinton, que intentaban no parecer horrorizados ante los dibujos médicos de la aorta destrozada en una mesa cercana. La gente hablaba en términos vagos de que Holbrooke «sentía» la «energía positiva». Pero parecía un velatorio.

Cuando hube rebasado mi tolerancia a los lúgubres villancicos y regresado a mi despacho en la primera planta, Rina Amiri entró corriendo y se tiró en el sofá, gimoteando. Iban a desconectarlo. Volví de noche al hospital con Rosemarie Pauli, la implacable jefa de personal de Holbrooke, con quien él había trabajado desde Bosnia. Hacía un frío glacial, y se había levantado un vendaval. «Los afganos —murmuró Rosemarie, apretándose el abrigo y luchando de lado contra el viento—, menudo drama.» (Es cierto: el duelo afgano no se parece a nada que yo hubiera visto antes, con una duración habitual de cuarenta días.) Las señalizaciones de la calle traqueteaban. Llegamos al hospital y nos quedamos en el vestíbulo mientras lo desconectaban.

Hillary Clinton había salido de la fiesta en el Departamento de Estado para ir a una cena en la Casa Blanca cuando la llamaron. Se desvió rápidamente y llegó a tiempo de estar con él hasta el final. Seguía vestida con una chaqueta cruzada de rayas doradas y plateadas con un cuello babero holgado que le daba un aire de envoltorio de regalo. Bajo las luces del hospital, reunió al equipo que lloraba. Yo repartí pañuelos. «Era nuestro chico de las oenegés, siempre servicial», logró decir. «Era como un padre para mí», dije en voz baja, sorprendido de mí mismo. Ella me abrazó. Para ser una mujer que había perdido a un amigo de toda la vida, demostraba ser una mujer generosa. «Bueno, no sé vosotros, pero yo me voy al bar más cercano», dijo al grupo.

Mientras la nieve empezaba a caer, nos metimos en el bar del hotel Ritz-Carlton, que quedaba cerca. Un grupo de amigos y familiares cada vez mayor fue entrando también. Maurren White, la mujer del financiero y consejero de Obama, Steven Rattner, pagó la ronda. Hillary Clinton era el centro de atención. Y todo el mundo contaba historias del inimitable Richard Holbrooke. En el momento de la muerte de Holbrooke, el Gobierno de Estados Unidos se disponía a publicar el primer «Quadrennial Diplomacy and Development Review» (o QDDR), un plan a largo plazo para reorganizar el Departamento de Estado y el USAID a fin de que fuera más eficaz y ajustarlo más a los cambios generales de los objetivos en seguridad nacional. (Por ejemplo, el primer proceso daba mayor protagonismo al contraterrorismo dentro de la burocracia.) Las aspiraciones del proyecto remitían al ensayo de un joven Holbrooke publicado en el primer número de *Foreign Policy* y que hacía una llamada a la reorganización de la burocracia del Departamento de Estado descrita por él como «la máquina que falla». La realidad de la iniciativa, por otra parte, era la clase de burocracia inmanejable e ineficiente que Holbrooke llevaba tanto tiempo criticando, caracterizada por años de luchas internas que redundaron en cambios en la organización en su mayoría sutiles. «Oh, el QDDR —dijo Hillary Clinton con melancolía—. Él odiaba ese documento. Deberíamos dedicárselo.» Y lo hizo.

«Creo de verdad que si Richard hubiera vivido, podríamos

163

haber sido capaces de presentar ante la administración algún tipo de acuerdo de paz —me dijo Clinton—. Lo creo de verdad. No sé si lo habrían aceptado, pero con todo el trabajo que hizo, que Frank Ruggiero hizo, las reuniones en marcha… Yo tenía mucha esperanza en que, con la reunión que tuvimos en Lisboa, la conferencia de la OTAN, hubiéramos sido capaces de reforzar las iniciativas de paz que Richard encabezaba. Y está claro que esto no ocurrió por eso horrible que le sucedió en el mes de diciembre.» Y acaso sea verdad.

Mientras salíamos en fila a eso de las dos de la madrugada, una mujer borracha de cabello lacio y encanecido me llamó desde una mesa cercana. «Sé quién eres —dijo con la boca seca, mirándonos maliciosamente—. Sé quiénes sois todos vosotros.»

—Que pase buena noche —dije, volviéndome para irme.

—No te lo tomes muy a pecho, cariño —me gritó. La miré por encima del hombro. Sonreía de oreja a oreja, enseñando una fila de dientes rojo sangre, manchados de vino—. Todo se acaba.

14

Nadie al timón

*U*n mes después del fallecimiento de Richard Holbrooke, un Honda Civic blanco subió hasta un cruce en Lahore, Pakistán, y se detuvo en un semáforo en rojo. El cruce, conocido como el stop de Mozang Chungi, marcaba el inicio de Ferozepur Road, una ruta comercial que llegaba a la ciudad del mismo nombre en la India. A poca distancia, los ruinosos arcos de la antigua Ciudad Amurallada reflejaban la historia de Lahore, sede del poder del Imperio mogol. Sin embargo, el cruce encarnaba una cara de Lahore más moderna: una expansión urbana descontrolada y sobrepoblada, animada por un sector comercial en rápida expansión. Era por la tarde y una bruma de contaminación se cernía sobre el denso tráfico de bicicletas, bicitaxis y vehículos destartalados de diferentes épocas.

En el interior del Honda había un norteamericano orondo y ancho de hombros. Sus cabellos entrecanos raleaban y tenía barba de tres días. Llevaba una camisa a cuadros sobre una camiseta blanca. Criado en la agostada ciudad minera de Big Stone Cap, en Virginia, había luchado en el instituto Powell Valley y sus amigos lo recordaban como «un cachas» y «un Rambo americano». Había servido en las Fuerzas Especiales del Ejército, a lo que siguió una carrera como contratista de seguridad privado. «Aquí nadie se acuerda de él», dijo más tarde a un reportero su comandante en Fort Bragg, Carolina del Norte. «Si lo pones en medio de cincuenta personas, pasaría desapercibido», apuntó un antiguo entrenador de fútbol en su instituto Powell Valley. Unos años después, incluso el instituto fue vendido a un banco y derribado, otra víctima del sueño americano que dejó en el olvido a ciudades mineras como Big Stone Gap. A sus treinta y seis años, Raymond Davis no había dejado mucha huella en ningún sitio, hasta esa tarde en Lahore.

Cuando Davis frenaba, una moto negra que llevaba a dos jóvenes paquistaníes se acercó desde la dirección contraria y viró bruscamente delante del Honda. El pasajero de atrás llevaba una pistola. Davis sacó una Glock semiautomática de 9 mm y apuntó desde su asiento detrás del volante. Disparó cinco veces, perforando el parabrisas y estrellando el cristal de seguridad. Las balas acertaron a uno de los dos hombres, un delincuente callejero de diecinueve años llamado Mohammed Faheem, en el estómago y los brazos. Cayó al suelo, muerto. El segundo hombre, Faizan Haider, salió corriendo. Había recorrido una decena de metros cuando Davis salió del coche y le disparó varias veces por la espalda, matándolo también. Davis usó la radio de su coche para pedir ayuda y luego sacó fotos de los cuerpos con su teléfono móvil. «Estaba muy tranquilo, seguro de sí mismo. Me pregunté cómo podía estar así después de haber matado a dos personas», dijo un testigo.

166

Unos minutos más tarde, un Toyota Land Cruiser tomó la calle atestada de gente en dirección contraria y se llevó por delante a un transeúnte y dispersó al resto. Para cuando el Land Cruiser llegó al cruce, no había rastro de Davis. El conductor estadounidense agitó un rifle hacia los mirones, ordenándoles que despejaran la vía, y se digirió al consulado de Estados Unidos. Según parece, Davis había huido, y recorrió unos tres kilómetros antes de que la policía lo detuviera.

Un vídeo borroso muestra a Davis siendo interrogado en la prisión de Kot Lakhpat, en Lahore.

—Solo necesito… decir a mi embajada dónde estoy —dijo a los policías con un leve acento sureño, sacándose un *walkie-talkie* del bolsillo.

—¿Es americano? —le preguntó uno de los policías.

—Sí —dijo Davis, señalando con el dedo la placa con su identificación que llevaba colgada de un cordón alrededor del cuello—. Estados Unidos. —Les dijo que trabajaba en el consulado.

—¿En calidad de…? —preguntó el agente.

—Esto… trabajo de consultor, nada más —respondió.

Para ser un consultor, Raymond Davis tenía una puntería increíble. Los restos que quedaron en el cruce —munición, cuchillos y guantes, una venda para los ojos— sugerían otra cosa. Lo mismo que el teléfono de Davis, que estaba repleto de fotos de instalaciones militares paquistaníes tomadas subrepticiamente. Raymond Davis era, a todas luces, un espía; más específicamente, como se supo después, un contratista de la CIA. La ciudadanía paquistaní comprendió de qué se trataba casi con tanta rapidez como el ISI. Prácticamente desde el momento en que Davis salió pitando del atestado cruce hasta la prisión de Kot Lakhpat, se produjo una convulsión en el país, con protestas callejeras y una cobertura mediática encarnizada las veinticuatro horas del día.

Dos semanas más tarde, el presidente Obama, indignado, describió a Davis como «nuestro diplomático» y pidió su liberación en virtud del «principio muy simple» estipulado en la Convención de Viena: «Si nuestros diplomáticos se encuentran en otro país, no están sujetos a las autoridades locales de ese país». En privado, Leon Panetta remitió un mensaje parecido al general Pasha y el ISI. Cuando Pasha preguntó a bocajarro si Davis era un agente de la CIA, Panetta dijo: «No, no es uno de los nuestros». Panetta no comentó los pormenores de esta conversación, pero dijo que, en general, «si tenemos que trabajar para ambos bandos con esta gente para asegurarnos de que, al final, estamos protegiendo a los nuestros, eso es lo que haremos». Si los paquistaníes pensaban mentirle, él en principio no veía nada malo en hacer lo mismo.

Al día siguiente, Mohsin Kamal, el cabildero que Mark Siegel había contratado al comienzo del embrollo Kerry-Lugar-Berman, estaba en el barrio Chinatown de Washington, en su empresa de cabildeo, Locke Lord. Kamal tenía un despacho típico de un asociado con mobiliario anónimo y una vista deprimente al Verizon Center. Justo después de las once en punto de la mañana, sonó el teléfono. Era el general Butt, a quien yo me había camelado para obtener un visado el año anterior. Los dos hombres se habían conocido hacía años, cuando Kamal servía en el ejército, y tenían una relación cordial. «Ey, ¿dónde estás?», preguntó Butt. Kamal supo enseguida de qué se trataba: el caso de Raymond Davis había protagonizado los titulares tanto de la prensa estadounidense como de la paquistaní durante las últimas veinticuatro horas.

Una hora después estaba en el despacho de Butt, en la cuarta planta de la embajada paquistaní. Un asistente sirvió el té. Kamal tomó el suyo con leche y azúcar. «Tienes que dejarle muy claro al Congreso que no tiene inmunidad —decía Butt—. Era un contratista y un tipo de la CIA.» El incidente había herido profundamente a Pakistán, golpeando en las seguridades existenciales de su soberanía. Butt sugirió que quizá podrían utilizar la confusión como una oportunidad para desoír a la CIA en sus exigencias de obtener más facilidad de acceso. Le dijo a Kamal que le preocupaba Husain Haqqani, quien, al desatascar la emisión de visados, se había vuelto más sospechoso que nunca. ¿Había sido responsable de la entrada de Davis y acaso de montones de otros como él? ¿E intentaría ayudar a los norteamericanos a sacar secretamente a su espía?

—¿Qué papel desempeñará Husain en todo esto? —preguntó Butt.

—Un papel que nadie puede imaginar —respondió Kamal—. Es de lo más impredecible.

Kamal y Mark Siegel se patearon todo Washington difundiendo la indignación de los paquistaníes y ofreciendo los detalles escabrosos de la investigación del ISI. Davis vivía en un piso franco con otros espías. Los agentes estadounidenses lo llamaban «La Casa Llana», refirieron Kamal y Siegel al personal del Capitolio, que se quedó escandalizado. La CIA estaba poniendo en peligro la relación entera con un aliado importante, aseguraron. Había que cerrar un trato con los paquistaníes.

John Kerry fue despachado a Lahore con este fin. Antes de irse, Siegel aleccionó a Jonah Blank, uno de los asistentes de Kerry, sobre la perspectiva paquistaní. Kerry se condujo exactamente como habían esperado los cabilderos paquistaníes. Con sus camelos y los de Cameron Munter, el embajador de Estados Unidos en Pakistán, convencieron al general Pasha para cerrar un trato. Como había previsto Butt, Husain Haqqani puso a los norteamericanos sobre la pista de una solución: la CIA desembolsaría 2,3 mil millones de dólares a las familias de las víctimas asesinadas en el caso Davis. Dos altos oficiales de inteligencia paquistaníes me dijeron que los norteamericanos habían confirmado otro dato; un dato que jamás hicieron público. Estados Unidos reduciría secretamente las actividades de la CIA en Pakistán para siempre. Moshin Kamla dijo que así es como Butt le había descrito el acuerdo. Ningún estadounidense confirmaría que habían apalabrado un compromiso explícito. Bien fuera parte del trato, bien una consecuencia natural de la tensión que el incidente había sumado a sus relaciones, la agencia empezó a sacar discretamente a docenas de sus agentes encubiertos de Pakistán.

«A esas alturas ya no había nadie al timón de las relaciones entre ambos países, después de los problemas creados por las revelaciones de WikiLeaks y por el cruel retrato de los paquistaníes que apareció en un libro de Bob Woodward», me dijo Petraeus. La administración Obama congeló todas las conversaciones de alto nivel, en concreto el «Diálogo Estratégico» que Holbrooke tanto había peleado y los grupos de trabajo trilaterales con Afganistán. Clinton canceló una reunión con Qureshi, el ministro de Exteriores.

En los meses que siguieron, los dominós siguieron cayendo. Justo después de las once de una noche de principios de mayo de 2011, dos helicópteros Black Hawk equipados con tecnología de invisibilidad puntera contra la detección de radares despegaron de Jalalabad, en Afganistán oriental. Los seguían dos Chinooks más grandes por si la misión de los Black Hawk se torcía. En conjunto, las aeronaves contenían setenta y nueve comandos norteamericanos y un perro. (Nombre: Cairo. Raza: pastor belga Malinois.) El resto es historia: un equipo de Navy SEAL llegó a la ciudad paquistaní de Abbottabad, utilizó cargas de C4 para volar las puertas de un complejo residencial amurallado y disparó a Osama bin Laden en la cabeza y en el pecho. Los norteamericanos hicieron desaparecer el cuerpo y se llevaron una muestra de la médula ósea, en la noche. También destruyeron el único Black Hawk que se estrelló durante el descenso inicial para que los paquistaníes no se hicieran con su tecnología, y dejaron atrás una cola de helicóptero humeante y cantidad de preguntas.

169

Si el incidente de Raymond Davis había puesto de rodillas las relaciones entre Estados Unidos y Pakistán, esto le asestó el golpe de gracia. El hombre más buscado del mundo había sido descubierto no en un refugio seguro al margen de la ley en la frontera con Pakistán, sino en una ciudad residencial llena de casas de veraneo de las élites de Islamabad. El complejo de Bin Laden apenas distaba un centenar de metros de la academia militar de Kabul, esencialmente el West Point de Pakistán. O los paquistaníes eran unos incompetentes, o sabían que estaba allí. El asalto tuvo lugar sin el consentimiento de Pakistán, y no les avisaron de antemano, al menos no a sus líderes. «Seguimos hablando con los paquistaníes e intentando entender qué sabían y qué no», dijo unos días más tarde la subsecretaria de Defensa, Michele Flournoy. Es un debate que todavía no se ha cerrado. Durante la vorágine política que siguió en Pakistán, el general Pasha alegó desconocimiento ante el parlamento del país y ofreció su dimisión —que finalmente no fue aceptada—. Petraeus, que asumió la dirección de la CIA unos meses después, se inclinaba por creer las afirmaciones de Pasha. «Es muy posible que algún subordinado lo supiera, pero hasta eso lo dudo —dijo—. La gente no comprende a Pakistán, los muros altos o que uno no conozca a todos sus vecinos. Allí es posible esconder a alguien.» Pero el ISI es una organización multidimensional y hasta qué punto conocía sus ramificaciones más oscuras, como el Directorate S pro Al Qaeda, era una incógnita de acuerdo con varios analistas de la CIA que trabajaron en el caso Bin Laden.

Los paquistaníes, como era habitual, presentaron calladamente su dimisión en privado y armaron ruido de sables en público. Minutos después de que declararan que el asalto había sido un éxito, Panetta vio al presidente del Estado Mayor Conjunto, el almirante Mike Mullen, llamar al jefe de la armada paquistaní, el general Kayani, fuera de la sala de crisis de la Casa Blanca. «El único momento en que fueron más honestos con nosotros —me dijo Panetta— fue la noche del asalto, porque sabían perfectamente lo que había pasado… El general [Kayani] dijo básicamente: "Entiendo lo que ha pasado aquí y será mejor que se lo comuniquen al mundo". Este fue probablemente el momento más franco de la relación. Después de lo cual, la política se reanudó e hicieron cuanto pudieron por dar la impresión de que no era culpa de ellos que viviera donde vivía.»

Públicamente, Kayani ordenó alto y claro que el ejército de Estados Unidos redujera su presencia en el país al «mínimo esencial» y les previno contra futuras incursiones. La Casa Blanca se reunió para debatir cómo apretarles las tuercas a los paquistaníes. Pakistán seguía siendo importante en la guerra general contra el extremismo, pero Bin Laden tenía una importancia totémica. Sin él, se produjo un cambio de actitud, palpable incluso en el Departamento de Estado. Necesitábamos a Pakistán, pero ¿hasta qué punto? «La gente decía: "Madre mía, el ataque a Bin Laden, eso sí que ha fastidiado vuestras relaciones con el ISI". Pero no fue así para nada, solo desveló la complejidad de las relaciones», reflexionó el general Hayden.

El mes posterior al asalto, el presidente envió a Panetta y a Jim Jones, el consejero de Seguridad Nacional, a Islamabad para condenar rotundamente el doble juego de Pakistán. Panetta sabía que dentro del ISI existían elementos que daban el chivatazo a los combatientes de Al Qaeda antes de las operaciones norteamericanas; y ahora había una voluntad política de combatirlo.

171

—Algo es algo. Steve Kappes, que entonces era mi adjunto, ya había pasado por esto y expuso las informaciones que teníamos sobre algunos de los acuerdos dobles en marcha, y dijeron que tomarían medidas para corregirlo, pero nunca lo hicieron. Por eso el presidente pensó que era importante hacer algo a los más altos niveles... sentarse y hablarlo. Porque pienso que le preocupaba la posición de Estados Unidos: que pasábamos por alto muchos de sus movimientos y que si eso salía alguna vez a la luz (el hecho de que pasáramos por alto sencillamente esos movimientos), comprometería la posición de Estados Unidos en la región.

—¿Estaba enfadado? —le pregunté.

—Y tanto. Creo que podría decirse que llevaba un buen cabreo —dijo Panetta con otra risotada.

Obama no estaba solo. El almirante Mullen había invertido años en fomentar una relación con Kayani, y con frecuencia recomendaba la conciliación desde su posición de presidente de los presidentes conjuntos del Estado Mayor. Ante una sala de representantes del congreso un mes después de la sesión explosiva de Panetta con Pasha, emitió la condena pública más descarnada de Estados Unidos hasta la fecha. La red Haqqani de insurgentes «se conduce como el auténtico brazo armado de la agencia de Servicios de Inteligencia de Pakistán —dijo—. El apoyo al terrorismo es parte de su estrategia nacional».

Hubo más golpes. En la fría madrugada del 26 de noviembre de 2011, refuerzos aéreos estadounidenses acudieron a la llamada de los afganos para dirigir una operación contra los talibanes y abrieron fuego contra tropas paquistaníes apostadas en la frontera entre ambos países. El general John Allen, que sucedió a Petraeus como comandante en Afganistán, fue uno de los primeros en ser notificado. «Terminamos matando a veinticuatro de sus chicos por la noche —recordó—. Ahora hay muchos señalando con el dedo. No quiero entrar en eso, pero el balance final es que mi gente se defendió y veinticuatro tropas de frontera paquistaníes perdieron la vida.» Las recriminaciones fueron despiadadas y no se hicieron de esperar. Dos días más tarde, Pakistán cerró las «Ground Lines of Communication» o GLOC, que eran vitales —las rutas de la OTAN que garantizaban el 80 por ciento de los suministros de las fuerzas de Estados Unidos en Afganistán—. «Imagine un auditorio de 150000 personas, con otros 100000 civiles, y que me cortan el 80 por ciento de los suministros en un día», recordó Allen. Lo dejaron con solo sesenta días de suministros y un problema de difícil solución.

El incidente fue un crudo recordatorio de las realidades estratégicas que hacían de Pakistán una fuerza de sustitución tan importante, para empezar. Pero también ilustraba hasta qué punto estaba cambiando la actitud de Estados Unidos. Con las relaciones enfriadas, Allen simplemente sorteó a los paquistaníes. «Tuve que traerlo todo por el aire o sacarlo de Asia central desde el norte... Un reaprovisionamiento con aviones mediante un puente aéreo a la escala de Berlín... Ningún otro país aparte de Estados Unidos era capaz de hacer algo así.» La maniobra le costó a Estados Unidos 100 millones de dólares al mes, pero funcionó. Al final, una disculpa de Hillary Clinton tranquilizó a los paquistaníes. El día en que aclaró las cosas con ellos, envió un correo electrónico a la subsecretaria de Estado,

Wendy Sherman: «¿Cómo se escribe "alivio"? GLOC». Ella, que nunca dejaba pasar una frase ingeniosa, envió un correo electrónico al secretario de Estado adjunto Bill Burns veinte minutos después: «¿Cómo se escribe "alivio"? GLOC».

Allen dijo que esta ocasión echada a perder en las relaciones entre Estados Unidos y Pakistán no volvería a repetirse jamás. «No tuvimos ninguna relación con Pakistán después de aquello durante nueve meses... y durante este período de tiempo mis cifras bajaban —dijo, aludiendo al número menguante de tropas estadounidenses *in situ*—. Nuestra capacidad de tener a los paquistaníes de un lado estando nosotros en el otro y un efecto decisivo real sobre los refugios seguros se perdió en esos nueve meses. Y si miramos todo lo que podríamos haber conseguido para dar caza a los refugios seguros, es una cosa muy triste, sinceramente.»

El Congreso, que tenía pocas ganas de ayudar a Pakistán después del ataque contra Bin Laden, se negó a reembolsar las actividades del ejército paquistaní durante los largos meses en que las líneas terrestres permanecieron cerradas. Fue el mayor varapalo en el ambicioso plan de ayuda de cinco años de Holbrooke. Un año después de su muerte, la relación que había intentado transformar desesperadamente le siguió a la tumba. Hillary Clinton reflejó alegremente en sus memorias sobre su temporada en el Departamento de Estado que «las negociaciones y el acuerdo final sobre las vías de suministro ofrecen una lección y es que Estados Unidos y Pakistán pueden colaborar en el futuro para lograr intereses comunes». Asimismo, uno podría concluir razonablemente que la lección fue sobre los peligros de apoyarse en una junta militar carente de un alineamiento estratégico con Estados Unidos.

En febrero de 2011, vi a Hillary Clinton tomar la palabra en la Asia Society, una organización con la que Richard Holbrooke tuvo una larga historia, y anunciar oficialmente el apoyo de Estados Unidos a un acuerdo político en Afganistán que contemplaba conversaciones con los talibanes. A Frank Ruggiero le encargaron una serie de reuniones extra con A-Rod, el contacto talibán secreto. Como medida para fomentar la confian-

173

za, Estados Unidos presionó a Naciones Unidas para desligar a los talibanes de Al Qaeda en sus listas negras de terroristas —otra de las propuestas de Holbrooke—. Pero el Gobierno de Karzai en Kabul hizo descarrilar las esperadas conversaciones. Un despacho político talibán en Qatar, unas de las primeras peticiones de A-Rod, abrió en 2013, pero cerró un mes después de colgar una bandera del «Emirato islámico de Afganistán», que presentaba a los talibanes como un gobierno en el exilio y como una facción política. Una vez más, Karzai se salió de sus casillas. Las conversaciones se enfriaron durante años. No fue hasta 2016 y 2017 cuando volvieron a mostrar signos de vida, con los afganos a la cabeza y al menos un funcionario estadounidense vigilando las reuniones. El futuro es incierto.

Varios responsables de la administración de Obama que veían con buenos ojos la labor de Holbrooke dijeron que la hostilidad contra él y su campaña en favor de la diplomacia podrían haber echado a perder el período de máximo potencial de Estados Unidos en la región. Cuando el despliegue de tropas estadounidenses era elevado, tanto los talibanes como los paquistaníes tenían un incentivo para sentarse a la mesa y reaccionar contra las palabras duras. Pero tan pronto como empezamos a irnos, había pocos motivos para cooperar. La falta de apoyo de la Casa Blanca a las propuestas diplomáticas de Holbrooke para Pakistán también había dado al traste con las posibilidades de acercar las relaciones para prevenir el desmoronamiento absoluto que vino después. Richard Olson, nombrado embajador de Pakistán en 2012, dijo que el año posterior al fallecimiento de Holbrooke había sido un *annus horribilis*. Perdimos la guerra, y fue en este momento.

15

La nota

*H*usain Haqqani intentaba habituarse a no mirar su teléfono móvil nada más despertarse por la mañana, «porque de lo contrario las cosas saldrían mal». El 10 de octubre de 2011 se despertó pronto en la suite residencial de la embajada paquistaní, se vistió a la luz del alba y luego se fue al estudio contiguo a su dormitorio, que tenía forrado de libros. Tenía muchos; era un profesor, después de todo. Se sentó en una silla de oficina de gran tamaño y hojeó la prensa. Cuando abría las páginas salmón del *Financial Times*, un artículo de opinión le llamó la atención por el titular: «Hora de enfrentarse a los espías yihadistas de Pakistán». Era de un conocido suyo llamado Mansoor Ijaz.

«Una semana después del asalto de las fuerzas especiales de Estados Unidos al escondite de Osama bin Laden y de su asesinato —empezaba la columna—, un alto diplomático paquistaní me llamó por teléfono con una petición urgente.» Ijaz decía que el diplomático quería pasar un mensaje del presidente de Pakistán, Zardari, al almirante Mullen, el presidente del Estado Mayor Conjunto, sin que el ISI lo descubriera. «El aprieto de Bin Laden al ser descubierto en suelo paquistaní había humillado al débil gobierno civil del señor Zardari en tal medida que el presidente temía un alzamiento militar inminente —escribió Ijaz—. Necesitaba un puñetazo americano en su despacho de jefe de la armada para acabar con cualquier idea descaminada de golpe de Estado, y rapidito.» Ijaz decía que había escrito una nota según las especificaciones del diplomático en el curso de una serie de llamadas telefónicas. Su petición:

que Estados Unidos ordenara al jefe de la armada de Pakistán, el general Kayani, que «retirara al *establishment* militar y de inteligencia paquistaníes». Había más: presuntamente, el presidente Zardari estaba montando un nuevo equipo de seguridad nacional para tomar el poder y eliminar a los elementos extremistas dentro del ISI. Independientemente de cuáles hubieran sido sus fuentes, Ijaz sí que escribió la nota y se la envió a Jim Jones, que acababa de dejar su cargo de consejero de Seguridad Nacional, el cual se la remitió a Mullen.

El incidente de Raymond Davis y el ataque contra Bin Laden habían reavivado los rumores sobre las lealtades de Haqqani. El año anterior había sido responsable de no detener la afluencia de visados. Ahora que las historias de espías y fuerzas Navy SEAL indeseables enturbiaban Pakistán, los dedos lo señalaban a él. «Una de las acusaciones que el ISI usó contra mí era que la gente en el terreno que había ayudado en el asalto había recibido probablemente visados aprobados por mí a sus espaldas —me dijo Haqqani—. Eso es lo que pensaron, porque ven conspiraciones por todas partes.» El relato favorecido por las teorías conspiratorias —que Haqqani se había confabulado con los norteamericanos para permitir la entrada de una red de espías secretos— sigue vivo en Pakistán. En marzo de 2017, una copia de la carta del despacho del primer ministro autorizando a Haqqani a emitir visados sin notificarlo a Islamabad salió a la luz en la prensa, dando crédito a las declaraciones de Haqqani, que había alegado que no estaba actuando unilateralmente. Pero pronto se coló otra filtración, esta vez de una carta del Ministerio de Asuntos Exteriores, que alertaba supuestamente a Haqqani de no aprobar visados para agentes de la CIA. A ojos de algunos miembros de la jerarquía militar, Haqqani era un chaquetero; el hombre que había abierto las fronteras de Pakistán a los intrusos.

Haqqani comprendió la interpretación que harían de la tribuna del *Financial Times* quienes pensaran así. Costaba pensar en otro «alto diplomático paquistaní» que encajara tan bien en la ideología procivil y proamericana descrita en la nota. Cuando llegó al final de la columna, Haqqani sacó su BlackBerry por primera vez esa mañana y llamó al teléfono móvil de Mansoor Ijaz en Londres.

—¿Qué está pasando? —preguntó Haqqani.

—No eres la única eminencia paquistaní que conozco —respondió Ijaz, mientras ambos recordaban la conversación. Haqqani dijo que Ijaz se rio al oír esto.

—Esto podría provocar una crisis política —dijo Haqqani, menos divertido.

—Bah, no creo que vaya a pasar eso —dijo Ijaz según el recuerdo de Haqqani—. El resto del artículo es más importante.

Haqqani negó con la cabeza mientras recordaba la conversación. «El hombre estaba completamente superado», me dijo. Ijaz dijo que la conversación tuvo otro punto inquietante, cuando Haqqani le dijo poco antes de colgar: «Acabas de matarme».

Mansoor Ijaz estaba en su yate, según su relato, cuando recibió la llamada de Husain Haqqani y su puso a escribir la nota sin perder tiempo. Ijaz tenía la biografía de un personaje secundario de una novela de Agatha Christie. Quizá lo hubiera planeado él mismo. Hombre de negocios estadounidense de origen paquistaní que había hecho fortuna como gerente de fondos de cobertura, revoloteaba alrededor de la Costa Azul. Cuando hablaba con la prensa, hacía hincapié en cómo había ido medrando desde la pobreza: había nacido en Florida y se había criado en una granja del condado de Floyd, en Virginia; había pagado su matrícula en la Universidad de Virginia con una beca de halterofilia. También insistía mucho en la segunda parte de su vida, la del éxito. «Dios me ha dado mucho en este mundo, pero si todo lo que dejara en este mundo fuera un jet en la pista, un yate en el puerto y diez casas, aparte de los 5000 pares de zapatos de mi mujer, no habría hecho mi trabajo», dijo al *Washington Post* durante el escándalo. El padre de Ijaz le había dicho: «Dios te ha dado una mente brillante, pero una personalidad de mierda. Tienes que meterte en política para aprender un poco de humildad». Cuando Ijaz dio con un filón en las finanzas, empezó a donar cientos de miles de dólares a los Demócratas y a hacer tantos contactos como le fue posible. Escribía artículos de opinión en la prensa. Empezó a proyectarse en conflictos internacionales. En la década de 1990, se acercó a la administración Clinton,

177

diciendo que estaba negociando con Sudán para conseguir el arresto de Osama bin Laden, entonces refugiado en el país. Los responsables del Gobierno no le hicieron ni caso; lo veían como un Walter Mitty, un personaje que «vivía su fantasía personal», según un informe. Más tarde reapareció como comentarista de Fox News e hizo revelaciones sensacionales sobre los mulás iraníes radicales que, según él, estaban introduciendo clandestinamente armas químicas en Irak. Después reconoció que era una información «errónea». Una ristra de afirmaciones, tanto en televisión como en la prensa escrita, resultó igual de pintoresca —y sospechosa.

Pero ninguna había precipitado un incidente internacional como esta última. Unos días después de que se publicara la columna del *Financial Times*, empezaron a aparecer los primeros artículos en la prensa paquistaní. Zardari había hecho un trato con el diablo, cacareaban las críticas. El gobierno civil estaba conchabado con los norteamericanos. Haqqani recibió una llamada del presidente Zardari. «¿Qué ha pasado? El ejército se lo está tomando en serio». Haqqani, cuyo nombre no figuraba explícitamente en el artículo de opinión inicial, se hizo un habitual en la cobertura mediática posterior, luego de que el político Imran Khan lo designara como el culpable. El ISI abrió una investigación sobre los encuentros entre el general Pasha e Ijaz en Londres y se descargó las pruebas de su BlackBerry. La lista de llamadas y los mensajes que se presentaron en el juicio revelaron una ráfaga de conversaciones entre ambos, si bien las llamadas eran breves y los mensajes solían venir de Ijaz, no de Haqqani. Este último dijo que era una víctima de su propia cortesía y que los mensajes de rigor tipo «muchas gracias por su envío» se estaban utilizando en su contra. Dos meses después de la publicación del artículo de opinión, Zardari llamó otra vez y le ordenó que volviera a Pakistán, donde el ISI, y la opinión pública, querían sangre.

Haqqani recibió una ristra de llamadas de advertencia de estadounidenses: Marc Grossman, el sucesor de Holbrooke; uno de los empleados de Doug Lute; Mike Morell, director adjunto de la CIA. «No vayas —le dijo Morell a Haqqani—. Los chicos del ISI te tienen enfilado.» Haqqani ya estaba embarcando en un vuelo a Doha, de camino a Islamabad. «He luchado demasiado tiempo por un gobierno civil como para tirar la toalla a causa de una acusación falsa contra mí —dijo—. No iba a permitir que los militares derrocaran al gobierno electo.» Les dijo a su mujer y a sus hijos que, si no volvía, sería porque habría pagado el precio último por sus convicciones. En su avión pusieron una película sobre Harry Houdini. Haqqani decidió que este sería su marco de referencia para su enfrentamiento final con el ISI: «Pueden atarme, pueden hacer conmigo lo que quieran, pero seré como Houdini y saldré del paso. Que les den, voy a ir».

A su llegada, le confiscaron el pasaporte y se lo llevaron volando al palacio presidencial, donde Zardari le había garantizado su seguridad. Haqqani se había llevado ropa para tres días. Terminó quedándose más de tres meses. Kayani y Pasha, los jefes todopoderosos del ejército y de la agencia de servicios de inteligencia de Pakistán, lo interrogaron.

—¿Qué tiene que decir de todo esto? —le preguntó Kayani.

—Que no tiene ni pies ni cabeza —respondió Haqqani.

Tenía el teléfono del almirante Mullen en marcación rápida, señaló. ¿Por qué habría usado a un hombre de negocios en la Costa Azul de intermediario? La prensa difundió con regocijo que la conversación entre Haqqani y Kayani y Pasha había sido un interrogatorio de varias horas. «¡Qué leches! Estoy aquí, ¿no?», murmuró Haqqani para sus adentros al ver las espantosas noticias. Pero a medida que transcurrían los meses, su inquietud fue en aumento. Su caso no fue remitido al Parlamento, que contaba con voces afines al gobierno civil, sino al Tribunal Supremo, que estaba bajo el yugo militar. El tribunal dictaminó la prohibición de viajar. En un punto, Zardari sufrió un derrame cerebral y lo trasladaron en avión a Dubái. Privado de su protector, llevaron a Haqqani a la residencia del primer ministro, custodiada por el ejército. En plena noche oyó ruido de botas y pensó, por un momento, que habían decidido finalmente quitárselo de encima. Resultó ser un relevo rutinario de la guardia.

Su ansiedad aumentó cuando, un viernes por la noche de finales de enero, el Tribunal Supremo anunció repentinamente una audiencia para el lunes siguiente. Las audiencias nunca se anunciaban de noche. Llamaron a la puerta. Un hombre de negocios, cuyo nombre Haqqani y otros prefirieron callar,

179

le dio instrucciones: el Tribunal Supremo abriría brevemente por la mañana, a pesar de ser sábado. Haqqani tenía que rellenar una solicitud para salir del país. Después tendría que irse de inmediato, antes de la audiencia. Con Haqqani fuera del país, el tribunal abrió un procedimiento *ex parte* y emitió un informe basado exclusivamente en el testimonio de Ijaz, que seguía señalando a Haqqani con el dedo. En una alegación retomada por las autoridades paquistaníes en 2018, Haqqani también fue acusado de sobornar a los norteamericanos con fondos de una caja negra paquistaní y no informó de los detalles a su país. Pero, como Haqqani no estaba presente, no se celebró un juicio legal oficial. Todo fue un teatro político clásico de Pakistán. Dio la impresión de que el ejército y los servicios de inteligencia habían actuado contra un secuaz de los norteamericanos, sin temor a las consecuencias.

Mansoor Ijaz siguió sosteniendo que Haqqani le había dictado la nota, pero se negó a hacer comentarios. «Hay imprecisiones materiales en esta retractación —dijo de la versión de Haqqani sobre los acontecimientos—. Demasiadas, me temo, y rebatirlas requeriría muchísimo tiempo.» Haqqani albergaba sospechas de que el propio Ijaz había cocinado la nota a instancias del ISI. Pero admitió que se trataba, más probablemente, de un fantasioso patológico superado por las circunstancias —y el ISI y los militares habían aprovechado la oportunidad para eliminar a un enemigo.

Al cabo de unos años, me puse al día con Haqqani en su pequeño despacho del Hudson Institute, el grupo de reflexión conservador. Una ventana angosta daba a los edificios grises de Pennsylvania Avenue. En las paredes colgaban fotografías de Haqqani dándose un apretón de manos con George W. Bush y Barack Obama. En una de ellas salía codo con codo con Richard Holbrooke. Haqqani se sentó a una mesa hasta arriba de papeleo. Corría el año 2017 y pasaba por una situación conocida: bajo el fuego de la prensa paquistaní. En una columna del *Washington Post*, había defendido los contactos de Donald Trump con los rusos, y los comparaba con sus gestiones en la administración Obama. Según él, lo conseguido durante la transición de Obama contribuyó después a organizar el asalto de Estados Unidos contra Bin Laden. Era cierto, indirectamente. A fin de cuentas, había recaído sobre él aprobar los visados del mando conjunto de operaciones especiales, el almirante McRaven y otros implicados en la planificación de la operación. Para cuando llegó a Pakistán, la columna se había inflado hasta convertirse en la confirmación de que Husain Haqqani había creado una red de agentes de la CIA justo en las narices de sus jefes. «La veracidad de las sospechas sobre su participación en todo el asunto también se ha confirmado», podía leerse en un tweet jovial de un portavoz del ejército paquistaní.

En cierto sentido, Haqqani eligió su vida de paria. Pero nunca dejó de desear que su patria llegara a comprender su fe en el diálogo y su escepticismo respecto de una relación bilateral edificada sobre las transacciones entre generales. Me entregó, uno tras otro, documentos que referían hasta el más mínimo detalle la controversia del asunto que dieron en llamar *memogate*, que seguía acechándolo en su imaginación. Con un traje holgado de color gris y una corbata azul verdosa, tenía un aspecto cansado.

—Mire, me ha costado lo mío adaptarme —dijo con pesadumbre—. Para muchas personas en Pakistán no soy un patriota.

—Se ha pasado la vida entera trabajando por su Gobierno —le dije—. Tiene que estar pasando por un trance doloroso.

—Pues sí. Trabajando por mi país, por la democracia en mi país. Y duele.

Seguía preguntándose si debía volver, pero siempre dudaba. «¿Y si alguien cree que soy un traidor de verdad y me pega un tiro?», sopesaba. El exilio era agridulce. Haqqani sobrevivió, pero la obra de su vida —su lucha por transformar la relación entre ambos países, por construir algo más duradero y menos transitorio— era agua pasada. En su última conversación con Richard Holbrooke en el Four Seasons, ambos prometieron que continuarían con sus respectivas luchas contra la arraigada mentalidad militar hasta que ya no pudieran. Un año después de que terminara la lucha de Holbrooke, terminó también la de Haqqani.

16

Diplomacia de verdad

$\mathcal{A}$quel día aciago de 2014, Robin Raphel salió al porche de su casa y se quedó mirando el mandamiento judicial y el estatuto de espionaje que figuraba en él. Los dos jóvenes agentes del FBI la miraban. Uno le preguntó: «¿Conoce usted a algún extranjero?». Raphel miró al cielo. «A miles. Soy diplomática», dijo. Los agentes le preguntaron sobre los paquistaníes. Nombró a Husain Haqqani y a su sucesor como embajador de Estados Unidos, Jalil Abbas Jilani. Los agentes se miraron.

—¿Tiene algún documento clasificado en su casa? —insistió el otro agente.

—No, pues claro que no —dijo Raphel.

Le entregaron varios cables del Departamento de Estado con el sello de «CLASIFICADO», que databan de la época en que había sido secretaria adjunta. Los habían encontrado en un archivador de su sótano. Raphel se dio una palmada en la frente al recordarlo de pronto. Cuando limpió su despacho unos años atrás, se había llevado varios documentos a casa y había olvidado de eliminar los cables. «No tenían que estar ahí —reconoció de inmediato—. Pero era uno de mis casos cuando me fui del despacho y no tuve tiempo de revisarlo todo.» Ella conocía a docenas de prominentes diplomáticos con costumbres peores que esta. Todos conocíamos a alguno.

A medida que el interrogatorio de los agentes se intensificó, Raphel intentó convencerlos de que había sido un malentendido. «A ver, fui una idiota, una idiota de remate, porque pensé: "¡Esto puedo explicarlo!"» Le hicieron falta casi dos horas para comprender que necesitaba un abogado. Llamó a uno que conocía;

un especialista en contratos públicos con quien se había relacionado cuando trabajaba de cabildera para Cassidy & Associates.

Unas horas más tarde, ella y su hija Alexandra se sentaron en DeCarlo's, un restaurante italiano próximo con colines en las mesas y una moqueta verde desteñida, al que sus hijos siempre llamaban el «sitio mafioso». Era un punto de encuentro de agentes de la CIA, decía la leyenda urbana. Acudieron también dos abogados: el que había llamado ella y un socio más joven que había ido en un Uber para llegar más rápido. Alexandra, una chica pelirroja, menudita y revoltosa, estaba alterada. «¿Cómo se te ocurre tener documentos en casa?» Raphel estaba intentando asimilar lo que acababa de ocurrir. Pidió un vaso de vino. «La verdad es que estaba en *shock*. Y me refiero en el sentido médico», me dijo más tarde.

Al día siguiente, la Seguridad Diplomática fue a su casa para confiscar su BlackBerry y su placa de identificación. Fue citada por Recursos Humanos del Departamento de Estado y le informaron de que su acreditación de seguridad se suspendía y que dejarían caducar su contrato, que estaba a punto de renovarse. Era la primera vez en años que entraba en el Departamento de Estado sin su placa de identificación. Cuando el guarda de la entrada de C Street vio el nombre en su carné de conducir, Raphel recordó que el hombre se puso a temblar. Al cabo de unos días, la noticia salió en primera plana del *New York Times*: «El FBI investiga a diplomática norteamericana retirada». Un portavoz del Departamento de Estado les dijo a los periodistas que el Departamento estaba cooperando con las fuerzas del orden. «El mandato de la señora Raphel ha expirado —añadió el portavoz—. Ya no es una empleada del Departamento.» Robin Raphel no volvió a tener permiso para entrar en su despacho. Agentes del FBI registraron su mesa de trabajo y luego sellaron las puertas.

Unas semanas antes, Raphel llegó a Islamabad con una misión de Dan Feldman, cuyo corazón había reclamado Holbrooke bromeando y desde hacía poco era representante especial para Afganistán y Pakistán. Los manifestantes habían tomado las calles de Pakistán para protestar contra las elecciones supuestamente fraudulentas que en 2013 reinstauraron en el poder a Nawaz Sharif. Según algunos comentaristas, se

183

estaba preparando un golpe de Estado «blando», conforme al cual Sharif entregaba bajo mano el control a los militares. Robin Raphel, con su incomparable agenda de contactos en Islamabad, estaba allí para recabar información sobre la posible caída del Gobierno. Se puso a la faena, asistiendo a cenas y fiestas, y tomando notas sobre los cotilleos que oía, que luego remitía a Feldman y al embajador en Islamabad, Richard Olson. «Lo que ella hacía —me dijo Olson— era diplomacia.» En los tres años que habían transcurrido desde el *annus horribilis* de 2011, las relaciones entre ambos países seguían congeladas. Para sus colegas del Departamento de Estado, Raphel era un valor en vías de extinción: alguien con quien los paquistaníes seguían queriendo hablar.

Era imposible que supiera que el FBI seguía bajo lupa cada uno de sus movimientos durante ese viaje a Islamabad. Su diplomacia de la vieja escuela se batía por encontrar asidero al lado no solo de la dominación militar en política exterior, sino también del estado de vigilancia que se había impuesto tras el 11-S. Las conversaciones cara a cara se vieron paulatinamente eclipsadas por la «Inteligencia de Señales»; es decir, la intercepción de comunicaciones. A principios de 2013, los analistas de la Agencia de Seguridad Nacional, que escuchaban llamadas telefónicas de políticos paquistaníes, empezaron a centrarse en una estadounidense que salía en las conversaciones: Robin Raphel. Al parecer, la mujer hablaba de cuestiones delicadas: ataques de drones, golpes de Estado. Enviaron al FBI una «referencia 811», lo cual señalaba que habían detectado una conversación sospechosa sobre información clasificada. Los dos agentes que fueron a visitar a Raphel fueron seleccionados para conducir la investigación porque eran especialistas en lo que el FBI llamaba «65 *work*» en su jerga: casos de espionaje. Se pusieron a examinar los contratos de Raphel, sus archivos personales en el Departamento de Estado y su vida personal. A los pocos meses, consiguieron un mandato judicial del Tribunal de Vigilancia y Adquisición de Inteligencia Extranjera para vigilar sus llamadas telefónicas y por Skype a responsables paquistaníes.

Hacía un año que Edward Snowden había tirado de la manta y el FBI estaba buscando topos y filtradores. Con Raphel tenían la esperanza de haber dado con un filón. Parecía llevarse la palma por sus antecedentes: décadas enteras en gran parte pasadas en el extranjero, su posición de cabildera autorizada y, para colmo, sus descaradas afinidades con un Pakistán dudoso. («Por descontado —me dijo cuando le pregunté si creía que este sentimiento había predispuesto en su contra la investigación—. Todo el mundo odiaba a Pakistán, así que, claro.») Los paquistaníes con los que Raphel hablaba a veces se referían a ella como una «fuente» y pregonaban lo valiosa que era dando información. Y a medida que iban excavando descubrieron otros filones: la habían citado por un puñado de infracciones menores relativas a su manejo del material clasificado; se había dejado documentos sin guardar y ordenadores sin bloquear. Y luego estaban los documentos hallados en el archivador de su sótano, lo que podía acarrearle una infracción penal, aparte de los cargos más serios de espionaje.

Pero de la investigación del FBI también se desprendieron múltiples capas de malentendidos. Las agencias de inteligencia y policiales que buscaban topos sabían poco de los singulares rituales de la diplomacia en Pakistán. Cualquiera que hubiera pasado cinco minutos en una fiesta en Islamabad sabía que los temas teóricamente «clasificados» de los que Raphel había hablado, como los ataques de drones, eran el día a día del debate público. Fanfarronear de sus fuentes de información estadounidenses era, asimismo, una forma típicamente paquistaní de darse importancia.

Raphel también se enfrentaba a una clase de confusión más general. Los chismorreos y las relaciones sociales a la antigua en torno a los cuales había construido su carrera estaban pasados de moda y eran ajenos a una generación que había crecido en la era de la vigilancia. El equipo SRAP de Holbrooke al que se había unido —con empleados de varias agencias cuyo interés era ampliar las conversaciones en la región, no reducirlas— no estaba en la onda de los nuevos tiempos. «Nadie entendía la oficina del SRAP, cosa que no creo que le sorprenda mucho —recordó Raphel—. No entendían la estructura burocrática. ¿Quién era toda esa gente? ¿A quién informaban? ¿Qué hacían allí? ¿Cuál era el ámbito de su trabajo?» El valor de todas estas conversaciones no saltaba a la vista. ¿Cómo podía ser si no? En países como Pakistán, generales y espías no perdían el tiempo en conversaciones.

Una noche, aproximadamente una semana antes de la investidura de Trump en 2017, Robin Raphel volvía del invierno de Washington y se quitó el abrigo. Estábamos en el Garden Cafe, un bistró tranquilo en la esquina del Departamento de Estado cuyas paredes color melocotón estaban decoradas con cuadros de flores anodinos. Se oía jazz de fondo a poco volumen. Como siempre, su estilo personal reflejaba sus años en Pakistán. Llevaba un chal de pashmina marrón topo con bordados plateados echado sobre un hombro de su chaqueta gris y la cabellera rubia recogida en un moño francés. Pidió un sauvignon blanco. «Ahora miro atrás y le veo la gracia —dijo con un tono que indicaba que no se la veía por ningún sitio—, pero fue… lo mires por donde lo mires, de lo más injusto hacerle eso a alguien.» Parecía la misma de siempre: los labios fruncidos, el mentón en alto, la misma altivez al hablar. Pero, en realidad, prácticamente todo había cambiado para Robin Raphel.

186

A medida que el FBI hurgaba más hondo, su caso perdió fuelle. Centrados como estaban en acorralar a Raphel durante meses, los investigadores habían evitado hablar con sus colaboradores en el Departamento de Estado para impedir que le dieran el soplo, y perdieron la oportunidad de pillarla con las manos en la masa. Tan pronto como empezaron a hablar con funcionarios familiarizados con su trabajo, comenzaron a comprender que la conducta incriminatoria de Raphel era sencillamente una forma de hacer diplomacia a la antigua, a través de las relaciones sociales. A principios de 2015, la oficina del procurador de Estados Unidos que supervisaba el caso le dijo al abogado de Raphel que retiraba los cargos por espionaje. No obstante, la fiscalía parecía deseosa de sacar algo más para salvar la cara, como un alegato en el cargo menor relativo al material clasificado. Raphel no se movió; sabía que estas infracciones eran comunes y no constituían un fundamento para procedimientos penales importantes. En marzo de 2016, la fiscalía finalmente desestimó el caso por completo. Habían transcurrido diecisiete meses desde la redada en su casa. Se había gastado más de 100 000 dólares en los honorarios de los abogados. Sus amigos se abanderaron para ayudarla a cubrirlos, pero seguía sin blanca y no había vuelto a emplearse.

—Llevo dos años sin trabajar —me dijo—, y sigo teniendo responsabilidades importantes de cara a mis hijos, las facturas de los abogados y cosas así. —Se rio sin ganas—. Parece mentira que te pases cuarenta años trabajando como una loca para terminar de este modo. —Buscaba trabajo, pero la sombra de la sospecha lo dificultaba—. Nadie quiere contratarte cuando el FBI te ha acusado de ser una espía en la primera plana del *New York Times*.

El anuncio de la investigación fue un circo. Su resolución pasó sin pena ni gloria. Después aceptó algún trabajo de consultora ocasional, a tiempo parcial; cualquier cosa que le saliera para llegar a fin de mes.

Era difícil ajustarse a la vida de fuera. El trabajo había sido su vida, por cuanto Raphel podía recordar. «Soy una mujer trabajadora —dijo—. No soy una mujer de mi casa. A ver, sé cocinar y hacer varias cosas, pero nunca he sido una persona casera.» Luchó por aferrarse a una semblanza de su viejo mundo. Cada día madrugaba, se sentaba a la mesa del salón delante de un portátil viejo y tanteaba el terreno laboral. Aconsejaba a grupos no gubernamentales sobre el asunto de la reconciliación en Afganistán, un proyecto que el Gobierno de Estados Unidos había dado por muerto una vez más. Leía abundantemente, sobre todo de política y Pakistán. No se perdía un grupo de reflexión o un acto sobre política exterior, en concreto cualquier cosa sobre el sur de Asia. A principios de 2016, entrevisté a la cineasta paquistaní Sharmeen Obaid-Chinoy a propósito de su documental sobre los crímenes de honor delante de una pequeña audiencia en el United States Institute of Peace. En primera fila, Robin Raphel tomaba notas. Algunos asistentes le lanzaban miradas curiosas y cuchicheaban.

Su familia tuvo que hacerse a las circunstancias. Alexandra seguía sintiéndose «mortificada... fue un revés muy duro para ella», dijo Raphel. Se había prometido e iba a casarse, y explicar el escándalo a sus suegros desembocó en una crisis familiar. «Tenía miedo de que nadie asistiera [a la boda], de que todo el mundo estuviera pensando en esta embarazosa historia...», recordó. Ra-

187

phel fue en autobús a Nueva York para ver a los padres del prometido, un exitoso inversor de banca y su refinada mujer, devota del yoga. «No soy una espía», les dijo. «¡Ah!», respondieron.

La noche en el Garden Cafe, Raphel arañó el mantel blanco con sus uñas esmaltadas de rojo, que soltaron un chirrido.

—Si alguien alertó a estos tipos, seguro que fue un norteamericano —me dijo.

—Un norteamericano que pensó que usted se estaba acercando demasiado —le dije.

—Sip. ¿Y sabe qué? —me dijo en voz baja, acercándose con complicidad—. La comunidad de inteligencia está petada de indoamericanos que están muy resentidos con Pakistán. Están ahí por sus competencias lingüísticas. Los ves llegar del INR —la oficina de inteligencia del Departamento de Estado— para informarte y no tienen ni idea. Se las dan de entendidos, ¡pero no saben nada!

Se reclinó en su silla y cogió su copa de sauvignon blanco, derramándolo.

Hablé con más de una docena de colegas de Raphel sobre la investigación. Ninguno pensaba que fuera una espía. A varios de ellos les escamaba su intimidad con un régimen traicionero. El término «clientelismo» salió a relucir más de una vez. Robin Raphel era una funcionaria norteamericana leal, incluso patriótica. Pero había interiorizado las maneras paquistaníes, hasta la inclinación a culpabilizar a la India, incluso a los norteamericanos de origen indio.

La política de Raphel era imperfecta. A diferencia de Richard Holbrooke, que utilizaba la diplomacia para transformar la orientación estratégica de las relaciones que abordaba, ella acataba las reglas. Utilizaba la diplomacia para mantener el *statu quo* y, durante décadas, el *statu quo* en Pakistán había mantenido la unidad suficiente para permitir que la cooperación entre militares y servicios de inteligencia no se rompiera. A veces, podía parecer entreguismo. Una diplomacia empoderada, utilizada como una herramienta de primer orden como había recomendado Richard Holbrooke, podría haber parecido muy diferente.

Pero Raphel era partidaria de una máxima diplomática anticuada: nunca hay que parar las conversaciones. Desde los años de su defensa de las negociaciones con los talibanes, había sido una encarnación extrema de este *ethos*. Ahora, en una época en la que se hacía luz de gas a cualquier tipo de diplomacia en las relaciones más delicadas de Estados Unidos, este comportamiento era insólito, hasta el punto de parecer delictivo. «Ella intentaba trabajar en el interés nacional de Estados Unidos, haciendo cosas que todos creíamos importantes —me dijo un alto funcionario a condición de que respetara su anonimato, puesto que la investigación seguía siendo un tema espinoso con las autoridades policiales—. Y por eso daba el perfil de espía. El peligro de todo aquello era que se criminalizara la diplomacia.»

Cuando el *Wall Street Journal* publicó todo sobre el caso Raphel, tituló así el artículo: «La última diplomática». Levantándose de nuestra mesa, Raphel desaprobó con un gesto esta descripción.

—Ronan, ¿podemos zanjar este asunto, por favor? Ha habido gente de la política exterior que ha venido a decirme: «Usted estaba haciendo diplomacia a la antigua y ahora las cosas son distintas». —Me miró fijamente con sus ojos azules—. Yo no lo hice mal. Yo no hice una diplomacia anticuada. Hice diplomacia de verdad. —Luego se puso el abrigo y salió al frío.

189

SEGUNDA PARTE

Dispara primero, no preguntes después

Siria, 2016
Afganistán, 2002
El Cuerno de África, 2006
Egipto, 2013
Colombia, 2006

No os dejéis engañar;
las malas compañías corrompen las costumbres.

1 Corintios 15:33

17

Por regla general

Siete años después del fallecimiento de Richard Holbrooke, pasé por delante de la puerta de la que había sido la oficina del representante especial para Afganistán y Pakistán. La pintura blanca de las paredes que recordaba a un hospital era la misma, como la puerta de madera color miel. El cartel era nuevo: «Enviado presidencial especial para la coalición mundial contra el Daesh». El equipo del SRAP, y el sueño de Holbrooke de negociar con los talibanes, había sido abandonado a la chita callando durante el primer año de mandato de Donald Trump, y sus últimos empleados habían sido despedidos. En los primeros días de 2018, Rex Tillerson, el primer secretario de Estado de Trump, me dijo que no habían tomado una decisión final sobre el futuro de la oficina, pero estaba claro que no le quitaba el sueño. «En cuanto a la necesidad de un SRAP o no, estamos dándole vueltas», dijo. Tillerson defendía que los roles convencionales responsable de Afganistán y Pakistán —los embajadores de esos países y el secretario adjunto para Afganistán y Pakistán— eran «mucho mejores que un SRAP. Mucho mejores». Pero a comienzos de 2018, la oficina para Asia central y del sur seguía sin tener un secretario adjunto permanente. Si alguien estaba defendiendo activamente soluciones diplomáticas para la región, no resultaba nada obvio.

Los temores que Holbrooke había expresado a propósito de la militarización en sus notas finales y desesperadas habían alcanzado una escala que él jamás habría podido anticipar. El presidente Trump había concentrado más poder aún en el Pentágono, concediéndole prácticamente una autoridad unilateral en áreas políticas otrora orquestadas por múltiples agencias, incluido el Departamento de Estado. En Irak y Siria, la Casa Blanca delegó calladamente más decisiones sobre el despliegue de tropas a los militares. En Yemen y Somalia, se autorizó a los comandantes de operaciones a lanzar ataques sin la aprobación previa de la Casa Blanca. En Afganistán, Trump dio carta blanca al secretario de Defensa, el general James Mattis, para decidir el número de efectivos. En declaraciones públicas, la Casa Blanca minimizó la decisión y dijo que el Pentágono seguía teniendo el deber de acatar el trazo grueso de las políticas fijadas por la Casa Blanca. Pero, en la práctica, el destino de miles de tropas en un conflicto que era un polvorín diplomático se dejó en manos militares exclusivamente por primera vez en la historia reciente. Los diplomáticos ya no llevaban las de perder en el debate sobre Afganistán: no formaban parte de él. A principios de 2018, los militares empezaron a desplegar públicamente una nueva ofensiva. En los meses que siguieron, hasta mil nuevos contingentes se sumarían a los catorce mil ya en la zona.

194

En Estados Unidos, la propia Casa Blanca se había llenado de voces militares. A los pocos meses de la presidencia de Trump, al menos diez de los veinticinco cargos de alta responsabilidad en el Consejo Nacional de Seguridad los ocupaban oficiales militares activos o retirados. Mientras la agitación de despidos y contratos continuaba, el número creció para incluir al jefe de personal de la Casa Blanca, un cargo que ocupó el exgeneral John Kelly. Al mismo tiempo, la Casa Blanca terminó con la práctica de «asignar» funcionarios del Departamento de Estado al Consejo Nacional de Seguridad. A partir de ahora, habría menos voces diplomáticas en el proceso político, a propósito.

En todo el mundo, las relaciones de Estados Unidos también adoptaron un regusto distintivamente militar. A principios de 2018, la administración Trump filtró los planes de su estrategia «Compre producto nacional», que daría un nuevo mandato a los diplomáticos del Departamento de Estado repartidos por el mundo: fomentar las ventas de armas para los contratistas de Defensa. Las ventas de armas norteamericanas llevaban escalando cinco años, pero la avalancha de nuevos contratos durante la administración Trump indicó una brecha cada vez mayor entre estas ventas y una diplomacia que pudiera darles un contexto y una dirección. Durante una crisis diplomática entre Qatar y otros países del Golfo en 2017, mientras Trump reprobaba los lazos del Gobierno qatarí con los terroristas, el Pentágono anunció que iba a vender 12 mil millones de dólares en aviones de combate F-15 al país. Mattis, el secretario de Defensa, se reunió con su homólogo, el ministro de Defensa qatarí, para sellar el acuerdo. Según varios empleados del Pentágono, los altos funcionarios del Departamento de Estado apenas tomaron cartas en el asunto.

Las exigencias militares superaban las inquietudes que habían sido un obstáculo a estos tratos en administraciones anteriores. En plena ofensiva contra los derechos humanos en Baréin —con asesinatos y torturas de las fuerzas gubernamentales—, el Departamento de Estado anunció que reanudaba las ventas de los jets de combate F-16 a la monarquía de ese país sin ninguna garantía de que fueran a restituirse los derechos humanos. En el Departamento de Estado a finales de mayo de 2017, un periodista preguntó al secretario de Estado adjunto interino E. Jones —un diplomático de carrera del Servicio Exterior que ocupaba un puesto sin un titular permanente designado— cómo conciliaba la administración un contrato de armas por la cantidad récord de 110 mil millones de dólares con Arabia Saudí y el nefasto pasado del régimen en materia de derechos humanos. Jones suspiró pesadamente. «Um. Um...», murmuró, mirando de reojo a su entorno y cruzando y descruzando los dedos una y otra vez. Luego se quedó petrificado durante veinte segundos y las facciones de su cara se relajaron, la mirada perdida a años luz de allí. Soltó unas frases vacilantes sobre la lucha contra el extremismo y después sobrevino otro silencio interminable, hasta que se marchó presuroso y cabizbajo, como si cayera en la cuenta de que estaba desnudo en un sueño.

Una y otra vez, el presidente Trump invocaba a caudillos autoritarios y cantaba sus alabanzas. Abdelfatah El-Sisi de Egipto, cuando estaba presidiendo una de las peores represiones de los derechos humanos en la historia del país, era «fantástico» y «nos lleva mucha delantera». El filipino Rodrigo Duterte, que, como él mismo reconoció, había asesinado a sus rivales y animado alegremente a sus soldados a violar mujeres, estaba haciendo un trabajo «increíble» y «fantástico». Trump los invitó personalmente a ambos a la Casa Blanca, rompiendo con la administración precedente. De todos los ex secretarios de Estado con vida, solo uno, James Baker, apoyó sin reservas una relación más estrecha con ellos. «Egipto, Filipinas y Turquía son socios históricos de Estados Unidos y es importante que tratemos con sus líderes», dijo Baker. «Una observación que suele atribuirse al presidente Franklin D. Roosevelt pone este fenómeno en su justa perspectiva. "Puede que sea un hijo de puta —dijo el presidente Roosevelt de un dictador latinoamericano—, pero es nuestro hijo de puta"». John Kerry hizo gala de una perspectiva más clásica: «No entiendo qué pretende conseguir este presidente cuando llega al extremo de presentar como positivas o "fuertes" las violaciones de las normas internacionales y, desde luego, nunca han salido de la boca de un presidente de Estados Unidos del partido que fuera». Los diplomáticos que antes se ocupaban de gestionar estas delicadas relaciones se mostraron tan sorprendidos como el que más: de nuevo, no les habían informado.

«Si hay alguien que ha visto la creciente militarización de la política exterior, ese soy yo, sin duda», dijo Chris LaVine, un diplomático de carrera que había sido uno de los asistentes especiales de Holbrooke en el equipo del SRAP y estaba trabajando en la política siria dentro del Departamento de Estado cuando les sacudieron las noticias de los recortes y los despidos. Destinado a una serie de emisiones centradas en el Estado Islámico, presenció dos dinámicas que ayudaron a sumir la política siria de Estados Unidos en el caos. La primera ocurrió en el Departamento de Estado. La nueva placa en la que anteriormente había sido la puerta del despacho de Holbrooke no era fortuita. Las iniciativas contra Daesh eran una vorágine que engullía cada vez más recursos y actividades del Departamento de Estado. Brett McGurk, el enviado especial para combatir a Daesh, era ya uno de los altos funcionarios más poderosos del edificio. El segundo cambio llegó de fuera. El Departamento había cedido cada vez más poder a los militares. «Cedimos mucho suelo político a la gente que combatía al Daesh, en el Pentágono, en Tampa y en el edificio del Departamento de Estado», dijo, refiriéndose a la sede del Comando Central del Pentágono en Florida, el CENTCOM. «Algunas partes difíciles, básicas, de la diplomacia se cedieron por completo, y se sacrificaron en gran medida los progresos realizados en otras cuestiones políticas como los derechos humanos, la economía y la relación bilateral [con Turquía].»

A falta de un diálogo centralizado y dirigido por diplomáticos y con una Casa Blanca —empezando por Obama y siguiendo con Trump— que vacilaba entre diferentes medias tintas, la CIA y el pentágono delimitaron básicamente la política siria de Estados Unidos. El experimento resultó problemático, puesto que las dos agencias se dedicaron a crear relaciones independientes y a veces conflictivas con las fuerzas en el terreno. La CIA armó y formó secretamente a la coalición poco unificada de los llamados rebeldes «moderados» en el Ejército Libre Sirio (ELS). El Pentágono creó una coalición siria y empezó a armarla: las llamadas Fuerzas Democráticas Sirias, dominadas por las YPG kurdos (*Yekînen Parastina Gel*, o «Unidades de Protección del Pueblo»).

Ambas relaciones se revelaron problemáticas. Las armas del ELS terminaron en manos de grupos terroristas como Jabhat al-Nusra. Y las YPG estaban inextricablemente entrelazadas con el Partido de los Trabajadores del Kurdistán o PKK (*Partiya Karkerên Kurdistanê*), un grupo revolucionario que Estados Unidos declaró organización terrorista. «Juegan al trile con los nombres de sus organizaciones —dijo LaVine—. Estos tipos son los mismos del PKK.» Las relaciones desbocadas del Pentágono con las YPG también presentaban otra complejidad: los kurdos son los enemigos mortales de los turcos. «Debido al interés singular en eliminar la amenaza inminente de Daesh, hemos exacerbado un conflicto entre las fuerzas de seguridad turcas y el PKK, que dura treinta y cinco años y al parecer hará estragos durante mucho más tiempo», continuó.

Desde el polvorín que había sido antaño la ciudad de Alepo, un comandante del ELS llamado Abdullah Al-Mousa fue más incisivo: «La política norteamericana con las Fuerzas Democráticas Sirias provocará una guerra civil en el futuro entre

197

árabes y kurdos… Estados Unidos ha cometido un error muy grave». Este grave error ya se dejaba ver en el terreno: en varias ocasiones, kurdos, turcos y rebeldes sirios lucharon encarnizadamente, todos con armamento y ayuda aérea de Estados Unidos. Un caluroso sábado de agosto de 2016, los cohetes alcanzaron a dos tanques turcos en el norte de Siria y mataron a uno de los soldados turcos, lo que arruinó la delicada red de alianzas de Estados Unidos. Turquía acusó rápidamente a las YPG y devolvió el golpe con dureza, asesinando a veinticinco combatientes kurdos de las YPG al día siguiente, además de a veinte civiles, según la información de los medios de comunicación estatales turcos. El ELS anunció la toma de diez pueblos kurdos el mismo día. En Internet circularon vídeos que mostraban a combatientes del ELS, a quienes respaldaba Estados Unidos, golpeando brutalmente a soldados de las YPG, también respaldados por Estados Unidos.

Un mes después, Abdullah Al-Mousa, el comandante del ELS, se refugió en un campamento fuera de Alepo. El bombardeo era audible incluso a través de las ventanas cerradas y entrada la noche. «Es un auténtico caos —dijo—. Cuando Estados Unidos está apoyando a grupos como los kurdos, que no combaten al [presidente sirio Bashar] al-Asad y solo quieren hacer su propio país, es un error y de los gordos.» Como era de esperar, para él sus fuerzas del ELS constituían un socio más adecuado; aunque reconoció que su primera preocupación era combatir al régimen sirio antes que a Daesh en nombre de Estados Unidos.

Osama Abu Zaid, abogado del ELS, dijo que la presencia de Estados Unidos en el conflicto sirio inspiraba confusión, puesto que la CIA respaldaba al ELS y el Pentágono, a las Fuerzas Democráticas Sirias y a sus filiales kurdas. «No existe una comunicación directa entre el Pentágono y el Ejército Libre Sirio», dijo. Las divisiones entre las agencias norteamericanas llevaron a extrañas situaciones en el comando conjunto y los centros de entrenamiento, puesto que los altos responsables del Pentágono se negaban a hablar con los confusos comandantes del ELS armados por la CIA. Abu Zaid dijo que, a veces, los norteamericanos parecían deleitarse con las tensiones. «A veces la gente de la CIA aquí se congratulaba, porque el programa del Pentágono es falso.» A esto se parecían las tácticas sin una estrategia definida: a una farsa mortal.

Durante la primera mitad de 2017, la administración Trump eligió bando, primero autorizando de nuevo el apoyo del Pentágono a los kurdos, en contra de las objeciones de los turcos, y luego poniendo término al apoyo encubierto de la CIA a los elementos rebeldes. Tan pronto como el Pentágono tomó el control, excluyó al Departamento de Estado de lo que debería de haber sido un mandato importante: mantener las relaciones con Turquía, un aliado regional necesario pero difícil. Las guerras subsidiarias militares que habían sustituido a la diplomacia en la región fueron «completamente corrosivas» desde una perspectiva estratégica, dijo LaVine. «Yo me encargaba de gestionar la relación con Turquía, y que Estados Unidos armara a las YPG tan descaradamente entró en conflicto con nuestras relaciones bilaterales y las erosionó. Turquía percibe a las YPG como si tuvieran su base en Texas y armaran al cártel de Sinaloa.» Esto socavó los esfuerzos civiles por negociar con los turcos sobre toda una serie de cuestiones. «Tuvimos que reprimirnos para no hablar de cuestiones de interés mutuo que tendríamos que haber sido capaces de tratar: los derechos humanos en Turquía; las medidas drásticas contra la sociedad civil y las purgas masivas relativas al intento de golpe de Estado de julio de 2016; así como los avances en cuestiones bilaterales con un aliado de la OTAN —añadió LaVine—. En cambio, la cooperación con los kurdos sirios dominó la conversación y limitó nuestra capacidad de manejar la diplomacia.»

Hillary Clinton se ofendió ante la insinuación de que ella siempre había estado ausente a la hora de formular una política sobre Siria. Ella había apoyado las razones de sus homólogos militares y de los servicios de inteligencia para una intervención más enérgica. «Yo pensaba que teníamos que hacer más para apoyar la oposición legítima a Bashar al-Assad —explicó—. La CIA y el Departamento de Defensa estaban conmigo en esto.» Pero a nivel de trabajo, numerosos funcionarios dijeron que el Departamento de Estado había entregado tanto poder que el contrapeso de las voces civiles era escaso; al menos de quienes no trabajaban hombro con hombro con las exigencias del Pentágono o de Langley. «Tienes, básicamente, contactos entre militares» en este punto, dijo LaVine. «Esto es el Pentágono hablando con sus homólogos. El Departamento de Estado se sentía la cuarta o la quinta agencia más importante en materia de política exterior.» Y en Mahogany Row no quedaba ninguna perspectiva alternativa. Las voces más poderosas del edificio estaban «alineadas con los comandantes que seguían adelante con la campaña contra Daesh, a expensas de los objetivos a largo plazo de Estados Unidos en política exterior para la región. Para el Departamento de Estado se ha vuelto imposible estar sinceramente en desacuerdo con los militares o de lo contrario te arriesgas a que te saquen por completo de la discusión».

LaVine —«un muchacho de Brooklyn que había presenciado el 11-S y quería servir»— primero pensó en irse del Departamento de Estado en 2010, cuando concluyera su misión en Afganistán y Pakistán. Pero no se fue, porque, poco antes de fallecer Holbrooke, le había prometido que se quedaría para seguir luchando. LaVine se fue en plenos recortes presupuestarios y despidos a mediados de 2017, después de haber trabajado más de diez años en el Departamento de Estado. «Estaba claro que, con nuestra indecisión e inacción sistémicas, estábamos creando más problemas en lugar de resolverlos», dijo.

Recurrir a fuerzas y caudillos extranjeros, uno de los pilares de la Guerra Fría, era una práctica en pleno renacimiento. Lo había sido desde hacía dos décadas, desde los primeros días posteriores al 11-S de 2001. Algunas de estas relaciones nacieron durante el liderazgo de George W. Bush, en un momento de urgencia inmediatamente posterior a los atentados, pero muchas continuaron y se ampliaron durante la administración Obama. Irónicamente, el no no intervencionismo de Obama en política exterior —«no hagáis estupideces»— provocó que se redoblara la apuesta por estas tácticas. La suya fue una administración que pretendía dejar un legado de intervenciones mínimas y, junto con el uso de drones, las alianzas con las milicias y los ejércitos extranjeros figuraban en el centro de ese legado. En 2014, en la Academia Militar de Estados Unidos de West Point, Obama habló ante más de un millar de cadetes que se graduaban, vestidos de gris, como mandaba la tradición, sobre su visión de una nueva era del compromiso de Estados Unidos con el mundo. En esta visión destacaba la guerra subsidiaria: una y otra vez empleó la palabra «socio», refiriéndose a los ejércitos y las milicias extranjeros que cumplían órdenes de Estados Unidos. ¿Por qué enviar a los hijos y las hijas de los estadounidenses a hacer un trabajo que los yemeníes y los pakistaníes podían realizar a cambio de dinero? Si bien las motivaciones variaban de una administración a otra, los tres presidentes desde 2001 redoblaron esfuerzos basándose en este principio.

Pero estas relaciones conllevan invariablemente los serios compromisos en materia de derechos humanos e intereses estratégicos generales que LaVine había presenciado en la política estadounidense en Siria. No tenemos que especular sobre las consecuencias de estos compromisos: esta tendencia ya se ha revelado desastrosa para la trayectoria de Estados Unidos en los conflictos mundiales. Dar la espalda a la diplomacia en favor de los tratos directos entre nuestros militares y los caudillos locales fue el principal motivo de las vicisitudes de Estados Unidos en Afganistán. Decisiones similares contribuyeron a desatar nuevas amenazas terroristas en el Cuerno de África. Y la política construida en torno a los caudillos pilló a Estados Unidos con la guardia baja cuando estalló la revolución egipcia y le impidió detener las atrocidades posteriores. También hubo excepciones: unas cuantas alianzas valiosas entre militares con una política más equilibrada a favor de integrar los intereses diplomáticos. Como fue el caso de las intervenciones de Estados Unidos en el «triángulo de la cocaína» en Sudamérica.

Sin embargo, la administración Trump no se aplicó el cuento, al parecer, porque apostó por una política exterior de corte militarista. Pero este hecho no pasó desapercibido a numerosos diplomáticos, que vieron como las alianzas militares asumían cada vez más las tareas que les correspondían a ellos —incluidos quienes estaban trabajando en Afganistán—. Para algunos de nosotros, esta toma de conciencia empezó con un caudillo y un asesinato sin resolver.

201

18

Dostum: dice la verdad y desaconseja mentir

*P*uedes oler una fosa común antes de verla. Jennifer Leaning llevaba su bufanda de punto, la negra, azul y roja con la que siempre viajaba, bien apretada alrededor del cuello. Su anorak negro de la marca Marmot le venía grande y ocultaba su esbelta figura; podría pasar por un hombre de lejos, una pequeña protección en una misión peligrosa. Traía un sombrero, pero se lo había dejado a su intérprete local. El intérprete solo era un niño, de dieciocho años quizá, y no paraba quieto —en parte por el frío y en parte porque su destino le daba miedo—. Era mediodía y no helaba, como solía ocurrir en Afganistán en el mes de enero, pero se había levantado viento y traía un olor pestilente: el olor pútrido de la muerte grabada en la conciencia de Leaning desde su época como médica en zonas de conflicto de Kosovo a Somalia. El olor no venía de ninguna dirección específica. Era como si la tierra estuviera podrida. Leaning, menuda bajo un vasto cielo gris, se sentía en peligro. En esta zona, el desierto era plano de un horizonte a otro; no había donde esconderse. Avanzó con cautela, porque el suelo podía estar minado. El escenario era inconfundible: el suelo recientemente revuelto destacaba sobre un fondo de desierto en derredor, oscuro y húmedo, surcado de huellas profundas de neumático. Lo salpicaban extrañas cosechas: motas negras, blancas y rojo vivaracho. Leaning tardó un rato en comprender lo que eran: turbantes, ropa y, entre ellos, sandalias y cuentas de rosarios. Se quedó petrificada: «Había fragmentos de cráneo. Trozos de costillas. Huesos humanos». A su lado, otro investigador, John Heffernan, sacó una fotografía.

Era principios de 2002, en el remoto norte de Afganistán. A Leaning y Heffernan los había enviado allí la organización de control Physicians for Human Rights para que investigaran el trato dispensado a los presos de la nueva guerra contra el terrorismo. Sin embargo, se toparon con un misterio más profundo y peligroso; un misterio que alimentaría más de una década de represalias, aterrizaría en los despachos de algunas de las personas más poderosas del mundo y desencadenaría una operación de camuflaje que abarcaría a dos gobiernos. Los investigadores miraban incrédulos una de las primeras consecuencias del coste de las tensiones de la política exterior posterior al 11-S, dirigida no por diplomáticos, sino por soldados y espías. La fosa anónima era en parte el resultado de las relaciones de Estados Unidos con los caudillos que llenaban el vacío creado por los diplomáticos. Estas consecuencias rebasaban el plano de los derechos humanos: en Afganistán, la ayuda estadounidense a los déspotas provinciales remodelaría el país y ayudaría a crear las condiciones para la guerra más larga de la historia de Estados Unidos.

Los investigadores no tenían ni idea de nada de esto cuando se dispusieron a medir las dimensiones de la fosa. Los expertos en crímenes de guerra no están entrenados para calcular cadáveres de lejos, pero no había duda de que estaban ante una fosa grande: un cadáver tras otro, ocupando una superficie tan vasta como la de un campo de fútbol. Mientras Heffernan hacía fotos, Leaning sacó su cuaderno. Era uno de esos cuadernos de estudiante de secundaria, jaspeado en blanco y negro, con la tapa dura, que podía apoyar sobre una rodilla sin perder el equilibrio, y su escritura caótica encajaba bien en sus anchas rayas. Apenas llevaban diez minutos en el terreno cuando vieron una polvareda en el horizonte y, emergiendo de ella, varios vehículos negros. Leaning divisó a lo lejos cuatro o cinco Jeeps o Toyota Land Cruisers con lona, y venían hacia ellos muy deprisa.

Leaning y Heffernan fueron corriendo a su maltrecho Toyota. El intérprete estaba lívido. Su conductor, un hombre de cabello entrecano en la cincuentena, encendió el motor. A él también le asustaba esta zona del desierto; se había pasado todo el trayecto lanzando miradas inquietas por los retroviso-

203

res laterales y oteando el horizonte. Pisó el acelerador, con los Jeeps cada vez más cerca, mientras apuraban los ochocientos metros áridos que conducían a la capital provincial, Šibarġan. No frenaron hasta que dejaron atrás Šibarġan, y siguieron por el este, hacia el centro regional más grande de Mazar-e Sarif. Leaning y Heffernan guardaron un tenso silencio durante el trayecto. En el interior del coche, todos sospechaban que tendrían que esquivar una bala, o varias.

La fosa se hallaba a la vista del bastión de uno de los caudillos más temibles y legendarios de la historia moderna afgana: un guerrero uzbeko que blandía una espada a lomos de su caballo, el general Abdul Rashid Dostum. El caudillo había sido un aliado y un traidor para cada bando durante la Guerra Fría. En los meses que siguieron a los atentados del 11-S, fue uno de los protagonistas de la nueva estrategia de Estados Unidos en Afganistán. Armado por los norteamericanos y protegido por las fuerzas especiales, sus jinetes derribaron los baluartes talibanes en el norte del país. Los prisioneros que Physicians for Human Rights andaba buscando se habían rendido en las batallas de Dostum. Y los Jeeps habían salido de sus puertas.

Catorce años después, yo estaba en el patio del general Dostum, con los ojos fijos en su ciervo, intentando ocultar mi sorpresa. El animal estaba confuso, como preguntándose qué hacía allí, y yo debí de parecer igual de confuso por lo mismo. Pero el caso es que estaba ahí, con sus cien kilos como mínimo de peso y un asta rota, revolviéndose contra la cuerda que le rodeaba el hocico. Me aparté para evitar que el cuerno me empalara. Mientras que servidor se afanaba por sujetar el otro cabo de la cuerda, Dostum señaló al animal con ambas manos, como Vanna White presentando *La Rueda de la Fortuna*. Le sonrió al animal y luego a mí; una sonrisa magnánima que decía: «¿Ve? ¡He traído un ciervo!», como si llegar a una entrevista con un ciervo fuera lo más normal del mundo. Fruncí los labios un momento. Él esperaba una respuesta. «Es un animal precioso, general», dije. Cuando estás en el patio de un caudillo, escoges cuidadosamente tus palabras, sobre todo si estás flanqueado por hombres con carabinas M4 cruzadas en el pecho. Aparte de la cornamenta, claro.

Corría agosto de 2016. Ya por entonces, el general Dostum había pasado de ser un caudillo antiamericano a un combatiente norteamericano de sustitución y de ahí a vicepresidente de Afganistán. Era la viva encarnación de la militarización de la política exterior estadounidense: un señor de la guerra que, a costa de la colaboración con los norteamericanos, había ascendido a la cima de las nuevas estructuras de poder que Estados Unidos había creado en su país. Esa noche de 2016 estábamos en el palacio vicepresidencial de Kabul, que era un cruce entre la guarida de un villano de *James Bond* y el camerino de Liberace. Dostum había alfombrado el palacio entero de césped auténtico y, por cuanto pude ver, allí donde pudiera caber una planta, él había intentado plantarla. Cientos de árboles y arbustos en maceteros de terracota desiguales poblaban el lugar. Las ramas estaban engalanadas con un variopinto surtido de guirnaldas de Navidad, como si hubieran arrasado con una sección entera de Home Depot. Había bombillas grandes que parpadeaban a intervalos y falsos carámbanos que iluminaban con un diseño de gotitas y, en derredor, metros y metros de cuerdas de luces con los colores del arcoíris. Tenías que adentrarte entre el follaje y las luces para llegar a la zona de las sillas en el centro, una tarima con un surtido desigual de sillas de ratán y sillones reclinables La-Z-Boy de polipiel. Jarrones de flores artificiales y estatuillas de porcelana estilo Hummel de soldados a caballo descansaban en mesitas auxiliares Luis XIV. En una jaula de mimbre, una perdiz chucar regordeta cloqueaba tristemente. Había, cómo no, un acuario gigante lleno de tiburones. La versión moderna de un caudillo.

Así es como un periodista describió al general Dostum: «Más de un metro ochenta de altura y voluminosos bíceps... un hombre grande como un oso, cuya risotada ha llegado a matar de miedo a algunos, como juran algunos uzbekos». (Este mismo reportero, Rashid Ahmed, afirmó que poco antes de visitar el bastión de Dostum en el norte de Afganistán, este ató a un soldado al que habían pillado robando en las orugas de un tanque ruso y lo hizo rodar hasta que su cuerpo quedó reducido a papilla; acusación que Dostum negó después.) Pero Dostum también era un amante de los animales, como no perdía ocasión de recordarme. «Cuando me traen aves, o corderos, o algún animal para sacrificarlo, para comerlo, les digo "por favor, llévenselo, llévenselo. No quiero matar esta ave, esta oveja, o esta cabra..."», me dijo visiblemente conmovido. El general Dostum no era un amante de los animales como alguien puede querer a un gato o un perro: era un amante de los animales como solo un poderoso caudillo uzbeko podría serlo, con un zoológico de cientos de ciervos y caballos y aves de presa. Al menos una vez cada día que pasé con él me habló de algún caballo o ciervo herido, y se le llenaban los ojos de lágrimas y sacaba morritos como un niño al que acabaran de decir que su hámster había pasado a mejor vida.

«Es muy raro que acepte conceder una entrevista a un periodista», dijo el general Dostum a través de su consejero que hacía las veces de esforzado traductor. Gran parte de la lengua uzbeka se forma en el fondo de la garganta, y el habla de Dostum era especialmente profunda y gutural. Tenía un deje perezoso y arrastraba ligeramente las palabras como una cinta reproducida a velocidad media. «Tengo amigos que me han propuesto hacerme entrevistas y hasta ahora no he aceptado», continuó. Sus comentarios a la prensa se habían limitado a raras citas transmitidas por teléfono, y solo se sentaba con investigadores académicos y aventureros que transcribían sus leyendas en panegíricos extasiados. «Es usted un buen compañero de un país amigo, por eso he aceptado que viniera hoy», me dijo Dostum, recorriéndome de arriba abajo con la mirada y cierta dosis de sospecha.

Pero yo no había ido para contar la fábula del general Dostum, o al menos no como el general Dostum parecía aterradoramente seguro de que lo haría. Había venido a su palacio alfombrado de césped en Kabul para preguntarle sobre una fosa anónima en los confines de la tierra.

En sus orígenes, Dostum había sido sencillamente Abdul Rashid, uno de los nueve hermanos de una familia de campesinos uzbekos nacidos en las llanuras desérticas de la provincia afgana de Jawzjān. El nombre de guerra «Dostum» —literalmente «mi amigo» en uzbeko— fue posterior, a medida que fue ganando poder como comandante militar. Su familia tenía una sencilla casa de adobe: tres habitaciones, suelo de tierra, sin electricidad. Sobrevivir en la desolación del norte de Afganistán fue una hazaña, y Dostum mostró una particular resiliencia. Decía que, siendo todavía un bebé, una riada de nieve derretida lo arrastró, pero él se aferró a una rama y sobrevivió solito en el agua helada. Un paisano finalmente avistó su diminuta mano por encima del remolino y lo salvó. «¡¿Qué es esto?! —declamó Dostum, imitando teatralmente a su rescatador—. ¡Oh! ¡Es la mano de un bebé!» El paisano lo llevó a una mezquita cercana y lo sujetó boca abajo contra un muro de barro seco hasta que expulsó toda el agua del cuerpo y recuperó la conciencia.

Otras leyendas de la infancia hablan de una esencia diferente: su gusto constante por la violencia, empezando por las peleas en el patio del colegio. «Siempre estaba peleándome con otros chicos —reconoció—. Y, sin embargo, soy la misma persona. —Hizo una pausa, sonando por un momento algo apenado—. Pero jamás en mi vida he atacado a nadie más. Cuando me atacan, me defiendo.»

Su pasatiempo favorito, ahora como entonces, era el juego ancestral de Asia central llamado *buzkashi*, o «atrapar la cabra»: quince jinetes se disputan el control del cuerpo de una cabra sin cabeza que tienen que llevar con un palo desde un extremo del campo a un círculo de tiza en el otro. El juego era célebre por su violencia y el caos que producía, los aterrorizados sementales galopando y gimiendo mientras los jugadores se fustigaban, se daban puñetazos y se pisoteaban. No era inusual que los árbitros llevaran rifles para mantener a raya a los pendencieros jugadores. El *buzkashi* precisaba «caballos fuertes para un hombre fuerte», me explicó Dostum. Y añadió: «Adoro los caballos. Tengo muy buenos recuerdos con caballos». Una vez más sus ojos se humedecieron. Le dije que tendría que enseñarme a jugar. Se guardó su apreciación sobre mis posibilidades competitivas. La mirada escéptica que me lanzó no presagiaba nada bueno. (Al igual que Petraeus, Dostum conjeturó correctamente mis proezas atléticas.) Pero me invitó a Šibarġan como espectador. Me advirtió seriamente de que su

207

equipo era ya lo bastante fuerte como para vencerle de vez en cuando. En la flor de su vida, Dostum era imbatible.

Dostum había trabajado ocasionalmente de obrero en una refinería de petróleo, de fontanero y de luchador, pero la guerra era su verdadera disciplina. Lo reclutaron en el servicio militar siendo un adolescente y fue ascendiendo de rango, domeñando sin esfuerzo el combate de caballería elemental de sus ancestros. Más tarde, se alistó en el ejército afgano y permaneció alineado con ellos, y los soviéticos, incluso cuando los muyahidines ganaron fuerza.

Durante la década de 1980, estos combatientes antisoviéticos nadaban en dinero y armas de Estados Unidos. Ronald Reagan los llamaba «los combatientes de la libertad» y se convirtieron en una causa célebre para los norteamericanos atenazados por el pánico rojo. Una famosilla de Texas llamada Joanne Herring —toda ella pestañas falsas, melenón y citas bíblicas— consiguió pinchar a su amante de la época, un congresista turbio y alcohólico llamado Charlie Wilson, para que movilizara el apoyo del Capitolio. En la cresta del frenesí promuyahidín, el Congreso destinó más dinero a los combatientes del que la CIA quería. El que muchos de los muyahidines antisoviéticos fueran extremistas radicales en aquella época era más una característica distintiva que una traba. A mediados de la década de 1980, la CIA encargaba incluso traducciones del Corán a las lenguas locales y pagaba para que las distribuyeran por millares detrás de las líneas soviéticas. Milt Bearden, el agente de la CIA que gestionó algunas de las relaciones con los muyahidines, defendió esta idea años después. «Vamos a dejar una cosa clara: los moderados nunca han ganado nada —me dijo—. Los. Moderados. No. Ganan. Las. Guerras.» A la CIA le interesaban más los desafíos tácticos a pequeña escala. «Tenías que hacer las cosas "a prueba de muyahidines" —recordó Bearden a propósito del material que estaban dispersando—, para que nadie pudiera poner el cable rosa en el poste verde, lo enroscara y, ¡bum!, saltara por los aires —rio con estruendo—. Un par de tipos reventaron, pero no eran suicidas.» No en aquella época, en cualquier caso.

Esta era la historia que tendría un eco extraordinario después del 11-S, cuando Estados Unidos dependió otra vez del enemigo del enemigo para cambiar la marea. Hasta Joanne Herring se presentó de nuevo en esta fase tardía, irrumpiendo en el Departamento de Estado en una nube de perfume y laca cuando yo trabajaba allí. Octogenaria, firme y operada, seguía queriendo «salvar» Afganistán, esta vez solicitando cientos de millones de dólares para una coalición de grupos de desarrollo que ella dirigía, conocida como las Marshall Plan Charities. Me cogió de la mano y me dijo que era una «bendición» e hizo que los diplomáticos de la oficina de Asia central y del sur se dieran la mano para rezar antes de una reunión. Con los ojos bien cerrados, ofreció una apasionada oración al Señor, y a los fondos del Commander's Emergency Response Program que ella quería. Después de irse, Holbrooke meneó la cabeza con incredulidad y la llamó algo demasiado subido de tono como para reproducirlo aquí. Cuando le pregunté a Herring sobre su papel en el apoyo a los muyahidines —según algunos, había sentado las bases del 11-S—, se irritó y me dijo que los misiles Stinger suministrados a los combatientes tenía una vida útil limitada y que su legado terminaba con ellos.

Cuando el guion original de *La guerra de Charlie Wilson* (*Charlie Wilson's War*, Aaron Sorkin, 2007), la película de Hollywood sobre la batalla de Herring y Wilson para movilizar el apoyo a los muyahidines, terminó en una nube de humo que salió del Pentágono el 11-S, dicen que Herring obligó a su abogado a sacar las uñas hasta que la cambiaran. Aun así, la película termina con una moraleja: mientras los soviéticos se retiran y Wilson lo celebra, el agente de la CIA Gust Avrakotos cuenta la historia de un maestro zen que observa a un niño al que le dan un caballo mientras su pueblo celebra su gran suerte. «Ya veremos», dice el maestro zen. Cuando el chico se cae del caballo y se rompe una pierna, y los aldeanos maldicen al animal, el maestro se limita a decir otro «Ya veremos». Más tarde, cuando estalla la guerra y el chico se libra de que lo alisten por sus múltiples heridas, el pueblo vuelve a celebrar el caballo como una bendición. «Ya veremos», repite el maestro. Mientras Wilson captaba el sentido del cuento, oímos el rugido de un avión que nos sobrevolaba.

209

r

Dostum no era un radical. Al término de la Guerra Fría se reveló peligroso en otros sentidos. Su religión era pura supervivencia, la cual se había garantizado mediante una vertiginosa sucesión de giros y engaños. Incluso durante los años en los que dirigió la unidad más poderosa del ejército que apoyaba a los soviéticos, siguió en contacto con los comandantes muyahidines del otro bando del campo de batalla y reflexionó abiertamente sobre su deserción para abrazar su causa. El pragmatismo mereció la pena; a medida que el control soviético sobre Afganistán se debilitaba, Ahmed Shah Massoud, el hijo predilecto de los norteamericanos entre los muyahidines, informó a Dostum de que el régimen soviético se sentía amenazado por la creciente popularidad de Dostum y conspiraba para derrocarlo. Dostum desbarató los planes de Moscú antes de que Moscú lo hiciera con él, y reunió a sus 40 000 soldados junto a los muyahidines islamistas contra los que llevaba años combatiendo en el campo de batalla. Este gesto fue decisivo para inclinar la balanza de poder contra los soviéticos.

210

Después de la retirada de los soviéticos, los excombatientes por la libertad cayeron sobre Kabul, provocando una sangría. Dostum estaba en primera línea; se dijo que sus milicias se encontraban detrás de una campaña de violaciones y ejecuciones. Pero cuando un nuevo gobierno empezó a dibujarse, le dieron de lado. Mientras los cargos ministeriales se adjudicaban a otros comandantes, Dostum se retiró a su feudo en el norte, donde su poder disminuyó a la par que los talibanes avanzaban. Cuando su segundo al mando lo traicionó y se pasó al bando talibán en 1997, huyó del país, a Turquía. A principios de 2001, sin embargo, Dostum volvió y formó a sus derrotadas fuerzas contra los talibanes. Pronto se convertiría en una solución oportuna al último problema de Estados Unidos en Afganistán.

Las limitadas opciones de Estados Unidos en la región tras el 11-S, y la decisión consecuente de armar a Dostum y a sus socios entre los jefes militares, fueron el resultado directo de un vacío diplomático. Por alguna combinación de oposición ideológica, inercia y desatención, nadie se preocupó durante años de mantener una conversación significativa con el régimen medieval de los talibanes que había dado refugio a Bin Laden en Afganistán. Los funcionarios norteamericanos sí que se reunieron varias veces con ellos a lo largo de la década de 1990, pero todas estas reuniones fueron someras o se centraron en la obcecada demanda de que los talibanes entregaran a Bin Laden. Aparte de los partidarios del diálogo como Robin Raphel, estas reuniones nunca desembocaron en nada que se asemejara a una negociación seria. A principios de 2001, a medida que se endurecían las amenazas en la región, Estados Unidos apoyó sanciones del Consejo de Seguridad de Naciones Unidas, que acarreaban un embargo de armas y la congelación de activos talibanes. Pero todo fueron palos y ninguna zanahoria. Las sanciones no fueron ningún intento de negociar con los talibanes, sino de acabar con un régimen brutal.

A finales de la década de 1990, Naciones Unidas presionó a favor de un diálogo regional más extenso que parecía prometedor. Lakhdar Brahimi, el enviado argelino de la ONU para Afganistán, mantuvo contactos civiles con el segundo al mando de los talibanes, Mullah Mohammad Rabbani, que se mostraba escéptico con la creciente dependencia de su grupo hacia Al Qaeda y sus vínculos cada vez más estrechos con Osama bin Laden. Un responsable talibán participó incluso de observador en las conversaciones de 1999 en Taskent, Uzbekistán, entre estadounidenses, rusos y seis vecinos regionales de Afganistán, para buscar una resolución pacífica al conflicto civil del país. Pero estos esfuerzos se vieron pronto truncados por la alianza militar predilecta de Estados Unidos en la región: Pakistán. Solo unos días después de que los países reunidos en Taskent aceptaran dejar de armar a las partes del conflicto afgano, Pakistán colaboró con los talibanes para lanzar una ofensiva mayor contra los comandantes militares rivales.

Tras los atentados del 11-S, se desestimaron o menoscabaron las oportunidades de cualquier acuerdo negociado. Cuando las fuerzas del general Dostum, en colaboración con los estadounidenses, cercaron el bastión de los talibanes en Kunduz, hubo un proceso de negociaciones que duró tres días, en el que participaron Dostum y más de una docena de agentes de las fuerzas especiales estadounidenses y del servicio de inteligencia. Los talibanes que se rindieron pacíficamente

211

recibieron una oferta generosa: podrían volver a sus pueblos sanos y salvos si entregaban las armas, a excepción de los objetivos de gran valor para los servicios de inteligencia escogidos por Estados Unidos. A cambio, Dostum prometió la amnistía a dos generales talibanes, Mohammad Fazl y Nurullah Nuri, y la anunció públicamente en señal de una reconciliación general por venir. Pero ambos comandantes pronto fueron a parar a la Bahía de Guantánamo. Fue, durante años, objeto de misterios y consternación para quienes seguían el descenso al caos de Afganistán.

—Fazl y Nuri estaban de su parte y les había prometido amnistía, pero al final terminaron en Guantánamo —empecé a preguntarle a Dostum.

—Pregunta corta. No me encuentro bien —gruñó.

—¿Le presionaron los norteamericanos para que los entregara? —insistí.

Dostum soltó una risotada.

—Yo no los entregué a las fuerzas de Estados Unidos. Aunque no se los llevaron por la fuerza. Vinieron por ellos y yo les dije: «Miren, son talibanes, son musulmanes. Yo también soy musulmán, ustedes no lo son. Si los entrego, si se los doy, me lo recriminarán: "El general Dostum es un musulmán pero entregó a los talibanes a los norteamericanos…" Eso dañaría mi credibilidad…». Bush hablaba en la televisión de cómo tratar a los prisioneros… —dijo, aludiendo a los primeros comentarios sobre el respeto a las convenciones de Ginebra—. Pero, entonces, los militares llegaron y dijeron: «Escuche, tengo que hacer que se cumpla la orden, me da igual lo que diga Bush. Si quiero llevármelo, me lo llevo. —Dostum se encogió de hombros. Movía las rodillas, inquieto—. Les dije "vale, como quieran"».

En los primeros meses de la guerra en Afganistán esta misma dinámica se repitió una y otra vez, también en Kandahar, donde los intentos de reconciliación de Hamid Karzai se frustraron por culpa de Donald Rumsfeld, que se estremecía solo de pensar en tratar con los talibanes.

Que Estados Unidos rechazara negociar con los talibanes en favor de una acción militar inmediatamente después de los atentados no pilló a nadie por sorpresa. Proponer la vía diplomática y no la fuerza para enfrentarse al régimen que había dado refugio a los autores del atentado del 11-S era, en el plano político, como proponer un programa nacional de canibalismo en las escuelas públicas. Pero esta contumacia continuó mucho después de que los talibanes hubieran sido derrotados en el campo de batalla. Nunca se produjo un esfuerzo concertado para integrar los logros militares en un contexto estratégico más general y, durante años, nunca hubo un espacio político que reconociera lo que era una obviedad: que la derrota total y la eliminación de los talibanes no era posible y que, salvo eso, la paz solo llegaría por medios diplomáticos.

En lugar de esto, en las semanas posteriores a que los terroristas estrellaran los aviones secuestrados contra los centros de poder de Estados Unidos y contra su conciencia, el debate de cómo contraatacar transcurrió casi por completo en el seno de la comunidad militar y de inteligencia. También había quien, como el entonces jefe del despacho de la CIA en Islamabad, querían seguir trabajando exclusivamente a través de la alianza militar de Estados Unidos con Pakistán y usar así a los paquistaníes para presionar al régimen talibán, al que llevaban apoyando años enteros para que entregara a Osama bin Laden. Otros, de vuelta al Centro de Contraterrorismo de la CIA en Washington, tenían una sugerencia más sencilla: dar armas norteamericanas a quien pudiera combatir contra los talibanes. Antes de que el Gobierno estadounidense pudiera crear alguna política coherente, esta segunda facción empezó a poner en práctica su propuesta calladamente. Y con «quien pudiera combatir contra los talibanes» se estaba refiriendo a los caudillos y los bandidos de la Alianza del Norte.

Robin Raphel, que había peleado durante tanto tiempo y sin arredrarse por la negociación con los talibanes, se desesperó. «No teníamos ninguna necesidad de combatir [contra los talibanes]... habían comprendido quiénes éramos y el poder que teníamos, ¿cierto?» Puso los ojos en blanco. «Y seguimos a la Alianza del Norte en burros... Fue absurdo. Lo siento, pero lo fue.»

En diciembre de 2001, Naciones Unidas lideró un intento poco entusiasta de erigir un nuevo gobierno afgano que culminó en las conversaciones de Bonn, Alemania. Los talibanes —los vencidos y una parte indispensable de cualquier acuerdo político duradero— no estuvieron presentes en las conversaciones. Dominaron la conferencia los combatientes de la Alianza del Norte, en quienes los estadounidenses habían decidido apoyarse en sus ofensivas militares iniciales. Para los diplomáticos que habían insistido en el diálogo, fue un fracaso elemental. «Dije desde el principio que [los talibanes] no tendrían que haber estado en Bonn —me dijo Raphel después—. Ese fue nuestro gran error.» Barnett Rubin, que formaba parte del equipo de Naciones Unidas que había organizado las conversaciones y tenía un despacho junto al mío en las oficinas del Departamento de Estado de Holbrooke, solía decirme que esa exclusión tuvo repercusiones de gran alcance. «El Acuerdo de Bonn hizo que el Gobierno y la política afgana fueran más inclusivos, pero no pudo rebasar la política contraterrorista estadounidense, que dictaba la exclusión de los talibanes», escribió más tarde.

Inmediatamente al término de las conversaciones, los líderes talibanes llegaron incluso a ponerse en contacto con el presidente interino afgano Hamid Karzai, recientemente restituido, para ofrecerle una tregua a cambio de la amnistía; oferta que invalidaron acto seguido Donald Rumsfeld y los norteamericanos. Los líderes talibanes que habían jurado lealtad al nuevo gobierno central y habían vuelto a sus pueblos sufrían persecuciones y detenciones, con frecuencia de los señores de la guerra de la Alianza del Norte.

Estos nuevos soldados rasos de la guerra norteamericana contra el terrorismo configuraban un fichero de delincuentes desagradable. Abdul Sayyaf, que había sido mentor de Osama bin Laden, contribuyó a establecer los campos de entrenamiento en Pakistán y Afganistán que fundaron las bases del terrorismo moderno islamista, y estaba detrás de la matanza sangrienta de hazaras chiíes durante la batalla por Kabul después de la Guerra Fría. Las fuerzas de Burhanuddin Rabbani, que colaboraban con las de Sayyaf, fueron acusadas de pasar a cuchillo a ancianos, niños e incluso perros durante su asedio. Mohammad Mohaqiq y sus hombres participaron en asesinatos, violaciones y el pillaje sistemático en los meses posteriores al 11-S. El sello de sus milicias: secuestrar a muchachas y obligarlas a casarse. Las milicias de Atta Mohammed Noor estaban detrás de la campaña de pillaje y violaciones contra la etnia pastún en el mismo período. Y luego estaba el rival de Atta en innumerables escaramuzas sangrientas: Abdul Rashid Dostum.

Cuándo y cómo Dostum empezó a trabajar con los norteamericanos era objeto de cierta controversia. Hank Crumpton, el agente de la CIA que, en calidad de jefe de la recién formada División de Actividades especiales de la agencia, supervisó la reacción inicial al 11-S, me dijo después que la agencia había estado cultivando su relación con el caudillo durante un tiempo antes del 11-S, por mediación de un agente que hablaba uzbeko con fluidez llamado Dave Tyson. Dostum insistió en que Tyson solo lo había contactado después de los atentados. Lo que no es discutible es que primero vino un equipo de la CIA y, después, una unidad de boinas verdes del 5º Grupo de Fuerzas Especiales del ejército, con el nombre de código «595». Era una unión peculiar. «Se calma la tormenta. Y de la tormenta sale la gente del desierto —recordó Paul Evans, el sargento de la unidad—. [T]e encuentras a un hombre con un kaláshnikov que va vestido exactamente como tu enemigo y tienes que acercarte a él y preguntarle básicamente "Ey, ¿cómo va la cosa?", y no tienes ni idea de si te dará la mano o te pegará un tiro.» Una de esas «gentes del desierto» era el general Dostum.

—El general Dostum y su seguridad personal llegan cabalgando —dijo el capitán Mark Nutsch—. Se apea del caballo y…

—No vea, el caballo seguía cabalgando, ¡y él va y salta! En plan saludando: «¿Qué paaasaaa?» —lo interrumpió el ayudante jefe Bob Pennington con un gesto abierto.

—… el general Dostum aceptó llevarnos a los miembros de mi unidad y a mí a su puesto de mando avanzado —prosiguió Nutsch—. De modo que, por primera vez, iríamos al combate a caballo.

Un controlador de la Fuerza Aérea que acudió varios días después para coordinar los golpes de los Lockheed AC-130, equipados con armamento pesado, y pidió que lo identificara solo por su nombre de pila, Bart, dijo que la sensación era como estar en una máquina del tiempo. «Te decías, "pero ¡¿en qué año estoy?!" Acabas de salir de un helicóptero del siglo XXI, aviónica sofisticada y todo lo que conlleva, y ahora hemos vuelto atrás en el tiempo.» Él y otros norteamericanos montaban a caballo, mientras que los suministros iban atados a burros conducidos por afganos. Durmieron en cuevas glaciales de montaña, con la única ayuda de velas y linternas para iluminarse en la más absoluta oscuridad, lejísimos de las luces de la ciudad. «Cuando montas a caballo en las montañas, parece que tienes las estrellas en plena cara —continuó Bart—. Cabalgabas con las estrellas. Fue algo fuera de lo normal.» Pero lo que más recordaba era la estatura de Dostum, su altura física literalmente y también por el respeto que imponía. «Ya digo, él era el hombre. Era el líder… Los de la Alianza del Norte plantaban su tienda y le ponían un colchón con almohadones… Los llevaban cargados en un burro para él… Él dormía cómodamente. Nosotros en una zanja.»

216

Los norteamericanos lanzaron los suministros desde aviones, principalmente cientos de armas. No era el sofisticado arsenal que llevaban ellos, sino viejos kaláshnikov rusos. También recibieron dinero, pero menos del que necesitaban, se lamentó Dostum. Pero lo que más le indignó fue cuando los norteamericanos les lanzaron comida para los caballos y resultó que los sacos contenían forraje. En teoría era comestible para el ganado, pero sus caballos ni lo tocaron. «Estados Unidos es un gran país —dijo Dostum, riendo entre dientes—. ¡Grandísimo pueblo! Pero ¿por qué les cuesta tanto soltar la pasta?»

Trabajar con los caudillos produjo desafíos más trascendentes. Bart y los otros norteamericanos se turnaban para protegerse las espaldas. Y Langley les producía quebraderos de cabeza. «David [Tyson, el agente de la CIA] estaba con Dostum, pero también tenía a Atta [Mohammed Noor] y uno de nuestros desafíos era evitar que se mataran entre sí —reconoció Hank Crumpton—. Estos tipos son guerreros. Llevan toda la vida matando a gente, y en uno de los peores lugares del planeta.» Sin embargo, Dostum se había ganado a la mayoría de los estadounidenses. «Tenía como un encanto infantil —dijo Crumpton de Dostum—. Un buen sentido del humor que ocultaba su capacidad de ser realmente cruel. Pero la verdad es que me gustaba conversar con él.» Sobre todo, dijo, se sentía agradecido «por esta alianza y por su liderazgo, y por lo que él, Atta y otros lograron en el campo de batalla».

Lo que lograron en el campo de batalla fue, en términos tácticos inmediatos, un éxito apabullante. Los bombardeos comenzaron en octubre y, durante el mes de noviembre, los caudillos de la Alianza del Norte desplazaron a los talibanes de Mazar-e Sarif, en el norte de Afganistán, luego de Kabul y luego de Kunduz al noreste, donde los talibanes se rindieron después de doce días de asedio. Con cada éxito vinieron más prisioneros de guerra. Algunos de ellos eran curtidos combatientes que habían viajado de Pakistán y los países del Golfo para unirse a Osama bin Laden. Pero muchos otros eran hombres y jóvenes afganos de a pie; soldados rasos para un régimen que tenía valores medievales pero escaso interés en la yihad internacional de los zelotes y niños ricos saudíes que salvaguardaba. A finales de noviembre, el general Dostum y los norteamericanos en la unidad de Nutsch ganaron Kunduz, el último reducto de miles de combatientes talibanes. Hasta 3500 se rindieron pacíficamente, según los cálculos militares de Estados Unidos. Se rumorea que el número total de prisioneros duplicaba esta cifra.

217

Los detenidos fueron dispersados en distintos grupos. Según Bart, el controlador de las Fuerzas Aéreas, a algunos se los llevaron a un centro clandestino de detención de la CIA, «a otra ubicación de la que no puedo hablar». La vasta mayoría fue conducida al oeste por las fuerzas de Dostum. A algunos los enviaron directamente de un punto de rendición en el desierto fuera de Kunduz a la prisión en los cuarteles generales de Dostum en Šibarġan. A otros los enviaron a otra cárcel, una fortaleza decimonónica llamada Qala-i-Jangi, para que los interrogaran los norteamericanos. Las altas murallas embarradas de Qala-i-Jangi habían sido testigo de siglos de conflictos de las fuerzas de ocupación, los británicos y los soviéticos. Iba a convertirse en el lugar de la primera baja de Estados Unidos en la nueva guerra contra el terrorismo.

Los prisioneros del fuerte les tendieron una emboscada espectacular, reduciendo a sus interrogadores y asesinando a un agente de la CIA, Mike Spann. Siguió un asedio encarnizado de tres días. Dostum, que se había ido a Kunduz, volvió con Mark Nutsch y otros miembros de la Unidad 595 y se encontró con un cuadro apocalíptico de metal retorcido y cadáveres descuartizados. «Los cuerpos... —recordó Dostum moviendo la cabeza—. No pudieron reconocer quiénes eran soldados míos, quiénes de Al Qaeda, quiénes talibanes.» Tanto los norteamericanos como los combatientes de la Alianza del Norte estaban conmocionados por las vidas perdidas y amargamente furiosos con los prisioneros talibanes. «Yo lloraba por mis caballos», prosiguió Dostum con la voz desgarrada. Más tarde, cuando los empleados de la Cruz Roja descubrieron uno de sus caballos vivo, «lloré de la alegría... Y ordené a mi gente que lo llevaran directo al hospital para curarlo». Le puso el nombre de *K'okcha*, o «azulado» y al final fue su cabalgadura en la batalla. Para los norteamericanos, la primera baja de Estados Unidos en la nueva guerra supuso «un ejercicio de conciencia del precio que pagamos por correr demasiado deprisa con muy poca gente en el terreno —dijo Crumpton, el agente de la CIA—. Además abre la pregunta de quién debe responsabilizarse de los prisioneros de guerra». Esta pregunta se planteó casi de inmediato, cuando los hombres de Dostum cargaron a los supervivientes de Qala-i-Jangi en camiones y los trasladaron al oeste de nuevo, junto con el resto de prisioneros en Šibarġan.

En enero de 2002, las preguntas sobre el destino de estos detenidos rebasaron las fronteras de Afganistán y llegaron a las primeras planas internacionales. Cuando Jennifer Leaning y John Heffernan llegaron ese mes, incluso la Cruz Roja —por lo general una tumba sobre los sucesos que presenciaba para mantener la imparcialidad y el acceso a los prisioneros con necesidad— se mostró deseosa de hacer saltar las alarmas. «Id al norte», les recomendó un abogado de la Cruz Roja en Kabul. Leaning insistió: «¿Está hablando de los prisioneros de Kunduz?». El abogado asintió. «Eso era todo lo que teníamos, pero era suficiente», recordó Heffernan. Los investigadores fueron a la prisión, una fortificación baja con la pintura blanca desconchada sobre sus muros de adobe y barrotes oxidados protegiendo las ventanas. Los visitantes internacionales no habían sido bien recibidos en la prisión hasta el momento. Cuando la Cruz Roja hizo su primer intento de acceder, dos oficiales militares norteamericanos se lo impidieron, de acuerdo con múltiples testimonios ofrecidos a Leaning y Heffernan. Pero pudieron establecer contacto con un celador desazonado por lo que estaba viendo que sucedía dentro de los ajados muros de la prisión y que los dejó entrar a hurtadillas.

Pronto hallaron la confirmación de los rumores que les habían llegado. Gracias a traductores paquistaníes, los presos contaron relatos estremecedores de hambruna, superpoblación y una tasa de mortalidad galopante. Desesperados, les pidieron comida, agua y asistencia sanitaria. Pero Leaning y Heffernan se percataron de otra cosa: los números no cuadraban. «El número de personas retenidas en la prisión de Šibarġan no era el número de personas que oímos que habían apresado en Kunduz —me dijo ella—. Se suponía que habían apresado entre siete mil y ocho mil personas. Pero vimos a tres mil personas retenidas todo lo más. La pregunta era "¿dónde estaba el resto?"» Esta fue la pregunta que condujo a los investigadores al desierto de Dasht-i-Leili al día siguiente, y a los cadáveres, miles de ellos, posiblemente.

¿Qué les había sucedido a los prisioneros desaparecidos? ¿Cómo habían ido a parar estos hombres y niños a una fosa, a un lugar así? Y, una pregunta que nadie en el Gobierno de Estados Unidos quiso abordar durante más de una década después: ¿Qué vieron los norteamericanos *in situ* cuando levantaron la tierra y la fosa apareció llena de cadáveres? Habíamos cerrado un trato con Dostum sobre el territorio que podía reivindicarnos, sobre la sangre que podía derramar de nuestros enemigos comunes. ¿A qué precio? ¿Qué cedimos cuando cerramos el trato con él? ¿Cómo se sostenían las conversaciones sobre una intervención mínima y sobre las fuerzas amigas si te encontrabas con un fémur que sobresalía del suelo? Al fin y al cabo, eran dilemas éticos que resurgían como de costumbre en las alianzas comprometidas sobre la seguridad nacional de Estados Unidos. Pero, al igual que el olor en el desierto, resultaban cada vez más difíciles de ignorar.

219

ϒ

En los años que siguieron al descubrimiento de la fosa en el desierto, las alianzas con los caudillos reconfiguraron Afganistán. Los combatientes muyahidines antisoviéticos armados por los norteamericanos, y que habían pasado a ser comandantes de la Alianza del Norte también armados por los norteamericanos, finalmente pasaron a ser gobernadores y ministros instaurados por los norteamericanos; o, al menos, con su consentimiento tácito y unas quejas mínimas. Atta Mohammed Noor, en calidad de gobernador de la provincia de Balj, entregó parcelas de terreno a los lealistas y amasó una fortuna extraordinaria llevándose una tajada de los ingresos arancelarios de la provincia. Sus milicias participaron en diversos actos de vandalismo, que abarcaban desde el asesinato hasta el secuestro y la extorsión. Ismael Khan, primero gobernador de Herat y luego ministro de Agua y Energía, fue acusado de acosar a los pastunes étnicos y de retener la recaudación provincial del Gobierno. Un comandante llamado Mir Alam fue nombrado jefe de la policía en la provincia de Baglán y se ganó una reputación por su alto nivel de corrupción y su apoyo a las mafias del narcotráfico. Un cable de la embajada de Estados Unidos de 2006 concluyó que Alam y otro comandante «siguieron actuando como comandantes muyahidines y no como agentes de policía profesionales... abus[ando] de sus posiciones de autoridad para emprender una amplia variedad de actividades criminales como la extorsión, el soborno y el tráfico de drogas». El gobernador de la provincia de Nangarhar, Gul Agha Sherzai, hizo estragos similares allí: asesinato, narcotráfico y corrupción en beneficio de su tribu.

Y luego estaba el general Dostum, en el cargo de ministro adjunto de Defensa antes de asumir el de vicepresidente. Robert Finn, el primer embajador estadounidense en Kabul después del 11-S, peleó con los caudillos, en concreto con Dostum y Atta, que solían estar a la greña. Una parábola demoledora: ambos dominaban las reservas de petróleo que habían producido ingresos de centenares de millones de dólares durante la época soviética, y que habrían podido explotar fácilmente para reconstruir Afganistán antes y mejor. «Intenté convencer a Dostum y Atta de que se hicieran ricos... —recordó Finn—.

220

Pero preferían matarse por asuntos de vacas.» En esto quedaron las oportunidades de reconstrucción afgana.

Los norteamericanos llevaban pagando décadas a algunos de estos hombres. Varios de ellos cambiaron sus andrajosos trajes militares por otros más elegantes a medida que se enriquecían con el narcotráfico, pero la mayoría siguió comportándose como siempre: como señores de la guerra. Solo que ahora gobernaban con el visto bueno de un gobierno central que contaba con el respaldo de Estados Unidos y un flujo constante de lucrativos contractos internacionales de los que sacaban tajada. Finn terminó por convencerse de que ellos eran la causa de muchos de los problemas más graves de Afganistán. «Inicialmente les entregamos ministerios y se pusieron a administrarlos como si fueran sus feudos; ese fue el problema», me dijo.

Pero quitárselos de encima no era pan comido, en algunos casos porque se aferraban tenazmente a las estructuras de poder locales y en otros porque nadie había intentado potenciar en serio otras alternativas. Con frecuencia, las opciones que les quedaban a los estadounidenses eran o el gobierno del caudillo o el caos total. Atta, por ejemplo, dirigía una de las provincias más estables del país; desbancarlo era lo último en lo que pensaba Estados Unidos. «Creo que tendríamos que habernos distanciado de ellos —reflexionó Finn años después—. Ahora entiendo lo que pasó. Llegamos y les dijimos: "Vale, ¿quién quiere prestarse a ayudarnos?" Pero eso no significa que tengas que cargar con ellos para siempre. Creo que cargamos demasiado tiempo con ellos. Una vez que están ahí cuesta quitárselos de encima.»

La incapacidad de Estados Unidos para reconfigurar sus relaciones en Afganistán —para forjar una serie de vínculos con políticos civiles que pudieran hacer de contrapeso a la tan arraigada cultura caudillista— reflejaba un mal más profundo. Los objetivos de Estados Unidos en Afganistán viraron de la conquista al desarrollo. Pero el músculo diplomático estaba atrofiado. Las consecuencias del cierre de las embajadas y de un Servicio Exterior marchito en todo el mundo alcanzaron un punto crítico en la guerra más importante de Estados Unidos: no había suficientes diplomáticos, y los que había no tenían los recursos o la experiencia necesaria para enfrentarse a Afga-

221

nistán. «No había una mochila de experiencia —dijo Finn—. Todos los diplomáticos ejercían durante un período de tiempo muy breve, así que debían ponerse al día todos los años. Y la gente que llevaba más tiempo —como Dostum y otros caudillos— sabía cómo utilizar a los norteamericanos. Sabían exactamente qué decir y lo que los norteamericanos querían oír.»

El arraigo de los caudillos en las estructuras de poder con respaldo estadounidense emponzoñaba el afán de transparencia. El misterio de los prisioneros desaparecidos de Dostum era un ejemplo elocuente. Dos presidentes estadounidenses sucesivos sortearon con eficacia las preguntas sobre el asunto. La administración Bush truncó al menos tres intentos de investigar la fosa por parte de múltiples agencias. Un agente del FBI en la Bahía de Guantánamo empezó a oír relatos sobre un asesinato masivo referidos por otros prisioneros talibanes que habían sobrevivido, pero le dijeron que no se metiera y que dejara el asunto en manos de los militares. El Pentágono, a su vez, realizó solo una breve «pesquisa informal» y preguntó a miembros de la Unidad 595 si habían visto algo y luego emitieron un desmentido categórico. Como recordó más tarde un alto funcionario del Pentágono, hubo «poco interés en abordar este asunto por parte de algunas oficinas del Departamento de Defensa». En el Departamento de Estado, Colin Powell encomendó la investigación al embajador extraordinario para los crímenes de guerra, Pierre Prosper, que pronto se enfrentó a la oposición de los altos funcionarios afganos y estadounidenses. «Dijeron: "Hemos tenidos crímenes de guerra durante décadas. ¿Por dónde empezamos?"», recordó. Su oficina abandonó a la postre la investigación.

Cuando el presidente Obama asumió sus funciones, hubo una nueva esperanza. Durante una entrevista de la CNN en 2009, se salió del guion y prometió que lo investigarían. «Parece claro que la administración Bush se opuso a investigar a un caudillo afgano llamado Dostum, que estaba a sueldo de la CIA. Hoy sabemos que cientos de prisioneros a su cargo fueron asesinados...», dijo sin pelos en la lengua Anderson Cooper. «Correcto», dijo el presidente Obama. Cooper aludió al misterio de la fosa común y le preguntó a Obama si pediría una investigación por posibles crímenes de guerra.

—Desde luego —dijo el presidente—. Me han informado recientemente de que esto no se ha investigado como es debido. Por eso he pedido a mi equipo de seguridad nacional que recabe para mí los datos que son conocidos. Y, probablemente, tomemos una decisión sobre cómo abordar el caso una vez que tengamos todos los datos sobre la mesa.

—Pero, entonces, ¿no se opondría categóricamente a una investigación? —insistió Cooper.

—Mire, pienso que estas son responsabilidades que todas las naciones deben asumir incluso en tiempos de guerra. Y si resulta que nuestra conducta ha podido respaldar de alguna manera violaciones de las leyes de la guerra, entonces pienso que tenemos que saberlo.

Pero nadie quería hablar del asunto tampoco en la Casa Blanca de Obama. Como responsable del Departamento de Estado a cargo de la comunicación con los grupos no gubernamentales, era yo quien recibía las llamadas de grupos como Physicians for Human Rights. Una y otra vez insistí al personal de la Casa Blanca que revelara algo, lo que fuera, que me permitieran organizar una reunión sobre la fosa y, si no podía hablar, que al menos me dejaran escuchar lo que tuvieran que decir. La respuesta siempre fue la misma: ni comentarios ni reuniones. «Me he pasado todo el día al teléfono con el Consejo Nacional de Seguridad diciéndome que cancele las reuniones que habíamos cerrado con los grupos de derechos humanos por temor a las preguntas sobre la matanza de Dasht-i-Leili y no quieren aceptar que hemos abandonado por completo la promesa del presidente sobre su investigación», escribí al director de comunicación de Holbrooke, Ashley Bommer, en marzo de 2010. En un documento informativo que preparé el mismo mes, añadí un comentario para los grupos de derechos humanos: «Dasht-i-Leli cc/ Physicians for Human Rights (en colaboración con el Consejo Nacional de Seguridad para formular una posición más clara)». En otra nota que rellené diez meses después, la frase no había cambiado. Los grupos de derechos humanos, frustrados por los impedimentos de la rama ejecutiva, intentaron acudir al

Congreso. A principios de 2010, otro investigador de Physicians for Human Rights, Nathaniel Raymond, recibió el testimonio de un traductor que había trabajado para las fuerzas estadounidenses en Kunduz y Qala-i-Jangi y había pedido asilo seguro a Estados Unidos. Afirmaba haber visto lo que les hacían a los prisioneros... y que había norteamericanos presentes. Raymond remitió la información al Comité de Relaciones Extranjeras del Senado y a su investigador principal entonces, el exagente de la CIA John Kiriakou, que después sería condenado a treinta meses de cárcel por haber revelado la identidad de un colega agente de la CIA (sostuvo que había sido un acto íntegro de denuncia del uso de la tortura en la guerra global contra el terrorismo). Pensaba que la historia de la fosa era explosiva. Según Kiriakou, la reacción de sus superiores, entre ellos John Kerry, presidente del comité, también fue explosiva, y no lo que esperaba. «El director del personal entonces, Frank [Lowenstein] se enteró y me llamó a su oficina, donde me dijo: "Suspéndalo de inmediato".»

224

Pasmado, Kiriakou dijo que trató el asunto directamente con Kerry. «Kerry bajó al despacho después y dijo: "¿Qué es eso que estoy oyendo de Afganistán?" Se lo conté... y preguntó: "¿Ha hablado con Frank?" Y yo: "Sí, Frank me ha llamado y me ha dicho que lo entierre". Él dijo: "Vale". Me levanté y le pregunté: "Entonces, ¿qué hago?" Y me dijo: "Enterrarlo". Y yo respondí: "De acuerdo, lo entierro". Y ahí se acabó todo.»

Para Kiriakou, Kerry y Lowenstein habían sido pragmáticos. «Frank ha dedicado su vida a proteger a John Kerry y lo que más quería John Kerry en el mundo era ser secretario de Estado. Y por eso no podíamos permitirnos ningún jaleo, aunque fuera de naturaleza histórica, nada que levantara controversia, así que lo enterró. Fue una vergüenza. Me decepcionó muchísimo.» Kerry dijo: «Nunca había oído nada de esto... jamás», y sostuvo que nunca había tenido miramientos con los derechos humanos afganos mientras estuvo en el comité. Frank Lowenstein primero negó también que recordara nada de las conversaciones con Kiriakou, pero más tarde insinuó que «[Kiriakou] lo habría interpretado mal... o se fue de nuestra conversación con la impresión de que a mí no me interesaba especialmente ahondar en el tema».

En la entrevista de 2009, el presidente Obama se comprometió a abrir una nueva investigación sobre la matanza. Cuatro años más tarde, después de rechazar intermitentemente hablar con los periodistas, la Casa Blanca reconoció enseguida que habían concluido una investigación, pero que no la harían pública. Un portavoz mencionó la conclusión de que ningún personal estadounidense estaba implicado. La Casa Blanca se negó a desarrollar sus conclusiones. «Es pura cobardía —me dijo Raymond—. El Consejo Nacional de Seguridad me entrevistó como parte de la investigación, pero la cosa quedó en agua de borrajas porque no les dije lo que querían oír.»

A base de tenacidad, Physicians for Human Rights logró asegurarse un puñado de reuniones con altos responsables. El grupo envió también más de una docena de cartas a funcionarios del Gobierno. Ninguno de los dos remiendos dio sus frutos. Las consecuencias eran reales y específicas: después de una primera serie de misiones forenses, y antes de que un refuerzo de equipos pudiera regresar para hacer una excavación completa, la fosa común desapareció. En 2008, un equipo de Naciones Unidas descubrió una serie de agujeros grandes donde había estado la fosa, y ninguno de los cuerpos documentados con anterioridad. Fue exactamente la eventualidad que los defensores de los derechos humanos habían intentado impedir. «Desde el minuto cero —dijo Susannah Sirkin, de Physicians for Human Rights (Médicos por los Derechos Humanos)—, comprendimos que si algo se filtraba, el yacimiento sería destruido casi seguro.» Hubo filtraciones y las potencias mundiales no hicieron nada por proteger las pruebas. «Ahora hay una segunda capa de violaciones —me dijo Sirkin—. La obstrucción literal de la investigación y la eliminación de la información [por parte del Gobierno de Estados Unidos].» Mi incapacidad ante tanta indiferencia me pesaba. Cuando partí rumbo a Kabul, años después, estaba decidido a volver con respuestas.

Durante casi quince años, el general Dostum nunca accedió a que lo entrevistaran con detalle sobre los prisioneros desaparecidos y la fosa común. Pero, después de meses de conversación, empezó a hacerse a la idea de hablar conmigo en persona.

225

Conseguir una entrevista con el general Dostum implica un largo tiempo de espera. Hubo un año de conversaciones con sus consejeros, que viajaban en su nombre a Nueva York y Washington, todos leales afganos uzbekos, algunos de ellos hombres jóvenes del bastión de Dostum en Šibarġan, que creció imbuido de leyendas de su heroísmo. Estaban las presentaciones a sus jóvenes hijos, Batur, que se preparaba para una carrera en la política, y Babyr, que integraba las fuerzas aéreas afganas. Y luego se produjo una llamada telefónica inesperada. ¿Podía yo volar a Kabul al día siguiente? El general Dostum quería verme. Acepté, y luego le escribí un correo electrónico a un querido amigo mío que celebraba su boda al día siguiente para decirle que no podría ir. En este campo, todavía no he abandonado mis gestiones diplomáticas.

Cuando llegué a Kabul el día de la cita, el general Dostum no me recibió. Estaba cansado. El general Dostum, me informó un consejero con tono grave, estaba resfriado. Esperé, como Gay Talese en un club nocturno. Recorrí las polvorientas calles de Kabul. Pasé en coche por controles de seguridad para acceder a la embajada estadounidense tipo bunker para reunirme con funcionarios norteamericanos. Bebí café con consejeros de Dostum en los jardines del hotel Serena de Kabul, en el calor sofocante de finales de agosto. Finalmente, me preguntaron si quería participar en una reunión entre el general Dostum y activistas por los derechos de las mujeres de todo Afganistán. Esto era central para lo que Dostum quería comunicarme a mí y, por ende, al mundo occidental. Él, a diferencia de otros vestigios de la Guerra Fría, tenía una visión más progresista de las mujeres. «Posiblemente formo parte del grupo muy limitado de personas en Afganistán que tienen un fuerte compromiso con los derechos de las mujeres, con su protección», me dijo Dostum después.

Su convicción parecía sincera y la reiteró con frecuencia durante los varios días que duró la entrevista. Pero el general Dostum tampoco apareció en la reunión con las activistas. En su lugar se presentó un consejero. Una docena de mujeres formidables se agolparon en la sala de reuniones cavernosa del Gobierno, bajo un mural con la inscripción de un versículo del Corán: «Dios no cambia nada de la situación de un pueblo que no se cambia a sí mismo». Cada una tenía un requerimiento personal, desde la profesora que pedía una subida de salarios hasta la abogada que pedía más mujeres en el Gobierno. Cuando comunicaron la ausencia del vicepresidente, murmullos de sorpresa y decepción colmaron la sala. Una doctora, que había viajado varias horas desde la provincia de Logar, se fue llorando.

Cuando finalmente me llamaron para decirme que el general Dostum estaba listo, era bien entrada la noche. Después de abrirme paso entre las capas de barricadas y guardas armados hasta las puertas doradas del palacio vicepresidencial, tuve que esperar otra hora en su bizarro salón alfombrado de césped. Cuando el general Dostum entró en la sala, eran las diez de la noche.

El temible guerrero contaba ahora sesenta y pico años. Tenía el cabello ralo y cano, y la barriga le había crecido prodigiosamente. Pero seguía siendo una presencia imponente: un bloque de hombre, con la constitución de un frigorífico. Su ropa —chaquetas occidentales sobre túnicas uzbekas holgadas—, acentuaba su planta. Cruzó con paso pesado la sala y se hundió en un ornado trono de respaldo elevado, tallado en madera y tapiz dorado con flores de lis. Los ojos de Dostum, una rayita bajo los repliegues epicantos, reflejaba sus orígenes ancestrales que, según él, se remontaban a Gengis Kan, que había viajado mucho después de todo.

Dostum se frotó los ojos y bostezó. El tan discutido resfriado podía no haber sido una excusa, pero otras, tal y como dijo el exembajador norteamericano en Afganistán, eran atribuibles a otras causas. «Sigue teniendo un temperamento extremadamente violento, es alcohólico, un inadaptado —dijo ese embajador—. Se pasa más tiempo fuera del país haciendo curas de desintoxicación que aquí.» Durante varias de nuestras reuniones, Dostum le dio a una bebida secreta en una taza con un diseño chillón y un logo de Chanel incrustado en oro y estrás. Me pregunté si su reunión previa habría sido con las Kardashian o algo así.

«No sé por qué a veces los medios de comunicación no cuentan la verdad», se quejaba Dostum. Me había puesto a grabar con el móvil, pero me dijeron que parara inmediatamente.

227

Siguió una bulla menor cuando insistí en continuar grabando. Dostum miró con pesadumbre el teléfono. «Por desgracia, hoy en día, a veces los periodistas, el *New York Times*, escriben demasiadas cosas.» Frunció el ceño, con la misma herida cruzándole el rostro. «"Masacró, violó los derechos humanos, mató a prisioneros talibanes, hizo esto y aquello." Mis amigos norteamericanos de la CIA y otra gente vinieron a mi casa y me dijeron: "Mira, en Estados Unidos te están retratando así, pero nosotros sabemos que tú no eres así".»

El general Dostum no se equivocaba sobre su perfil en la prensa occidental. Los grupos de derechos humanos lo habían acusado de cargos bien documentados de atrocidades y asesinatos en masa en los años 1990. Los informes de prensa lo acusaban de haber tomado represalias violentas contra sus rivales políticos y sus familias; e incluso, alguna que otra vez, contra aliados que dejaban de ser leales. Solo unos días antes de mi entrevista con Dostum, Human Rights Watch había acusado a las milicias de Junbish de asesinar y agredir a civiles con el pretexto de estar realizando operaciones contra los talibanes. Incluso el presidente afgano Ashraf Ghani —que eligió a Dostum de candidato para explotar su estatus como «banco de votos», dada su perdurable popularidad entre los uzbekos étnicos de Afganistán— lo llamó una vez «conocido asesino». El Departamento de Estado se hizo eco de Ghani y llamó a Dostum «el caudillo por excelencia» y a continuación fue un paso más allá y le negó un visado para viajar a Estados Unidos.

La raíz de las críticas contra él, insistía, era política. «Nuestros adversarios... se inventan muchas cosas contra nosotros para dar una imagen falsa a la ciudadanía norteamericana», dijo. Acusarlo de haber atacado a rivales políticos era, añadió, «una alegación muy injusta. Hay una motivación política detrás. La razón, para empezar, es, uno, que me he criado en un grupo étnico muy marginado. Dos, provengo de una familia pobre. Tres, yo tenía planes para Afganistán. Quería justicia, un sistema descentralizado, un sistema federalizado, que toda la gente en Afganistán, incluida la mía, tuviera los mismos derechos. Por eso empezaron a acusarme injustamente». Sucedía lo mismo, dijo, con los supuestos desmanes de sus fuerzas. «Fui a la región del norte de Afganistán y combatimos junto

228

a las fuerzas de seguridad afganas para traer la seguridad a las provincias. ¡El pueblo estaba tan contento, hicimos tantas cosas buenas por él!» Volvió a fruncir el ceño. «Pero en lugar de apreciarlo y de dar las gracias... empezaron otra vez con esas acusaciones políticas... Creo que incluso Human Rights Watch y otras organizaciones de derechos humanos no son solo organizaciones de derechos humanos, sino que son políticas también... se inventan lo que dicen en tu contra.»

La denegación del visado le había dolido a Dostum en un plano personal; él, que seguía viendo a los norteamericanos que lo habían armado contra los talibanes como hermanos de sangre. «Creo que he sido traicionado por mis amigos norteamericanos... combatimos juntos y, después de todas estas cosas, es una traición. Pero Estados Unidos no tiene otro buen amigo como Dostum, no lo tiene.» Los norteamericanos, según él, lo habían utilizado, «como un pañuelo». Lleno de indignación, enumeró una lista de amigos que seguían siéndole fieles, que incluía a varios oficiales militares, un comisario del departamento de policía de Nueva York, Arnold Schwarzenegger y Hillary Clinton, junto a la cual afirmaba haber defendido los derechos de las mujeres. «La señora Clinton, cuando entonces era senadora, vino a Kabul, me invitaron... Le conté la historia de la dama americana que se ocupaba de coordinar la operación del ejército del aire en Kunduz, entonces ella se rio y me dijo que debía ir a Estados Unidos y contarles esta historia a las mujeres pilotos de allí.» Hizo una pausa y me miró detenidamente otra vez. «Así que también me invitó a ir a Estados Unidos», repitió por si yo no había pillado esa parte. (Cuando Hillary Clinton fue a Kabul para la investidura de Hamid Karzai, Richard Holbrooke se abalanzó para impedir que le diera un apretón de manos a Dostum.) En cualquier caso, el padre de un agente de la CIA caído en el campo de batalla le dio una llave de la ciudad de Winfield, en Alabama. «No necesito un visado —dijo Dostum, sorbiéndose la nariz—. Tengo la llave, ¡puedo ir cuando me venga en gana!»

Sin embargo, Dostum pareció comprender que necesitaba renovar su imagen. «Es culpa nuestra que no pudiéramos explicar a la ciudadanía norteamericana que somos buenos amigos de Estados Unidos.» Suspiró. Para él, la verdadera historia siempre fue sencilla. «Tienen un enemigo fuerte y malvado como Al Qaeda que está aterrorizando a su pueblo y también tienen un amigo fuerte y bueno como Dostum, que está dispuesto a luchar contra su enemigo y a vengar la sangre de su gente inocente que fue asesinada en Estados Unidos.» Dostum, como un Bob Dole afgano, hablaba de sí mismo en tercera persona muchas veces. «Somos socios —prosiguió—. Luchamos contra el mismo enemigo por una buena causa.»

Así era la idea de sí mismo que tenía el general Dostum, o, al menos, así era cómo deseaba que los periodistas lo vieran: el incomprendido campeón de su pueblo. Era un amante de los animales que lloraba por su ciervo herido. Un caudillo con un corazón de oro. ¡El caudillo del pueblo! Había sido incluso, si bien por poco tiempo, un gurú de la buena forma física, responsable de la campaña «Todos en forma»; el equivalente en Kabul al «¡A moverse!» de Michelle Obama. «Cuando necesitaba pelear, lo hizo, pero ahora necesitamos la paz y está haciendo esto», dijo un guarda de seguridad de palacio a los periodistas cuando se lanzó el programa. «Cuando la juventud vea al vicepresidente practicando todas las mañanas, eso los animará a hacer deporte.» Detrás de él, el general Dostum, con ropa deportiva, hacía saltos de tijera. Las fotografías de Dostum soplando y resoplando en sesiones aeróbicas, sobrecargadas de eslóganes en dari, se ganaban el «me gusta» de miles de sus leales seguidores en su página de Facebook oficial. «Ejercicio: ¡la fuerza de voluntad del presente, la demostración del vigor del mañana!», rezaba uno. «¡El atuendo deportivo es el atuendo de la virtud!», rezaba otro.

—¿Le molesta que lo llamen señor de la guerra? —le pregunté.

—La guerra me fue impuesta —me dijo. Si cualquier enemigo viene a tu casa, ¿qué debes hacer? Debes defenderte. —Se quedó pensativo un momento—. Señor de la guerra, no —decidió—. Yo diría señor de la paz.

Tras lo cual, las cejas del leal traductor del general Dostum se arquearon.

ʎ

Cuando le pregunté por la fosa común en Dasht-i-Leili, al principio Dostum me dio la misma respuesta que los estadounidenses llevaban años dando. «Hay muchísimas fosas —dijo, meneando la cabeza—. Muchísimos cadáveres.» Pero eran, lo juró, de otras épocas; de cuando él estaba exiliado en Turquía, antes del 11-S, y su segundo al mando lo traicionó. Este comandante, Malek, había sido el responsable de la mayoría de los cadáveres en el desierto. «Pero hablo específicamente de los prisioneros de Kunduz después de la revuelta en Qala-i-Jangi», insistí.

Dostum gruñó hastiado. Se esperaba la pregunta. «El hecho es que subieron a los prisioneros en Kunduz al camión descubierto y los enviaron a Šibarġan.» Dostum dijo que él había visto en persona cómo los cargaban. Fue un proceso feo. «Algunos corrieron, otros se escondieron», reconoció. Pero cuando él estuvo allí, los prisioneros estaban en camiones abiertos. Esto era muy posible, al menos durante esta parte concreta del trayecto.

Pero de acuerdo con los testimonios de múltiples testigos oculares, el convoy de Kunduz no fue directamente a Šibarġan. Por el contrario, se detuvo, con prisioneros que habían sobrevivido a la revuelta de Qala-i-Jangi, en una fortaleza llamada Qala-i-Zeini. Un conductor que habló con la prensa en 2002 dijo que lo contrataron para conducir un camión contenedor cerrado —la clase de camión provisto de una caja metálica hermética para el transporte de mercancías que suele medir doce metros por dos y medio— hasta el lugar. Según él, otros conductores y los prisioneros supervivientes, los hombres de Dostum hacinaron en los contenedores a los detenidos, que no dejaban de proferir gritos. En algunos casos, los ataron de pies y manos y los lanzaron dentro. Diez prisioneros que sobrevivieron y llegaron a la Bahía de Guantánamo dijeron a agentes del FBI que los «apilaron como leños», a centenares por camión, y luego cerraron de golpe las puertas con candado. Uno del pueblo dijo a los periodistas que golpeaban con saña a los que no se movían deprisa. «El único propósito» de la operación —dijo— «era matar a los prisioneros.» Estos relatos de terror que contaron los supervivientes son los que habían perseguido a Dostum con más vehemencia durante

231

todos estos años. Hablan de gritos y golpes contra las paredes, de filtrar el sudor y la orina para evitar la muerte por deshidratación, de morderse los miembros unos a otros debido al hambre o la locura.

Era un método de ejecución muy utilizado en el desierto afgano: encerrar con llave a los prisioneros en contenedores y dejar que se quemaran vivos o murieran por asfixia, dependiendo de la estación del año. Ese noviembre, el aire frío propiciaría la muerte por asfixia y deshidratación. Al parecer, los hombres de Dostum llevaron a cabo toda la operación. Cada conductor fue acompañado como mínimo de un soldado en la cabina. Cuando los conductores intentaron abrir agujeros en los contenedores para ventilarlos o pasar botellas de agua sin que los vieran, afirmaron que las fuerzas de Dostum los golpearon. Los supervivientes dijeron que, en algunos casos, estos soldados abrieron fuego directamente contra los camiones para silenciar los gritos. Los conductores que hablaron dijeron que el convoy continuó durante días. Un cable *top secret* enviado por la oficina de inteligencia del Departamento de Estado concluyó que «creemos que el número de talibanes muertos durante el transporte a la prisión de Šibarġan pudo superar los mil que se han venido anunciando generalmente». Una agencia de inteligencia estadounidense de tres letras, en una versión censurada del cable comunicado de conformidad con la Ley de Libertad de Información, «calcula el número como mínimo en 1500, y el número real cerca de los 2000».

Dostum suspiró cuando aludí a estas alegaciones. En el pasado, uno de sus portavoces había dicho solamente que fueron muertes accidentales por heridas preexistentes. Dostum me contó otra historia:

—La carretera estaba cerrada. La carretera de Chimtal y también la de Balj, porque los talibanes estaban allí levantándose. —La mayoría de los prisioneros iban en camiones abiertos, insistió—. Pero, probablemente, en un contenedor hay talibanes.

—¿Un contenedor? —pregunté. Esto habría supuesto quizá una sexta parte del recuento ofrecido por las estimaciones más prudentes de los testigos oculares.

—En un contenedor —dijo el traductor de Dostum con

seguridad. Mientras hablaba, Dostum empezó a menear la cabeza hacia delante y hacia atrás, sacando morritos, reconsiderándolo.

—Probablemente dos o tres contendedores —concedió.

—¿Quién los metió en los contenedores? —pregunté.

—Este comandante, los comandantes locales que debían trasladarlos, probablemente se asustaron por lo de la revuelta en Qala-i-Jangi. La carretera estaba cortada en Chimtal y Balj. Pensaron que podrían escaparse y que los atacarían, así que los metieron en dos o tres contenedores.

Le pedí un nombre. Dostum movía las rodillas con impaciencia otra vez.

—El comandante, su nombre es Kamal Khan, era uno de ellos, sí. —Dostum se pasó una mano por la cara—. Y otro comandante más, que se llama Hazarat Chunta, seguramente fue quien abrió fuego.

Dostum y sus ayudantes no insinuaron que ninguno de estos comandantes se hubiera enfrentado a repercusiones por el incidente, y en lo sucesivo dijeron que no estaban seguros de dónde se encontraban. Sorteó las preguntas sobre las órdenes exactas que había dado a este respecto. La muerte de los prisioneros, dijo, le había pillado por sorpresa. Según su versión de los hechos, él estaba almorzando en Kunduz cuando un ayudante fue a informarle. «Han matado a algunos prisioneros talibanes del contenedor —le dijo el ayudante—. Y les pregunté: "¿Se lo habéis enseñado a la Cruz Roja?". Dijeron que no. Entonces me enfadé mucho con él: "¡¿Por qué no se lo habéis enseñado a la Cruz Roja?!". Solo vais a conseguir acabar con mi credibilidad. Mis enemigos lo utilizarán contra mí. Estoy intentando ser justo en esta guerra… tenéis que enseñárselo a la Cruz Roja".» Pero de acuerdo con los investigadores de Physicians for Human Rights, la Cruz Roja no consiguió acceder al lugar hasta semanas después, una vez realizados los asesinatos y una vez enterrados los secretos. Intenté imaginar a Dostum diciendo que llamasen a la Cruz Roja, y no había manera.

Conociera o no Dostum las muertes, las pruebas disponibles indican que estuvo implicado en la tapadera posterior. Los cables desclasificados del servicio de inteligencia del Departamento de Estado decían que era preciso hacer algo más para

233

proteger a los testigos, que estaban desapareciendo. Dostum y uno de sus comandantes «habían participado en abusos perpetrados contra varios testigos relacionados con los sucesos en torno a Dasht-e-Lieli. Un testigo ocular que había manejado una excavadora en el sitio para enterrar los cadáveres fue asesinado y su cuerpo encontrado en el desierto. Al menos tres afganos que trabajaban en cuestiones relativas a la fosa común habían recibido palizas o se hallaban en paradero desconocido». Naciones Unidas concluyó que las fuerzas de Dostum habían encerrado a otro testigo y lo habían torturado.

Tuve que preguntarle dos veces a Dostum sobre los testigos desaparecidos. Finalmente, le entregué una copia del mismo cable. Le echó un vistazo, impasible, y luego se lo dio a un ayudante.

—¿Es cierta esta acusación de que algunos testigos fueron asesinados e intimidados después? —le pregunté.

Se encogió de hombros.

—No lo sé. No recuerdo.

234

Más espinosa fue la pregunta a propósito de qué habían visto de todo ello los norteamericanos. El testigo que Nathaniel Raymond llevó ante John Kerry y el Comité de Relaciones Extranjeras del Senado era un traductor que trabajaba para las fuerzas norteamericanas en Kunduz y Qala-i-Jangi. El hombre aseguró que había presenciado el traslado de prisioneros a contenedores, y que había visto a dos norteamericanos, con vaqueros y hablando en inglés, allí mismo observando los procedimientos. «¿Quién iba a estar en Dasht-i-Leili el 30 de noviembre y el 1 de diciembre de 2001, hablando inglés y vestido con pantalones vaqueros?», me preguntó Raymond.

—Cuando me fui de Qala-i-Jangi… durante todo el tiempo me acompañaron colegas norteamericanos —me dijo Dostum.

En esto se mostró inflexible, con un punto de orgullo personal mientras defendía sus vacilantes relaciones con la nación que lo había utilizado para conseguir la victoria y ahora parecía querer darle la espalda. Dijo que Mark Nutsch, el capitán de la Unidad 595 de las Fuerzas Especiales, había estado de su lado casi de forma constante, una afirmación que, según Nutsch, era bastante precisa: «Sí, trabajamos estrechamente [con Dostum] casi todos los días».

—¿Había norteamericanos asignados a Qala-i-Zeini [donde cargaron los contenedores]? —le pregunté a Dostum.

—Todos ellos estaban conmigo —respondió, dando golpecitos con el pie impacientemente—. Hicieron acusaciones falsas —añadió, en referencia a las suposiciones de la comunidad de derechos humanos sobre la posible participación norteamericana en la carnicería—. Dicen: «¡Oh! Dostum mataba, los norteamericanos disparaban». No es verdad.

Dostum ofreció esta exculpación como prueba de su lealtad para con los norteamericanos. Pero su convicción de que los norteamericanos estaban a su lado durante el incidente levantó otra serie de preguntas peliagudas sobre si las Fuerzas Especiales y el personal de la CIA había presenciado cualquier comunicación entre Dostum y sus comandantes sobre los asesinatos, y fracasaron bien en detenerlos, bien en informarles después.

Nutsch me dijo que no había tenido noticia de ningún abuso.

—Mi equipo ha sido investigado numerosas veces por esto —dijo—. No presenciamos ni vimos nada. —Del mismo modo que para Dostum las fuerzas especiales norteamericanas eran sus hermanos de sangre, la camaradería era evidente por parte de Nutsch—. Para mí era un líder carismático. Lideraba desde el frente. Cuidaba de los suyos —añadió.

En una versión de Hollywood muy festiva de la colaboración entre la 595 y Dostum titulada *12 valientes*, Nutsch es encarnado, con un vigor y una pasión exagerados, por Chris Hemsworth, el actor que hizo del superhéroe Thor. Nutsch se impacientó cuando le hice una serie de preguntas sobre las realidades más complejas del relato.

—Los enemigos de Dostum son quienes lo están acusando de estas cosas —dijo. Cuando le dije que Dostum reconocía que los asesinatos podían haber ocurrido, y había insinuado que dos de sus comandantes pudieron estar implicados, Nutsch se calló y luego respondió—: No tengo nada que decir sobre eso.

Cuando presioné a Dostum para que me dijera qué sabían o deberían de haber sabido los norteamericanos, se enervó. Estaba resfriado, me recordó. En un punto, me cortó a media pregunta. «Mire, todos los colegios hacen un descanso cuando pasa una hora —gruñó, y cambió de tema—. Debería hacerle algunas [preguntas sobre] mujeres y niños», aventuró rápidamente un ayudante. Cuando volví al tema de los norteamericanos, Dostum me miró entrecerrando los ojos. «Me está haciendo muchas preguntas… tengo curiosidad, su manera de hacerme preguntas, no es para el libro, no es para crear un ambiente… ¿A qué vienen todos esos detalles, el hacerme esas preguntas?» El aire caliente del palacio vicepresidencial era sofocante. Se diría que Dostum estaba llegando a su límite. «Siempre he sido muy veraz, entregado a la amistad, nunca he traicionado a nadie», dijo en otro punto. Sus ojos se clavaron en su hijo Babur, que estaba firme, M4 en mano. «Pero espero que no hará lo mismo conmigo.» No supe cómo responderle a eso. Entonces Dostum rugió con una risotada. «¡Me ha pedido solo treinta minutos más!» Reí, aliviado. «¡Me he pasado de tiempo! ¡He traicionado su programa!» El general Dostum se sabía un buen chiste de caudillo.

Mientras liquidábamos nuestra última noche de entrevistas, instalaron esterillas ligeras de gimnasio en el vestíbulo del palacio, en previsión de un partido de *kurash*, un arte marcial tradicional de Asia central. Pronto entraron en fila unos cincuenta chicos y hombres vestidos con ropa de judo azul y blanca de la marca Adidas, se dividieron en parejas, giraron en círculo unos alrededor de otros y empezaron a golpearse y esquivarse hasta que alguno caía al suelo. Era una lucha completamente intertribal, constató Dostum: uzbekos contra pastunes, hazaras contra tayikos. Los hombres procedían de nueve provincias. Al término de cada pelea, los combatientes se besaron. Pero costaba decir si se trataba de reconciliación o de guerra: los chasquidos audibles de miembros torcidos se oían a través del vestíbulo bien entrada la noche, y algunos de los chicos se fueron cojeando y gimiendo. Cuando empezaron los combates, una *dombra*, un laúd turco tradicional, tocó unas notas sueltas y los espectadores reunidos entonaron una canción en uzbeko:

> Seamos fuertes
> Vivamos como hombres
> Como Dostum

Sirvamos a nuestro país
Respetémonos mutuamente
Como Dostum

Nazcamos como hombres
Vivamos como hombres
Seamos leales y sinceros
No nos traicionemos mutuamente
Y seamos amigos
Como Dostum

Los mosquitos se abalanzaban como dardos en el aire caliente. Dostum, vestido con una capa uzbeka tradicional de seda azul brillante, estaba sentado en su trono, aferrado a su taza de Chanel. Mientras observaba, sus ojos se llenaron de lágrimas.

Unos meses después de mi partida de palacio, Dostum escuchaba otra canción en medio de una ventisca. Asistía a una partida de *buzkashi*, y antes de que sacrificaran a la cabra, los músicos locales entonaron un tributo a los mártires de la lucha contra los talibanes. La letra de la canción le tocó una fibra sensible: un mes antes, los talibanes habían tendido una emboscada a su convoy, injuriándolo y asesinando a varios miembros de sus milicias de Junbish. En un vídeo del partido se ve a Dostum a un lado del campo, con los ojos apretados, los labios trémulos, tragándose sus lagrimones en silencio. Gruesos copos de nieve giran a su alrededor mientras se saca un pañuelo blanco y se enjuga los ojos.

Cuando comenzó el partido —quince caballos entran en liza, con las normas de puntuación transmitidas desde la era de Gengis Kan, incomprensibles para cualquier observador ocasional—, otro combate se desató en las gradas. Dostum le propinó un puñetazo a un rival político de toda la vida, Ahmad Ischi. Después, todo empeoró: el vicepresidente tumbó a Ischi y le aplastó el cuello con el talón mientras más de mil espectadores lo observaban. «Podría matarte ahora mismo y nadie hará preguntas», dijo Dostum según la versión de

237

Ischi. De acuerdo con los testigos, los hombres de Dostum arrastraron el cuerpo sangriento de Ischi hasta un camión y se lo llevaron de allí. Ischi aseguró después que Dostum y sus hombres lo retuvieron cautivo durante cinco días y que lo golpearon sin piedad y lo violaron con un kaláshnikov. Las pruebas forenses aportadas a la prensa respaldaron las acusaciones de Ischi de que había sufrido varias heridas internas. El general Dostum dijo que las acusaciones eran una conspiración para derrocarlo. Ocho años antes, había respondido lo mismo cuando otro rival político lo acusó de cargos de abusos físicos sorprendentemente similares a estos.

Desde hacía algún tiempo, a Dostum se le escurría el poder de las manos. Unos meses antes, se me quejó de que «los doctores» —el presidente Ashraf Ghani y el jefe del ejecutivo Adullah Abdullah— lo ignoraban. El año anterior irrumpió en sollozos durante una reunión del Consejo Nacional de Seguridad afgano. «¡Nadie me devuelve las llamadas!», aulló. Las nuevas acusaciones lo sumieron en una crisis política. «Para el Gobierno afgano nadie está por encima de la ley. El Estado de derecho y la rendición de cuentas empiezan en el propio Gobierno, y lo acatamos», dijo un portavoz del Gobierno cuando anunciaron una investigación criminal.

Siguió un estancamiento de seis meses que reveló una vez más los peligros de instalar en cargos gubernamentales a caudillos. Un día, soldados y policías rodearon el palacio vicepresidencial con la intención de arrestar a Dostum y a sus asistentes. Pero Dostum comandaba a su propia milicia independiente y la policía temió que un barrio entero de Kabul terminara en zona de guerra. Se fueron con las manos vacías. Más tarde, cuando el presidente Ghani salió de Afganistán para asistir a una conferencia sobre la seguridad en Europa, Dostum y una camarilla de guardas armados llegaron al complejo presidencial y anunciaron unilateralmente que Dostum asumía las funciones de presidente en ausencia de Ghani, para alarma de la comunidad internacional. Ghani regresó antes de que Dostum pudiera cumplir su amenaza.

En todo Afganistán, en 2017, las tambaleantes estructuras del gobierno posterior al 11-S negociadas con los norteamericanos luchaban contra la presión de los caudillos, reventando los remaches. En la provincia de Takhar, un caudillo asociado con un prominente partido islamista, el comandante Bashir Qanet, creó su propia policía de Estado, que abrió fuego contra los partidarios del Gobierno central. En Mazar-i-Sharif, un consejero provincial llamado Asif Mohmand se enzarzó en una pelea con Atta Mohammed Noor en las redes sociales y amenazó con «pegarte treinta tiros en la cabeza y luego quedarme con lo tuyo» en un post de Facebook. Cuando Atta envió a sus fuerzas para arrestar a Mohmand, descubrió que este último tenía sus propias milicias para protegerse. El tiroteo que siguió mató a dos personas e hirió a diecisiete, además de sumir el aeropuerto internacional de Mazar-i-Sharif en un caos sangriento. Los talibanes volvieron al ataque igualmente, a lo cual se añadió una creciente amenaza más inquietante aún para los norteamericanos: un filial de Daech llamada el Estado Islámico de Irak y el Levante, en la provincia de Jorasán. Era un grupúsculo de Al Qaeda, pero, en 2017, demostró la misma resiliencia en las demoledoras batallas de desgaste en las montañas afganas.

En Estados Unidos, Donald Trump había pregonado las virtudes de la retirada cuando era candidato. «Debemos salir de Afganistán inmediatamente», había dicho. La guerra estaba «desperdiciando nuestro dinero», «un completo y absoluto desastre». Pero, una vez presidente en funciones, Donald Trump, y un equipo de seguridad nacional dominado por generales, insistió en una escalada. Richard Holbrooke había pasado sus últimos días preocupado por la influencia dominante de los generales en la revisión de Obama sobre Afganistán, pero Trump expandió este fenómeno hasta el punto de la parodia prácticamente. El general Mattis, secretario de Defensa, el general H. R. McMaster, consejero de Seguridad Nacional y el general retirado John F. Kelly formaban la columna vertebral de la revisión de la administración Trump sobre Afganistán. Ante una sala llena de militares, hombres y mujeres, en la base de Fort Myer en Arlignton, Virginia, con un fondo de banderas de las distintas ramas del Ejército de Estados Unidos, Trump anunció que América redoblaría la apuesta en Afganistán. Un mes después, el general Mattis ordenó el envío del primer millar de nuevas tropas norteamericanas al país. Estaba cantado: un año

239

antes de que Trump asumiera la presidencia, el ejército había empezado a probar discretamente sus mensajes públicos, informando a la ciudadanía de que Estados Unidos seguiría presente en Afganistán durante décadas, cuando no años. Después de este comunicado, afloró la misma retórica una vez más, esta vez en boca de representantes de Trump, que comparaban el compromiso del país no con otras operaciones contraterroristas, sino con los compromisos de las tropas estadounidenses en Corea, Alemania y Japón. «Estamos con vosotros en esta lucha», dijo a una audiencia de afganos el máximo general en Afganistán, John Nicholson, Jr. «Seguiremos con vosotros.»

Mientras que Obama había propuesto un «refuerzo civil» y había tenido al menos un gesto hacia la importancia de ampliar la diplomacia norteamericana en la región, Trump se limitó a reconocer que el Pentágono fijaría el camino político. Hizo alusión a las negociaciones, pero más bien como un espejismo lejano y no como algo real. «Algún día, después de una intervención militar efectiva, quizás sea posible llegar a un acuerdo político que incluya a algunos elementos talibanes en Afganistán —dijo a los oficiales en Fort Myer—. Pero nadie sabe cuándo pasará eso, ni si pasará.» A la luz de la situación en Foggy Bottom —donde la oficina del representante especial para Afganistán y Pakistán había cerrado y no había un secretario adjunto permanente para Asia central y del sur—, parecía una descripción realista.

Entretanto, la guerra más larga de Estados Unidos continuaba sin un fin, sin la esperanza misma de un fin. Se me vino a la mente algo que el general Dostum me había dicho en aquel vestíbulo con césped, bajo las luces titilantes del árbol navideño, con un acuario lleno de tiburones burbujeando absurdamente en segundo plano.

De pequeño, había sido tan revoltoso que su madre, me dijo, terminó por atarle las manos con una cuerda. «¡No te vayas!», le reprendió. Dostum se deshizo de la cuerda y se marchó por ahí casi inmediatamente.

—¿Sigue siendo una persona difícil de controlar? —le pregunté.

—Pues claro —me dijo—. La infancia es la infancia. Pero cuando se trata de la realidad... si algo es justo, lo apoyo. Si es lo que hay que hacer, tiene lógica… pero si es injusto, si no tiene lógica, si no es verdad, nadie puede controlarme.

Abrió cómodamente las piernas y proyectó la barbilla hacia delante.

—Al final —dijo con una sonrisa traviesa, como si ambos compartiéramos la broma—, tendría que titular su libro *Dostum: dice la verdad y desaconseja mentir.*

En cierto sentido, tenía razón. Abdul Rashid Dostum y su legado revelaron verdades muy crudas: sobre Estados Unidos y sobre cómo acabó en una guerra interminable en los confines de la tierra.

241

19

Bestia blanca

Algunas barbas eran rojas, teñidas de henna, otras blancas o negras, pero todos los hombres llevaban barba. Los hombres estaban sentados bajo el último sol de la tarde, con pañuelos de cuadros y solideos, sorbiendo té. Cuando los vi, se habían congregado en torno a mesas de sobremesa metálicas en un jardín amurallado cerca del Embasoira Hotel en Asmara, Eritrea. Corrían los primeros días de 2008 y, con el Cuerno de África sumido en el caos, Asmara era un oasis de paz. Las palmeras bajas y las acacias sombreaban sus anchas avenidas, jalonadas de joyas arquitectónicas que se conservaban inmaculadas en un estallido de estilos —románico, *art déco*, barroco, cubista—, herencia de décadas de gobierno colonial italiano. Incluso el nombre de Asmara, que en tigriña significa «se unieron», era una hermosa descripción para una ciudad en ese momento bullente de individuos en conflicto, que habían sido expulsados del torbellino de la vecina Somalia en guerra. Los hombres que sorbían té en el Embasoira se contaban entre ellos. Mi intérprete se me acercó y me susurró con complicidad: «¡Ahí están!». «¿Quién?», pregunté.

Meneó la cabeza —con un movimiento que, por cuanto pude adivinar, implicaba que habría problemas— y respondió: «Los hombres de los Tribunales Islámicos».

En Somalia, la coalición que aglutinaba a los tribunales de la *sharia* conocida como la Unión de Tribunales Islámicos había constituido en su día la única alternativa a este estado de caos normalizado en el país: una olla a presión de caudillos que se odiaban y se traicionaban sin fin. Los tribunales eran retrógrados, pero no tenían ambiciones violentas, por lo general. No obstante, Estados Unidos, atenazada por el miedo a que Somalia fuera el siguiente Afganistán, lo apostó todo por una sucesión de fuerzas beligerantes locales decididas a desbancar a la Unión de Tribunales Islámicos. Poco después de la decisión de armar a Dostum y a sus comandantes, la CIA empezó a construir una serie de alianzas similares con los caudillos de Somalia. Más tarde, cuando estas alianzas fracasaron estrepitosamente y movilizaron el apoyo a la Unión de Tribunales Islámicos, el Pentágono se volvió hacia el ejército etíope y respaldó una invasión que dispersó a los líderes de los tribunales por ciudades como Asmara, dejando atrás elementos radicales y acelerando el auge del grupo terrorista al-Shabaab. Esa tarde, apenas un año después, cuando vi a los oficiales de la Unión de Tribunales Islámicos fuera del Embasoira, esta transformación ya estaba en marcha. Los estadounidenses habían transformado un asunto local fastidioso en una nueva amenaza aterradora para la seguridad internacional.

En el Cuerno de África, como en Afganistán, durante los primeros años posteriores al 11-S se estaba riñendo una batalla por el control de la política exterior estadounidense. En ambos casos vencieron las soluciones militares y de los servicios de inteligencia. En ambos casos, Estados Unidos saboteó activamente oportunidades para la diplomacia. Y en ambos casos, el efecto desestabilizador repercutió en otros continentes y culturas.

243

Es difícil imaginar un lugar más alejado de Somalia que Wooburn Green, en Buckinghamshire, Inglaterra, un suburbio de clase obrera de Londres. Y era difícil imaginar a una persona a la que pudiera afectarle menos el caos del Cuerno de África que a Sally Evans, a quien vi por primera vez en su estrecha cocinilla de una de las casas bajas de ladrillo vista de esta localidad en 2016. Evans tenía cincuenta y ocho años y el cabello entrecano cortado estilo paje un poco deslavazado, además de unos zapatos cómodos. Estaba haciendo arreglos de jardinería y me ofreció una taza de café instantáneo. «Somos gente normal —me dijo, mirando la calle ribeteada de setos por la ventana—. Nunca creí que pasaría. No.» Pero Sally Evans guardaba un secreto completamente ajeno al resto de madres de su calle en Wooburn Green.

Los hijos de Evans, Thomas y Micheal, se habían criado juntos. En los vídeos caseros son intercambiables: chicos despreocupados, flacos, que ríen y juegan, con el mismo cabello castaño revuelto. «Éramos uña y carne —me dijo Micheal—. Teníamos la misma pandilla de amigos.» Thomas tenía diecinueve años cuando esta relación empezó a cambiar. Cuando se convirtió al islam, me dijo Sally, ella se lo tomó como algo positivo, como una señal de que buscaba una estructura más moral en su vida. Pero eso fue antes de que Thomas se integrara en una mezquita conservadora de línea dura. Después de eso, recordó Sally, «empezaron a cambiar cosas pequeñas. Como su aspecto físico. Se dejó barba. Dejó de escuchar música. Y dejó de comer lo que yo preparaba. Lo que yo cocinaba no le valía porque no era comida halal. Se aisló de nosotros». Algunos cambios parecían absurdos. Thomas no pisaba el salón mientras hubiera un árbol de Navidad durante las fiestas.

Empezó a pasar más tiempo a puerta cerrada, con su ordenador. «Siempre estaba arriba, en su cuarto —recordó Sally—. No me creo que se quedara allí solo mirando Facebook o lo que fuera, ¿sabes? —añadió Micheal—. Se quedaba allí para mirar… —Hizo una pausa—. Para mirar las cosas que le decían.»

Luego Thomas intentó marcharse del país. En el mes de febrero de 2011, la policía antiterrorista lo detuvo en Heathrow a punto de subirse a un avión con destino a Kenia. Unos meses más tarde, consiguió subirse a un avión hasta Egipto. Al principio le dijo a su madre que se iba de viaje para estudiar árabe. Pero Evans desapareció durante meses y, cuando volvió a dar señales de vida, en enero de 2012, le dijo a su madre por teléfono que estaba en Somalia. Se había unido al movimiento al-Shabaab. «Nos lo dijo, ¿verdad? —preguntó, mirando a Micheal—. Que mirásemos quiénes eran en Internet. Y ahí es cuando comprendimos en qué se había convertido.» Sally le suplicó que volviera a casa. Le dijo que lo que hacía «no estaba bien». Thomas solo hacía que invocar a Alá. «Le dije "no, no, no". Ningún dios te llevaría a hacer algo así», me contó.

Durante el año siguiente, madre e hijo cayeron en una

extraña costumbre. Thomas, que se había cambiado el nombre por el de Abdul Hakin y se había ganado el nombre de guerra «Bestia Blanca», llamaba a su casa cada pocas semanas. Las novedades de la vida de la Bestia Blanca —personaje en quien le costaba mucho reconocer al hijo que había criado— se volvieron cada vez más desconcertantes. Una vez le contó que se había casado con una chica de trece o catorce años que hablaba inglés. En otras llamadas, hablaba de la violencia de su nueva vida. Sally Evans apuntó algunas de las conversaciones en un diario personal. «Thomas ha llamado —escribió en una de 2012—. Le he preguntado si ha lastimado a alguien y no me ha respondido.»

Un año después de que Thomas se fuera de su casa, me agaché en una callejuela de Nairobi para recoger un casquillo de bala. A mis espaldas, la fachada de yeso del centro comercial del Westgate seguía acribillada de disparos recientes. Yo estaba allí con un equipo de televisión haciendo un reportaje sobre un ataque reciente que respondía sin ambigüedades a la pregunta que Sally Evans había formulado: si su hijo no estaba lastimando a nadie, ciertamente sus compañeros reclutas sí.

Los supervivientes del ataque hasta entonces más elaborado de al-Shabaab, apenas unas semanas antes, se reunieron sucesivamente conmigo en la callejuela cosida a balas y compartieron recuerdos que seguían siendo vívidos y dolorosos para ellos. La artista Preeyam Sehmi se había despedido de su novia con un beso, fue a hacer un recado y se reunió con un amigo para tomarse un café en el lujoso centro comercial, no lejos de su casa. Ella y el amigo se pasaron una hora bromeando sobre la obra de Sehmi como artista local y luego se levantó a pagar la cuenta en torno a las doce y media del mediodía. Estaba esperando la vuelta cuando una explosión ensordecedora impactó contra el edificio. No tenía ni idea de lo que estaba pasando. «Vi que la gente salía volando de sus sillas, por encima de las mesas», recordó. Luego «todo el mundo se tiró al suelo»; algunos se arrastraban para ponerse a cubierto, otros se quedaban quietos, sin vida. Recordaba la escena a cámara lenta, «como en una película». Sehmi se refugió en una tienda de ropa cercana y aguardó tapándose los oídos bajo una ráfaga tras otra de disparos y gritos.

Hombres jóvenes armados con ametralladoras, la mayoría vestidos con ropa de paisano y algunos de ellos con pañuelos en la cabeza, se adentraron en el centro comercial arrojando granadas y acribillando a balazos a hombres, mujeres y niños. Los supervivientes de los primeros ataques fueron secuestrados, torturados y mutilados macabramente. Los atacantes se atrincheraron en el centro comercial durante tres días contra los intentos de las autoridades kenianas de intervenir. Sehmi fue una de las afortunadas que pudo huir, evacuada por los agentes de policía después de seis tensas horas escondida. Cuando concluyó el atentado, habían asesinado a setenta y dos personas, sesenta de ellas civiles.

Al-Shabaab reivindicó rápidamente la autoría del atentado y dijo que era una acción en represalia a la injerencia extranjera en Somalia. El grupo había atentado con éxito anteriormente fuera de Somalia, como las bombas en Uganda en 2010 que dejaron setenta y seis muertos. El atentado en el centro comercial era un siniestro recordatorio de sus aspiraciones internacionales. Estados Unidos lo vio como una «amenaza directa» y despachó a agentes del FBI a los escombros en busca de claves.

Thomas Evans aseguró a su familia que no tenía una implicación directa en el atentado. Pero lo celebró a distancia. Esta era la razón por la que se había integrado en al-Shabaab. «He hablado con Thomas el 14 de noviembre de 2013. No ha sido una buena llamada —escribió Sally Evans en una entrada del diario poco después del suceso—. Nos hemos peleado por culpa del asedio al centro comercial en Kenia. Egoístamente, me alivia que no estuviera implicado, pero estoy furiosa con él porque piensa que no pasa nada por matar a hombres, mujeres y niños inocentes que salen de compras.»

La destrucción de la familia de Sally Evans, y la violencia perpetrada por el grupo al que Thomas Evans y otros jóvenes del mundo entero se unieron en masa, guardaba relación con un largo ciclo de la política exterior de Estados Unidos. Al parecer, los paralelismos entre las alianzas norteamericanas en

Afganistán y Somalia se remontaban a varias décadas. Durante años, la Unión Soviética y Estados Unidos intentaron comprar la lealtad del caudillo autoritario de Somalia, Siad Barre, con la esperanza de hacerse con el control del país estratégicamente ubicado. Cuando Barre fue derrocado, el país se sumió en un pandemónium, reavivado por las armas de Estados Unidos y otros apoyos extranjeros, como Muamar el Gadafi en Libia o la vecina Etiopía. Las tentativas de la comunidad internacional por proteger los intereses humanitarios terminaron en un estrepitoso fracaso. Para la mayoría de los norteamericanos, la palabra «Somalia» evoca *Black Hawk derribado*, el título del libro de Mark Bowden y la película de Hollywood que narra la batalla de Mogadiscio de 1993, que se cobró la vida de varios soldados norteamericanos. Las potencias occidentales se retiraron y dejaron el país en manos de un caudillo.

Durante la década siguiente, solo surgió una alternativa a los caudillos: los tribunales de la sharia, que ganaron fuerza y se institucionalizaron cada vez más a principios de los años 2000. Fundados y armados por Eritrea, que era el rival regional de Etiopía, los tribunales empezaron a cerrar filas y doce de ellos se unieron en 2004 bajo un estandarte común, la Unión de Tribunales Islámicos.

Después de los atentados de 1998 contra las embajadas norteamericanas en Kenia y Tanzania —y, con más precisión, los atentados del 11-S—, la Unión de Tribunales Islámicos se convirtió en una obsesión para los líderes norteamericanos. Pero había un problema: de acuerdo con expertos en África, más que familiarizados con las complejas inercias en la región, había poca base para convertir a Somalia en un punto central en la recién declarada guerra de Estados Unidos contra el terrorismo. «Después del 11-S, la sensación era que Somalia se convertiría en el siguiente Afganistán, que se convertiría en un nuevo terreno de entrenamiento de terroristas, en una nueva fuente de apoyo al terrorismo mundial —me dijo Princeton Lyman, que fue dos veces embajador en África y el enviado especial del presidente Obama en Sudán—. Pero, vamos, que Somalia no se prestaba a eso.» En 2002, el analista Ken Menkhaus, que trabajó de consultor antiterrorista en el Departamento de Estado y Naciones Unidas, calculó que menos de una docena de ciudadanos

247

somalíes tenían «vínculos significativos» con Al Qaeda. «No hay necesidad de entrar precipitadamente en Somalia», convino David Shinn, un diplomático norteamericano retirado.

La Unión de Tribunales Islámicos pareció tener un efecto estabilizador incluso. Los tribunales podían hacer gala de un conservadurismo brutal: amputaban miembros a los ladrones, lapidaban a personas adúlteras y decían que los deportes eran actos ilegales de satanismo. Pero su extremismo no iba más allá de mantener la ley islámica en Somalia. Los clérigos con aspiraciones más ambiciosas para la yihad constituían una minoría sin demasiada influencia. De los noventa y siete tribunales, solo nueve se sometían al control de al-Shabaab. Bajo el régimen de la Unión de Tribunales Islámicos, los puertos y los aeropuertos se abrieron por primera vez en años. Incluso los cables diplomáticos norteamericanos de la época reconocieron los logros conseguidos en materia de acceso a las organizaciones humanitarias mientras gobernaron.

248

Pero las comunidades militar y de inteligencia de Estados Unidos parecían inclinadas a derrocar a los tribunales. La intervención directa no era una solución política, a la sombra del incidente del Black Hawk, de modo que una nueva guerra subsidiaria encubierta cobró forma. En 2004, la CIA empezó a acercarse discretamente a los caudillos que creían laicos para ofrecerles alianzas a cambio de su cooperación antiterrorista. Durante los dos siguientes años, la agencia financió a líderes de clanes y caudillos en toda Somalia. La operación, dirigida desde la oficina de la CIA en Nairobi, fue una guerra subsidiaria a pequeña escala. Con los bolsillos llenos de dólares, los caudillos debían combatir a la Unión de Tribunales Islámicos y a los militantes sospechosos, con independencia de si tenían o no verdaderos vínculos con Al Qaeda. La operación se amplió hasta que «finalmente el grupo abarcó a unos doce líderes de milicias que se reagruparon con el apoyo de Estados Unidos», recordó Matthew Bryden, que encabezaba un grupo de Naciones Unidas que vigilaba la entrada de armas en la región. Los caudillos respaldados por Estados Unidos recibieron hasta un título muy resultón: La Alianza para la Restauración de la

GUERRA POR LA PAZ

Paz y contra el Terrorismo, cuyo acrónimo —ARPCT— era lo bastante engorroso como para enorgullecer a cualquier burocracia estatal. La estrategia siguió más o menos las mismas líneas de la Alianza del Norte en Afganistán: a todas luces, estos eran mejores, por no decir los buenos de la película. Si no eran laicos, al menos eran más laicos que la alternativa.

Decir que los caudillos somalíes complicaron las cosas sería quedarse corto. Por ironías de la vida, muchos habían combatido a las fuerzas norteamericanas en las calles de Mogadiscio en 1993. Algunos, como Yusuf Mohammed Siad —conocido en el campo de batalla como «Ojos Blancos» o, entre quienes recuerdan su reinado del terror apropiándose de franjas de territorio en Somalia en los años 1990, «El Carnicero»— fueron estrechos aliados de Al Qaeda durante años. Cuando Fazul Abdullah Mohammed, el célebre terrorista que orquestó los atentados con bomba en Tanzania y Kenia, pidió refugio a la CIA, fue Ojos Blancos quien se lo dio. Después del 11-S se volvió una fuente voluble de sentimiento antiamericano. No obstante, en entrevistas de prensa ha afirmado que la CIA se le acercó en ese mismo período. «Me ofrecieron dinero, me ofrecieron fondos para la región que yo controlaba», dijo en 2011. En aquel momento rechazó la oferta.

Otras propuestas corrieron mejor suerte. Los agentes de la CIA acudieron a Mohamed Afrah Qanyare a finales de 2002, interesados por los beneficios que podía reportarles su aeropuerto privado cerca de Mogadiscio y su milicia de 1500 hombres. Militares y agentes del servicio de inteligencia estadounidense sellaron un acuerdo en 2003 e iniciaron una serie de reuniones regulares y una costosa amistad: según los cálculos de Qanyare, entre 100 000 y 150 000 dólares al mes por el uso del aeropuerto y, aparentemente, la lealtad de sus hombres. Qanyare fue uno de los numerosos caudillos que bien a instancias de los agentes de la CIA, bien con su acuerdo tácito, empezó a realizar operaciones de detenciones y asesinatos de supuestos terroristas islámicos. A veces, los objetivos de las operaciones de los caudillos eran ejecutados sin más. Otras, los entregaban a los norteamericanos, como en el caso de Suleiman Ahmed Hemed Salim, al que transfirieron de Somalia a varias prisiones en Afganistán.

La relación de la CIA con los caudillos desestabilizó Somalia. El régimen caudillista, a mediados de la década del 2000, era ya muy impopular en todo el país. Las operaciones de detenciones y asesinatos —que con frecuencia se cebaban con imanes y líderes religiosos locales sin vínculos aparentes con los intereses de los terroristas internacionales— enardecieron el sentimiento islamista. «Es una bomba de relojería —dijo el alcalde de Mogadiscio en referencia a la ayuda norteamericana a los caudillos—. Están a la espera, quieren debilitar al Gobierno, y están a la espera de que el Gobierno caiga en cualquier momento para llevarse un territorio cada uno.» Cuando se instauró un nuevo gobierno tradicional frágil para Somalia en 2004 al objeto de contrarrestar a los caudillos, su presidente, Abdullahi Yusuf Ahmed «se preguntó en voz alta por qué querría Estados Unidos iniciar una guerra abierta en Mogadiscio» durante una reunión con el embajador norteamericano.

En los años posteriores, las alianzas de los caudillos se convirtieron en una rémora. Jendayi Frazer, secretaria de Estado adjunta para las cuestiones africanas durante el segundo mandato de George W. Bush, me dijo que el Departamento de Estado había heredado la política de la CIA con pocas oportunidades de aportar nada. «Las acciones de la CIA en Somalia de 2002 a 2005 fueron un canal restringido poco abierto a la discusión o al debate entre las agencias», me dijo. Cuando por fin se entablaron conversaciones al margen de la CIA, a través del Grupo de Seguridad contra el Terrorismo de Richard A. Clarke en la Casa Blanca, «fue una gran sorpresa para el resto de agencias». Según Frazer, la CIA quería marcar la casilla de la notificación a los diplomáticos de Estados Unidos sin hacerlo realmente. «Para ser sincera con usted —me dijo—, pienso que se lo plantearon al grupo del Consejo Nacional de Seguridad de forma que nadie supiera de qué estaban hablando. Y así podían decir que lo sabíamos.»

Sin embargo, una vez que Frazer y otros en la cadena de mando diplomática tuvieron constancia de las alianzas con los caudillos, tomaron partido por ellos. Los telegramas diplomáticos de 2006 describen una política de recurso a «socios de nexos no tradicionales (como los líderes de las milicias)» en Somalia para «localizar y neutralizar objetivos de gran valor».

Los diplomáticos que insistieron en recurrir a los caudillos fueron desautorizados rápidamente. Michael Zorick, responsable político en la embajada de Estados Unidos en Nairobi, envió un cable de disconformidad con el asunto y lo destinaron enseguida a Chad, una medida que se interpretó sobremanera como un castigo por hacer demasiadas preguntas.

Cuando una decisión diplomática se materializaba, era recibida como una inconveniencia que había que cortar de cuajo. En 2004, los vecinos de Somalia se reunieron con el afán diplomático de crear una alternativa a los caudillos o a los tribunales. El nuevo gobierno de transición de Somalia ofreció un destello de esperanza. Pero tenía escaso control, aparte de un puñado de edificios de Mogadiscio, y escasa capacidad de neutralizar a los hombres fuertes que Estados Unidos había secundado. Por eso, los miembros de la Autoridad Intergubernamental para el Desarrollo (IGAD) —un bloque comercial regional que incluía a Etiopía, Djibouti, Eritrea, Sudán, Kenia y Uganda— se reunieron en octubre de 2004 e hicieron un llamamiento unánime a un despliegue de tropas africanas en Somalia, en aras de garantizar la integridad del gobierno incipiente. Dos meses después, representantes del gobierno de transición, la ONU, la Unión Africana, la Unión Europea y los Estados árabes se reunieron en Kenia para discutir un plan para la misión. En los primeros meses de 2005, la Unión Africana se sumó a la misión y los jefes de Estado adoptaron una resolución que aprobaba una «misión de apoyo a la paz». El Consejo de Seguridad de Naciones Unidas la secundó oficialmente a finales de ese mismo año.

Tekeda Alemu, un veterano diplomático etíope que participó en las negociaciones, sentía que una fuerza de mantenimiento de la paz regional podría haber evitado el desastre. «Yo era el jefe de la delegación etíope —me dijo—. Y aceptamos la propuesta por unanimidad.» Apuntó, arqueando una ceja, que incluso Eritrea, el rival regional más acérrimo de Etiopía, cooperó. (El que Etiopía y Eritrea firmaran una iniciativa de mantenimiento de la paz común tenía las dimensiones de un acuerdo entre Israel y Hamas; suponía un avance extraordinario.) Alemu era un hombre distinguido, con el cabello entrecano corto, gafas de profesor y apenas un indicio de la ostentación de los nuevos ricos africanos: una gruesa sortija de oro y un reloj gigante con cristales Swarovski en el borde. Cuando hablé con él, estaba en su maltrecha oficina de la misión etíope en Midtown Manhattan, a años luz del Cuerno de África. Estábamos sentados en amplios sofás de cuero, de los que encuentras en un minorista de muebles en oferta como Raymour & Flanigan. Un ficus de plástico se marchitaba detrás de él. «En ese momento no había problema con Estados Unidos —me dijo con un suspiro—. El problema vino después.»

El «problema» era que, para cuando las naciones africanas dieron los primeros pasos para proteger de los caudillos al gobierno de transición, Estados Unidos ya había apostado por el otro bando. La CIA y el Pentágono se ofuscaron en un único objetivo: destruir la amenaza islamista, imaginada o real. Las iniciativas diplomáticas más ambiciosas en la región eran la única pega, o, peor aún, una posible fuente de oposición a las facciones con las que Estados Unidos estaba trabajando. Teóricamente, la política norteamericana —articulada por responsables del Departamento de Estado como Frazer— no comprometía a nada. Pero a puerta cerrada, Estados Unidos acometió una batalla diplomática para sabotear el despliegue de los pacificadores.

A principios de 2005, la fuerza para el mantenimiento de la paz estaba esencialmente lista para partir luego de unos meses de intensas negociaciones. Estados Unidos se retrasó calladamente, con frecuencia por intermediación de los responsables del Departamento de Estado, pero aplicando una política que en sus raíces había sido idea de la comunidad de inteligencia. En febrero de 2005, el diplomático Marc Meznar, que representaba a la Oficina de Población, Refugiados y Migración en la embajada de Estados Unidos en Bruselas, se reunió con el funcionario de la Unión Europea Mark Boucey para dejarle claro que Estados Unidos se opondría a cualquier iniciativa por mantener la paz. En esa época, un equipo de la Unión Europea estaba en Nairobi en una misión para investigar los hechos en aras de apoyar la iniciativa y debía viajar a Mogadiscio varios días después para ayudar a promover la fuerza internacional. Poco después de la reunión con Boucey, el equipo de la Unión

Europea canceló su viaje. El Pentágono también se trabajó sus relaciones: Theresa Whelan, la secretaria de Defensa adjunta para África se reunió con un responsable europeo llamado Matthew Reece, que declaró *a posteriori* que la iniciativa pacificadora que la Unión Europea había secundado entonces era un «plan descabellado». Varias semanas después, cuando responsables de varios países aliados de la Unión Europea empezaron a ofrecer su apoyo a los pacificadores, Tom Countryman —a la sazón ministro-consejero de asuntos políticos en la embajada de Estados Unidos en Roma— asistió a una reunión con los responsables italianos para tratar de prevenirlos.

Al final, cuando la ayuda internacional a la operación cuajó, lo único que quedaba era levantar el embargo de armas impuesto a Somalia en 1992 y permitir que la fuerza de mantenimiento de la paz entrenara a los soldados. A última hora, Estados Unidos mandó al traste los procedimientos al enviar una declaración lacónica de los actores regionales al Consejo de Ministros a propósito de enviar fuerzas: «No tenemos previsto financiar el despliegue de tropas de la Autoridad Intergubernamental para el Desarrollo en Somalia y no estamos preparados para sostener un mandato del Consejo de Seguridad de la ONU para este despliegue». Más tarde, Estados Unidos amenazó públicamente con vetar cualquier iniciativa de llevar fuerzas de paz a Somalia. Finalmente, el plan se fue a pique.

El coronel Rick Orth, el entonces agregado de Defensa de Estados Unidos, explicó llanamente la oposición de su país: «No queremos derivar en este circo de tercera fila». Como al menos unos cuantos líderes de la Unión de Tribunales Islámicos tenían vínculos históricos con Al Qaeda, «la agencia dirigía operaciones contra individuos concretos… no buscábamos una solución mayor, solo perseguíamos objetivos más señalados».

Tekeda Alemu, el diplomático etíope, dijo que la oposición de Estados Unidos al plan era palpable desde el principio. «Estaba muy claro. Ni siquiera se interesaron por saber si el plan en el que habíamos trabajado funcionaría o no, si era bueno o no. No le dieron una oportunidad», recordó. Un asistente le sirvió una taza de porcelana de café negro etíope. La cogió, frunció el ceño y volvió a dejarla, reflexionando sobre la fallida iniciativa diplomática. «Aparentemente tenían algún plan —dijo de Estados Unidos— para apresar a algunas personas en Mogadiscio [utilizando] caudillos que habían cooperado con ellos. Por lo tanto, no querían que nadie lo echara a perder… Ellos seguían adelante con su proyecto y no querían ninguna intromisión.» Volvió a levantar su taza de café. «Y así es como se comportan las superpotencias.» Alemu dio un sorbo y sonrió.

Los responsables estadounidenses se defendieron diciendo que su oposición era por razones legítimas, como la inaptitud de los contingentes aportados por los países africanos y el elevado coste de la operación. Pero, sobre todo, arguyeron que el envío de los llamados «Estados de primera línea» —vecinos directos de Somalia, como Etiopía— podría exacerbar las tensiones regionales. Era una falacia: el plan ya preveía que las tropas vinieran de países no limítrofes. Pero los estadounidenses alegaron que Somalia interpretaría el apoyo incluso indirecto de los etíopes como un acaparamiento del poder por parte de países más grandes y más fuertes, y que la violencia se recrudecería. Fue una postura que poco después se reveló de una hipocresía alarmante.

254

A falta de una fuerza pacificadora que pudiera oponerse a los caudillos, el único contrapeso recayó en la Unión de Tribunales Islámicos. Como era de esperar, los tribunales ganaron popularidad y poder y tomaron el control de territorios en Somalia entre 2004 y 2006. Finalmente, tras varios meses de combates brutales, arrebataron el control de Mogadiscio a las milicias secundadas por Estados Unidos. «El pueblo de Mogadiscio empezó a admirar al Tribunal Islámico —explicó Tekeda—. Eran capaces de derrotar a un grupo de personas, a los caudillos, que habían contado con el apoyo de una gran potencia. Y empezaron a idolatrarlos. Así es como empezaron a darse mucha importancia y a volverse incontrolables.»

Poco después de la derrota de los caudillos aliados de la CIA, el Pentágono pergeñaba ya otro plan para expulsar a la Unión de Tribunales Islámicos. Los estadounidenses, todavía alérgicos a una intervención directa, recurrieron a Etiopía, su aliado de toda la vida y rival regional de Somalia. Estados Unidos era el principal donante de Etiopía. Gracias en gran medida al apoyo norteamericano, el ejército del país era el más poderoso de la región.

En los comunicados de Estados Unidos durante el transcurso de 2006 se preocuparon sobremanera de mantener las distancias con Etiopía y su protagonismo en lo que se entendía cada vez más como una guerra subsidiaria. «No es que hubiéramos tenido reuniones importantes del Consejo Nacional de Seguridad diciendo: "Oye, ¿por qué no les decimos a los etíopes que hagan…?". No, no fue así. Lo hicieron ellos solitos», me dijo titubeando el general Hayden, entonces director de la CIA, cuando le pregunté por el papel de Estados Unidos en la invasión. Se encogió de hombros. «Tenían sus razones para hacerlo.» Pero reconoció que la iniciativa encajó meridianamente con los objetivos norteamericanos, diciendo: «Teniendo en cuenta el caos que era Somalia entonces, sin duda fue un paliativo a corto plazo que nos vino de perlas».

Muchos cuestionaron la tesis de que la invasión etíope sencillamente les había caído encima al Pentágono y a la CIA. Simiyu Werunga, antiguo oficial del ejército y experto en antiterrorismo, dijo que «el desmantelamiento de la Unión Islámica no habría sido posible sin el apoyo y los recursos del Gobierno norteamericano. Este es el sentimiento general en la región». Corroboraba este relato un telón de fondo de colaboración encubierta entre ambos países: después del 11-S, la CIA y el FBI interrogaron a supuestos sospechosos de terrorismo, procedentes de diecinueve países, en prisiones etíopes secretas notorias por sus abusos, torturas y las muertes inexplicables de reclusos.

Las pruebas de la participación norteamericana en la operación se fueron acumulando en el curso de 2006. Estados Unidos empezó a señalar públicamente las violaciones de derechos humanos cometidas por la Unión de Tribunales Islámicos y a defender la idea de una intervención etíope. Notas clasificadas del Departamento de Estado de ese período indican que ya se había tomado la decisión de secundar la invasión. Una de las notas decía que Estados Unidos intentaba «posicionarse junto a Etiopía si los yihadistas se hacían con el control». Y especificaba: «Cualquier acción etíope en Somalia tendrá la bendición de Washington».

Cuando Etiopía atacó en diciembre de 2006, liberando miles de tropas en Somalia, tuvo algo más que la bendición nortea-

255

mericana. Las Fuerzas Especiales estadounidenses acompañaron secretamente a las tropas etíopes, en calidad de consejeros e instructores. La marina de Estados Unidos se congregó en la costa para ofrecer apoyo extra, y los bombardeos norteamericanos complementaron los de la propia aviación de Etiopía. «La postura de Estados Unidos es: "Entérate de qué quieren los etíopes y dáselo" —dijo un alto funcionario de Defensa que habló conmigo, guardando el anonimato debido al secretismo de la operación—. Mucho de ello consistió en información y apoyo a las operaciones especiales… Me dijeron que su papel no se limitaba a asesorarles y que, básicamente, hicieron equipo con las fuerzas especiales etíopes.»

En el plano táctico, la operación fue un éxito. La potencia combinada de las tropas etíopes y el apoyo norteamericano hizo papilla a la Unión de Tribunales Islámicos, que huyó de Mogadiscio al año siguiente. En una cena en enero de 2007, el príncipe heredero de Abu Dabi, el jeque Mohammed bin Zayed al Nahyan alagó despreocupadamente al jefe del Comando Central de Estados Unidos, el general John Abizaid: «Lo de Somalia fue la caña».

Sin embargo, si bien la invasión arrasó con éxito la estructura formal de la Unión de Tribunales Islámicos, también logró dar una oportunidad de vida a los islamistas. Las protestas contra las fuerzas etíopes recién instauradas se desataron casi de inmediato. La invasión encajó fácilmente con la animosidad histórica de los somalíes hacia Etiopía; sentimiento que los elementos extremistas procedieron a explotar. «La invasión legitimó la causa de al-Shabaab y les reportó una red de apoyo tanto dentro como fuera de Somalia, en la diáspora, porque pudieron reivindicar una yihad legítima» contra las fuerzas de ocupación, explicó Bryden. Incluso Frazer admitió que «desde la perspectiva de la propaganda, la invasión fue de ayuda [a al-Shabaab], sin lugar a dudas».

Al-Shabaab tenía otro viento a su favor y fue que la invasión etíope había provocado que buena parte de los líderes de la mayoría moderada de la Unión de Tribunales Islámicos huyeran a Somalia. Los que no lo hicieron eran la línea dura deseosa de quedarse y combatir, en concreto los líderes de al-Shabaab. Durante el año que siguió a la invasión, al-Shabaab pasó de ser un elemento marginal con una influencia limitada a un grupo estratégicamente importante con ambiciones que rebasaban las fronteras de Somalia; un grupo que buscaría reclutas en el mundo entero y cuyo mensaje sanguinario alcanzó a un joven desazonado y furioso en un barrio de las afueras de Londres, resonando en su interior como un resquebrajamiento que su familia nunca llegaría a comprender.

Al-Shabaab también fue hábil a la hora de explotar el sentimiento antiamericano, afirmando en un comunicado que los «judíos» de Estados Unidos habían enviado a Etiopía a «profanar» Somalia. Al Qaeda, que reconoció la fuerza de esta narrativa, fortaleció su apoyo a los grupos extremistas somalíes. Los índices de reclutamiento se dispararon. El período de 2007 a 2009 posterior a la invasión fue «el mayor período de crecimiento de al-Shabaab», recordó Bryden, «porque eran un movimiento de insurgencia».

En 2008, Estados Unidos declaró organización terrorista a al-Shabaab. Al cabo de unos años, el grupo anunció su afiliación oficial a Al Qaeda, concluyendo su cambio de orientación de la política somalí a la yihad mundial.

Irónicamente, para rescatar a Somalia de las tenazas de al-Shabaab, Estados Unidos se vio obligado a orientarse hacia una solución que se asemejaba mucho a la que había desechado en 2004. En 2007 nació una fuerza internacional —la Misión de la Unión Africana en Somalia, o AMISOM— como único antídoto posible al caos. A medida que se robustecía, la operación pacificadora «creó el espacio… para que los etíopes tuvieron un papel menos visible», recordó Frazer y, a la larga, «decir que se marchaban, cosa que privó a al-Shabaab de la propaganda contra la ocupación en un grado considerable».

Estados Unidos prestó su apoyo a la nueva fuerza durante los años que siguieron. En febrero de 2012, envió marines a Uganda para formar a los ingenieros de combate de la AMISON, ahora surtida en equipamiento norteamericano, desde detectores de minas hasta chalecos antibalas. A esto se sumó la formación de contratistas privados a sueldo de Estados Unidos. Después de resistirse a la idea durante tantos años, Estados Unidos aceptó una fuerza pacificadora multinacional nacida de la diplomacia regional, y que trajo los primeros indicios de estabilidad en años. El número de niños asesinados o mutilados en el combate entre al-Shabaab y las fuerzas gubernamentales disminuyó. Volvieron las elecciones.

Sin embargo, como en Afganistán, las cicatrices de la desventura norteamericana persistieron y los caudillos permanecieron enrocados en su sitio. Algunos, como Ojos Blancos, ocuparon sucesivos cargos ministeriales de primer rango en el Gobierno. E incluso las iniciativas más adecuadas para apoyar a los pacificadores internacionales a veces resultaron contraproducentes: de acuerdo con un informe de Naciones Unidas, en un momento determinado, hasta la mitad de las armas suministradas por Estados Unidos a la Unión Africana en Somalia terminó en manos de al-Shabaab.

La amenaza de al-Shabaab era difícil de disipar. En cierto sentido, la debilitaron y reprimieron. Pero Bryden, que había sido observador en Naciones Unidas, dijo que, más que reducirse, el grupo había mutado. En respuesta a la disminución de su territorio en Somalia, al-Shabaab estaba «abandonando las tácticas de guerrilla y volviendo a [sus] raíces como organización terrorista en gran parte clandestina», centrada en cometer asesinatos y atentados con artefactos explosivos. «Su capacidad y sus tácticas se han sofisticado», explicó. Una década después de que yo viera a los líderes exiliados de los Tribunales Islámicos tomando té y tramando sus siguientes pasos en Asmara, al-Shabaab ampliaba todos los años su lista de víctimas. En septiembre de 2017, un atentado contra una base militar somalí cerca de la ciudad portuaria de Kismayo dejó más de veinte muertos entre el personal militar somalí. Estados Unidos se enrocó en un conflicto con un grupo que en parte era de cosecha propia, y lanzó una nueva avalancha de bombardeos aéreos en los últimos meses del año.

Hay diversidad de opiniones sobre el alcance internacional de al-Shabaab. Anders Folk, un exagente del FBI que sirvió en un destacamento especial centrado en el grupo, calificó de «posible» la perspectiva de un ataque en Estados Unidos. Y añadió:

258

«¿Aspiran a perpetrar ataques terroristas violentos contra personas inocentes en Estados Unidos? Su retórica nos dice que sin duda alguna».

Para algunos, el poder de influencia que el grupo tenía a nivel internacional era un hecho desde hacía años. La tarde del 4 de junio de 2015, Sally Evans estaba sola en su salón cuando recibió la peor llamada telefónica de su vida. «Eran las 21.35, un sábado por la noche —recordó—. Y era un periodista que me preguntaba cómo me sentía por la muerte de mi hijo.» Le dijo al periodista que su hijo no había muerto. «Y pude oír que se desdecía. Pensando: "Le he dicho algo que no sabía".», me dijo. Una hora más tarde, Micheal, su otro hijo, llegó a casa. «Crucé la puerta de casa y cuando entro veo a mi madre sentada a la mesa del salón. Supe que estaba pasando algo.» Micheal entró en Twitter. Al principio pensó en buscar Thomas Evans. Pero luego tecleó su nuevo nombre; el nombre de un hombre que para ellos siempre fue un desconocido: Abdul Hakim. «Y eso fue lo primero que salió, una foto del ejército keniano. Con todos los cuerpos tirados por tierra, en la calle. Y estaba claro que era él.» La imagen era clara, pero, para Sally, difícil de conciliar con el hombre que ella había criado. «Me destrozó ver a mi hijo tirado así en el suelo. Y estaba… —Calló un momento, recuperando la compostura— estaba muy flaco. No se parecía a mi Thomas.»

Un vídeo que grabó Thomas, y que al-Shabaab difundió como propaganda poco después de su muerte, muestra los últimos momentos de la vida de un yihadista del extrarradio. Un poco antes ese mismo mes, camuflados en la oscuridad, él y sus compañeros terroristas habían perpetrado un atentado contra una base militar en el norte de Kenia. El vídeo muestra una noche tranquila que se resquebraja por las explosiones de los disparos y las chispas rojas, rosa y azules. Finalmente Evans es alcanzado y la cámara se cae al suelo. «Tengo que reconocerlo, sí, he visto el vídeo —dijo Sally Evans—. Ninguna madre debería ver algo así. Fue horroroso. Y no era… solo se oía… solo se oyeron los últimos momentos y no había nada que pudiera hacer como madre.»

La muerte de Thomas fue una paradoja emocional para su familia. «Espero que Dios me perdone —dijo Sally Evans—, pero me alivia que Hakim nos haya dejado. Porque así ya no puede seguir haciéndolo, no puede seguir causando dolor a nadie más.» Seguía teniendo fotos de su hijo por toda la casa. Se reía mientras hojeaba álbumes de fotos con Micheal, fotografías de la infancia de dos chicos larguiruchos y pálidos que al sonreír enseñaban todos los dientes. «Ellos lo tuvieron un 99 por ciento, pero quedaba ese uno por ciento que seguía siendo mi hijo. No puedo olvidarlo.» Incluso después de convertirse en Abdul Hakim, «siempre decía: "Te quiero, mamá"».

Cuando llegó la hora de marcharse al trabajo en autobús, Sally Evans me acompañó a la puerta que daba a la calle de Wooburn Green. Le di las gracias por su tiempo y el pésame. Sonrió, con algún esfuerzo. «Esto nunca se borra, ¿verdad?», me dijo.

20

La primavera más corta

Los agentes de seguridad dieron marcha atrás, alejándose bruscamente de los manifestantes que les daban caza y se arremolinaban alrededor de su Humvee blindado. En una explosión de polvo y escombros, el vehículo chocó contra una barrera en el borde del puente del Seis de Octubre de El Cairo, descuajando un poste de luz que salió disparado por encima de la barandilla y se hizo añicos contra el cemento quince metros más abajo. El Humvee se bamboleó y luego cayó, aterrizando sobre su techo con un golpe compacto. La sangre tiñó el suelo. La turba se agolpó alrededor del siniestro, lanzando piedras y gritando. Corría el 14 de agosto de 2013 y el puente estaba atestado de manifestantes que protestaban contra el régimen militar de Egipto. Para ellos, ese agujero en la barrera era un símbolo de esperanza: un puñetazo asestado a los militares y su represión cada vez más intensa.

Teo Butturini, un fotógrafo italiano, madrugó esa mañana para responder a una llamada de otro periodista que lo alertó de que la policía estaba sofocando una protesta masiva en la plaza de Rabaa al-Adawiya. Los manifestantes allí y en la plaza al-Nahda de Guiza habían tomado las calles después de que los militares derrocaran al presidente democráticamente elegido del país, Mohammed Moris, salido de la organización de los Hermanos Musulmanes, seis semanas antes. Las protestas se transformaron paulatinamente en campamentos semi permanentes, lo que atizó más la ira del régimen militar. La represión resultante era de esperar. El Gobierno alegaría después que habían avisado a los manifestantes.

Para cuando Butturini y el grupo de miles de personas que iban con él llegaron al puente, la policía había acordonado la zona. Oyó el estrépito del Humvee cuando se estrelló contra el suelo, y vio a los manifestantes que avanzaban en una oleada. En ese momento, las fuerzas de seguridad egipcias abrieron fuego contra la multitud. «El ejército empezó a dispararnos —recordó—. Y la gente a mi alrededor empezó a caer como moscas.» Butturini se refugió detrás de un poste bajo el puente. Hasta que las fuerzas de seguridad empezaron a lanzar gas lacrimógeno no supo que tenía que salir corriendo. Buscó cobijo en unos edificios cercanos, pero no llegó muy lejos. «Oí cinco balas que me pasaron rozando y una me dio en el costado izquierdo», recordó. Butturini corrió como pudo por las calles, sangrando y haciendo señales con las manos a los coches que pasaban. Finalmente, uno paró y lo condujo al hospital.

Los médicos de la sala de urgencias le extirparon buena parte del hígado destrozado por la bala, salvándole la vida. Su recuerdo más vivo es el de los cuerpos: docenas apilados en la parte trasera de los camiones militares, y un número mayor colapsando el hospital. «Intenté gritar —me dijo—, pero no sé si me salió algún sonido.» Butturni, un fotoperiodista meticuloso que siempre sacaba fotografías en las manifestaciones violentas, guardó pocas imágenes de ese día. Su tarjeta de memoria, que escondió en una bota al ingresar en el hospital, desapareció cuando agentes de seguridad egipcios invadieron las instalaciones y se llevaron custodiados a los manifestantes supervivientes.

Como constataron muchos de quienes vivieron para contarlo, aquello fue la «plaza Tiananmen» de Egipto. Según los informes, ochocientas diecisiete personas fueron asesinadas solo en la plaza Rabaa al-Adawiya. Según la mayoría de los testimonios, es probable que más de mil personas fueran asesinadas ese día en las redadas por todo el país. Después de una investigación exhaustiva que duró un año, Human Rights Watch concluyó que «la policía y el ejército [egipcio] hicieron uso de una fuerza letal de forma sistemática e intencionada... que resultó en una masacre de manifestantes a una escala sin precedentes en Egipto». Apostaron a francotiradores en los tejados para disparar contra los manifestantes. Los soldados se apostaron para bloquear las salidas mientras la gente intentaba huir desesperadamente.

Estados Unidos sabía que se preparaba una matanza. «No era ningún secreto que el Gobierno se presentaría con una fuerza aplastante», dijo Anne Patterson, a quien había conocido en Pakistán y que en agosto de 2013 era la embajadora estadounidense en El Cairo. «Llevaba semanas preocupándonos.» Durante estas semanas, tanto los funcionarios del Departamento de Estado, como Patterson y los líderes del Congreso movieron cielo y tierra para buscar una solución diplomática. El secretario de Estado, John Kerry, envió a su adjunto, Bill Burns, para que elaborase un acuerdo que limitara el alcance y la amplitud de las protestas de los Hermanos Musulmanes. El Congreso envió a sus dos mejores halcones en política exterior —los senadores John McCain y Lindsey Graham— la semana antes de la matanza, para que defendieran un retorno a la calma y al control civil. Los senadores se reunieron con el general de más alto rango de Egipto, Abdelfatah El-Sisi, el vicepresidente interino Mohamed ElBaradei y el primer ministro interino Hazem el-Beblawi, entre otros, antes de que el gabinete ministerial egipcio se sentara para debatir la intervención.

Graham reconoció más tarde ante la prensa que la iniciativa nunca inspiró demasiado optimismo. «Estaba claro que se morían de ganas por pelear. La conversación con el primer ministro fue un desastre —dijo, describiendo la estrategia de Beblawi frente al número creciente de manifestantes—. No paraba de sermonearme: "Con esta gente no se puede negociar. Van a tener que dejar las calles y respetar el Estado de derecho".» Sisi, por su parte, parecía «borracho de poder», recordó Graham. «Hablamos con los militares hasta la saciedad —explicó Patterson, el embajador—. Los llamaron de Washington, los llamé yo. A esas alturas, ya no sabíamos qué más podíamos hacer. Hablé con Sisi la víspera. Dijeron que iban a ser comedidos.»

Al final intervino incluso la jerarquía del Pentágono. El entonces secretario de Defensa Chuck Hagel llamó reiteradas veces al general Sisi, a veces cada dos días incluso, durante se-

263

manas enteras. John Kerry fue uno de los responsables que me dijo que el entendimiento entre militares que había afianzado desde hacía tanto tiempo las relaciones entre Estados Unidos y Egipto era el canal más poderoso para desactivar este tipo de crisis. «El esfuerzo estadounidense por levantar el ejército egipcio durante tantas décadas... marcó la diferencia cuando Mubarak sopesaba la posibilidad de disparar contra los manifestantes» durante el primer punto de ignición en la plaza Tahrir, dijo Kerry. En este caso, «se produjeron conversaciones extraoficiales entre militares que, lo prometo, fueron un factor importante para que el ejército egipcio le dijera a Mubarak que no obedecería sus órdenes si pretendía que asesinaran a decenas de miles de chavales en la plaza». Pero en el caso de la matanza durante el liderazgo de Sisi unos años más tarde, esas mismas súplicas de los jefes militares estadounidenses cayeron en saco roto. No tuvieron ningún efecto en El Cairo.

—¿Realizó una llamada enfadado cuando estalló la cosa? —le pregunté a Patterson.

—No creo, porque pienso que, llegados a ese punto, ya nos habíamos dicho todo lo que teníamos que decirnos.

264

En los días previos a la matanza, el gabinete ministerial egipcio se congregó en un edificio del gobierno en la plaza Tahrir para decidir qué hacían con los manifestantes. Los esfuerzos de los norteamericanos tuvieron poco peso en la conversación. «Me vi con McCain y Graham, pero tuve la impresión de que eran incapaces de comprender lo importante [que era] para un gobierno de transición... garantizar la seguridad de su pueblo —dijo Beblawi, el primer ministro interino—. Uno no acepta la seguridad del pueblo ni se la cree cuando estás convencido de que alguien está delimitando un territorio por la fuerza, en medio de la capital.» Beblawi me dijo que la embajadora Patterson lo estuvo llamando y que escuchó lo que tenía que decirle, pero que, a la postre, «no sentí ninguna presión».

Beblawi estaba en su despacho del Fondo Monetario Internacional, en Washington, arrellanado en una butaca verde que engullía su menuda figura. Un manto de caspa empolvaba sus hombros. Habían transcurrido tres años desde la matanza de

Rabaa. «No lamento nada —dijo—. Siento mucho lo sucedido. No sé cómo terminó así, pero pienso que si se hubiera dado la situación inversa, habría sido aún peor.» Frunció el ceño entrecano. «El coste fue elevado, nadie esperaba tanto. También se exageró mucho y muchos números vinieron de fuera», dijo con escepticismo. La reacción de Beblawi, como la de la mayoría de los responsables de la represión, era una intrincada maraña. La pérdida de vidas humanas era lamentable, pero no tanto como eso. La decisión había sido acertada, no obstante, también se les había ido de las manos. La policía y el ejército, me dijo más tarde con aspereza, «no siempre son controlables». En cualquier caso, para él los manifestantes eran los que habían empezado. «Está claro que están desafiando a la autoridad, desafiándola por la fuerza y, de hecho, tanto en Rabaa como en Enada, la primera bala salió de los Hermanos Musulmanes. De eso no hay duda, los que abrieron fuego fueron ellos.» Le señalé que la mayoría de las organizaciones de derechos humanos internacionales dudaban de estas conclusiones. Él se encogió de hombros. «Ellos se lo han buscado.» Cuando le pregunté si la influencia norteamericana había tenido algo que ver, me dijo simplemente que «no».

El vicepresidente interino el-Baradei —que había encabezado las negociaciones con los Hermanos Musulmanes beligerantes y había sido uno de los vínculos principales con Graham y McCain— se opuso a una intervención armada y defendió que era posible llegar a un trato con los manifestantes, según varias fuentes presentes entonces. Fahmy, el ministro de Exteriores interino, se puso de su parte aparentemente, aunque se negó a confirmarme su postura sobre este asunto. «La decisión a propósito de Rabaa fue una decisión del gabinete», dijo Fahmy, negándose a extenderse sobre el análisis de las perspectivas en aquellos días finales y críticos. Después de los hechos, Fahmy, lo mismo que Beblawi, adoptó una postura defensiva y desvió las culpas hacia los manifestantes. «Bloquearon todas las calles —me dijo, meneando la cabeza—. Y esta zona, sin ir más lejos, es una zona muy poblada.» Los manifestantes, en su mayoría inermes, eran una amenaza para la seguridad pública, según él. Esta era la influencia que había comprado la intervención diplomática más musculosa de Estados Unidos (y un paquete de asistencia militar anual que ascendía a 1,3 mil millones de dólares): en el mejor de los casos, unas palabrillas a puerta cerrada poco antes de la matanza.

Un año y medio antes, un caluroso sábado de febrero de 2012, vi a Hillary Clinton entrar a un palacio de Túnez con vistas al Mediterráneo para hacer un discurso sobre el futuro de la democracia en la región. Tras la muerte de Richard Holbrooke, yo había creado un pequeño equipo de funcionarios del Servicio Exterior para analizar las implicaciones globales del malestar de la juventud que había visto tan vívidamente en Afganistán y desplegarse en el norte de África y Oriente Próximo. Aquel mes de febrero en Túnez, Hillary Clinton anunció mi participación en una iniciativa centrada en la asistencia a los jóvenes y la diplomacia pública.

Habían puesto un cartel en el podio con un mapa del mundo que mostraba una gradación luminosa centrada en Oriente Próximo. La idea era plasmar una ola expansiva de progresismo democrático, pero recordaba más al radio de una explosión. Hillary Clinton se hizo pequeña detrás del podio, en una estancia abovedada en el corazón del palacio, un joya azul y blanca de edificio conocida como Nejma Ezzohara («Estrella de Venus», en árabe), que el heredero de una fortuna bancaria francesa, el barón Rodolphe d'Erlanger, había mandado construir en la década de 1920.

Un mar de rostros respingones —la juventud optimista, formada, y por lo general no representativa, que las embajadas norteamericanas suelen reunir para las sesiones de fotografías— miraban con expectación a Hillary Clinton, que alababa las virtudes de la democracia. «Fuisteis audaces en las primeras líneas de la revolución, soportando gases lacrimógenos y golpes. Hace falta otra forma de audacia para ser los guardianes de vuestra nueva democracia —les decía—. Las transiciones pueden descarrilar y desviarse a nuevas autocracias. Los vencedores de las revoluciones pueden convertirse en sus víctimas. Depende de vosotros que os resistáis a las llamadas de los demagogos, que construyáis coaliciones, que tengáis fe en el sistema incluso cuando vuestros candidatos pierdan en las urnas… Esto significa que no podéis dedicaros solo a hablar de tolerancia y pluralismo, sino que tenéis que vivirlos.»

A la salida, Hillary Clinton, con el pelo recogido en un moño de bailarina, la chaqueta negra y azul ondeando al viento, se detuvo en una de las espectaculares terrazas de Nejma Ezzohara. Bizqueando bajo el sol, alargó un brazo hacia el azul radiante del Mediterráneo. «Las cosas están cambiando», musitó.

Pero lo cierto era que estos cambios habían pillado con el pie cambiado a Estados Unidos y lo despojaban de su credibilidad sobre los temas que Hillary Clinton había abordado en su discurso. Las administraciones norteamericanas habían decidido estar hombro con hombro con los caudillos autocráticos de Oriente Próximo desde hacía decenios. Cuando estos regímenes autocráticos se desmoronaron y las alianzas con ellos se tornaron una carga, Estados Unidos tardó en adaptarse. En Oriente Próximo, como en Asia central, los pactos entre militares llevaban tanto tiempo eclipsando la democracia que apenas sabíamos hacer otra cosa. Egipto era la prueba de ello.

En el transcurso de la Guerra Fría, el patrocinio soviético del ejército egipcio y el conflicto constante con Israel determinaron las relaciones entre Estados Unidos y Egipto. Las escaramuzas cruentas por la tierra —como el intento de reclamar el Sinaí al que el puente del Seis de Octubre debía su nombre— se prolongaron hasta la década de 1970. Pero el nuevo líder egipcio, Anwar Sadat, fue terco en su reorientación de Egipto hacia dos nuevas metas radicales: alcanzar un acuerdo de paz con Israel y estrechar lazos con Estados Unidos. No obstante, por encima de todo, quería devolver el Sinaí a Egipto y creía que la paz era la vía para conseguirlo.

En Estados Unidos, el presidente recién elegido, Jimmy Carter, aprovechó el momento y reunió a Egipto e Israel en Camp David durante unas negociaciones icónicas que duraron trece días. Uno de los resultados, un tratado de paz que se firmó seis meses después, forjó una nueva etapa moderna de las relaciones entre Israel, Egipto y Estados Unidos. Israel aceptó retirarse del Sinaí y devolverlo a Egipto. A cambio, se restauraron las relaciones diplomáticas entre ambos países, e Israel logró el libre paso en el canal de Suez. Este éxito diplomático se garantizó con fondos militares; un arreglo que arruinaría la relación en las siguientes décadas. En virtud del acuerdo, Estados Unidos se comprometía a financiar a Egipto.

Desde 1987, la ayuda fue regular, de 1,3 mil millones de dólares al año. Las balas que acribillaron a los manifestantes durante la matanza de Rabaa fueron compradas con fondos norteamericanos casi con total seguridad. La ayuda militar norteamericana cubre el coste de hasta el 80 por ciento del armamento de Egipto. En 2011, la palabra «Egipto» apareció 13 500 veces en la base de datos de contratos militares del Pentágono.

El acuerdo reflejó una de las premisas más antiguas en política exterior: que la seguridad puede comprarse. Durante una generación, Egipto ha sido la viva prueba de esta forma de pensar. Los líderes represivos del país —durante la mayor parte de aquellos años, el régimen de Mubarak— contribuyeron a garantizar los valores norteamericanos en la región. Sin embargo, desde las revueltas de 2011 hasta la matanza de Rabaa en 2013, cuando el cambio barrió la región, salieron a relucir las tremendas fallas de la doctrina norteamericana. No bastaba con comprar seguridad. Tras años de desatender la diplomacia, Washington carecía de otras herramientas de persuasión esenciales cuando estalló el conflicto.

Las primeras grietas aparecieron en enero de 2011. La revolución se propagaba, de la vecina Túnez a Alejandría y de ahí a El Cairo. Ese mes, miles de manifestantes en la plaza Tahrir se movilizaron en torno a un caudal de frustraciones hacia Mubarak y su régimen: desde el desempleo masivo hasta la corrupción, pasando por la mano dura de la policía.

Los manifestantes, que barrían el mundo árabe, miraban con recelo a Estados Unidos por confiar en el régimen militar represivo de Egipto como sustituto. Pero Estados Unidos era corto de entendederas: cuando empezó a cundir la violencia, la entonces secretaria de Estado Hillary Clinton proclamó que el régimen era «estable». Despachó *in situ* a Frank Wisner, un viejo amigo de Richard Holbrooke y veterano diplomático favorable a los Mubarak, que informó a la opinión pública de que «el presidente debe seguir en funciones». El Departamento de Estado se vio obligado a desautorizar los comentarios de su propio enviado. Pidió la dimisión de Mubarak, aunque demasiado tarde y con escaso efecto. En tan solo diecisiete días, la revuelta acabó con cincuenta y nueve años de gobierno militar. Mubarak fue destituido y las relaciones de Estados Unidos con Egipto bogaron a la deriva.

Un comité de generales conocido como el Consejo Supremo de las Fuerzas Armadas (SCAF, por sus siglas en inglés) entró en juego como gobierno provisional mientras se realizaban los preparativos para las primeras elecciones libres en la historia egipcia, y pronto adoptó una serie de medidas atroces contra la sociedad civil. Tras un incidente acaecido en diciembre de 2011, se prohibió a los empleados de diez oenegés que salieran del país; entre ellos, Sam LaHoood, hijo del entonces secretario de Transporte Ray LaHood. La jerarquía militar se estaba burlando de los norteamericanos.

Anne Patterson, que llegó en calidad de nueva embajadora de Estados Unidos en Egipto en los primeros meses del gobierno del SCAF, caracterizó el período de «muy muy perturbador... Había algunos norteamericanos en la embajada; tardamos dos semanas en sacarlos, puede que más. Básicamente, nosotros pagábamos una fianza y luego ellos básicamente se fugaban... ese era el trato. Esto hizo que la relación empezara con muy mal pie».

Cuando se celebraron las elecciones, el partido islamista de los Hermanos Musulmanes arrasó en el Parlamento y su líder, Mohamed Morsi, obtuvo la presidencia. Fue otro giro en el centro de gravedad para el que Estados Unidos no estaba preparado. Los Hermanos Musulmanes pronto resultaron ser más problemáticos que el SCAF. Y lo peor de todo fue que, desde la perspectiva del *establishment* de la política exterior americana, Morsi puso en duda el principio básico de la alianza entre Estados Unidos y Egipto: el apoyo a Israel. Años antes, el político había descrito a los sionistas como «chupasangres» y «belicistas» y se había quejado de que «las futiles negociaciones [israelo-palestinas] son una pérdida de tiempo y de oportunidades». En el plano nacional, las severas políticas sociales de los Hermanos Musulmanes en cuestiones como los derechos de la mujer y el consumo de alcohol alienó a buena parte de la población esencialmente laica de Egipto. Una constitución redactada a toda prisa y ratificada de forma fraudulenta, cuyas condiciones favorecían a los Hermanos Musulmanes, enfureció más si cabe a los egipcios. Después de solo un año en el poder, Morsi tuvo que enfrentarse a protestas callejeras tan masivas como las que habían expulsado a Mubarak.

A medida que las protestas se volvieron más violentas, los militares —liderados por el entonces ministro de Defensa Abdelfatah El-Sisi— derrocaron a Morsi del poder y lo sometieron a juicio. En cierto sentido, Sisi representó un regreso al *statu quo* anterior: un caudillo que defendería la línea de Israel.

«Yo conocía a Sisi muy bien, y sabía que no iba a ser para tirar cohetes, no me malinterprete —dijo Patterson—. Pero, sinceramente, fue mucho más brutal de lo que habría podido imaginar.» Las fuerzas de seguridad de Sisi se enfrentaron con los manifestantes que tomaron las calles, furiosos por el derrocamiento del régimen de los Hermanos Musulmanes, al que habían elegido democráticamente. Las tensiones se agudizaron a medida que crecieron las sentadas y las movilizaciones, que finalmente culminaron en las sangrientas matanzas de agosto de 2013, en Rabaa y otros lugares. Desde entonces, las acciones represivas continuaron sin tregua. El primer año después del golpe de Estado de 2013, bajo el régimen de Sisi, al menos 2500 civiles fueron asesinados y 17000 resultaron heridos a manos de la policía o los militares. En marzo de 2015, las fuerzas de seguridad habían arrestado a más de 40000 personas y basaron la mayoría de estas detenciones en un supuesto apoyo a los Hermanos Musulmanes, si bien también apresaron a activistas de izquierdas, periodistas y estudiantes universitarios. Cientos de egipcios estaban «desaparecidos». La represión, según Human Rights Watch, alcanzó «una escala sin precedentes en la historia moderna de Egipto».

A la mayoría de los individuos detenidos los metieron entre rejas por acusaciones falsas o por ninguna. Como recordó un preso de cuando estuvo en la prisión militar aislada de Azouli: «No hay documentación que registre que estás allí. Si mueres en Azouli, nadie lo sabrá». En abril de 2014, 529 miembros de los Hermanos Musulmanes fueron condenados a muerte; una de las sentencias de muerte masivas más grandes del mundo entero. A los abogados de los acusados no les permitieron acceder a las «pruebas» y quienes protestaron recibieron amenazas.

Al año siguiente, el mismo tribunal condenó a Morsi por su supuesto papel en la revuelta de 2011. El expresidente se enfrentaba a una ejecución pública, la horca, junto con más de 100 condenados además de él. Entre los conspiradores de Morsi había un hombre que llevaba en la cárcel desde la década de 1990, y dos que ya habían muerto.

«Creo que nunca he visto nada peor fuera de una zona de guerra», dijo Frank Lowenstein, consejero de John Kerry desde hacía mucho tiempo. Tony Blinken, el consejero adjunto de Seguridad Nacional en la misma época, aventuró un pronóstico negro del impacto que tendría Sisi: «A la larga, y casi inevitablemente, si sigue reprimiendo a una minoría importante de su población… liberales, laicos, moderados, periodistas, lo que quieras, a todos les han cercenado la palabra y a muchos los han metido entre rejas, y en cárceles donde se mezclan con radicales genuinos, esa es la receta para radicalizar a mucha más gente. Y no olvidemos que Al Qaeda nació en una cárcel egipcia».

271

La creciente preocupación por el régimen de Sisi y su uso de armas norteamericanas al menos suscitó un debate sobre la rendición de cuentas. Tras la destitución de Morsi, afloraron preguntas sobre si había que atenerse a la denominada «cláusula del golpe de Estado» en la ley de asignaciones presupuestarias de Estados Unidos —que prevé la suspensión de la asistencia directa a «cualquier país cuyo jefe de gobierno debidamente elegido es destituido por un golpe de Estado militar» hasta que se restaure la democracia—. Morsi, si bien suscitaba divisiones, era un presidente «debidamente elegido» se mirara por donde se mirase. Había acuerdo en llamar golpe de Estado a su destitución, porque, en fin, ¿de qué otra manera ibas a llamarlo? El régimen militar de Sisi nunca había pretendido ser una democracia.

Pero la administración Obama, que se jugaba 1,3 mil millones de dólares anuales en asistencia militar, se negó a utilizar la palabra. Primero recurrió a lo que Associated Press llamó «complicadas contorsiones» de la lengua para sortear el término. Después, finalmente, el alto funcionario del Departamento de Estado Bill Burns tuvo que ir a informar a los juristas de la decisión formal de la administración: este golpe de Estado no sería llamado así. Los rincones más militarizados de la política exterior norteamericana también se contaban entre los más inhibidos, hasta tal extremo de que uno de los golpes de Estado más evidentes de la historia reciente nunca sería llamado como tal. La falta de alternativas intensificó estas limitaciones: no existía una estrategia diplomática para confrontar las alteraciones que seguirían tras la ejecución de una provisión legislativa de esta índole.

El Congreso añadió a su asignación de fondos el requisito de que la secretaria de Estado certificara que el Gobierno egipcio estaba introduciendo reformas democráticas, celebraba elecciones, defendía los derechos de la mujer y salvaguardaba la libertad de expresión. Pero las condiciones no tenían poder efectivo: los nuevos requisitos gozaban de una exención vinculada a la seguridad nacional lo bastante amplia para dar cabida a un helicóptero Apache, o varios. Alegando acciones extremistas en el Sinaí para justificarlo, la administración pronto reanudó el suministro de estos helicópteros precisamente, incluso durante la escalada de represión.

Poco después de la matanza de Rabaa en 2013, la administración Obama congeló secreta y temporalmente la transferencia de varios sistemas de armas. El suministro previsto de helicópteros, aviones F-16, tanques M1A1 y misiles Harpoon quedó en suspenso. Eran equipos pesados y no los gases lacrimógenos y las armas de poco calibre que se veían en las operaciones de represión urbanas del régimen. Y continuó otra clase de apoyo militar, como operaciones de entrenamiento y suministro de numerosas piezas individuales para las armas. En marzo de 2015, el presidente Obama anunció la reanudación completa de la ayuda. «Para entonces, lo del Sinaí había estallado… Y decidieron que "sí, necesitaban helicópteros"», recordó Anne Patterson.

El postureo en el Capitolio se quedó en eso. Es más, había poco margen para modificar la relación. «Habríamos tenido el problema de que… la ayuda ya estaba comprometida —dijo Sarah Leah Whitson de Human Rights Watch—. Todo estaba ya vendido.» Era una máquina que nadie podía desenchufar. La administración Obama quiso hacer una reforma más modesta y firmar el fin del «flujo de fondos» —un sistema preferencial concedido a Egipto e Israel que les permite adquirir a crédito equipamiento militar de su elección, ofreciendo como garantía las partidas correspondientes de la ayuda estadounidense, posiblemente por muchos años—. «Han perdido un elemento muy importante con este cambio —dijo Patterson—. Se verán obligados a comprar lo que nosotros pensemos que será útil que compren.» Era una ración raquítica de la rendición de cuentas, y no ofrecía ningún control sobre lo que pudieran hacer realmente con los equipamientos. En 2016, una auditoría incisiva de la Oficina de Rendición de Cuentas del Gobierno concluyó que ni el Departamento de Estado ni el Pentágono tenían sistemas fiables para controlar el uso dado a las armas norteamericanas en Egipto.

Al final, las iniciativas vacilantes de reforma habían sido duros recordatorios de la resistencia a cambiar las alianzas militares importantes. Como Pakistán, simplemente Egipto era demasiado grande como para caer, a sus ojos y a los ojos de las instancias normativas norteamericanas.

Una nueva serie de amenazas, en concreto el auge de Daech en la península del Sinaí, ha reforzado esta influencia. La competencia ha desempeñado un papel en el anquilosamiento de las relaciones. Arabia Saudí, Kuwait y los Emiratos Árabes Unidos han invertido miles de millones de dólares de apoyo económico a Egipto, a veces ofreciendo más que Estados Unidos y con menos condiciones. Arabia Saudí, en particular, ha entablado relaciones más cómodas con Sisi. Rusia también ha tomado cartas en el asunto, con reuniones entre Putin y Sisi y paquetes de ayudas cada vez mayores.

273

«Tenemos influencia, eso está claro —reflexionó Kerry—. Pero no se limita a una simple fórmula como algunas personas creen. No somos el único actor ni de lejos... Y la influencia se ejerce en las dos direcciones: necesitamos la ayuda de Egipto en una serie de cuestiones que incluyen a Daech y a Israel.» Como resultado, me dijo Frank Lowenstein: «Su actitud sobre esto es: "¿Y qué pensáis hacer a la hora de la verdad? No podéis permitiros que yo me hunda en la mierda". Esta es la última baza de Sisi: su fracaso. Y esta es una baza extraordinariamente poderosa.»

Entretanto, los años de dependencia en la ayuda militar ha convencido a las dos partes de que la venta de armas y de equipamiento era la única moneda que podía comprar influencia, y las propuestas diplomáticas eran esencialmente cosméticas. Por lo tanto, poco ha cambiado en la relación entre Estados Unidos y Egipto desde la matanza de Rabaa. La seguridad no fue la prioridad, sencillamente; con frecuencia era la única opción. Y las instancias normativas de Washington volvieron a las herramientas tradicionales de las armas y la financiación militar para garantizarla, en parte porque habían forjado muy pocas alternativas importantes.

Los egipcios sufrieron las consecuencias cuando Estados Unidos les dio su aprobación y apoyo. «Ha sido... "despiadado" es una buena palabra. Penas de muerte. Arrestos masivos de periodistas. Desalojo de oenegés», dijo el general Hayden, el antiguo director de la CIA, reflejando lo que los responsables norteamericanos pensaban de Sisi en su conjunto. Pero cuando le pregunté a Hayden si había un punto que podría detonar una relajación de la asistencia militar, su rostro se ensombreció. «No estoy preparado para responder a eso», dijo. Juntó las manos, mirándome fijamente por encima de sus gafas sin montura. «Nos comprometimos —musitó—. Puede que contraigamos una deuda para el futuro.»

Samantha Power, la embajadora de Estados Unidos ante Naciones Unidas cuando ocurrió la matanza de Rabaa, fue crítica con la reacción de su país a esta crisis, y sigue siéndolo. «Tendríamos que haber renovado completamente la relación, teniendo en cuenta quién era Sisi y convertirla en algo puramente transaccional», explicó, exasperada. Por el contrario, tras breves pausas, se reanudó inevitablemente la asistencia norteamericana y las relaciones «fueron básicamente las mismas que antes de la matanza».

Power sabía que cortar el paquete de ayudas de 1,3 mil millones de dólares a Egipto no era realista en el plano político o estratégico, pero pensaba, como otros altos cargos, que los fondos podrían destinarse con más prudencia. «Ahora, la lógica de Camp David se ha terminado, porque Bibi [Netanyahu, de Israel] y Sisi tienen la relación que necesitan», del mismo modo que se acabó la lógica de dar a los egipcios todo el equipamiento que quisieran, me dijo. «Yo quería que un porcentaje enorme de ese dinero fuera a parar a Túnez. Deberíamos de estar recompensando a países que luchan por el progreso en la dirección que nosotros queremos.»

Los dilemas morales y éticos de este calado no eran nada nuevo en la geopolítica. Pero debido a las relaciones íntimas entre Washington y El Cairo, los compromisos se sentían más cercanos. De todos los dictadores que cautivaron a Donald Trump tras asumir el cargo, Sisi parecía ganarse las mayores atenciones y halagos. Trump anuló la decisión de la administración Obama de abstenerse de invitar a Sisi y sus jefazos a la Casa Blanca. Algunos egipcios que fueron testigos de esta relación en la época de Obama eran optimistas en cuanto a este viraje. «Con Trump por fin tienes a los dos presidentes hablándose el uno al otro», dijo Nabil Fahmy, el exministro de Exteriores interino.

Sin embargo, para bien o para mal, incluso los intentos vacilantes en favor de la rendición de cuentas se alejaban en el espejo retrovisor. «Sisi sigue recibiendo ayuda de Estados Unidos —dijo Teo Butturini, el fotógrafo italiano, meneando la cabeza—. Al mismo tiempo es la persona que ordenó disparar contra la gente en Rabaa. Es la persona que... hizo la ley contra las manifestaciones. Es la persona que está encarcelando a un montón de periodistas.» Una de las escasas fotografías que Butturini conservó de aquel día aciago en plena vorágine fue la de una lata de gas lacrimógeno, una de tantas que los aturdidos supervivientes recogieron del ensangrentado suelo. Varias parecían hechas en Estados Unidos. La que él fotografió llevaba el logo de CTS —Combined Tactical Systems—, una fábrica de

armas con sede en Jamestown, Pensilvania. Tenía incluso un
número de contacto de soporte, con un prefijo de Pensilvania
al que, presumiblemente, un egipcio tendría que haber llamado en horario comercial para hacer una reclamación. Butturini
nunca olvidó los gritos de los manifestantes a su alrededor, que
blandían las latas vacías: «Nos están disparando, gas lacrimógeno, y el gas viene de Estados Unidos».

21

Medianoche en el rancho

Cuando se despertó en la caja de una camioneta Chevy de color blanco que traqueteaba por los páramos del centro de Colombia, Freddy Torres empezó a sospechar que su tarde se había torcido sin remedio. El templado clima otoñal había cedido al viento gélido; las tierras altas boscosas, a las bajas llanuras. Algunas casas salpicaban el paisaje aquí y allá, y reinaba el silencio antes del alba. Más preocupantes eran los sacos de arpillera que chocaban contra sus piernas estiradas y las botellas vacías de aguardiente: estaban llenos de rifles. Torres —un joven en la veintena, nacido y criado en el pueblo de Cabrera, en Cundinamarca, a una tarde de trayecto al sur de Bogotá— no pretendía terminar así, resacoso, confuso, y a horas de camino de su casa. El paseo en camioneta era la última parada de una borrachera de doce horas. Ahora, tres hombres desconocidos con nombres extraños —Paisa, un apodo común entre los habitantes de Medellín; Costeño, que significa «de la costa»; y otro hombre que, por improbable que pareciera, se llamaba Freddy como él— lo habían conducido a lo que parecía ser el fin del mundo.

Corría la madrugada del 17 de septiembre de 2006 y Torres estaba a punto de confrontar los costes secretos de la alianza militar más cara de Estados Unidos en Sudamérica. En el frenesí coquero de la lucha contra las drogas en la región, muchas de las dinámicas evidentes en Afganistán, Somalia y Egipto han infestado las alianzas de Estados Unidos. Colombia, donde las relaciones más caras de la región han cristalizado en el Plan Colombia, un paquete de miles de millones de dólares de ayuda al ejército y al desarrollo, pone de relieve algunos de

los peores escollos y pactos faustianos de Estados Unidos con
militares extranjeros. Durante años, las relaciones con Colombia sirvieron principalmente de cuento con moraleja sobre la
violación de los derechos humanos, la corrupción desenfrenada
y la explosión de las drogas que se propagó con las intervenciones militares de Estados Unidos en Sudamérica y su insistencia en dar prioridad a las armas sobre las negociaciones. Pero
Colombia, en los últimos años, se ha convertido también en
lo que los funcionarios norteamericanos describieron como un
éxito, un modelo de cómo poner la asistencia civil al frente y
en el centro de las relaciones de importancia para la seguridad
nacional, dominadas por las conversaciones entre generales.

Aquella noche de septiembre de 2006 había arrancado
tranquila para Freddy Torres. Al volver a casa de un encargo
—solía pasar días enteros en la carretera que lo llevaban a los
confines del país—, coincidió con su primo Elvir en una *rocola*,
un garito de barrio que hacía las veces de bodega y de bar. Elvir
—siempre sociable y fiestero, nunca corto de amigos— estaba con un conocido suyo, el hombre que también se llamaba
Freddy, y los tres pidieron varias rondas de cerveza. Bromea-
ban, matando el tiempo plácidamente, observando de reojo a
los niños que le daban al balón en un parque cercano.

Cuando cayó la tarde, los jóvenes empezaron a impacien-
tarse. Llevaban varias cervezas encima cuando su nuevo amigo
Freddy propuso a los primos que lo acompañaran a un bar en
Fusa, una ciudad más grande a varias horas de allí. Cuando su
amigo les propuso pagar el viaje, los primos aceptaron ir con él,
para divertirse un poco. Su amigo salió del local para hacer una
llamada. —Torres oyó que decía: «Voy con dos personas».—
Volvió al cabo de un cuarto de hora y le dijo a Elvir que fuera
a buscar un coche de alquiler.

Los tres se subieron a un Renault de principios de los años
1980 y pusieron rumbo a Fusa, recogiendo a dos hombres más
en el camino, Paisa y Costeño. Un trayecto que normalmente
habría durado solo dos o tres horas se alargó toda la noche,
pues los hombres iban parando de bar en bar, ninguno de ellos
memorable, y de pueblo en pueblo. Con la misma frecuencia
cambiaban de coche; un detalle al que un Torres cada vez más
ebrio apenas prestó atención. En torno a la medianoche, y tras

demorarse en un punto de control, los hombres llegaron borrachos a Fusa y, tras varias horas bebiendo en un club de estriptis en La Curva y de pararse a comer empanadas, arepas y shish kebabs en un puesto callejero, Freddy, Paisa y Costeño invitaron a los primos a ir a un rancho cercano —propiedad de un amigo, pero abandonado desde hacía tiempo— para dormir la borrachera antes de volver a casa. Estaba a punto de amanecer y ninguno se lo pensó dos veces antes de aceptar. Torres y Elvir subieron a la caja del Chevy —su cuarto vehículo esa noche— y pronto les venció el sueño.

Fue al despertarse cuando Torres vio las armas.

Después de un trayecto largo e intenso, los hombres aparcaron el coche y les dieron sudaderas negras a los primos para que se cambiaran. Los nuevos amigos, que no eran amigos, como se convencía Torres cada vez más, los llevaron a una casa ranchera aislada de dos habitaciones, a todas luces vacía y abandonada, y les dijeron que esperaran en el dormitorio mientras los otros hombres buscaban provisiones.

Torres salió a hurtadillas de la casa para orinar. En ese momento vio pisadas recientes en la tierra alrededor de la casa; cosa extraña para ser una propiedad supuestamente abandonada. Estaba nervioso desde que habían llegado a la casa y las huellas le confirmaron sus temores: que les habían tendido una trampa, y que posiblemente habría más hombres, no solo aquellos con quienes habían estado bebiendo. Torres decidió no esperar a averiguar si estaba en lo cierto y corrió dentro para avisar a su primo de que había llegado la hora de irse. Ambos estaban ya casi fuera de la casa cuando sus colegas de copas abrieron fuego. Esquivando la mortal rociada, Torres saltó por la ventana trasera y corrió hacia el bosque cercano, donde se escondió durante casi diez horas mientras quienes querían matarlo barrían las colinas en su busca. Cuando el sol empezó a ponerse, fue caminando hasta la población más cercana y llamó a la policía y a su familia.

Torres sobrevivió. A Elvir lo asesinaron.

Esto fue solo el principio de la extraña saga de Freddy Torres. Para su sorpresa, los militares acusaron falsamente a Elvir de ser un guerrillero de la guerra civil y declararon su muerte como una baja en combate. Torres inició una campaña para limpiar el nombre de su primo y sufrió algunas amenazas de muerte por ello. Al final, un pistolero oculto le disparó a través del parabrisas cuando estaba dentro de su coche aparcado cerca de su casa en Bogotá, en febrero de 2007. Salió ileso, pero, después del intento de asesinato, Torres se llevó de allí a su familia y adoptaron una vida ambulante, cambiando de número de teléfono móvil y de casa cada pocos meses. Las autoridades no respondieron a sus peticiones de protección, dijo. («No ayudan a nadie, porque no quieren tener problemas con el Estado», me contó.) Torres tenía el convencimiento de que el asesinato de Elvir y los posteriores intentos de intimidarle solo podían venir de poderosos actores en el seno del ejército colombiano. Al final, sus sospechas se confirmaron cuando un coronel militar que había espoleado a sus soldados para asesinar a civiles fue culpado del asesinato de Elvir. Los hombres que se hicieron llamar «Freddy», «Paisa» y «Costeño» nunca fueron encontrados, y no digamos ya detenidos.

La historia de Torres se suma a otras miles contadas por testigos de la «victoriosa» guerra contra el terrorismo de Colombia. Elvir fue una víctima del fenómeno de «falsos positivos»: la práctica no reconocida y de larga data de las ejecuciones extrajudiciales perpetradas por el ejército colombiano. Bajo la presión de sus comandantes para dar una apariencia de éxito en la guerra contra las guerrillas, miembros de las fuerzas armadas atraían a civiles confiados, los mataban y disfrazaban los cadáveres como rebeldes de las FARC. Estas muertes servían para inflar el promedio de golpes asestados por los militares. Los perpetradores de estos asesinatos falsos positivos eran recompensados con períodos vacacionales, promociones y medallas. Entre las víctimas se contaban campesinos, niños, personas sin techo, drogadictos, discapacitados psíquicos y delincuentes de tres al cuarto. Raras veces —o nunca— pertenecían a las guerrillas de las FARC.

Hasta 2008, la mayoría de las instancias normativas colombianas podían fingir que los falsos positivos eran un mero rumor, pero ese mes de septiembre, el denominado «escándalo de Soacha» descubrió el pastel. Los fiscales supieron del destino de veintidós jóvenes desfavorecidos de las barriadas de Bogotá, que bajo la promesa de empleos bien remunerados, fueron transportados fuera de la ciudad, asesinados y disfrazados de miembros de las FARC. El general Mario Montoya, comandante del ejército de Colombia, dimitió el 4 de noviembre de 2008. Los fiscales investigaron más de 3000 supuestos positivos falsos presentados así por parte del personal de la milicia en la década del 2000. En 2015, la ACNUR —la Oficina del Alto Comisionado de las Naciones Unidas para los Refugiados— informó de que el número total de víctimas de falsos positivos podía ascender a 5000.

En Colombia había habido ejecuciones de civiles, pero esta práctica se disparó en la fase final de varias décadas de guerra civil, a comienzos del año 2000. El ejército se cebó con los rebeldes de las FARC con renovada saña, y se vanagloriaba de demostrar sus progresos a una ciudadanía frustrada y a sus financiadores norteamericanos. El ministro de Defensa, Camilo Ospina, aprobó *de facto* la práctica en 2005, cuando aprobó la llamada Directiva #29, que autorizaba «el pago de recompensas por la captura o el abatimiento en combate de cabecillas de las organizaciones armadas al margen de la ley». La recompensa se fijó en 1500 dólares por asesinato, un poco menos de la mitad de lo que el colombiano medio llevaba a casa por año. Las ejecuciones civiles se duplicaron al año siguiente. No se sabe qué cumbres alcanzó el escándalo, pero la práctica era común y no se limitaba a ninguna unidad o región. Philip Alston, relator especial de la ONU, descubrió, tras llevar a cabo una investigación sobre la práctica, que «no había pruebas que indicaran que estos asesinatos se perpetraban como un asunto de la política estatal oficial, o que fueran dirigidos o perpetrados con el conocimiento del presidente o los sucesivos ministros de Defensa».

Para Washington, los asesinatos falsos positivos habrían constituido otro bache trágico en la historia de un país extranjero de no haber sido por este hecho: muchos de los peores criminales habían sido entrenados y financiados por Estados Unidos. Los investigadores descubrieron que las brigadas del ejército colombiano que recibieron más ayuda norteamericana se asociaban con un número de ejecuciones significativamente superior. En la carrera de Washington para apoyar a sus socios colombia-

281

nos en su misión de proteger el país contra los llamados terroristas, las autoridades militares y otras instancias normativas estadounidenses raras veces indagaban sobre los combatientes a los que estaban preparando para la batalla. Casi la mitad de los comandantes colombianos entrenados en el Instituto de Cooperación para la Seguridad Hemisférica de Fort Bennning han sido acusados de algún delito grave o han comandado unidades cuyos miembros habían perpetrado ejecuciones extrajudiciales. Los comandantes como el general Jaime Lasprilla —un antiguo instructor en Fort Benning que sancionó o alentó cientos de asesinatos bajo su mando— eran moneda común.

Antes incluso de que estallara el escándalo de Soacha, circulaban rumores de ejecuciones extrajudiciales en los servicios de inteligencia, el ejército y el cuerpo diplomático de Estados Unidos. Un cable de 1994 del embajador norteamericano en Bogotá advirtió de la «mentalidad del cómputo de bajas», explicando que «los oficiales de campo que no pueden demostrar antecedentes de actividad antiguerrillera agresiva (que se lleva la palma en violaciones de derechos humanos) salen perdiendo a la hora de los ascensos». Un informe de los agentes de inteligencia de la CIA ese mismo año era incluso más explícito al afirmar que las fuerzas de seguridad colombianas «emplean las tácticas de los escuadrones de la muerte en su campaña contra la insurgencia» y tenían «un pasado de asesinatos de civiles con ideología de izquierdas en las zonas de la guerrilla, cooperando con grupos paramilitares vinculados al narcotráfico en ataques contra sospechosos de simpatizar con la guerrilla y asesinando a combatientes capturados». El Pentágono llegó a una conclusión similar cuando informó en 1997 de un «síndrome del cómputo de bajas» en el ejército que «tiende a alimentar las violaciones de los derechos humanos por parte de soldados que intentan cumplir su cuota para impresionar a sus superiores» y apuesta por una «política arrogante o, como mínimo, pasiva cuando se trata de permitir que los paramilitares le hagan el trabajo sucio… al ejército colombiano con su contribución al cómputo de bajas entre los guerrilleros». Pero los colombianos —y por extensión los norteamericanos— estaban riñendo una guerra. Con frecuencia, los jefazos no tenían tiempo de vigilar a sus soldados, o el interés de hacerlo.

Υ

El 28 de octubre de 1998, el nuevo presidente de Colombia, Andrés Pastrana Arango, acompañó al presidente Clinton en la rosaleda de la Casa Blanca en una conferencia de prensa de las más desconcertantes que se recuerdan. El debate versó sobre el estrechamiento de los vínculos entre ambos países, que al final adoptó la forma de un nuevo paquete de ayudas económicas, esta vez histórico. «Fue la primera fase del Plan Colombia —me dijo Pastrana—. La primera vez que hablamos de Colombia de verdad a un nivel tan elevado.»

Los periodistas presentes tenían otros temas en la cabeza. Pastrana recordaba que «la primera pregunta de la conferencia de prensa fue: "¡¿Cómo van a explicar el escándalo a Chelsea?!"». En realidad, la pregunta vino bastante después en la conferencia, pero su recuerdo era correcto. La transcripción de la conferencia se degusta como un milhojas; Clinton haciendo de tripas corazón por desviar el interés hacia la política exterior, la prensa acreditada bombardeándole de preguntas sobre el escándalo sexual que implicaba a una becaria de la Casa Blanca y abrumaba su presidencia.

Clinton, recordaba Pastrana, estaba tenso. «Me ofreció una Coca-Cola Light. Era un ser humano, no hay ninguna duda sobre eso. Por primera vez, veías su lado humano.» La yuxtaposición surrealista continuó. Al margen de la conferencia de prensa, Pastrana pidió entrevistarse diez minutos con Clinton en el Despacho Oval. Según sus recuerdos, Clinton fue a su despacho y sacó un mapa de Colombia y ambos se fijaron en las zonas que Pastrana quería desmilitarizar. A continuación, me dijo Pastrana, «me preguntó qué pensaba de su respuesta a la primera pregunta», refiriéndose a Monica Lewinsky. Pastrana le dijo que había contestado bien. Soltó una risita al recordar la escena: «Fue raro». Los dos hombres se entendían. «Había buena química.» Las conversaciones prosiguieron y se concretaron, al año siguiente, en un plan que definiría el legado de Clinton en Sudamérica. «Propuse lo que llamé un Plan Marshall para Colombia», me dijo Pastrana. El resultado fue una ayuda de diez mil millones de dólares para el desarrollo del país y una inyección de ayuda militar.

Para vender su costoso plan, Clinton apeló a una ciudadanía norteamericana obsesionada con las drogas. Los sondeos Gallup a partir de 2001 muestran una mayoría aplastante de ciudadanos norteamericanos que expresaron «una gran preocupación» por el consumo de drogas. Como el 90 por ciento de la cocaína procedía de Colombia en ese momento, tenía sentido que se prestara tanta atención al país sudamericano. Clinton lo tenía fácil para convencer: «Los traficantes colombianos son una amenaza directa para la seguridad de Estados Unidos», dijo a la población. El Plan Colombia «permitiría que el programa contra las drogas de Colombia infligiera graves daños a la actividad productora en rápida expansión en zonas ahora dominadas por las guerrillas o grupos paramilitares». Anne Patterson, que había sido embajadora de Estados Unidos en Pakistán en la época en que Holbrooke estuvo en la región y en Egipto después, también fue embajadora en Colombia durante los tres primeros años del nuevo plan de asistencia. «La estrategia es darle al Gobierno colombiano las herramientas para combatir el terrorismo y el narcotráfico, dos batallas que se han convertido en una —me dijo—. Para combatir el narcotráfico y el terrorismo es necesario atacar todos los vínculos de la cadena simultáneamente.»

El presidente Clinton decidió no incluir las disposiciones sobre los derechos humanos, alegando que la seguridad era lo primero. Para justificar la renuncia, el presidente explicó que «nuestro paquete de asistencia es crucial para mantener la lucha contra la droga y ayudar al Gobierno colombiano y a su pueblo a preservar la democracia de Colombia».

Inicialmente, Colombia quería un reparto de 70-30 entre lo social y lo militar; Estados Unidos quería lo contrario. El plan final lo escribió en gran medida un colombiano —Jaime Ruiz, uno de los asistentes más próximos a Pastrana, a decir de ambos—, pero llevaba la huella evidente de las prioridades norteamericanas. El plan reservaba 1,3 mil millones de dólares al año para una década de lucha contra el «narcoterrorismo». El primer año, más del 70 por ciento de los fondos fueron a parar a ayudas al ejército y a la policía que lo incluían todo, desde los Black Hawks hasta los equipos de comunicación, pasando por formadores y tecnología de guerra química. Como explicó el exembajador estadounidense Robert White: «[Colombia] llega pidiéndote pan y le das piedras». Pero la remanente del dinero norteamericano se destinó al desarrollo económico, las reformas judiciales y la ayuda a los desplazados. Y los mayores logros del acuerdo solo llegaron cuando se equilibró la balanza de la asistencia militar y civil, y los altos cargos estadounidenses y colombianos empezaron a reconocer el valor de reconstruir las mermadas instituciones del país.

El embrollo de Estados Unidos en Colombia se debió al mismo celo anticomunista que había propulsado la participación norteamericana de Vietnam a Afganistán. Las inquietudes a propósito de las drogas vendrían después. Las semillas de las tendencias que estallarían durante la presidencia de Trump —la devaluación de la diplomacia, pasando a un segundo plano, la preponderancia de las decisiones de los generales— fueron plantadas en este primer período, entre las aventuras militares de la Guerra Fría. Cientos de miles de inocentes serían víctimas de estas intervenciones.

285

La intervención colombiana empezó con un viaje de las fuerzas especiales a Bogotá en 1962, liderado por el teniente general William Yarborough, comandante del Army Special Warfare Center de Estados Unidos, quien propuso una de las guerras subsidiarias clásicas de la época, utilizando a autóctonos «para realizar funciones de contrainformación y contrapropaganda y, en caso de necesidad, ejecutar actividades paramilitares, de sabotaje y/o actividades terroristas contra conocidos defensores del comunismo».

Basándose en sus descubrimientos, Estados Unidos ayudó al Gobierno colombiano a formular el Plan Lazo, una estrategia contra la insurgencia a imagen del Programa Phoenix en Vietnam. El Plan Lazo, adoptado oficialmente por el ejército colombiano el 1 de julio de 1962, se vendió a los colombianos como una estrategia «para ganarse los corazones y los espíritus». Es más, era una trama de Estados Unidos para eliminar a los comunistas, con ayuda de informantes civiles. Una orden presidencial colombiana conocida como el Decreto 3398 fortaleció el Plan Lazo. Decía: «Todos los colombianos, hombres y mujeres [...] podrán ser utilizados por el Gobierno en actividades y trabajos con los cuales contribuyan al restablecimiento de la normalidad», permitiendo *de facto* a las autoridades organizar a los ciudadanos comunes en milicias. Junto con el Plan Lazo secundado por Estados Unidos, el Decreto 3398 creó «unidades de autodefensa» civil y «equipos de cazadores-asesinos» instruidos y autorizados a matar campesinos armados o desarmados.

El ejército de Estados Unidos y la CIA empezaron a instruir a las tropas colombianas en las mismas técnicas aplicadas en Vietnam. Como parte de un programa de la CIA, el Departamento de Estado y de la Agencia de los Estados Unidos para el Desarrollo Internacional (USAID) instruyó a la policía colombiana en la «escuela de bombas» de la agencia en Los Fresnos, cuyo programa incluía los cursos «Dispositivos terroristas», «Bombas incendiaras» y «Armas de asesinato».

Estados Unidos no estaba limitándose a enseñar al ejército colombiano a luchar contra los comunistas; estaba garantizando esa lucha. A principios de la década de 1960, las fuerzas colombianas usaron vehículos suministrados por los norteamericanos, equipos de comunicación y armas para destruir a las comunidades rebeldes del país. La campaña antisubversiva contra los campesinos comunistas —en su mayoría cultivadores— comenzó en serio el 18 de mayo de 1964, cuando el ejército colombiano envió a un tercio de sus tropas a destruir el pueblo izquierdista de Marquetalia, defendido por unas pocas docenas de combatientes. La operación se hizo a petición de Estados Unidos, con ayuda norteamericana. Había consejeros militares estadounidenses *in situ* para su planificación y ejecución. Después del primer asalto, el Gobierno colombiano empezó a rastrear otras comunidades rurales de izquierdas autogobernadas.

Que las iniciativas colombianas pecaban de corrupción y mala gestión —y que incitaban a más derramamiento de sangre— no era un secreto en Foggy Bottom. El secretario de Estado Dean Rusk y el embajador estadounidense Adlai Stevenson reconocieron la contradicción moral y enviaron cables informando de que su financiación estaba desatando la violencia rural y la perturbación económica. Y el Departamento de Estado se vio en apuros para sostener que la prolongada lucha entre la izquierda y el ejército colombiano había hecho mucho por mejorar el destino de la mayoría de los colombianos: la lucha de clases subyacente que había desatado el conflicto persistía, puesto que los campesinos sin tierra siguieron estando privados de sus derechos y la élite urbana se enriqueció gracias al caos. En esta época aumentaron la inversión y los préstamos de Estados Unidos, hasta tal extremo que el presidente Alberto Lleras Camargo constató irónicamente: «La sangre y la acumulación de capital fueron de la mano».

Las Fuerzas Armadas Revolucionarias de Colombia (FARC) se levantaron poco después, en respuesta directa a los ataques secundados por Estados unidos contra la izquierda en Colombia. Después de barrer Marquetalia del mapa, los pocos izquierdistas que quedaban en la zona huyeron a los montes, donde hicieron piña con otros grupos rebeldes y se comprometieron a luchar por una mejora de las condiciones de los habitantes rurales y defender a sus seguidores de los abusos militares.

287

La organización creció rápidamente. Las FARC no eran solo una fuerza guerrillera que luchaba por la tierra, sino un movimiento político que aspiraba a la reorganización socialista del país. Campesinos, indígenas, afrocolombianos, obreros sin tierras, sindicalistas, profesores, intelectuales —la gente «del suelo»— engrosaban sus filas. Las FARC empezaron a organizar escuelas, centros médicos y proyectos sociales; básicamente, se pusieron a dirigir un Estado paralelo.

Sin embargo, el grupo seguía siendo una fuerza de combate en su núcleo. Al poco de organizarse, los líderes de las FARC empezaron a entrenar milicias en las zonas rurales para acometer ataques. Las FARC recurrieron a una campaña de terrorismo; no solo bombardeaban comisarías y bases militares, sino también hospitales, iglesias y colegios. Los rescates de sus secuestros les proporcionaron ingresos hasta finales de la década de 1970, cuando el grupo empezó a traficar con cocaína.

Durante el primer mandato de Reagan, Colombia proporcionaba casi el 80 por ciento de la cocaína y la marihuana que entraba en el país. La inesperada fortuna que las drogas procuraban a las FARC les permitió atraerse el apoyo de los colombianos, nada contentos con la pobreza extrema que sufría buena parte del país. En 1980, las FARC ya habían multiplicado por seis sus combatientes, que sumaban en torno a tres mil en todo el país. Sus ingresos se dispararon y se contaban por miles de millones. Y la violencia fue a más. El reino del terror de las FARC se cebaba con sacerdotes, políticos, militares e incluso civiles importantes de la derecha, a menudo simplemente para infundir miedo.

A cambio, los propietarios de élite contrataron a fuerzas de combate derechistas, muchas de las cuales procedían de grupos respaldados por Estados Unidos en virtud del Plan Lazo. Estos grupos se cebaban agresivamente con cualquiera que fuera hostil a sus empleadores. Los paramilitares estaban en todas partes: en su apogeo contaron con treinta mil personas en sus filas y operaban en dos tercios del país. El Gobierno armó y reconoció legalmente a algunos de ellos. Y eran brutales: un grupo, las Autodefensas Unidas de Colombia (AUC), asesinó a más de diecinueve mil personas en sus dos primeros años activos.

Con el tiempo, los escuadrones de la muerte paramilitares se ganaron el apoyo del Gobierno, el ejército y los traficantes —e incluso de Estados Unidos—. La Casa Blanca se negó a facilitar ningún diálogo pacífico entre el Gobierno y la izquierda, que tachó de «narcoguerrillas». En algunos casos, la Casa Blanca de Reagan llegó incluso a apoyar directamente a informantes o asesinos paramilitares.

En los años ochenta, en el marco de una de las asociaciones más funestas de la guerra transnacional contra las drogas, el ejército colombiano y los mayores veinte traficantes de cocaína del país formaron un equipo para fundar una escuela nacional de formación sobre contraterrorismo, apoyada por los servicios de inteligencia de Estados Unidos. El grupo se dio a conocer como MAC, o «Muerte a Secuestradores» y tenía supuestamente una única misión: frustrar la táctica de secuestrar a políticos y ricos propia de las FARC. Los traficantes debían depositar un pago inicial de treinta y cinco mil dólares norteamericanos. Los generales contrataron a mercenarios israelíes y británicos para impartir la formación; participaron agentes de la CIA y de los servicios de inteligencia de Estados Unidos.

El grupo tuvo éxito en el sentido de que asesinaba; al final, se transformó en otra extensión paramilitar y criminal del ejército y le hacía el trabajo sucio al Gobierno en la guerra contra las FARC, con poco o escaso interés en detener los secuestros. El MAC siguió obstaculizando el proceso de paz liderado por el presidente Betancur en los años 1980 al asesinar a más de setecientos miembros de las FARC que entraron en el proceso político como parte de la Unión Patriótica, un partido político de izquierdas. En un giro irónico, muchas de estas organizaciones paramilitares entraron en el negocio de la droga también, y los dólares norteamericanos enviados a Colombia para combatir la guerra contra las drogas terminaron llenando los bolsillos de los traficantes.

El resultado fue un mosaico de facciones y violencia que parecía pintado por Escher. En 1999, Colombia vivió miles de actos de terrorismo y secuestros. La tasa de homicidios alcanzó la vertiginosa cifra de sesenta por cien mil. Cerca de veinte mil combatientes de las FARC se escondieron en todo el país y se embolsaron millones por los rescates de los secuestros. La mitad entera del territorio de Colombia carecía de la presencia de unas fuerzas de seguridad; las FARC gobernaron esencialmente todo el sur del país, donde el Gobierno no se atrevía a entrar. Más de 700 000 colombianos se marcharon del país entre 1995 y 2000. La violencia era cada vez más espeluznante; las Autodefensas Unidas de Colombia (AUC) mataban a civiles por docenas y se ganaron su propia fama por sus tácticas macabras, entre ellas, jugar al fútbol con cabezas cercenadas y descuartizar a sus víctimas con motosierras.

El zar antidroga de Clinton, el general Barry McCaffrey, recordaba vivamente la violencia: «No podías ir en coche a ningún sitio del país sin arriesgarte a que te secuestraran. Parecía uno de esos programas de televisión que pueden llamar a tu número por azar: el punto de control de las FARC buscaba tu nombre, calculaban tu valor y terminabas o secuestrado o muerto en la selva». Era una «situación execrable».

Cuando se acercaba el cambio de siglo, los colombianos decidieron que había llegado la hora de una paz permanente. Trece millones de personas se manifestaron en la protesta «No más» a escala nacional contra la guerra en octubre de 1999, en un país de cuarenta millones de habitantes. Ese mismo mes, diez millones votaron por la paz en un referéndum simbólico que sirvió de aviso a los políticos colombianos. Ningunas elecciones políticas oficiales habían visto jamás semejante número de votantes.

Andrés Pastrana, que era el presidente entonces y había sido secuestrado una vez por el cártel de Medellín, dijo que entendió enseguida las implicaciones de este voto. «Ningún candidato presidencial había recibido jamás tantos votos», dijo. Por esta razón, después de ganar las elecciones, «decidió que lo primero que haría sería intentar conseguir la paz». Pastrana probó tácticas nunca antes vistas. Se reunió con los líderes de las FARC, llegando incluso a viajar a las montañas para hablar en persona con los comandantes rebeldes. Concedió una zona desmilitarizada a las FARC como prueba de buena voluntad. Inició conversaciones de paz oficiales en sus primeros seis meses de mandato. Y, por supuesto, él y Clinton, tras aquel extraño encuentro en la rosaleda de la Casa Blanca, negociaron el Plan Colombia.

Casi dos décadas después, que el Plan Colombia se considere todo un éxito dice mucho de lo macabra que había sido antes la situación. Los costes del acuerdo fueron astronómicos, tanto en el aspecto económico como humano. Estados Unidos había gastado 10 mil millones de dólares para sostener a las fuerzas de seguridad, la economía y las instituciones políticas en Colombia. Únicamente Israel y Egipto recibieron más ayuda. De 2005 a 2014, se calcula que se perpetraron más de 170 000 asesinatos políticos de la izquierda. El escándalo de los falsos positivos se cobró la vida de miles de personas. Las violaciones de los derechos humanos, algunas de ellas inseparables de la ayuda norteamericana, eran frecuentes: las bombas inteligentes de fabricación norteamericana se emplearon a mediados de los años 2000 para erradicar a los líderes de las FARC más allá de las fronteras de Colombia y a menudo se cobraban muertes civiles.

Los casos de «terrorismo de Estado secreto» eran comunes. Más famosa fue la destrucción de la población de San Vicente del Caguán en febrero de 2002; un ataque que se hizo eco del ataque conjunto americano-colombiano contra Marquetalia cuarenta años antes. Las fuerzas gubernamentales, bajo la presión de Estados Unidos, invadieron San Vicente en el próspero territorio sureño en buena parte autónomo, conocido como «Farclandia». San Vicente era una comunicad próspera, con su propia fuerza policial, nuevas autovías y puentes, electricidad general, colegios de calidad y un sistema sanitario. Sin embargo, después de que una ronda de conversaciones se interrumpiera bruscamente, Pastrana ordenó al ejército que lo invadiera. Aviones A-37 y A-47 suministrados por Estados Unidos lanzaron bombas. Trece mil tropas entrenadas por Estados Unidos cercaron el pueblo. El Gobierno se declaró victorioso y dijo a los medios de comunicación que habían barrido los supuestos campamentos de las FARC en la zona. Y lo hicieron, con numerosos civiles, niños y ancianos dentro.

Las víctimas de la guerra raras veces vieron justicia. Los militantes fueron «encarcelados» en granjas y villas, tras lo cual resurgían con sus fortunas y redes intactas, inmunes contra cualquier juicio o extradición posterior. Los líderes paramilitares extraditados por los norteamericanos cumplieron por lo general sentencias leves; apenas siete años, un poco más de la mitad de las cumplidas por los camellos callejeros detenidos por vender menos de treinta gramos de cocaína.

Casi dos décadas después del lanzamiento del Plan Colombia —y casi setenta años después del inicio de la intervención norteamericana en Colombia—, la pregunta seguía en el aire: ¿La insistencia de Washington en alcanzar sus objetivos militares y de seguridad había tenido un coste humano demasiado alto? ¿Una mayor influencia civil en la mesa de toma de decisiones habría podido evitar muertes como la de Elvir? Cuando le pregunté al general McCaffrey, el zar antidroga de la administración Clinton, si Estados Unidos tenía alguna responsabilidad por las muertes civiles durante la guerra civil, puso el grito en el cielo. La idea de la complicidad estadounidense era «paparruchas sin sentido de la peor clase. Un disparate como la copa de un pino».

«¿Por qué iba a ser así —preguntó, aludiendo a la fecha que indicaba una correlación entre el apoyo norteamericano y las unidades colombianas que cometieron abusos—. ¿Por qué la

291

supervisión de los responsables del Servicio Exterior norteamericano y las autoridades militares... habría aumentado las
ejecuciones extrajudiciales y el caos? Es un disparate. Lo más
creíble es que estas unidades participaran más en la contrainsurgencia, eso es todo... algunos puede que participaran en más
operaciones que hubieran implicado violaciones de los derechos
humanos. Pero [acusar a Estados Unidos] es una paparrucha
que no cuela.»

«Fue una guerra sangrienta, ocurrieron algunas cosas
muy feas —reconoció—. Pero básicamente [el ejército colom-
biano] era la institución en la que más confiaba la sociedad
colombiana.» Y, de hecho, los militares han sido muchas veces
la institución de más confianza en países marcados por estas
guerras subsidiarias norteamericanas. La pregunta incómoda
que raras veces abordaban los responsables norteamericanos
era en qué medida el apoyo de Estados Unidos elevó a estos
militares a su estatus: el de ser las únicas estructuras perdura-
bles en sus territorios.

292

A pesar de su coste, el Plan Colombia —a diferencia de
otras iniciativas posteriores como la de Pakistán, por ejemplo— finalmente se reequilibró hacia la asistencia civil y sentó
las bases de la paz. En la primera década del plan, la policía
nacional expandió su presencia en todas las municipalidades
del país y contribuyó a disminuir los secuestros de tres mil al
año a solo poco más de doscientos. Los asesinatos se atajaron a
casi la mitad, al igual que las fuerzas de las FARC. En 2006, había conseguido la desmovilización voluntaria de más de treinta
mil combatientes, poner fin a buena parte de la violencia paramilitar e iniciar conversaciones de paz con comandantes de
las AUC, muchos de los cuales aceptaron que los procesaran a
cambio de penas de prisión más leves.

En las relaciones con Colombia, a diferencia de tantas otras
alianzas similares, se creó un plan de desarrollo integral en torno a la entrega de armas y los derechos humanos. Los compo-
nentes militares y no militares del pacto se reforzaron mutuamente. «Intentamos que el Congreso firmara un Acuerdo de
Libre Comercio con Colombia, apoyamos a Uribe en su política

de seguridad democrática para reconstruir las instituciones en Colombia —recordó Condoleezza Rice—, pero había que derrotar a las FARC. La razón por la que ahora se han entablado negociaciones de paz razonables es porque las FARC no pudieron seguir reteniendo Cartagena y Bogotá.» Esta integración más equilibrada de la estrategia diplomática y de seguridad fue una de las principales razones que posibilitaron en última instancia la paz en una nación sitiada. A la postre, dijo McCaffrey, «estamos hablando de la intervención política más exitosa de Estados Unidos desde la Segunda Guerra Mundial».

Las alianzas militares de Estados Unidos en el mundo cargan con una mochila de tragedia y caos, pero también de enseñanzas. «Si miras el plan Colombia, la diplomacia llevaba las riendas», dijo Rice. Pero en los años que siguieron, la administración Trump se esforzaría por aplicar en otros lugares las lecciones que habían hecho de Colombia un modelo de éxito atípico. Sin embargo, cuando los recortes presupuestarios radicales dejaron en los huesos la asistencia al desarrollo, global e integrada, en que estaba anclada el Plan Colombia, y una nueva oleada de contratos de armas y llamadas a caudillos parecían desviar la política exterior norteamericana de su interés en el cumplimiento de los derechos humanos, nada parecía indicar que estas lecciones hubieran servido de nada.

293

TERCERA PARTE

Presente en la destrucción

Washington, 2017
Corea del Norte, 2007

No hay tregua o negociación con los matones.
Quise conversar pero pasó de mí.

2PAC, *Grab the mic*

22

El estado del secretario

*E*l equipo de Rex Tillerson andaba a la greña otra vez. «Venga, ¿quién va con él?», decía Margaret Peterlin, su jefa de personal. Me miró de arriba abajo como quien acaba de descubrir una plaga en su casa. Estábamos en Mahogany Row, ante las amplias puertas dobles del despacho del secretario de Estado. Steven Goldstein, el subsecretario de Estado para la diplomacia y los asuntos públicos, cruzó los brazos y la fulminó con la mirada. «Bueno, pues supongo que yo no —le dijo—. Heather puede ir.» Señaló con la cabeza a la portavoz de Tillerson, la expresentadora de *Fox News*, Heather Nauert. Peterlin entrecerró los ojos. «¿Está seguro?», le preguntó con teatral disgusto. Goldstein no le respondió. Tillerson avanzó decidido hacia la puerta, poniendo fin a la tensión.

Esta clase de desacuerdos con frecuencia se cocían a fuego lento durante los meses que antecedieron al brusco despido de Tillerson en marzo de 2018, según numerosos miembros de su círculo de allegados en apuros. A menudo emanaban de Peterlin, un abogado formidable y antiguo miembro del personal del Congreso que contribuyó a redactar el borrador de la Ley Patriótica después de los atentados del 11-S y había guiado a Tillerson durante su proceso de confirmación. Cuando le pasaron una nota indicándole que yo llegaba ese día, dio un ultimátum al resto del equipo: de todo el personal de relaciones públicas, solo Goldstein podría estar presente en la entrevista. Goldstein señaló que Nauert, en tanto portavoz, sería el responsable de responder a las cuestiones públicas. Peterlin insistió en que no había sitio y punto. Dos miembros del personal dijeron que había otro motivo: Peterlin había presionado para que despidieran a Nauert. El enfrentamiento no se había resuelto cuando me llevaron a conocer a Tillerson, ni tampoco cuando me fui, cuando sobrevino otro contratiempo a propósito de quién se quedaría con el secretario. (Goldstein volvió a insistir en Nauert, lo que impacientó claramente a Peterlin.)

Estas riñas tampoco es que fueran dramáticas, pero sí un comportamiento poco habitual y descarado delante de un reportero, y contradecían las firmes pautas de comunicación que la mayoría de los predecesores de Tillerson apreciaban. Dejaban entrever un Departamento de Estado que parecía sumido en el caos en todos los niveles. Mientras la administración Trump cedía competencias políticas al Pentágono y al creciente número de generales en la Casa Blanca, este era el único contrapunto: un Departamento de Estado debilitado, dirigido por secretarios en apariencia seleccionados para el cargo por su buena voluntad a hacer de verdugos de la diplomacia —y, en el caso de Tillerson, despedidos con la misma presteza por su incapacidad de hacerlo.

298

Cuando nos vimos en enero de 2018, Tillerson llevaba un traje gris oscuro y una corbata color amarillo canario con motivos de herraduras de caballo. Estaba sentado, con las piernas cruzadas y relajado, en una de las butacas tapizadas de azul y oro del despacho del secretario, a pocos pasos del punto en el que el corazón de Richard Holbrooke se había parado siete años antes. El despacho no había cambiado mucho desde ese día, salvo por la decoración: cuando Tillerson se instaló en él, sustituyó los retratos de los diplomáticos fallecidos con paisajes del Oeste americano. A Tillerson solían compararlo muchas veces con un *cowboy* y, entre la decoración y las herraduras, parecía que él mismo alimentaba esta imagen. El nombre ayudaba: Rex Wayne Tillerson, por Rex Allen y John Wayne, los actores de algunas de las películas de *cowboys* más fanfarrones e indelebles de Hollywood.

Tillerson nació en Wichita Falls, Texas, y creció allí y en la vecina Oklahoma, en el seno de una familia de medios modestos. Su padre «conducía una camioneta que vendía pan a los colmados» y su madre criaba a los hijos. La pareja se conoció en los Boy Scouts, cuando su madre fue a visitar a su hermano en el campamento donde trabajaba el padre de Tillerson. Fiel a la tradición, Tillerson fue un líder activo de los Boy Scouts durante gran parte de su carrera. Su biografía está marcada por un sincero interés en superarse a sí mismo: fue un Eagle Scout —el grado más alto de la organización— y luego miembro de la banda de su instituto, en la que tocaba el timbal y la caja, y que le valió una beca para tocar en la banda de marcha de la Universidad de Texas, en Austin. En el transcurso de sus más de cuarenta años en ExxonMobil, que culminaron en un puesto de directivo durante una década, amasó una fortuna personal de al menos trescientos millones de dólares; eso sin incluir el plan de jubilación de unos ciento ochenta millones de dólares que recibió al irse de la empresa para entrar en el Gobierno. La invitación a incorporarse a la administración Trump desbarató sus planes de jubilación con su esposa Renda y dos fincas de ganado y equinas en Texas. «Yo no quería este trabajo —dijo—. Mi mujer me dijo que no podía decir que no a algo así… Yo pensaba retirarme a mi rancho con mis nietos.» Cuando, un año después de ocupar su cargo, le pregunté si pensaba que había hecho bien en aceptar el cargo, se rio. Peterlin le lanzó una mirada de advertencia. «Sí —dijo—. Ha sido… —frunció el ceño, buscando la palabra— "interesante".»

299

Cuando Trump propuso a Tillerson para el cargo, su experiencia al frente de una de las corporaciones multinacionales más grandes del mundo inspiró optimismo entre los diplomáticos de carrera. Varios dijeron que podría ser un firme defensor del Departamento de Estado. Que podría poner su conocimiento del sector privado al servicio del crecimiento de la institución, o al menos aportarle un toque de inteligencia. Y los primeros comentarios de Tillerson a su fuerza laboral —diez minutos de discurso, de pie en las escaleras del atestado vestíbulo del Departamento de Estado— fueron bien recibidos. «Soy el nuevo», dijo afablemente a la multitud. Hizo alusión a las paredes de los dos extremos del vestíbulo, donde los nombres de cientos de diplomáticos del Servicio Exterior muertos en el cumplimiento de sus deberes están grabados en mármol. «El ambiente era bueno», recordó Erin Clancy, la diplomática del Servicio Exterior que salvó la vida por los pelos en la matanza de Mahogany Row, poco después de que confirmaran a Tillerson en su puesto. «Todo pintaba de maravilla. Su historial profesional era prometedor.» Una fuente cercana a la casa Blanca de Trump se hizo eco de este sentimiento. «Esto sí que es una opción diferente —recordó haber pensado esa persona al preguntarle por primera vez sobre Tillerson—. Un tipo estupendo.»

Los problemas se acumularon rápidamente. Después de llegar al Departamento de Estado, Tillerson desapareció. Concedió pocas entrevistas y torpedeó el acceso a la prensa hasta un extremo sin precedentes. Durante su primer viaje a Asia, levantó ampollas en la prensa acreditada al llevarse solo a un redactor solitario de un sitio web conservador. La exsecretaria de Estado Condoleezza Rice, que había defendido la nominación de Tillerson, fue una de las muchas personas que expresaron su consternación. «A la prensa tienes que subírtela al avión —como varias personas cercanas a ella recordaron que dijo—. Se llama democracia. Esto es lo que recomendamos cuando viajamos en aviones financiados por el Gobierno en calidad de secretario de Estado. ¿Por qué no se lleva a la prensa con él en el avión?» Cuando le pregunté a Rice qué pensaba de Tillerson, fue más prudente: «No puedo valorar qué está pasando dentro. Oigo las noticias y sé que, cuando algo no les gusta, suelen sacar otra versión de los hechos. Lo que sé es que Rex Tillerson es una persona muy fuerte y un buen gestor, y pienso que es un buen líder, pero no puedo hablar de los detalles de cómo está llevando las riendas».

Tillerson y sus ayudantes reconocieron de buena gana que fallaban en la comunicación. «Yo no voy a la mía, no es mi estilo —dijo Tillerson—. Creo que se debe a que he pasado cuarenta y un años y medio en el sector privado. Así es cómo he aprendido a funcionar. Así es como hago las cosas, y eso frustra a mucha gente, lo entiendo —rio—. ¡Pero no voy a cambiar!» Pero las reticencias de Tillerson a hablar tuvieron un coste. La fuente cercana a la Casa Blanca que al principio había manifestado optimismo lo expresó claramente: «Alejaron a la prensa». Empezaron a circular chismorreos en Washington que lo retrataban como un hombre distante y aislado del Departamento de Estado. Algunos eran exagerados, como el del *Washington Post*, que decía que Margaret Peterlin había dicho a varios diplomáticos de carrera que no miraran a los ojos al secretario de Estado. Varias fuentes, entre ellas una del personal de seguridad de Tillerson, ponían en duda que ella hubiera mandado cumplir semejante norma. Pero Peterlin protegía a Tillerson con tanta fiereza que muchos diplomáticos estaban de acuerdo con los informes públicos que la describían como un «cuello de botella». Incluso se decía que sus pares, como Condoleezza Rice, no podían hablar con él sin pasar antes por Peterlin. «No consigo dar con él», constató Rice con frustración, como recordaba uno de sus allegados. «Margaret bloqueó mi llamada.»

Más grave era la inaccesibilidad de Tillerson dentro del Departamento. Después de los comentarios de su primer día, no volvió a hablar con su personal hasta una asamblea en mayo —inusualmente tarde en una administración para un nuevo secretario de Estado—. Con su lenguaje corporal estoico y contenido —pequeños gestos confiados, ningún movimiento por encima de los hombros—, ofreció a sus empleados una visión global de los conflictos mundiales. Algunos lo encontraron condescendiente. «Fue un ejercicio del tipo "sé leer un mapa"», recordó un diplomático del Servicio Exterior que estaba presente. Cuando Tillerson contó una historia sobre una sesión del «Modelo» de Naciones Unidas a la que había asistido y durante la cual le había dicho a un participante de doce años lo mucho que le inspiraba el Servicio Exterior, un diplomático de mediana edad empezó a murmurar febrilmente «¡Pero si no nos conoce!» a un nivel de decibelios audible en tres filas del auditorio. «La cuestión es que el señor Tillerson no es consciente de todo lo que pasa en el Departamento y no puede serlo si se limita a confiar en la camarilla que lo rodea —dijo Colin Powell—. Y parece que dedican su tiempo a asegurarse de que no se entere de nada de lo que pasa en el Departamento de Estado.»

Varios empleados dijeron que la inaccesibilidad de Tillerson se extendía a sus homólogos extranjeros. «No busca activamente las conversaciones ni el acercamiento —me dijo un diplomático del Centro de Operaciones del Departamento de Estado, que se pasó meses conectando las llamadas de Tillerson—. La gran mayoría de las llamadas que gestionamos con el secretario cuando yo estuve allí fueron con gente de la administración... Daba la sensación de que había mucho de ombliguismo interno.» La existencia de estas llamadas internas no era inusual. Pero sí el número de conversaciones de dentro al exterior, según los diplomáticos que trabajaron en Operaciones con múltiples secretarios de Estado. Cuando los nuevos secretarios juran el cargo, por ejemplo, lo típico es que reciban una salva de llamadas de cortesía de ministros extranjeros y jefes de Estado del mundo entero. Más de sesenta entraron al Centro de Operaciones para hablar con Tillerson. Él se negó a responder a más de tres al día.

Más tarde, cuando Estados Unidos inició sus ataques contra Siria, la administración entera se saltó el paso convencional de notificárselo a los aliados de la OTAN. Tillerson recibió un chorro de llamadas. «Cuando se supo la noticia, los aliados, alarmados, checos incluidos —que son nuestra potencia protectora en Siria— empezaron a llamar diciendo "Me gustaría hablar con el secretario Tillerson"», me contó el responsable de Operaciones. Era un domingo a primera hora de la tarde y Tillerson estaba en Washington sin demasiado trabajo. «Nos dijeron que el secretario tenía un fin de semana largo y que por eso se volvía a casa a cenar con su mujer y que lo dejaba por ese día.» Nada de llamadas. Los diplomáticos de carrera se maravillaban por que el hombre buscara el equilibrio entre el trabajo y su vida privada. Pero la decisión también desconcertó a más de uno. «Acabábamos de bombardear Siria sin decírselo a nuestros aliados —dijo el responsable de Operaciones, exasperado—. Tendríamos que haber hecho algunas llamadas, aunque fuera desde casa. Eso me dejó pasmado.»

Tillerson no parecía muy dispuesto a llenar el vacío de liderazgo percibido apoyándose en otros responsables del Departamento. Al contrario, crecieron los rumores de que estaba dejando de lado a los expertos de carrera y sus opiniones. Los asistentes describieron a Tillerson como un investigador intensivo, que se preparaba las reuniones a conciencia. Pero su eficacia brutal también asombraba. «Leo todas las notas que me llegan… —había dicho Tillerson en su primera y tan esperada asamblea—. Agradezco que me las hagáis llegar en una sola página, porque no soy un lector veloz.» No estaba de guasa. Con Tillerson, las directrices formales para las notas incluían un aviso en rojo y en negrita: «El máximo es de dos páginas». Oficiosamente, varios diplomáticos dijeron que era obligatorio ceñirse al límite de una página como máximo. Cada secretario de Estado define sus directrices para la clase de documentos de información que quieren ver. Evitar el papeleo excesivo era un objetivo racional, en teoría. Pero varios diplomáticos de alto nivel dijeron que, en este caso, se sentían incapaces de expresar adecuadamente los matices a un secretario con pocas tablas en las intrincadas relaciones que ahora le tocaba supervisar a él. Incluso los documentos con el visto bueno para llegar al despacho del secretario solían retenerse durante largos períodos de tiempo y languidecían a la espera de la revisión de Peterlin. Según dos diplomáticos, los ayudantes especiales del despacho del secretario cambiaron la fecha de las notas a una posterior para reducir el riesgo de que saltara un escándalo público asociado a la demora.

La fuente cercana a la Casa Blanca fue una de las muchas en la órbita de Tillerson que peleó por reconciliar su experiencia sin igual en la gestión del sector privado con su política en el Departamento de Estado. «Cuarenta años en Exxon, diciéndole a la gente que apretara dependiendo de lo mucho que hubiera subido el precio del petróleo —dijo la fuente—. No pretendo ser ofensivo, pero, mire, es una forma de dirigir esa empresa.» El gobierno, donde no hay más dios que el presidente, era otra cosa. «Al principio pensé, "uy, las vamos a pasar canutas; un tipo que viene del sector privado y va a encontrarse con la dureza de Washington" —continuó la fuente cercana a la Casa Blanca—. Y, justamente, empecé a ver, semana tras semana, mes tras mes, a alguien que no solo no lo pillaba, sino que encima no se paraba a reflexionar.»

Hasta que al final despidieron a Tillerson en marzo de 2018, los rumores de que llegaba su fin fueron implacables. El exdirector de la CIA, Mike Pompeo, que finalmente lo sustituyó, era uno de los nombres más citados en las apuestas por la sucesión. Otro era el de la embajadora de Trump ante Naciones Unidas, Nikki Haley, cuya posible ascendencia para el puesto de Tillerson fue objeto de agresivas filtraciones estratégicas de la Casa Blanca de Trump. La percibida rivalidad con Haley pareció ser una fuente de particular disgusto para Tillerson y su equipo. El día que llegué a la reunión con el secretario, todavía estaban recuperándose del anuncio de Haley sobre la suspensión temporal de la financiación al UNRWA, la agencia de la ONU para los refugiados palestinos. No lo consultaron con Tillerson. En una serie de correos electrónicos intensos, la oficina de prensa de Haley dijo al personal de Tillerson que lo había hablado directamente con la Casa Blanca en vez de pasar por el secretario de Estado. Varias semanas más tarde, cuando Tillerson hizo sus duros comentarios sobre Siria, que fueron bien acogidos, Haley hizo una declaración personal sobre el mismo tema prácticamente al mismo tiempo, desencadenando las protestas del equipo de Tillerson porque Haley lo estaba menospreciando en público. Las tensiones entre los secretarios de Estado y los embajadores estadounidenses ante Naciones Unidas no eran nada nuevo, pero esta enemistad particular parecía más profunda. «Madre de dios, nunca había visto nada igual a cómo la trató... es chocante», dijo la fuente cercana a la Casa Blanca. Numerosas fuentes de la Casa Blanca expresaron sentimientos similares, y uno dijo que la «ira» de Tillerson contra Haley había suscitado incluso la desaprobación del presidente. El equipo de Tillerson desmintió estos testimonios. Steven Goldstein, subsecretario de Estado para la diplomacia y los asuntos públicos, dijo que Tillerson era «una persona muy atenta, decente y de fuertes principios» y atribuyó los testimonios poco halagadores de las fuentes de la Casa Blanca al descontento de sus rivales. «Cada vez que hay que tomar una decisión en política exterior, hay intereses enfrentados, y a veces la gente no se contenta con las decisiones tomadas —dijo—. Pero lo que se cuenta no puede estar más lejos de la verdad.»

Por su parte, Tillerson dijo que le inquietaban otras cosas. «La única persona por la que debo preocuparme es el presidente de Estados Unidos —me dijo—. Mientras él esté contento con lo que hago y me pida que siga haciéndolo, seguiré haciéndolo.» Pero también se rumoreaba que existía cierta animosidad entre Tillerson y Trump. En octubre de 2017, varias publicaciones informaron con regocijo de que, en una reunión, Tillerson había llamado «tonto» al presidente. La fanfarronería del texano molestaba a Trump, me dijo la fuente cercana a la Casa Blanca. «Con Trump no puedes ir de macho alfa arrogante. Tienes que hacer lo que hace Mattis, que es: "Señor presidente, el presidente es usted, usted es más inteligente que yo, siempre acierta con sus intuiciones, pero déjeme que le dé mi opinión, señor". Mientras que el otro tipo llega y le dice: "Mire, imagino que como he trabajado durante tantos años en el negocio del petróleo, tengo algo que decir al respecto. Usted sabe poco de la región, así que déjeme empezar por ahí". O sea, muy condescendiente, la verdad.» Los ayudantes de Tillerson dijeron que su jefe pasaba más tiempo con el presidente que la mayoría de los miembros del gabinete, y Tillerson insistió en que los comentarios sobre sus desavenencias eran exagerados. «La relación que él y yo tenemos no es la misma que tuvieron muchos secretarios de Estado con sus presidentes —explicó—, porque nosotros no nos conocíamos en absoluto. Por eso, algunas de las dinámicas entre él y yo es aprender a conocernos simplemente. No nos conocíamos y yo gestiono las cosas de forma muy distinta a la suya, y a veces estas diferencias son obvias para otras personas. Pero eso no quiere decir que no colaboremos.» Resultó que el presidente tenía una visión distinta de las cosas.

Cuando mencioné el papel de la Casa Blanca en los rumores sobre su partida, Tillerson no hizo nada por fingir sorpresa. «Mmm», dijo, asintiendo con la cabeza. Había estado esperando la pregunta. «¿Qué piensa de eso?», le pregunté. «No lo sé —respondió sin más. Frunció el entrecejo—. Cuando habla de la Casa Blanca, ¿a quién se refiere?» Era una pregunta retórica. «No le estoy pidiendo que me revele las fuentes. Pero entienda la pregunta. ¿Cuánta gente trabaja en la Casa Blanca?» Brian Hool, el director de planificación política de Tillerson, replicó que quizás miles de personas. Tillerson descartó el comentario con un gesto. «Pero la gente que cuenta, la gente que pueda tener un interés en que me quede o me vaya, deben de ser unas ciento sesenta personas...» Tillerson se inclinó hacia delante y, por un momento, comprendí lo desagradable que tenía que ser que te despidiera él. «No voy a revelar mis fuentes, porque sé quién es. Sé quién es. Y saben que lo sé.»

Según tres personas que habían oído a Tillerson hablar directamente del asunto a puerta cerrada, este aludió al yerno de Trump, Jared Kushner, que había escalado al puesto de consejero. Tillerson, de acuerdo con estas fuentes, estaba convencido de que Kushner, en colaboración con otro alto funcionario de la Casa Blanca, había movido hilos para colocar a Haley en el puesto de secretario de Estado y despejar así su propio ascenso a este cargo. Después de la partida de Tillerson, fuentes cercanas a él siguieron manteniendo que Kushner había desempeñado un papel fundamental en su cese. Las tensiones entre ambos estallaban con regularidad, con frecuencia con la forma de una guerra subsidiaria de relaciones públicas. Cuando Tillerson se impuso restableciendo algunos de los fondos humanitarios para la agencia de Naciones Unidas para los refugiados palestinos que Haley había querido suspender, empezaron a aparecer artículos de prensa sobre las posibles repercusiones negativas para los esfuerzos de paz de Kushner en Oriente Próximo. Los ayudantes de Tillerson acusaron a Kushner de meter cizaña. La fuente cercana a la Casa Blanca dijo que Kushner había intentado trabajar con Tillerson y que él se negó. «Esto es lo que vi: un presidente que sorprendió in fraganti [a Kushner] y le dijo "vas a hacer la paz en el Medio Oriente" después de la campaña. Un tipo que intentaba informar a Rex todas las santas semanas, pero que nunca consiguió que le devolvieran una llamada o acordar una cita... Y no era solo Jared. Había mucha gente del Gobierno, entre ellos otros miembros del gabinete, que se quejaron.» Un asistente de Tillerson se erizó ante esta semblanza de Kushner como amable destinatario de misiones inesperadas, diciendo que había obligado a Tillerson «a tener una conversación directa» con Kushner para recordarle quién era secretario de Estado.

Sin embargo, cuando le pregunté a Tillerson si se había sentido frustrado cuando las misiones más importantes, que siempre habían sido el negociado del secretario de Estado, se

las encomendaron a Kushner, no pareció inmutarse. «Uy, no
—dijo—. No hay razón para sentirse frustrado, porque creo
que en muchas áreas todo estuvo claro desde el principio.
Quedó muy claro desde el primer momento que el presidente lo quería a él para el proceso de paz en Oriente Próximo, así que le abrimos el camino.» ¿Se opuso?, le pregunté.
«No —me dijo—. Era lo que el presidente quería hacer.» Tillerson siguió participando. Kushner «pasaba» regularmente para
comunicarle los últimos avances, «de manera que al menos seguimos conectados del todo entre esto y el resto de
asuntos que gestionamos con los mismos países y los mismos líderes. Les pasábamos información y sugerencias: "esto
puede que nos interese pensarlo", "esto no nos llevará a ninguna parte..."». Tillerson parecía empecinado en desmentir
los rumores de su destitución. En cuanto a relevar lo de la
paz en Oriente Próximo, se limitaba a encogerse de hombros. Hook, el director de planificación política, fue un paso
más allá. «Es importante que los nuestros en la región sepan
que nuestro equipo de paz tiene el respaldo absoluto del presidente... —dijo—. Sé que las administraciones anteriores
hicieron distintas divisiones del trabajo sobre la paz en el
Medio Oriente, pero la nuestra se construye en torno a nuevos métodos y una proximidad mucho más cercana al presidente.» Contar con el visto bueno del yerno del presidente,
insinuó, era algo bueno.

Pero la caótica división del trabajo entre Tillerson y Kushner tuvo consecuencias reales para la política estadounidense.
Cuando Tillerson empezó a hacer de mediador en una disputa
que se saldó con la ruptura de relaciones entre Arabia Saudí y
varios países del Golfo con Qatar, un importante aliado contra
el terrorismo, Trump cambió de rumbo y emitió un exabrupto
escandaloso e improvisado contra Qatar. Era un giro de 180 gra-
dos respecto del discurso que Tillerson había defendido en los
programas televisivos del domingo solo un día antes. Kushner,
según fuentes de la Casa Blanca, había tomado partido por los
saudíes debido a su estrecha relación con el príncipe heredero
Mohammed bin Salman, a quien Kushner veía como un re-
formista prometedor. Habían confiado la política de Oriente
Próximo a los dos hombres, y resultó que Kushner, con expe-

riencia en el sector inmobiliario y siendo el yerno del presidente, iba ganando el tira y afloja.

Colin Powell recordó un tira y afloja similar con el entonces vicepresidente Dick Cheney, y nada amistoso, por cierto. «He pasado por situaciones parecidas en que un día me enteraba de que habíamos creado comisiones militares. Un momento… esa es una cuestión legal y una cuestión legal sobre la que tiene primacía el Departamento de Estado.» ¿Tenía algún consejo para Tillerson?, le pregunté. «No lo sé. Puede que le guste —dijo Powell, encogiéndose de hombros—. No sé si se pone objeciones.» Y luego, con una sonrisa irónica: «Puede que si tuviéramos embajadores allí, lo captarían… eso es lo que hacen». Powell bromeaba con una consecuencia mayor sobre la política de la administración de Trump con el Departamento de Estado: un edificio cada vez menos tripulado y con las manos cada vez más atadas.

En marzo de 2018, Tillerson fue el último diplomático en recibir su notificación de despido. «Mike Pompeo, director de la CIA, será nuestro nuevo secretario de Estado —tuiteó Trump—. ¡Hará una labor fantástica! ¡Gracias a Rex Tillerson por sus servicios!» Como venía siendo cada vez más habitual, el Departamento de Estado fue el último en enterarse. «El secretario tiene la clara intención de quedarse…», rezaba una declaración de Goldstein, el portavoz de Tillerson. «El secretario no ha hablado con el presidente y desconoce la razón.»

Pompeo, que había sido congresista republicano por Kansas, tenía poca experiencia diplomática y daba más el perfil de halcón que Tillerson. Había secundado los llamamientos amenazantes de Trump a desmantelar el acuerdo con Irán con sus declaraciones y tuits en la misma línea dura. Y daba la impresión de que había interiorizado algunas de las lecciones citadas por responsables de la Casa Blanca para no chocar con el ego de Trump. El presidente, había dicho siendo director de la CIA, «hace buenas preguntas, preguntas difíciles. Hace que nos aseguremos de que estamos haciendo bien nuestro trabajo». Del mismo modo, Trump dijo que él y Pompeo estaban «siempre en la misma longitud de onda. La relación siempre ha sido buena y eso es lo que necesito de un secretario de Estado».

En las semanas previas al despido, Tillerson había intentado comunicar más apoyo a la institución que dirigía, alabando el valor del Servicio Exterior. La guillotina que terminó por caer sobre él indicó que el mensaje no fue bien recibido. La diplomacia norteamericana se reduciría, y habría menos disenso, como sucedió. Pompeo entraría en un Departamento de Estado donde esta misión ya estaba muy avanzada.

23

El mosquito y la espada

Tillerson había estudiado ingeniería en la universidad, un dato que mencionaba con cierta frecuencia y que parecía justificar sus métodos de gestor inflexible. Cuando le pregunté qué clase de legado contemplaba dejar como secretario de Estado, situó la reforma institucional antes que la política. «Soy un hombre muy metódico, de procedimientos», dijo. Y así, en abril de 2017, inició un sondeo exhaustivo, mediante la consultoría privada Insigniam, para diagnosticar la salud de los órganos diplomáticos de Estados Unidos.

En el transcurso de siete meses, por el desorbitado coste de un millón de dólares, los consultores sondearon a más de 35 000 empleados del Departamento de Estado y del USAID. Al principio la idea parecía buena y, luego, cuando lanzaron la encuesta, frustrante. «La gente se volvió loca», recordó un funcionario de la Oficina de Asuntos Internacionales de Narcóticos y Aplicación de la Ley del Departamento de Estado (INL, por sus siglas en inglés). «Tuve que alejarme de mi ordenador durante una hora antes de poder leer aquellas preguntas.»

«¿Qué tendría que dejar de hacer el Departamento?», preguntaba a bocajarro la encuesta. «Describa la misión de un diplomático en seis palabras (esto para que la empresa pudiera definir campos léxicos)» «Es grotesco... un corta y pega de lo que usaría una empresa y, hasta en ese caso, en cualquier empresa, sería demasiado impersonal», me dijo el funcionario del INL. «¿Qué me están contando?», convenía el del centro de operaciones. «Se me ocurren algunas palabras para su campo, pero todas tienen cuatro letras.» BuzzFeed dijo que la encuesta «había salido directamente de la película *Trabajo basura*», y se apresuró a hacer un «listículo».

Pero los resultados fueron reveladores. Algunas de las quejas del personal eran cotidianas. «La tecnología da pena», concluyó la encuesta, señalando que el Departamento con base en Washington utilizaba servidores en Miami por alguna razón, y citando el consternado lamento de un empleado que decía que «algunos ordenadores hay que voltearlos o se queman». Rex Tillerson se centró en estos aspectos prácticos cuando lo interrogué sobre sus objetivos en vista de una reforma. «Tenemos que ponernos al día y modernizarnos —me dijo—. Estoy seguro de que estamos utilizando el mismo material informático que cuando usted trabajaba aquí.» Como una Marie Kondo de la diplomacia, quería eliminar «el desorden en el que tiene que trabajar la gente».

Sin embargo, la encuesta también reflejó inquietudes más existenciales. «La gente no habla con optimismo del futuro —concluía la empresa—. La ausencia de una visión clara del futuro deja espacio a la especulación y los rumores sobre el devenir, por ejemplo, de la integración más pronunciada del USAID en el Departamento [de Estado] o la militarización de la política exterior.» Un funcionario entrevistado dijo: «Me preocupa que la reducción radical del presupuesto, junto con las carencias cada vez más alarmantes del personal al más alto nivel, provoque la desaparición de un grupo de personas con un talento excepcional que pertenecen a nuestras filas, pero que nos impida asimismo cumplir nuestra misión durante las próximas décadas». En cuanto a la administración de Trump y el equipo de Rex Tillerson en el Departamento, el informe Insigniam concluía: «[L]a gente se pregunta si estos dos grupos entienden el papel que desempeña el Departamento de Estado en la defensa de los intereses de Estados Unidos en el mundo». Muchos «tienen conciencia de [la] falta de apoyo de la administración, del Congreso y de la nueva dirección [del Departamento], así como del pueblo norteamericano.»

La voluntad de Rex Tillerson de acabar con el desorden, como terminó viéndose, no iba a despejar estos temores.

ϒ

El primer presupuesto que la administración presentó al Congreso propuso una amputación del 27 por ciento de las asignaciones al Departamento de Estado —en torno a 10 mil millones de dólares del presupuesto de 52,78 mil millones de dólares del Departamento—. La Casa Blanca quería eliminar toda la financiación al Instituto de Estados Unidos para la Paz, cuya misión era «guiar las negociaciones de paz y aconsejar a los gobiernos, formar a los jefes de policía y religiosos, y apoyar a las asociaciones locales que combaten el extremismo». Esto evisceraría los programas de salud contra el VIH, la malaria y la poliomielitis, y reduciría a la mitad la contribución de Estados Unidos a las misiones de mantenimiento de la paz de Naciones Unidas. La Casa Blanca esperaba cerrar la Oficina de Justicia Penal Internacional del Departamento de Estado. De forma más radical, la administración quería retirarle al Departamento las oficinas encargadas de la cuestión de los refugiados y de los asuntos consulares —responsables del sellado de pasaportes y de la liberación de rehenes, acaso la competencia central del Departamento y la más conocida— para transferirlas al Departamento de Seguridad Nacional. Incluso la misión del Departamento de Estado quiso evaluar los recortes. Por primera vez, una administración proponía eliminar «justo» y «democrático» de la lista de cualidades que Estados Unidos buscaba promover en el mundo entero.

Pocos eran los que pensaban que los programas no necesitaban reformas. Pero la indignación no dejaba de aumentar en vista de la amplitud y la naturaleza, a primera vista arrogante, de los recortes presupuestarios. La oposición culminó a principios de 2018, cuando el USAID, que depende del Departamento de Estado, tomó una iniciativa sin precedentes al anunciar que no suscribiría los esfuerzos de Tillerson para reorganizar sus respectivos edificios. «Por orden de la secretaría, suspendemos toda participación en el USAID… —declaró un funcionario en un correo electrónico al personal superior—. No deben participar en ninguna actividad de reestructuración conjunta.» Era un motín.

Esta decisión fue fruto de meses de oposición bipartidista a los planes de Tillerson. En una sala de audiencias *art déco* con paneles de madera en el Dirksen Senate Office Building, Tillerson se enfrentó a ceños fruncidos y gestos grandilocuentes de ambos partidos cuando presentó la primera propuesta de presupuesto de la administración. «Al cabo de cinco minutos de análisis —recordó el senador Bob Cocker, presidente de los republicanos—, dije: "Esto es una pérdida de tiempo absoluta, pasemos a otro asunto". Y si esto es una pérdida de tiempo, y creo que lo saben, es porque el presupuesto que nos han presentado no es el presupuesto sobre el que vamos a discutir.»

«Vamos a redactar nuestro propio presupuesto, pero no creo que vaya a tener un efecto devastador en el Departamento de Estado, donde los diplomáticos de carrera se esfuerzan por llevar a término su misión —añadió Ben Cardin, su homólogo demócrata—. Este mes se cumplen setenta años del discurso que uno de sus predecesores, George Marshall, pronunció y que ayudó a cimentar su reputación de arquitecto fundamental de los esfuerzos de posguerra para erigir un orden liberal internacional. Él estuvo "presente en la creación". Mi preocupación hoy, se lo digo con toda franqueza, es que su administración se inscriba en los libros de historia como, «presente en la destrucción», de este orden para cuyo sostén todos nos hemos desvivido, y que ha sido tan favorable para nuestra seguridad, nuestra prosperidad y nuestros ideales.»

Dirksen era un añadido de los años 1950 al Capitolio. Sus salas de audiencia figuraban entre las primeras concebidas para acoger a la televisión, cambiando las mesas redondas por las tribunas concebidas para los espectadores. Las cámaras de C-SPAN enfocaron a Tillerson, que asentía con la cabeza casi imperceptiblemente y fruncía el ceño con intermitencia. Sin embargo, defendió como un valiente los recortes de su propia organización durante horas de reprimenda. En el transcurso del año siguiente, el Congreso intentó sobre todo inyectar fondos en el Departamento de Estado, cosa que Tillerson declinó. Rechazó un paquete de 80 millones de dólares en fondos del Congreso destinados a contrarrestar la propaganda rusa, para desconcierto de numerosos funcionarios. Era algo inaudito que un miembro del gabinete rechazara una suma ya asignada a su agencia, y hubo consternación después de que las comunidades de información y de defensa afirmaran que Rusia había recurrido a la propaganda para inmiscuirse en las elecciones

313

presidenciales. A decir de un asistente, Tillerson temía que la financiación enfadara a Rusia. Las relaciones de Tillerson con el Capitolio se desgastaron. Según dos fuentes, una en la Casa Blanca y otra en el Congreso, un prominente senador republicano llamó a la Casa Blanca y amenazó con enviar una citación a Tillerson si no era más cooperador.

Varios antiguos secretarios de Estado de ambos partidos no dieron crédito cuando vieron a Tillerson rechazar los fondos asignados a su Departamento. «Los senadores que creían en el Departamento de Estado querían restituir una parte del dinero, o no aprobar los recortes —recordó Madeleine Albright—. Tillerson no quería el dinero. Personalmente, nunca he oído nada igual.»

Cuando insistí en la defensa del presupuesto, Tillerson se mostró dividido. Por primera vez reconoció que había expresado su rechazo al presupuesto a puerta cerrada. «De hecho, había gente a mi alrededor que me decía: "Mire, tiene que filtrar la carta de reprogramación de partidas presupuestarias, tiene que filtrar la carta de apelación". Y yo les dije: "No, yo no hago así las cosas".» Tillerson dijo que había examinado las cifras propuestas por la Oficina de Administración y Presupuesto de la Casa Blanca (OMB, por sus siglas en inglés) y asumió que podía contar con «más 10, más 20 por ciento, porque calculamos que el Congreso iba a darnos otra cosa.» Ningún otro secretario de Estado vivo me confirmó que hubiera defendido así el presupuesto, pidiendo menos y dejándole al Congreso la tarea de pelear por su institución. Tillerson admitió que tal vez le había faltado experiencia simplemente. «Solo llevaba un mes en el cargo y me faltaba la base sólida para hacer nada más que no fuera trabajar con la OMB y entender cuáles eran sus objetivos. Le seré sincero: me preocupaban menos las cifras que intentar comprender: "¿Qué es lo que queremos conseguir?".» Al final, Trump sustituyó a Tillerson con la excusa de que necesitaba estar en la misma «longitud de onda» que su secretario de Estado. Incluso las modestas protestas del interesado a puerta cerrada parecían haber acabado con su paciencia.

Irónicamente, los defensores más acérrimos del presupuesto del Departamento de Estado se encontraban a veces en el bando militar: los generales, con dinero de sobra en su propia institución y deseosos de distribuir su riqueza. «Si no financian plenamente al Departamento de Estado, me veré obligado a comprar más municiones en adelante», declaró James Mattis, el secretario de Defensa de Trump, a los congresistas en 2013, cuando estaba a cargo del CENTCOM. «Pienso que es una relación de costes-eficacia. Cuanto más dinero destinemos a la diplomacia del Departamento de Estado, con suerte, menos tendremos que asignar al presupuesto militar.» Pero en 2017 incluso él pareció revertir esta lógica al defender una nueva fase de crecimiento de los gastos militares: «Nuestro ejército debe garantizar que el presidente y nuestros diplomáticos negocien siempre desde una posición de fuerza.» No había por qué inquietarse: el mismo presupuesto que había eviscerado el aparato civil de la política extranjera de Estados Unidos preveía un aumento de 52 mil millones de dólares en gastos de defensa.

La matanza de Mahogany Row no había sido nada comparada con las víctimas planificadas de la ofensiva presupuestaria. Más de 1.300 diplomáticos iban a recibir una carta de despido. Las contrataciones nuevas se paralizaron también. Primero anunciaron que no habría nuevas promociones de funcionarios del Servicio Exterior; los llamados fichajes «A 100», que se presentan para una formación en una especie de Hogwarts para diplomáticos en la Virginia rural antes de convertirse en diplomáticos hechos y derechos. Los becarios Rangel y Pickering, seleccionados en comunidades insuficientemente representadas y que ya tenían una plaza asegurada en estos cursos, se encontraron de la noche a la mañana sin futuro. La medida levantó enseguida tal indignación que se apresuraron a reintegrar a algunos fichajes nuevos. El Departamento de Estado suspendió bruscamente su participación en el programa Presidential Management Fellows, una formación prestigiosa concebida desde hacía mucho tiempo para atraer a los mejores talentos a la profesión. El resultado fue tangible: el número de nuevos candidatos al examen de acceso al Servicio Exterior cayó un 26 por ciento en comparación con el año anterior. Fue la tasa más baja de interés en casi una década. No obstante, en el mejor de los casos, el Departamento de Estado se enfrentó a una intensa rivalidad con el sector privado por fichar a grandes cerebros. «¿Se imagina la situación actual, cuando vemos escrito en la pared que Trump no da ningún valor al Departamento? —me dijo John Kerry—. ¿Se imagina las consecuencias que tiene eso en los mejores?»

Los puestos centrales que seguían intactos no parecían suscitar gran interés. Cientos de posiciones de alto nivel permanecieron vacantes. La gestión del edificio la aseguraban prácticamente adjuntos promovidos al rango de «secretario ajunto interino», sin la experiencia, a menudo, de décadas de sus predecesores destituidos sin ceremonias. Cuando le pregunté si los puestos vacantes eran una fuente de ansiedad para él, Tillerson hinchó pecho con una sonrisita: «Yo no tengo ansiedad», me dijo. No obstante, este asunto en particular era un «tema inquietante… Los puestos están vacantes desde hace demasiado tiempo. Y con eso no estoy satisfecho».

Tillerson dijo que se reunía con los funcionarios de la dirección del personal cada dos semanas para estudiar el problema. «No fueron fáciles», me dijo de las conversaciones que había mantenido con la Casa Blanca para ocupar los puestos disponibles. «El procedimiento no ha sido el más eficaz y muchas, demasiadas veces, han cambiado al personal para remediarlo… Era muy lento, muy laborioso, a veces frustrante porque tenías la sensación de que no veían dónde estaba el problema. Allí uno tiene la impresión de quedarse de brazos cruzados y punto… —Tillerson suspiró—. Yo les decía: "Decidme que no y al menos con un no puedo proponer otro nombre.» Decían que había estallado cuando el director de personal de la Casa Blanca, Johnny DeStefano, se inmiscuyó en sus decisiones relativas a su personal y había descartado al adjunto que él había escogido al principio, Elliott Abrams, al que consideraron demasiado crítico con Trump durante la campaña. El puesto permanecería vacante durante casi cinco meses. Todo el Departamento sufría este problema. Durante una primera entrevista, un asistente de Tillerson me explicó por qué no podía responder a preguntas detalladas sobre los recortes presupuestarios: «Nuestra carencia de personal es tal que no tengo tiempo de entrar en este asunto».

Incluso los más acérrimos defensores del Departamento de Estado están de acuerdo en que la burocracia no es ningún modelo de eficiencia. En su queja de los años 1970 en la revista *Foreign Policy*, «The Machine that Fails», Richard Holbrooke denunció el «tamaño inimaginable» del sistema y sus desalentadores procedimientos y protocolos. James Baker, el secretario de Estado de George H. W. Bush, tenía un punto de vista parecido, y se quejó del «exceso de capas administrativas, que pueden abocar a veces a una toma de decisiones esclerótica».

Los funcionarios de la administración Trump invocaron una lógica similar. Como me dijo uno, el objetivo era deshacerse de los enviados itinerantes y de los proyectos favoritos y devolver el poder a las oficinas regionales.

—¿Cómo puede devolver el poder a las oficinas regionales si no hay jefes de las oficinas regionales en el edificio? —le pregunté con sincera curiosidad.

—No sé cuál es su experiencia con el Servicio Exterior.

—Mixta —reconocí.

—Es mixta. Hay algunas oficinas donde puedo encargarle algo a una persona y estoy seguro al cien por cien de que puedo despreocuparme. Hay otras donde tengo que rehacerlo todo de pe a pa.

Como todas las organizaciones grandes, en particular las organizaciones gubernamentales donde no existe relación alguna entre méritos y retribución, el Servicio Exterior tenía a sus jetas y a sus tristes y aburridos veteranos con antigüedad. Pero también tenía numerosos funcionarios públicos maravillosos y dedicados: hombres y mujeres bien cualificados para hacer fortuna en cualquier otro lugar, pero que se sacrificaban por proteger la vida de sus conciudadanos. Al final, las dudas que subyacían al escepticismo del asistente eran autorrealizadoras: el liderazgo norteamericano ya no valoraba a los diplomáticos, y esto condujo a los recortes que los devaluaron. El gato que se muerde la cola.

Varios secretarios de Estados antiguos aprobaban la premisa de recortes importantes, pero casi todos, de todas las generaciones, contestaron la amplitud y la ejecución de los preconizados por la administración Trump. Baker, el más favorable a una reducción considerable, dijo que creía en la urgencia de restringir los gastos del Gobierno en general. Creía «desde hacía mucho tiempo que una revisión de los presupuestos del

317

Departamento de Estado sería beneficiosa... Por supuesto, se apresuró a añadir, «no puedo pronunciarme sobre la escala de las reducciones recientes de personal en el Departamento de Estado porque no he sido informado».

George P. Shultz, que había trabajado en los gabinetes de Nixon y Reagan, dijo: «Creo que es un recorte radical. No hay duda de que algunos puestos pueden reducirse, como los de los enviados especiales. Pero básicamente... No podemos prescindir de las oficinas regionales, los embajadores, de la gente que conoce el funcionamiento». Shultz y Tillerson tenían años de experiencia trabajando en el sector privado; Shultz en Bechtel, la sociedad de construcción e ingeniería civil. Sobre la transición de una empresa grande por una organización gubernamental, dijo: «No partes de la idea de que vas a recortar a diestro y siniestro sin enterarte antes de qué cómo funcionan las cosas». El que Tillerson se hubiera puesto a recortar personal con tanta prisa le parecía «alucinante». «No sé si fue el presidente quien le dijo que lo hiciera, eso puede formar parte de una de las condiciones de aceptar el trabajo, no lo sé. Por otra parte, si el presidente insiste en algo así, me parece inaceptable. Siempre puedes rechazar la oferta de empleo.»

Condoleezza Rice, que durante un tiempo fue responsable del presupuesto de la Universidad de Stanford, creía en la eficacia de esta medida. «Yo no llegaría al 30 por ciento —me dijo con esa cadencia entrecortada que conservaba un deje de sus raíces de Alabama—, pero no puedo decir que no hubiera nada que comprimir en el Departamento de Estado... Algunos de estos puestos auxiliares crecen a lo loco, y nadie los poda nunca.» Pero otros intentos de hacer recortes durante la administración Trump, como abandonar la democracia del mandato diplomático de Estados Unidos, «sería una idea especialmente pésima». E incluso cuestionaba la batería de puestos vacantes en el Departamento: «No comprendo una reforma, sea de la índole que sea, que prescinde del secretario de Estado adjunto para Europa, Sudamérica y Asia».

Otros secretarios anteriores estaban más preocupados por el estado del Departamento. «Creo que hemos causado un daño incalculable —me dijo Madeleine Albright—. En el instante en que presentaron el presupuesto, comprendí enseguida que la cosa no iba solo de recortar gastos innecesarios, sino de cercenar el sistema.» Para Hillary Clinton, «eliminar a personas que saben árabe, coreano, mandarín, reducir el número de personas jóvenes que quieren ser funcionarios del Servicio Exterior y que saben varias lenguas o están dispuestas a hacer los dos o tres años de estudios necesarios para dominar una lengua difícil» era «descabellado».

Colin Powell me dijo lo que pensaba con la misma sinceridad. La nueva administración «evisceraba la institución. Peor aún, no llenaban los puestos que pensaban conservar». La congelación de contrataciones era especialmente dolorosa para un secretario de Estado que había invertido tan personalmente en la fuerza de trabajo. «Cualquier organización que deje de aportar sangre nueva está echando balones sobre su propio tejado en el presente y en el futuro. Es un error. Cuando dejas de traer a gente o cuando conviertes a la institución en un sitio indeseable en el que estar, entonces estás hipotecando tu futuro». Sonrió con ironía. Powell se había guardado en la manga algunas de sus observaciones más incisivas. Esta «puede usarla», me dijo.

«El coste es enorme», me dijo John Kerry ante lo que, a ojos de muchos en el edificio, era un apaleamiento despiadado del Departamento y de la profesión. «Mire, dentro de dos años, si tenemos una presidencia, del partido que sea, que valore la diplomacia, podremos fijar un presupuesto, volver a invertir en el Departamento de Estado, pero necesitaremos años para reparar lo que está pasando ahora, porque hacen falta años para acumular experiencia y capacidad.»

Las consecuencias sobre la moral de quienes asistieron al desmantelamiento de su profesión mientras intentaban cumplir su trabajo se hicieron sentir de inmediato. «Se recorta sin orden ni concierto y sin basarse en la eficacia —me dijo Chris LaVine, el diplomático de carrera que trabajaba en la política siria en el Departamento de Estado cuando nos enteramos de los recortes—. Es como si te armaras de una espada para matar un mosquito.»

319

24

La debacle

$\mathcal{A}$ medida que Foggy Bottom se vaciaba, la influencia diplomática de Estados Unidos sobre los conflictos internacionales comenzó a decrecer. En julio de 2017, reunidos en la Casa Blanca, Rex Tillerson y el presidente Trump se increpaban sobre Irán. El acuerdo concluido en tiempos del predecesor de Tillerson, John Kerry, para contener el desarrollo nuclear del país, preveía que la administración certificara cada noventa días ante el Congreso que Irán respetaba las cláusulas. Los dos hombres se reunían en previsión del último de estos hitos. «¿Por qué tendría que certificar?», no dejaba de preguntar Trump, según una fuente habituada a estas reuniones. Dos consejeros de la línea dura de Trump, Steve Bannon y Sebastian Gorka, apoyaban a su jefe, e insistían en que el acuerdo perjudicaba los intereses de seguridad nacional de Estados Unidos.

Si bien aparentemente Tillerson se había mostrado un ferviente entusiasta de los recortes presupuestarios, en varias de estas cuestiones políticas parecía rendirse a la apisonadora de la administración Trump. Sus respuestas a las insistentes preguntas de Trump —todo indicaba que Irán había cumplido las cláusulas y había superado las inspecciones de los investigadores internacionales—, irritaban al presidente. Al concluir la reunión, informaba la fuente, estaba furioso. Un portavoz de Tillerson afirmó después que los testimonios sobre la confrontación eran exagerados y que el presidente se había mostrado «satisfecho» con el resumen. Pero incluso él admitió, escogiendo con cuidado sus palabras, que «no todas las personas presentes en la sala habían aceptado las explicaciones del secretario». Informes públicos provenientes de fuentes de la Casa Blanca describieron más tarde la reunión con mayor simpleza: una «debacle». Trump pidió a sus consejeros que la Casa Blanca le diera otros argumentos para justificar la anulación del acuerdo. Si el Departamento de Estado no le daba lo que deseaba, lo sortearía.

El acuerdo con Irán había ofendido a Trump desde su campaña a la presidencia. Durante la carrera, había declarado que su «prioridad número uno» era «desmantelar el desastroso acuerdo con Irán». En un discurso electoral, les dio su versión personal de las negociaciones multilaterales que habían redundado en el acuerdo: «¿Se lo imaginan?», preguntó, moviendo la cabeza con convicción por encima del micrófono, su corbata azul marino colgando, como siempre, diez centímetros más larga de lo acostumbrado. Se llevó la mano a la oreja imitando una llamada de teléfono. «Los llamas: "Nos han dicho que fabrican bombas nucleares". "Un minuto, lo comprobamos". Devuelven la llamada. "No, no fabricamos bombas atómicas allí, tonto del culo".» Trump pronunció las últimas palabras en sordina, como un chiquillo al fondo de la clase. Mike Pompeo, nombrado director de la CIA por Trump —y futuro sucesor de Tillerson en el Departamento de Estado—, tuiteó poco después de su nominación al primer puesto: «Estoy impaciente por revisar ese acuerdo catastrófico con el mayor patrocinador estatal del terrorismo del mundo entero». Trump le había ofrecido su ración de condenas en Twitter. «Irán HA RECIBIDO UN AVISO oficial por lanzar un misil balístico», tuiteó en una ocasión. «¡Tendrían que estar agradecidos por el pedazo de acuerdo que Estados Unidos ha alcanzado con ellos!» Y luego: «Irán está jugando con fuego… No aprecian lo "amable" que ha sido con ellos el presidente Obama. ¡No yo!».

Los iraníes se justificaron diciendo que sus misiles balísticos eran para su defensa nacional y no entraban en el acuerdo nuclear. Pero la ampliación del arsenal convencional del país inquietaba a las potencias occidentales, y a los objetivos más próximos, como Israel, el doble. Irán seguía sin redimir sus antecedentes en materia de derechos humanos. En el momento en que Trump y Tillerson se enfrentaban sobre la certificación en julio de 2017, al menos tres ciudadanos norteamericanos estaban retenidos por Irán por acusaciones inventadas.

Sin embargo, Irán estaba cumpliendo la carta del acuerdo. El grupo encargado de comprobar con rigurosidad su respeto había informado regularmente que el país jugaba limpio. Aparte de Estados Unidos, los numerosos países detrás del acuerdo eran unánimes: no había motivos para echarse atrás. Los colegas belicistas de Trump en el extranjero también estaban de acuerdo. «El acuerdo nuclear con Irán fue controvertido, pero ha neutralizado la posibilidad de que los iraníes adquieran armas nucleares durante más de una década», insistió la primera ministra del Reino Unido, Theresa May, en medio de una retórica por lo demás dura.

Inicialmente, Trump continuó certificando que Irán estaba cumpliendo el acuerdo. Pero en cada ocasión, la administración dejó más claro que no lo estaba haciendo gratamente. Después de la prueba de misiles balísticos, la administración impuso una ronda de nuevas sanciones, lo que llevó a los iraníes a reclamar que Estados Unidos, y no ellos, habían violado los términos del acuerdo. En septiembre de 2017, enviaron a la embajadora estadounidense ante Naciones Unidas, Nikki Haley, al American Enterprise Institute, ante un grupo de expertos conservadores, con la misión de insistir en que se salieran del acuerdo. Unas semanas después, Trump amenazó abiertamente con hacerlo. «No vamos a soportar lo que están haciendo con nuestro país —dijo—. Han violado muchos elementos diferentes de este trato como también han violado su espíritu.» Incluso Rex Tillerson estuvo de acuerdo con él: «En nuestra opinión —dijo, escogiendo sus palabras con cuidado— Irán incumple claramente nuestras expectativas».

Otras proezas diplomáticas del pasado recibieron el mismo tratamiento. Trump se retiró del Acuerdo de París sobre el cambio climático, haciendo de Estados Unidos solo el tercer país en tirarlo por la borda después de Siria y Nicaragua, que más tarde cambiaron de rumbo y se retractaron. «Quien crea que los problemas del mundo pueden resolverse mediante el aislacionismo y el proteccionismo —dijo Angela Merkel de la decisión de Trump— está cometiendo un grave error». «Es un retroceso increíble del liderazgo estadounidense, y dondequiera que voy oigo hablar de lo mismo», me dijo John Kerry más tarde. «Los ministros extranjeros se preguntan si el presidente alguna vez se ha molestado en leer o entender el Acuerdo de París, que nos permite establecer nuestros propios compromisos para empezar. Que hayamos renunciado a nuestro asiento en la mesa, sobre todo que lo haya hecho un hombre de negocios, me supera. Otros países están ahora a la cabeza y sus industrias se beneficiarán de ello, amasando increíbles cantidades de dinero. Es contraproducente. China especialmente cosecha ahora los beneficios de nuestro retroceso.»

En la embajada de Estados Unidos en Pekín, le tocó al segundo al mando, el diplomático de carrera David H. Rank, notificar a los chinos que Estados Unidos se retiraba del Acuerdo de París. Él prefirió renunciar, poniendo fin a una carrera de veintisiete años en el Servicio Exterior. Su explicación, publicada en el *Washington Post*, fue un canto elegíaco a la diplomacia en la edad moderna. «Me preocupa la representación con frecuencia motivada políticamente de aquellos que trabajan para el pueblo estadounidense como miembros de una élite mítica, separada de él y sospechosa —explicó—. Me preocupa denigrar la competencia en un tiempo en que un mundo complejo lo exige más que nunca.» Y, para terminar, escribió: «Me preocupa la erosión del consenso bipartidista sobre la necesidad de liderazgo estadounidense… Si ese liderazgo no viene de nosotros, vendrá de otra parte».

Frente a una multitud de cubanoamericanos del barrio de la Pequeña Habana en Miami, Trump anunció otro cambio diplomático, «que cancela el acuerdo unilateral de la última administración con Cuba». La retirada era de alguna manera simbólica: la embajada de Estados Unidos en La Habana permanecería abierta. Pero también hubo retrocesos reales. Los estadounidenses que viajaban a Cuba se enfrentaban a restricciones cada vez más estrictas. Se les prohibió hacer negocios con una nueva lista de hoteles y otras empresas que tenían supuestos vínculos con el Gobierno cubano. Estaba medida iba a endurecer el tono con Cuba, pero sus detractores argumentaron que los más perjudicados serían los pequeños negocios que daban alojamiento y desayuno. Como siempre en esta clase de retrocesos, el Departamento de Estado fue el último en

323

enterarse. «Pobre WHA», dijo una diplomática de carrera, refiriéndose a la Oficina del Hemisferio Occidental aparentemente a cargo de la política cubana. No se nombró a ningún subsecretario permanente para dirigir esta oficina. El subsecretario interino «no fue informado del cambio de política hacia Cuba hasta el mismo día». La nueva administración parecía decidida a devastar los escasos logros diplomáticos de sus predecesores.

En otros casos, la era Trump dilapidó el liderazgo diplomático a fuerza de caos y pifias. Estos momentos prevalecieron sobre el secretario de Estado y la marginación de su departamento. Nacieron de un momento único en la política estadounidense y del carácter único de un imprudente presidente enganchado a Twitter. Pero pusieron de relieve la importancia de la diplomacia muscular, y los peligros de su ausencia.

Una y otra vez, los comentarios espontáneos del presidente amenazaban áreas delicadas de la política exterior. «Tenemos muchas opciones para Venezuela, y por cierto, no voy a descartar una opción militar», dijo Trump en 2017, cuando la agitación política sacudió a ese país. Estaba al aire libre, en su campo de golf en Nueva Jersey, flanqueado por Tillerson (que se mordisqueaba el labio nerviosamente) y Haley (que intentaba batir un récord mundial de fruncimiento de ceño). El comentario de Trump provocó una disputa diplomática, y el ministro de Defensa de Venezuela lo calificó de «acto de locura» y «extremismo supremo», y la Casa Blanca rechazó una llamada del presidente venezolano Nicolás Maduro. Este tipo de enfoque duro bien podría haber encontrado un lugar en la diplomacia agresiva con Venezuela, pero funcionarios de la oficina de América Latina del Departamento de Estado dijeron que tenían poca idea de las verdaderas intenciones del presidente o capacidad para moderarlo mientras este se precipitaba hacia un enfrentamiento.

Las relaciones de Trump con los aliados europeos siguieron un patrón similar. Tillerson estaba con un grupo de funcionarios, entre ellos el asesor de Seguridad Nacional H. R. McMaster y el secretario de Defensa James Mattis, quien trabajó horas extras para asegurarse de que el presidente Trump incluyera un compromiso con la defensa colectiva cuando se dirigió a los líderes de la OTAN durante su primer viaje a Europa. Fue un compromiso que todos los presidentes desde Truman habían considerado innegociable. Después de meses de cuidadosa planificación de los asistentes para incluir el compromiso en comentarios preparados, Trump improvisó y omitió el fragmento. Tardó semanas en rectificar el error, un período tenso en el que los diplomáticos de carrera se dedicaron al triaje, luchando por tranquilizar a los alarmados aliados.

Trump mostró aún menos precaución después de que millones de personas en el norte de Japón se despertaran con una alerta sonora en sus teléfonos celulares a finales de agosto de 2017: Corea del Norte había lanzado misiles sobre su país. Él emitió un asombroso ultimátum: «Es mejor que Corea del Norte no lance más amenazas contra Estados Unidos —advirtió, una vez más desde el campo de golf en Nueva Jersey—. Se encontrarán con fuego, furia y un poder como nunca antes se ha visto en el mundo». Historiadores presidenciales dijeron que era el lenguaje más agresivo de un comandante en jefe desde que Truman advirtiera a Japón de «una lluvia de ruinas desde el aire, como nunca se ha visto en este planeta», aunque nadie pudo averiguar si el paralelismo de la fórmula había sido intencionado. También era exactamente el tipo de declaración que expertos regionales del Departamento de Estado, imbuidos de los asuntos sensibles de la compleja relación con Corea del Norte, habrían estado bien preparados para templar. Pero hasta donde uno podía decir, no había intervenido ningún experto de ninguna clase. «El comentario del presidente Trump no fue planeado, fue espontáneo», dijo un alto funcionario. Pyongyang amenazó inmediatamente con tomar represalias atacando el territorio estadounidense de Guam. El presidente recurrió a Twitter para duplicar sus esfuerzos. «Las soluciones militares están ahora plenamente posicionadas, bloqueadas y cargadas, en caso de que Corea del Norte actúe imprudentemente —escribió—. ¡Ojalá Kim Jong Un encuentre otro camino!»

Un mes después, Trump estaba en la tribuna de mármol verde de la Asamblea General de Naciones Unidas por primera

325

vez como presidente, atronando al régimen de Corea del Norte y a su déspota, a quien asignó un apodo burlesco de patio de escuela: «Rocket Man» («Hombre misil»). «Ninguna nación del planeta tiene interés en ver a esta banda de criminales armarse con armas nucleares y misiles», dijo Trump, entrecerrando los ojos. Entre el público, el general John Kelly, jefe de gabinete de la Casa Blanca, se llevó una mano a la cara y se frotó las sienes, a todas luces sufriendo una crisis existencial. «Estados Unidos tienen mucha fortaleza y paciencia —prosiguió Trump—, pero si se ve obligado a defenderse, a sí mismo o a sus aliados, no tendremos más remedio que destruir Corea del Norte.»

Kim Jong Un respondió, calificando el discurso de «grosería sin precedentes» y advirtiendo: «Descuiden, domesticaré con fuego al viejo chocho mentalmente perturbado». En inglés, la palabra *dotard* (viejo chocho), que indica ancianidad y senilidad, se remonta al siglo XIV. Rápidamente se volvió todo un acontecimiento viral. (La versión coreana del texto usó *neulg-dali-michigwang-i*: «viejo lunático»). Mientras los norcoreanos continuaban su ofensiva pública, Trump ofreció otra réplica en Twitter: «Acabo de escuchar que el ministro de Relaciones Exteriores de Corea del Norte habla en la ONU. Si se hace eco de los pensamientos del hombrecillo misil, ¡no creo que se queden entre nosotros por mucho más tiempo!».

Rex Tillerson, con un tono muy diferente, anunció que la administración estaba en contacto directo con el régimen de Corea del Norte. «Nosotros preguntamos: "¿Le gustaría hablar?". Tenemos vías de comunicación con Pyongyang», dijo. Tillerson insistió en que él y el presidente estaban «completamente alineados» con Corea del Norte. «La política del presidente sobre Corea del Norte es una completa, verificable e irreversible desnuclearización de la península de Corea. Y el presidente quiere lograrlo con esfuerzos diplomáticos», me dijo. Pero esa declaración fue difícil de reconciliar con el tuit que Trump envió poco después de que Tillerson anunciara sus propuestas diplomáticas a Pyongyang. «Le dije a Rex Tillerson, nuestro maravilloso secretario de Estado, que estaba perdiendo el tiempo tratando de negociar con el hombrecillo misil —escribió el presidente—. Guarda tu energía, Rex, ¡haremos lo que sea necesario!»

La escalada del enfrentamiento con Corea del Norte dividió a los aliados de Estados Unidos. Desde Alemania, una cansada canciller Angela Merkel se negó a decir si su país apoyaría a Estados Unidos en una confrontación militar con Corea del Norte, y pidió, nuevamente, negociaciones. «Yo estoy en contra de amenazas de este tipo —entonó solemnemente después del discurso de la ONU—. Y hablando por mí y por el Gobierno, debo decir que consideramos que cualquier tipo de solución militar es absolutamente inapropiada y contamos con esfuerzos diplomáticos. Esto debe ser aplicado con vigor. En mi opinión, las sanciones y el cumplimiento de estas sanciones son la respuesta correcta. Pero cualquier otra cosa con respecto a Corea del Norte, creo que es incorrecto. Y es por eso que claramente no estamos de acuerdo con el presidente de Estados Unidos.»

El primer ministro japonés Shinzo Abe, sacudido por los misiles que habían sobrevolado su país, se mostró más en la línea de Trump, trazando una historia de fracasos diplomáticos con Corea del Norte. «Una y otra vez, los intentos por resolver los problemas mediante el diálogo han quedado en nada —dijo—. ¿Qué esperanza de éxito podemos tener si tropezamos por tercera vez con la misma piedra?»

327

Ambos tenían razón. Esta clase de diplomacia había fracasado en Corea del Norte, pero una diplomacia de otro tipo representaba también, a ojos de quienes tenían el conocimiento íntimo de décadas de compromiso a las que se refería Abe, la única forma de salir del enfrentamiento más peligroso del mundo.

Tanto la administración Clinton como la administración G. W. Bush habían hecho considerables incursiones diplomáticas con el Reino Ermitaño. En 1994, Estados Unidos logró negociar de veras un acuerdo de desnuclearización en virtud del cual Pyongyang acordó congelar y desmantelar todo su programa. Corea del Norte hizo trampas, comprando equipos para el desarrollo de uranio enriquecido. Pero algunos veteranos de la diplomacia de Corea del Norte sostienen que Estados Unidos selló la ruina del acuerdo al no cumplir sus compromisos. Las promesas de construir reactores de agua ligera y proporcionar combustible a Pyongyang fueron saboteadas en medio de las luchas políticas entre la administración Clinton y el Congreso republicano. Bush selló la desaparición del acuerdo cuando asumió el cargo, alejándose por completo. En el transcurso de su primer mandato, la administración adoptó una postura más belicosa, incluyendo en una lista al régimen de Corea del Norte entre los regímenes susceptibles de usar armas nucleares y volviendo a las condenas belicosas.

Sin embargo, en el segundo mandato de George W. Bush, Condoleezza Rice lo intentó de nuevo. Envió a un diplomático de carrera llamado Christopher Hill, que había sido parte del equipo negociador de la paz en los Balcanes con Richard Holbrooke, para liderar las conversaciones a seis bandas sobre la desnuclearización de Corea del Norte. «Esta administración ha reñido dos guerras», dijo Rice a Hill con cansancio. «Y ahora estamos buscando algunos diplomáticos.» Hill y un equipo de incansables diplomáticos del Servicio Exterior, incluido Yuri Kim, quien, una década más tarde, se vio envuelto en la matanza de Mahogany Row de Trump, se lanzaron ellos mismos al desafío durante años. Aguantaron semanas lejos de sus familias, largas horas en vuelos por todo el mundo y de doce a trece horas de maratones de negociación en Pekín. Los norcoreanos se contaron entre los oponentes más espinosos del mundo. Incluso en los Balcanes se había llegado a romper el hielo personal en algunos momentos: discusiones sobre niños y nietos, deportes y aficiones. Los norcoreanos tenían una reputación de «robots», según Hill. Después de años de tensas noches juntos, sentía que apenas los conocía.

Durante los altibajos, Hill trató de llevar adelante las lecciones de los diplomáticos del pasado, entre ellos su jefe en los Balcanes. Cuando los chinos no se presentaron a una reunión prometida y continuar sin ellos significaba volverse rebelde y desafiar sus órdenes de marcha, su primer pensamiento fue: «¿Holbrooke habría cancelado la reunión?», y perseveró. Más tarde, en un punto bajo de las negociaciones, el propio Holbrooke se presentó para movilizar al equipo de Hill. Eran parte de la historia, les dijo, como más tarde me dijo a mí en Afganistán. Debían disfrutar del momento. «Puede que nunca tengan otro igual.»

Fue en el curso de esos años de diplomacia arrolladora cuando Chris Hill se encontró, en el otoño de 2007, de pie con una bata blanca y una capucha, inspeccionando una planta de plutonio envejecida a unas dos horas al norte de Pyongyang. Estaban cortando en pedazos secciones de los gruesos tubos de la instalación.

«Desactivadores» estadounidenses e internacionales estaban allí presentes para supervisar la operación. Siete meses después, Corea del Norte volaría la torre de enfriamiento de la planta. Eso fue histórico: era la primera vez que Corea del Norte desactivaba un reactor desde 2001.

Al final, no fue suficiente. Pyongyang presentó una contabilidad a todas luces incompleta de sus actividades nucleares, y luego no pidió más. Pero las conversaciones habían dejado un legado considerable sobre el que construir. Las grietas se habían cerrado en una relación difícil con Corea del Sur. Y la cooperación se había establecido, en un grado que uno llegó a creer imposible, con China, el actor más importante en cualquier resolución de la crisis de Corea del Norte hasta hoy.

Y por eso fue una sorpresa, para muchos de los diplomáticos de carrera involucrados, que la administración Obama repitiera el mismo error que la de Bush en su primer mandato y se alejara de esos años de incursiones diplomáticas por completo. «Francamente, creo que lo que realmente pasó fue que la administración Obama vio la energía que todos habían invertido para intentar hacer algo con Corea del Norte, ya fuera la administración Clinton ya el segundo mandato de Bush —reflexionó Hill—. La administración Obama acababa de decidir: "Tenemos otras prioridades y esto agriará las otras vides". Nunca se lo tomaron en serio.» Le pregunté a Hillary Clinton si lamentaba ese alejamiento de Corea del Norte. «No, nosotros... —balbuceó— Chris Hill seguía adelante con las negociaciones cuando estábamos allí.» Cuando le dije que Hill pensaba que habían marginado el esfuerzo, dijo: «Yo no puedo hablar de eso. No lo sé. No voy a estar de acuerdo ni en desacuerdo con él». Nunca la había visto tan cansada. «Tal vez no sintió que hubo [apoyo] de la Casa Blanca o del Pentágono —continuó—. Pero ciertamente intentamos que las cosas funcionaran en el Departamento de Estado lo mejor que pudimos.»

Υ

Hill y los otros diplomáticos que presidieron el esfuerzo están de acuerdo en una cosa: la diplomacia sigue siendo el único camino que hay que seguir. «Si salimos de la situación de Corea del Norte, probablemente será por la diplomacia», dijo Condoleezza Rice. En opinión de Hill, eso no significaba necesariamente nuevas conversaciones con Corea del Norte, al menos no de inmediato, pero sí conversaciones intensivas con China. «Si no puedes tomarte en serio el trabajo directo con los norcoreanos, lo que entiendo totalmente —declaró mientras Donald Trump intensificaba su retórica en la ONU—, al menos entonces ponte serio con China... Ahí es donde creo que necesitamos una diplomacia mucho más seria, y con eso quiero decir que no podemos limitarnos a enviar mensajes de noche a través de cuentas de Twitter, realmente tenemos que sentarnos y tener una discusión sincera sobre nuestros intereses mutuos.» Los chinos estuvieron de acuerdo. En 2017 hicieron convocatorias públicas a seis bandas. Era una forma de parecer responsables sin comprometerse a cortar los lazos con Corea del Norte, a lo que se resistían desde hacía mucho tiempo; justo el tipo de postura que permitía a un equipo de diplomáticos estadounidenses conseguir resultados.

Brian Hook, el director de planificación política, dijo que a puerta cerrada Tillerson había presionado a China «por pura persistencia diplomática» para que endureciera su postura con Corea del Norte. «Todo comenzó cuando se sentó con los funcionarios chinos durante su visita a Pekín y dijo: "Podemos hacer esto por las buenas o por las malas, pero ustedes tienen que jugar un papel mucho más importante en la desnuclearización de la península de Corea"», me dijo.

Si esos esfuerzos podrían haber prevalecido siguió siendo un interrogante: Trump expulsó a Tillerson antes de que pudieran dar sus frutos. En cambio, Trump asombró a sus aliados cuando, en una reunión con una delegación surcoreana, acordó en el acto reunirse personalmente con el líder de Corea del Norte, Kim Jong Un. Esto fue anunciado, casi casualmente, por los surcoreanos después de la reunión. Rex Tillerson, que solo unas horas antes había dicho que Estados Unidos todavía estaba «muy lejos de las negociaciones», comunicó a la prensa que el presidente no le había hablado de antemano, cosa que no sorprendió a nadie. Pero por lo que uno podía intuir, Trump no se lo había dicho a ningún otro diplomático tampoco.

El personal de la Casa Blanca y del Departamento de Estado se apresuró a cambiar el rumbo. El acuerdo les pilló con la guardia baja. Algunos esperaban que se descongelaran las relaciones, pero muchos en la jerarquía de la política exterior temían que la medida, emprendida de la nada y carente de un contexto diplomático más amplio, sería asumida por Corea del Norte como un reconocimiento de su condición de potencia nuclear. Y a los altos funcionarios les preocupaba que Trump, voluble para empezar, tuviera poco apoyo del equipo diplomático que orientara las conversaciones. Era duro ver que la capacidad diplomática de Estados Unidos en la región se había quedado reducida a nada. En el Departamento de Estado, la unidad consagrada a Corea del Norte, que había sido considerablemente importante y dirigida por Yuri Kim una década antes, ya no existía. Tras un año de mandato de Trump, ni siquiera había un secretario adjunto permanente para el este de Asia.

El resto del mundo no se mantuvo al margen mientras Estados Unidos renunciaba a su liderazgo en diplomacia y desarrollo. El equilibrio del poder diplomático mundial está cambiando. Durante el primer viaje de Tillerson a China como secretario de Estado, él y el presidente Xi Jinping se sentaron en sillones de cuero marrón a juego frente a un mural de belleza pastoral china: grúas sobrevolando valles y bosques prístinos. Llevaban corbatas rojas a juego y chaquetas oscuras. Y, en un movimiento que dejó boquiabiertos a los seguidores cercanos de las relaciones entre Estados Unidos y China, utilizaron un lenguaje coincidente. El presidente Xi instó a Estados Unidos a «expandir áreas cooperativas y lograr resultados beneficiosos para todos». Tillerson estuvo de acuerdo: «La parte estadounidense está lista para desarrollar relaciones con China basadas en el principio de no conflicto, no confrontación, respeto mutuo y cooperación en beneficio mutuo».

Un observador lego podría haber pestañeado sin entender,

pero los expertos de Asia en el Departamento de Estado y más allá vieron algo inusual de inmediato. Tillerson casi había copiado declaraciones anteriores de Xi que, solo unos meses antes, había expresado su esperanza de que el presidente Trump «mantuviera los principios de no conflicto, no confrontación, respeto mutuo y cooperación en beneficio mutuo». Ese fue el más reciente de muchos ejemplos de Xi y otros funcionarios comunistas que utilizaron esa secuencia codificada de términos para describir un nuevo equilibrio de poderes, con China como igual de Estados Unidos y con Estados Unidos cediendo a las prerrogativas chinas en asuntos contenciosos desde Taiwán hasta las disputas territoriales en el mar del Sur de China. Los medios de comunicación estatales captaron al instante el mensaje encubierto. «Tillerson ha apoyado implícitamente el nuevo modelo de relaciones entre las grandes potencias», gritó el *Global Times* afiliado al partido comunista, diciendo que el lenguaje de Tillerson había dado a «los aliados de Estados Unidos en la región de Asia Pacífico la impresión de que China y Estados Unidos son iguales...», lo que «Barack Obama se negó a hacer».

Varios altos funcionarios del Departamento de Estado me dijeron que la Oficina de Asuntos de Asia del Este y el Pacífico, terreno de expertos regionales en sintonía con la importancia de dicho lenguaje, no había sido consultada a propósito de la declaración. En cambio, había sido redactada por la Casa Blanca, según varias fuentes allí, por la oficina de Jared Kushner. Brian Hook, el director de planificación política, no cuestionó este relato de los hechos, pero dijo que un funcionario público de la oficina de Asia estaba de viaje. ¿Había participado el funcionario público en la redacción de las declaraciones?, le pregunté.

—No lo recuerdo —dijo Hook—. Usted ha estado en esos viajes. Ya sabe. Son confusos.

—¿Tillerson tenía la intención de reflejar su lenguaje? —le pregunté.

—No tenía la intención de reflejar su lenguaje.

—Pero ¿es consciente de que eso es lo que hizo?

—Él... él aprueba cada una de sus declaraciones. Cree en el beneficio mutuo. Cree que China y Estados Unidos pueden trabajar juntos.

Más tarde, Hook añadió que Tillerson «asignaba otros significados que los chinos a la fraseología. Por ejemplo, la secretaria cree en una victoria compartida, pero eso no significa dos victorias para China». Hook describió la estrategia de Tillerson hacia China en una estrategia «basada en resultados», con la voluntad de «enfrentar cualquier acción china que perjudique nuestros intereses». Pero a ojos de algunos diplomáticos de carrera, esos objetivos estaban siendo socavados por la firme negativa a inspirarse de la experiencia del Departamento. Un funcionario de la oficina de Asia dijo, al ver cómo se desarrollaba ese viaje, sin contacto entre Tillerson y los expertos, que en condiciones normales serían consultados sobre estas declaraciones, que era como estar fuera de tu casa sin poder entrar y ver cómo un perro te rompe con ahínco el tapizado.

Mientras los diplomáticos estadounidenses enfrentan recortes presupuestarios, las arcas de China no dejan de llenarse cada año que pasa. Pekín ha invertido dinero en proyectos de desarrollo, en concreto 1,4 mil millones de dólares en iniciativas de infraestructura en todo el mundo que eclipsarían el Plan Marshall. Su gasto en ayuda exterior es todavía una fracción del de Estados Unidos, pero la tendencia es sorprendente, con un aumento de la financiación media de más del 20 por ciento anual desde 2005. La creciente superpotencia se asegura de que el mundo lo sepa. En un año reciente, el Departamento de Estado gastó 666 millones de dólares en diplomacia pública, dirigida a ganarse corazones y espíritus en el extranjero. Si bien es difícil saber exactamente lo que China gasta en programas equivalentes, un análisis calculó el valor de sus programas de «propaganda externa» en unos 10 mil millones de dólares al año.

En las organizaciones internacionales, Pekín ocupa un lugar preponderante detrás de un Washington que va a la zaga. Mientras Estados Unidos propone recortes a su gasto de la ONU, China se ha convertido en el segundo mayor financiador de las misiones de mantenimiento de la paz de la ONU. Ahora tiene más efectivos de mantenimiento de la paz en conflictos en todo el mundo que los otros cuatro miembros permanentes del Consejo de Seguridad juntos. Es una medida pragmática: Pekín está ganando influencia y nombramientos en los consejos de administración de Estados Unidos que son un chollo.

333

En todo el mundo se está produciendo la misma transformación. La caricatura de la política exterior de China ofrecida por las potencias occidentales —despiadada expansión económica, sin escrúpulos éticos o la voluntad de participar diplomáticamente— fue precisa durante años. Ahora, en Afganistán, China está explorando un papel mediador en la compleja relación con la vecina Pakistán. En Sudán, China mantuvo durante decenios una política de «no injerencia», comprando aceite al célebre Frente Islámico Nacional/Partido del Congreso Nacional en Jartum, mientras el régimen masacraba a civiles en Darfur y Sudán del Sur. La población sudanesa, sometida a brutalidades, suplicó en vano que China utilizara su influencia única para exigir la paz. Ahora, el enviado de China para África recorre la región, ofreciendo facilitar las mediaciones y tratando de elaborar un acuerdo que ponga término a la violencia que todavía asola Sudán del Sur. Pekín dijo que este enfoque práctico era un «nuevo capítulo» en su política exterior.

El impacto es más fuerte en Asia. A medida que la administración Trump abandonó la Asociación Transpacífica (TPP, por sus siglas en inglés), un acuerdo comercial regional que la administración de Obama había liderado y nutrido desde 2009, China intervino rápidamente con su propio pacto comercial masivo. Y en países colindantes con la región, la diferencia se siente sobre el terreno. La administración Trump propuso recortar la asistencia a Kazajstán y Turkmenistán por completo. Eran programas pequeños, pero la única manifestación visible de la influencia estadounidense en los países vecinos, desde el punto de vista estratégico, en la guerra en Afganistán y el enfrentamiento de Estados Unidos con Rusia. Estos países albergan asimismo vías de tren nuevas, entregadas en el marco de la iniciativa «Una franja, una ruta» (la nueva ruta de la seda).

«Es una herida completamente autoinfligida», dijo John Kerry sobre la intrusión del tipo de diplomacia y desarrollo que Estados Unidos dominó otrora. «Me preocupa mucho más que muchos otros temas que consumen el debate público la mayoría de los días… en términos de un país grande, poderoso y ambicioso que establece la agenda y la ejecuta: se están comiendo nuestro almuerzo hoy, y este presidente los ha invitado porque cree que nuestro repliegue es algo así como un lo-

334

gro.» China no es un héroe mundial. Decir que estas primeras incursiones en el liderazgo diplomático pueden contrarrestar plenamente el legado de compromiso profundamente
arraigado de Estados Unidos sería simplificarlo demasiado.
Y Pekín trae a la mesa un tipo de liderazgo muy diferente: todavía despiadado, todavía agobiado por su negativa a afrontar
sus propias violaciones de los derechos humanos. Pero la trayectoria es significativa. Para empezar, para el niño nacido hoy
en Kazajstán, el liderazgo de una potencia mundial con respecto a otra estará más que claro. Desde Sudán hasta Pakistán,
he hablado con jóvenes que crecieron con una infraestructura
china más visible y agresiva. Si China puede madurar como
potencia diplomática tan rápidamente como lo ha hecho como
fuerza de desarrollo económico, Estados Unidos habrá cedido
una de las vías más importantes a través de las cuales las grandes potencias configuran al mundo.

EPÍLOGO

El recurso de primera instancia

Hay dos maneras de solucionar una disputa militar, la que se resuelve por negociación y la que se resuelve por la fuerza. Como la primera es característica de los seres humanos y la segunda de las bestias, debemos recurrir a la segunda solo si no podemos explotar la primera.

CICERÓN, *Sobre los deberes*

Viena, 2015

*L*a firme disolución del Departamento de Estado durante la administración Trump puede parecer un resultado lógico de años de política exterior desequilibrada, pero no es inevitable. La tendencia de los diplomáticos marginados y el ascenso de los soldados y espías desde el 11-S de 2001 no han sido lineales. Los diplomáticos que sirvieron en la administración Bush señalan el regreso de la diplomacia de Corea del Norte gracias a los esfuerzos de Christopher Hilly e iniciativas como el Plan de Emergencia del Presidente para el Alivio del SIDA (PEPFAR), que canalizó miles de millones de dólares en tratamientos médicos para salvar vidas en los países en desarrollo.

Y, en conjunto, el acuerdo con Irán y el Acuerdo Climático de París representaron una acción de retaguardia para la diplomacia. Fueron más llamativos por el contraste que representaban, después de un primer mandato de la administración Obama que, en comparación, fue más desdeñoso con los diplomáticos y estéril en cuanto al esfuerzo diplomático a gran escala. Ben Rhodes, asesor de seguridad nacional adjunto de Obama, atribuyó los últimos avances en parte a la naturaleza de combustión lenta de la diplomacia y en parte al cambio de trayectoria.

«Las piezas centrales de nuestra política exterior del segundo mandato fueron mucho más diplomáticas en su naturaleza que en el primero, y también se esforzó por... —se detuvo, pareciendo reflexionar sobre los fracasos del período de Holbrooke—. El segundo mandato no conoció la clase de dinámica de los generales superestrellas, los Petraeus y los McChrystal. No es que los generales no fueran estrellas, solo que no eran los gigantes de la esfera pública que impedían respirar oxígeno a ciertas partes del mundo. Creo que hubo una reordenación lenta, sin duda, pero constante de las prioridades de la diplomacia.»

Los resultados fueron controvertidos: pruebas del poder de la diplomacia para algunos, y de su locura para otros. Pero, incluso cuando Trump sacó a Estados Unidos del Acuerdo de París y mientras continuaba el feroz debate sobre el acuerdo con Irán y sobre sus virtudes y vicios, no se puede negar que hubo iniciativas serias en política exterior, fruto de una diplomacia reñida y de la vieja escuela. No es de extrañar que la más controvertida de esas iniciativas, el acuerdo con Irán, comenzara y terminara con gritos.

Era de noche cuando comenzó una de esas rondas de gritos, que resonaban en las paredes de paneles dorados y blancos, en las sillas rococó y en una chimenea de mármol ornamentada con un manto sostenido por querubines. La mitad de los gritos eran del ministro de Exteriores de Irán, que ya no estaba de acuerdo con el número de años que su país tendría que aceptar las restricciones de su programa nuclear. La otra mitad de los gritos eran de los secretarios de Estado y de energía estadounidenses, que decían a los iraníes, en pocas palabras, que se fueran al infierno. «¡Ya he tenido suficiente! —gritaba John Kerry—. No pueden hacer lo que amenazan con hacer.» Si Irán quería renegociar los términos básicos, Estados Unidos abandonaría encantado de la vida.

Corría julio de 2015, y los negociadores iraníes, estadounidenses, británicos, franceses, chinos, rusos, alemanes y de la Unión Europea se habían reunido en Viena para un último y tortuoso intento diplomático. El hiperlujoso Palacio Coburg, donde Johann Strauss había actuado en el brillante salón de baile y donde la dinastía de Sajonia-Coburgo-Gotha había conspirado con sus intrigas, multiplicado su endogamia y gozado de baños perfumados hasta que su última princesa falleció en la década de 1990, fue seleccionado como lugar de celebración de las conversaciones, en parte porque sus treinta y cuatro estancias permitían a pocos invitados escuchar por casualidad conversaciones como esta. Aun así, aquellos que podían permitirse el lujo de quedarse en el Palais Coburg —espías y diplomáticos, banqueros y barones— tenían el oído fino. Y para entonces, seiscientos reporteros habían llegado a la silenciosa Viena solo por estos chismes.

Los estadounidenses, en el comedor de al lado, estaban nerviosos. «Kerry se volvió loco, perdió los estribos —recordó Jon Finer, el jefe de personal de Kerry y, más tarde, director de planificación política en el Departamento de Estado—. Muchos de nosotros nos reuníamos en el comedor, fuera de donde estaba la reunión, y la gente podía oír los gritos que atravesaban las paredes.» El guardaespaldas de Kerry, Jason Meininger, finalmente abrió las puertas e irrumpió en la sala. Informó con tacto a estadounidenses e iraníes que clientes fortuitos del palacio podían oír los detalles íntimos de las negociaciones diplomáticas más delicadas del mundo. Resultó que había algo de verdad en ello. Durante el desayuno de la mañana siguiente, el ministro de Asuntos Exteriores alemán y más tarde presidente Frank Steinmeier felicitó secamente a Kerry por lo que él asumió que habían sido unas conversaciones productivas, en vista de que todo el hotel las había oído.

Finalmente, los diplomáticos más poderosos del mundo pasaron dieciocho días atrapados en el esplendor. Noche tras noche, las negociaciones se prolongaban hasta las primeras horas de la mañana. Con ojos enrojecidos, la delegación estadounidense engulló cinco kilos de puromoros con sabor a fresa, nueve kilos de palitos de queso, catorce kilos de mezcla de nueces y frutos secos, y cientos de barritas de cereales y tazas de café expreso.

La noche después del partido a voz en grito, el enfrentamiento se repitió en una reunión más grande de los minis-

tros del «P5+1», los miembros permanentes del Consejo de
Seguridad de la ONU más Alemania. Mientras el ministro
de Asuntos Exteriores iraní, Javad Zarif, intentaba insistir en
un marco temporal más indulgente, Federica Mogherini de la
Unión Europea dijo que preferiría volver a casa antes que con-
siderarlo. «¡Nunca amenaces a un iraní!», gritó Zarif. «O a un
ruso», añadió astutamente el ministro de Asuntos Exteriores
ruso Sergei Lavrov, cortando la tensión. Pero lo cierto era que
Rusia se había alineado con norteamericanos y europeos. Una
y otra vez, Lavrov acudió en ayuda de Estados Unidos para
deshacer los entuertos; un logro tanto más notable cuanto que
la crisis de Ucrania empeoraba y las relaciones entre Estados
Unidos y Rusia se congelaban. Fue una de las muchas características inusuales de un esfuerzo diplomático inusual: un frente unificado. Incluso China firmó para desempeñar un papel
importante ayudando a modificar uno de los reactores de Irán.

El proceso fue también una muestra anacrónica de valen-
tía diplomática. Para Bill Burns fue la última misión de una
carrera de décadas en el Servicio Exterior que le llevó desde
las embajadas en Rusia y Jordania hasta el segundo puesto de
mando en el Departamento de Estado en el momento de las
negociaciones con Irán. Burns era lo que uno se imaginaba
cuando pensaba en una carrera diplomática. Era delgado, con
el bigote cano y una voz suave y chirriante que parecía armada
de una imposible paciencia y un temperamento parejo. Según
un titular del *Washington Post* que anunció su retirada, era el
«diplomático por antonomasia». Cuando John Kerry me habló
de los desafíos de alentar a los jóvenes diplomáticos, se refirió a
la importancia de «encontrar la próxima generación de diplomáticos talentosos, el próximo Bill Burns por así decirlo».

Burns era la viva prueba del papel irremplazable que los altos responsables del Servicio Exterior podían desempeñar aún.
Había participado en la diplomacia estadounidense con Irán
hacía treinta años, hasta que ingresó como personal del Consejo de Seguridad Nacional en la Casa Blanca inmediatamente
después del asunto de Irán-Contra, también conocido como
Irangate. «Como diplomático relativamente joven —dijo—,
los peligros de la diplomacia iraní se me hicieron evidentes
al ver lo mal que terminó todo aquello.» Pero Irán tenía una

atracción gravitatoria para él. Años más tarde, había dirigido la oficina de Oriente Medio en el Departamento de Estado de Colin Powell y el espacio cada vez más reducido de la diplomacia y el creciente énfasis en la política hecha desde el Pentágono lo habían angustiado. «Vi de primera mano la reversión de la diplomacia y el uso de la fuerza que fue tan característico de la carrera hacia la guerra de Irak», continuó. Esa reversión, en su opinión, fue una de las razones por las que se rechazaron las oportunidades previas de acercamiento a Irán, cuando su programa nuclear estaba todavía en ciernes. No fue hasta el último año de la administración Bush, cuando Burns se desempeñaba como subsecretario de Asuntos Políticos bajo la dirección de Condoleezza Rice, cuando la administración comenzó a abrirse a la idea de una estrategia diplomática. Fue ese verano cuando Burns se sentó, por primera vez, directamente frente a los iraníes, en una reunión de las potencias mundiales en Ginebra. «Eso realmente abrió una nueva fase en cierto sentido —reflexionó Burns—, que, como sabe, Obama condujo con mucha más ambición.»

343

En el verano de 2009, Estados Unidos descubrió una instalación secreta de enriquecimiento de uranio, no lejos de la ciudad santa de Qom, y respondió con una ola de nuevas sanciones que asfixiaron todos los sectores de la economía iraní. Aquello necesitó de una meticulosa intervención de la diplomacia. Los funcionarios del Departamento de Estado y del Tesoro apelaron a un país tras otro para cortar los lazos con Irán, creando un frente unificado de guerra económica. El impacto fue devastador: «Sus exportaciones de petróleo cayeron en un 50 por ciento —recordó Burns—. El valor de su moneda cayó un 50 por ciento».

Esta presión preparó el escenario para las conversaciones. En marzo de 2013, en una casa en la playa dispuesta para los mandos militares en Omán —que habían demostrado su influencia en Teherán al negociar la liberación de varios excursionistas estadounidenses presos—, Burns y cuatro colegas mantuvieron sus primeras conversaciones secretas con los iraníes. Durante tres días, él y el jefe de la delegación iraní caminaron por los parajes y pasaron largas horas en una sala de conferencias llena de luz, con una amplia vista al mar Arábigo. «Creo que nos fuimos con la sensación de que podría haber una apertura», dijo Burns. Teherán seguía atando en corto a los iraníes. Pero eran diplomáticos que conocían su oficio, no los partidarios de la línea dura en materia de seguridad nacional que habíamos visto hasta entonces en las conversaciones internacionales. Esa distinción sería importante para ambas partes.

Las conversaciones se intensificaron cuando Irán sorprendió al mundo al elegir como presidente a Hassan Rouhani, un moderado que se presentó con una plataforma de descongelamiento de la economía iraní. Nombró a Javad Zarif, un habitual del programa *Charlie Rose* y con una educación en los valores occidentales, como ministro de Asuntos Exteriores. Durante el año siguiente, Burns lideraría nueve o diez negociaciones secretas en capitales de todo el mundo. En una ocasión, «hicimos parte de las negociaciones en Muscat, luego volamos a Pekín, luego de vuelta a Omán y otra vez a Pekín», recordó Jon Finer, que estuvo presente en muchas de las conversaciones posteriores. A medida que los meses se prolongaban, los negociadores comenzaron a desarrollar una relación personal. Cuando una de las diplomáticas estadounidenses, Wendy Sherman, y su homólogo, Majid Takht-Ravanchi, se estrenaron como abuelos en otoño de 2013, compartieron fotos. Kerry y Zarif mantuvieron reuniones tan largas que la revista *New York Magazine* añadió más tarde una nube de corazones con Photoshop entre los dos hombres y los colocó en el primer puesto de un «listículo» titulado «Los momentos más románticos de las negociaciones del acuerdo con Irán». A finales de 2013, se había firmado un acuerdo provisional. En abril de 2015 se convirtió en un acuerdo marco. Y durante los tres meses siguientes, la lucha por cristalizar los compromisos contraídos durante los años previos en un acuerdo final transcurrió en Viena.

A medida que las conversaciones secretas avanzaban, algunos aspectos de la posición norteamericana se suavizaron. «Obama tomó una decisión política muy crítica... que fue que Estados Unidos podría considerar un programa de enriquecimiento muy muy limitado si Irán accedía a una supervisión y una verificación muy estrictas», recordó Sherman. Todo ello pensando que Irán tendría un programa nuclear con o sin nuestras bendiciones. Sherman, Burns y el resto de los estadounidenses terminaron convenciéndose de que las sanciones solo podían ralentizarlo. Las negociaciones ofrecían la única esperanza de asegurar la supervisión de las actividades de Irán. Autorizar un programa nuclear civil —que los opositores del acuerdo condenan sin concesiones hasta hoy— fue un punto de inflexión, uno de los factores más significativos que posibilitaron la cascada de acuerdos que siguieron.

Sherman comparó el acuerdo con un cubo de Rubik, que, a cada giro, estropeaba otra cara de las negociaciones. (Más tarde, un funcionario del Departamento de Energía repartió cubos de Rubik a los cuarenta negociadores estadounidenses, incluidos Finer y Sherman, a modo de regalo de broma; bueno, lo de «broma» es un decir). Varios miembros del equipo salieron literalmente rotos de las conversaciones. Wendy Sherman se rompió la nariz al golpearse contra una puerta cuando se apresuraba a informar a Kerry en una línea segura, y se rompió el dedo meñique al caer por una escalera de camino a una de las muchas sesiones informativas del equipo en el Senado para defender las negociaciones contra los ataques políticos. Metió el dedo en hielo y siguió con la sesión informativa. («Estaba bastante concentrada, fue una reunión informativa muy buena», dijo. Después de responder a las últimas preguntas, rompió a llorar.) En una acalorada negociación en Ginebra en 2015, John Kerry golpeó la mesa con tanta fuerza que un bolígrafo salió volando y le dio a uno de los negociadores iraníes. Todavía conmocionado al día siguiente, se fue a dar un paseo en bicicleta por los Alpes franceses para despejarse, que es algo que haces si eres John Kerry y estás demasiado lejos de la costa para hacer windsurf. Distraído por una moto que pasaba, se estrelló contra una barrera y salió volando, fracturándose el fémur.

Desde Muscat a Nueva York y de Ginebra a Viena, perseveraron y rogaron a sus aliados que hicieran lo mismo. En julio de 2015 —después de un último empujón que duró hasta las tres de la madrugada—, en la sede de Naciones Unidas de Viena los ministros se colocaron, con aire cansado, frente a una fila de banderas de sus respectivos países mientras los flashes se disparaban. Juntos, anunciaron un acuerdo que limitaría las

345

ambiciones nucleares de Irán durante al menos una década. La nación canalla que se había burlado de la diplomacia sostenida con el mundo exterior durante más de treinta años había consentido controles y verificaciones rigurosos e intrusivos.

John Kerry aprovechó la oportunidad para defender el acuerdo contra lo que sabía que serían años de indignación por parte de quienes se oponían a la idea misma de las conversaciones y de quienes defendían que Estados Unidos se había hecho un lío. «Voy a compartir con ustedes, a título muy personal, que hace años, cuando dejé la universidad, fui a la guerra», dijo a la prensa reunida, refiriéndose a su servicio en Vietnam. «Y en la guerra aprendí el precio que se paga cuando la diplomacia fracasa. Y tomé la decisión de que, si alguna vez tenía la suerte de estar en posición de marcar la diferencia, trataría de hacerlo.» Su voz, ronca y cansada, se quebraba de la emoción. «Sé que la guerra es el fracaso de la diplomacia y el fracaso de los líderes, incapaces de alcanzar decisiones alternativas.»

346

El trato fue un pararrayos para la crítica. Llegar a la línea de meta requería compromisos que algunos consideraban inaceptables. En 2009, Obama había ordenado a la CIA y al Departamento de Estado que se abstuvieran de apoyar a los manifestantes antigubernamentales en la Revolución Verde de Irán, por temor a que el cambio de régimen diera al traste con los primeros logros de la diplomacia secreta. Algunos críticos argumentaron que la obsesiva búsqueda del acuerdo por parte de la administración Obama también había contribuido a su inacción en Siria, después de que Irán amenazara con retirarse de las conversaciones si Estados Unidos interfería en el régimen sirio aliado de Teherán. Y el acuerdo en sí mismo —que concedía a Irán el derecho a un bajo nivel de enriquecimiento nuclear insuficiente para la producción de armas, y que incluía algunas restricciones que expirarían después de una década— no fue una victoria limpia.

Otros arguyeron que era un trato con el diablo. Desde la lapidación a las víctimas de violación hasta el encarcelamiento a los periodistas, estadounidenses incluidos, Irán era difícilmen-

te un actor reformado. Cuando el Gobierno de Trump empezó
a presionar contra el acuerdo y no logró ganar terreno con las
afirmaciones de que Irán había hecho trampas, muchos de sus
argumentos se basaron en esta lógica. La embajadora de Estados Unidos ante Naciones Unidas, Nicki Haley, habló largo y
tendido sobre la historia de Irán, desde 1979, como una nación
canalla y patrocinadora del terrorismo, instando al mundo a
ver a Irán como un «rompecabezas», que aglutinaba más piezas que la cuestión nuclear.

Los negociadores del trato fueron los primeros en admitir
sus imperfecciones. Pero esto era, según ellos, lo que parecía
una victoria diplomática. El acuerdo se centraba en el singular y apremiante desafío de las ambiciones nucleares de Irán.
En ninguna parte se trató de abordar el historial de derechos
humanos del país, ni su apoyo a elementos antiamericanos en
Siria, ni sus ensayos de armas no nucleares. Era difícil imaginar, según los partidarios del acuerdo, que retirar las conversaciones nucleares de la mesa de negociaciones haría algo más
que disminuir la capacidad de Estados Unidos para abordar
cualquiera de esas otras cuestiones. «Reconocimos que había
muchos otros elementos del comportamiento iraní que ame-
nazarían nuestros intereses y los intereses de nuestros amigos
—me dijo Bill Burns—. Pero ser capaz de resolver la cuestión
nuclear sin disparar un solo tiro, y de forma que sirva a nuestros intereses, es un paso bastante importante.»

También había pocas alternativas. Sin el acuerdo, Kerry
argumentó: «Íbamos a tener una acción militar a corto plazo,
punto. El tiempo de la ruptura se redujo a un par de meses. Así
que, ya fuera durante nuestra vigilancia o al principio de la presidencia [de Trump], sin [el acuerdo] no íbamos a librarnos de
tener una confrontación». La administración Obama había re-
visado las opciones militares y pintaban sombrías. Podían debilitar temporalmente sitios específicos, pero no había manera de
evitar la reconstrucción de los iraníes. «Íbamos a estar en situación de hacerlo una vez, lo que imposibilitaría cualquier acción
diplomática porque, una vez que los hubiéramos bombardeado —destacó Finer, recordando las opciones tácticas previstas
por la administración— es bastante improbable que se sentaran
a la mesa para negociar y se lanzarían secretamente a la carrera

347

de la bomba, fuera de todo control. Y en ese caso no cabría más solución que encontrarlos y bombardearlos de nuevo, tal vez en los dos años venideros y así perpetuaremos este ciclo.»

«Tienen la idea de que es posible lograr un mejor trato, o un trato perfecto, pero la vida no es así —añadió Burns—. Se puede alegar que, si nos hubiéramos comprometido seriamente con los iraníes una década antes, cuando hacían girar sesenta y cuatro centrifugadoras e iniciaban un programa de enriquecimiento muy primitivo, tal vez podríamos haber impuesto restricciones más severas a su programa nuclear. La realidad fue que a principios de 2013, cuando comenzamos las conversaciones secretas en serio, tenían casi 19 000 centrifugadoras en marcha... Y no había forma de poder bombardearlos o hacer desaparecer el problema. En diplomacia, el desafío siempre dejará que desear.» Así es como se veían los complejos acuerdos negociados: veinte años antes, el acuerdo que Richard Holbrooke había negociado en Dayton también comprometió sobremanera la concesión de derechos de representación política a los grupos étnicos y la creación de un gobierno abotargado y difícil de manejar en un esfuerzo por satisfacer a todo el mundo.

348

Varios diplomáticos que estaban detrás del acuerdo con Irán, como Sherman y Finer, se asociaron para llevar la lucha al Congreso y a los medios de comunicación. Defendieron que la retirada mermaría la influencia de Estados Unidos, y que China y Rusia aprovecharían la oportunidad para abrir una brecha entre Estados Unidos y sus aliados europeos, que se habían implicado considerablemente en el acuerdo. En particular, los diplomáticos temían que la destrucción del acuerdo de no proliferación más importante del mundo con un Estado hostil pudiera tener eco en todo el mundo, en otra gran crisis. «Si abandonamos este acuerdo —dijo Finer—, ¿qué van a pensar los norcoreanos? ¿Qué incentivo tienen los norcoreanos para contemplar la posibilidad de negociar siquiera?»

A pesar de todo, era un trato, y un trato que ofrecía lecciones sobre los factores que aún pueden converger para hacer que la diplomacia funcione en la actualidad. Los negociadores de Irán prevalecieron en sus juicios en parte porque el presidente ofreció un apoyo completo, con poca microgestión. Antes de cada ronda de negociaciones, Obama recorrió sus «líneas rojas» con Kerry y Sherman, y luego les recordó que estaban facultados para alejarse si lo consideraban conveniente. Cuando concluyó el viaje a Viena, que se había prolongado años enteros, docenas de funcionarios del Departamento de Estado habían participado en el acuerdo. Hablé con muchos de ellos: todos recordaron haberse sentido autorizados por la Casa Blanca, y que esto había formado parte integral de su trabajo.

Numerosos diplomáticos de carrera me dijeron que si había una hoja de ruta para el futuro de la diplomacia estadounidense era esta: aceptar el compromiso y la imperfección de los acuerdos, darse cuenta de que podían evitar la guerra y salvar vidas; invertir en los diplomáticos de carrera y darles la cuerda suficientemente larga para hacer su trabajo; e instalar un liderazgo visionario y convencido del valor de las iniciativas diplomáticas a gran escala como las que la administración Trump parecía empeñada en desmantelar. Esas propuestas parecían, a su manera, no muy diferentes de las reformas que habían remodelado el Departamento de Estado en los años posteriores a la Segunda Guerra Mundial.

«En cuanto a Irán, Cuba y París, creo que son verdadera y sinceramente solo tres políticas de las que cualquier administración que vino después de nosotros se benefició de múltiples oportunidades, de grandes oportunidades, y de aperturas diplomáticas que los secretarios precedentes habrían soñado con explorar», dijo John Kerry. En el caso del acuerdo con Irán, seguía creyendo todavía cuando la administración Trump iniciaba su retroceso, lo peor que se llegó a temer fue que Irán se negara a cumplirlo, aislando a los iraníes, no a los estadounidenses. Las consecuencias de que Estados Unidos implosionara unilateralmente el acuerdo eran, según él, mucho peores. «Trump lo ha hecho al revés, con bravatas. Nos ha aislado. Si el acuerdo se va a pique, el mundo nos culpará a nosotros, no a Irán...» Kerry asestó su golpe: «Si esto es el arte de negociar, se puede ver por qué este tipo se declaró en bancarrota siete veces». Era una cuña de otra época, cuando podías avergonzar a alguien mostrándole en qué había errado; cuando un argumento claro

349

como el agua, un argumento sólido, podía cambiar las cosas. Pero, en la política norteamericana, ese tiempo había pasado.

En última instancia, más de ochenta especialistas en control de armas firmaron una carta en la que defendían el acuerdo con Irán como una «clara ventaja para los esfuerzos internacionales en favor de la no proliferación nuclear» y advertían que «una acción unilateral de Estados Unidos, especialmente fundada en afirmaciones sin fundamento de trampas por parte iraní, aislaría a Estados Unidos». Pero este mensaje no hizo mella en la administración Trump, que continuó vilipendiando públicamente a Irán. El tiempo de los especialistas que desempeñan un papel formador en política exterior, temían algunos funcionarios de carrera, también puede haber pasado. Apenas unos días después de asumir el poder, la nueva administración despidió, cómo no, a su principal experto interno en no proliferación.

350   Así fue como, en un frío domingo de enero de 2017, Tom Countryman se vio vaciando su oficina en el Departamento de Estado. Era el final de treinta y cinco años de servicio, pero no se puso sentimental. «Había tanto que hacer —dijo, encogiéndose de hombros—. No estoy seguro de haberlo sopesado bien.» La mayoría de los domingos, el Departamento estaba misteriosamente vacío. Pero en este caso, Countryman no estaba solo. El subsecretario Patrick Kennedy, después de cuarenta y cuatro años en el Servicio Exterior, también vaciaba su despacho. Los dos diplomáticos encanecidos se tomaron un descanso para recordar entre cajas de papeles y fotos familiares. Kennedy había estado en el ojo de la guerra de Irak como jefe de personal de la Autoridad Provisional de la Coalición. Countryman había estado en Egipto cuando el país entró en la Guerra del Golfo. Fue un final improbablemente tranquilo para un par de carreras de alto riesgo: recuerdos y escritorios vacíos, en un Departamento de Estado silencioso.

Habían pasado unos días desde el despido de Countryman mientras se hallaba en una misión en Jordania, y había hecho todo lo posible para finiquitar cuanto pudo. No tuvo tiempo de hablar con la mayoría de sus 260 empleados en la Oficina de seguridad internacional y no proliferación. En cualquier caso, había poco que decir que pudiera esclarecer lo que estaba por venir.

Al martes siguiente, tuvo una última oportunidad para despedirse. Más de cien diplomáticos de carrera se apiñaron en un área de recepción en el primer piso con el techo manchado y una alfombra gris industrial. La multitud cogió sus copas de espuma de poliestireno blanco cuando Countryman subió al podio. Desde su despido menos de una semana antes, Tom Countryman se había convertido en una especie de celebridad menor, el símbolo de una profesión sitiada. Un colega comparó el final de su carrera con el de Obi-Wan Kenobi, que fue asesinado por Darth Vader en *La Guerra de las Galaxias*, lo que Countryman encontró conmovedor. (Otro, añadió ardientemente, lo comparó con la escena en la que la princesa Leia estrangula a Jabba el Hutt. «Eso me pareció confuso.»)

Se había pasado días pensando en un mensaje, una lección, algo de valor que dejar tras de sí. Countryman no estaba descontento, dijo a la multitud de diplomáticos atormentados. Él era, de hecho, «probablemente la persona más gruñona de la sala». Les habló de una carrera que le había dado una visión de primera mano de la historia mundial y diplomática. Habló de los «embajadores legendarios» y de los jóvenes y brillantes diplomáticos que, estaba convencido, seguirían destacando en las filas del Servicio Exterior.

Pero también lanzó una advertencia: «Una política exterior sin profesionales es, por definición, una política exterior de aficionados».

Quédense, instó a los diplomáticos reunidos, aunque reconoció que la suya era una profesión desfasada con los tiempos. «Nuestro trabajo es poco comprendido por nuestros compatriotas, un hecho que a veces es explotado con fines políticos.» Solo ellos, dijo, podrían servir de baluarte contra una política cada vez más transaccional y militarizada. «Nuestros agentes consulares son la primera de muchas líneas de defensa contra aquellos que vienen a Estados Unidos con propósitos espurios. Queremos que las familias de los héroes de América —nuestros militares— sepan que sus seres queridos no corren peligro simplemente porque no busquemos soluciones que no sean

351

militares... Si nuestra interacción con otros países es solo una transacción comercial, en lugar de una asociación con aliados y amigos, también perderemos ese juego. China prácticamente inventó la diplomacia transaccional, y si elegimos jugar su juego, Pekín llevará la batuta.»

Estos eran los temores de los diplomáticos supervivientes que recordaban una época distinta, en la que hablar y escuchar contaba para algo, y el Departamento de Estado era un instrumento indispensable del poderío norteamericano. «Básicamente nos hemos desarmado unilateralmente —reflexionó Wendy Sherman—. Si no tienes la diplomacia como herramienta, has socavado unilateralmente tu propio poder. ¿Por qué íbamos a hacer eso? —suspiró—. Por qué íbamos a quitarnos eso a nosotros mismos es insondable para mí, y por qué íbamos a convertirnos en una política exterior de carácter militar me resulta algo insondable.»

«Hay una verdadera corrosión del sentido del liderazgo norteamericano en el mundo y de las instituciones que hacen que ese liderazgo sea real —añadió Bill Burns—. Terminas creando una circunstancia en la que te despiertas dentro de quince años y dices: "¿Dónde están todos esos diplomáticos del Servicio Exterior que deberían estar a punto de convertirse en embajadores?" y no van a estar allí.» Recordó vívidamente la «reversión» de la diplomacia y el poderío militar que había presenciado durante el período previo a la guerra de Irak. Mientras veía los escasos logros diplomáticos de la era moderna caer como fichas de dominó con la administración Trump, no pudo evitar constatar el paralelismo. «La diplomacia debería ser la herramienta de primer recurso a nivel internacional. A veces puede lograr cosas a un costo mucho menor que la opción militar, tanto en términos financieros como del número de vidas norteamericanas» comentó Burns. Parte de la inclinación hacia la política militar sería difícil de deshacer, concedió, pero estaba convencido de que siempre había un camino de vuelta. Todavía creía en la capacidad de los norteamericanos llamados a servir en su poco glamorosa pero necesaria profesión.

Recordé algo que Richard Holbrooke había escrito, mientras el Departamento de Estado capeaba los brutales recortes presupuestarios de la era Clinton, en la introducción de *To*

End a War, su gran historia de Bosnia y, por supuesto, de él mismo: «Hoy en día, el servicio público ha perdido gran parte del aura que tenía cuando John F. Kennedy nos preguntó qué podíamos hacer por nuestro país. Escuchar esa frase antes de que se convirtiera en un cliché fue electrizante... El servicio público puede cambiar las cosas. Si este libro ayuda a inspirar a unos pocos jóvenes norteamericanos a entrar en el gobierno u otras formas de servicio público, habrá logrado uno de sus objetivos». Holbrooke era un fanfarrón imposible, pero su creencia en Estados Unidos, y su poder para hacer la paz, no solo la guerra, era dolorosamente sincera. Después de su muerte, recuerdo haberme sentado en mi cubículo, bajo las luces grises del primer piso del Departamento de Estado, mirando fijamente ese pasaje y pensando que, a pesar de todos sus defectos, había logrado ese objetivo con el grupo de colaboradores que había formado en Afganistán. Años más tarde, saqué el volumen de un estante y lo abrí en la misma página doblada, y me di cuenta de que había escrito con lápiz en el margen: «Le echo de menos, Embajador».

Mientras la gente siguiera creyendo en el servicio público civil, según Burns, las instituciones sobrevivirían. «El Servicio Exterior a menudo ha sido golpeado», observó, sonando, por primera vez, poco diplomático. Siempre había sobrevivido antes. Esta vez, él y prácticamente todos sus compañeros estuvieron de acuerdo, tenía que hacerlo. «En un mundo donde el poder es más difuso... en el que tantas cosas están en perpetuo cambio, esto hace que la diplomacia sea mucho más importante y relevante de lo que nunca fue antes, en contra de la creencia de moda según la cual con la tecnología de la información, ¿quién necesita embajadas?»

Tom Countryman figuraba entre quienes ya no estaban de moda. Después de su discurso, hizo las maletas y se tomó unas vacaciones. Así es que lo sorprendí chupando cigarrillos electrónicos y mirando el ancho y azul estrecho de Puget desde la modesta casa de un solo piso de su hermano en Tacoma, Washington. Varios meses después, le pregunté a Brian Hook, el primer director de planificación política del Departamento de Estado durante la época de Trump, cómo definiría la misión diplomática de esa administración. Hook pensó un rato,

353

como si fuera la primera vez que se lo preguntaran. En conversaciones posteriores, mencionó una gama más amplia de prioridades, incluyendo la confrontación con Daech. Pero en ese primer intercambio, me dijo, finalmente: «La no proliferación nuclear en el perímetro de Estados peligrosos como Irán y Corea del Norte». En ese momento, no había nadie a cargo de estas cuestiones en el Departamento de Estado. Durante el año siguiente, el puesto que Tom Countryman había ocupado antaño se quedaría vacío, como tantos otros.

Agradecimientos

$\mathcal{H}$e realizado más de doscientas entrevistas para *Guerra por la paz*. Le debo mucho a las fuentes cuyos relatos testimoniales, documentos y conocimientos recorren cada página. Es posible que nunca pueda hacer públicos algunos de sus nombres. Para cada uno de los que habló, a veces asumiendo un riesgo personal o profesional: gracias. Para los diplomáticos de carrera, especialmente —Tom Countryman, Erin Clancy, Robin Raphel, Anne Patterson, Bill Burns, Christopher Hill, Chris LaVine y muchos otros como para enumerarlos aquí— espero que este libro sea un análisis que se ajuste al trabajo que realizan. Espero que sea lo mismo para Richard Holbrooke y su complicado e importante legado.

Sin él, este libro no habría sido posible.

Estoy igualmente agradecido a los secretarios de Estado que tuvieron la gentileza de entrevistarse conmigo: Henry Kissinger, George P. Shultz, James Baker, Madeleine Albright, Colin Powell, Condoleezza Rice, Hillary Clinton, John Kerry y Rex Tillerson. Fueron generosos con su tiempo y su franqueza. Vaya igualmente mi agradecimiento a otros líderes militares y civiles que hablaron conmigo: David Petraeus, Michael Hayden, Leon Panetta, John Allen, James Stavridis, William Caldwell, entre muchos otros.

Shana Mansbach, mi infatigable asistente de investigación, participó en cientos de horas de entrevistas, pruebas y notas a pie de página. Se negó a abandonar el proyecto, incluso cuando se alargó más de lo previsto y tenía mejores cosas que hacer. Fue precedida por los maravillosos Arie Kuipers y Nathan Kohlenberg. A todos nos dio una red de seguridad Andy Young, mi meticuloso contrastador de hechos, que buscó tiempo para revisar los manuscritos mientras, por alguna razón, era un compañero de viaje a tiempo completo de Lady Gaga.

Mi agente, Lynn Nesbit, luchó mucho para mantener viva *Guerra por la paz*. Ella es la mejor aliada que un escritor podría tener. Ha representado a cincuenta años de lumbreras literarias, es la negociadora más dura que conozco y hace entrenamientos regulares de pesas rusas. Todos deberíamos ser Lynn Nesbit.

También debo agradecer al equipo de W. W. Norton, que publicó *Present at the Creation* de Dean Acheson en 1969, haciendo de esta, en cierto sentido, una secuela muy oscura. John Glusman fue un editor paciente y compasivo. Drake McFeely creyó en el proyecto cuando otros fueron inconstantes y me abandonaron a mí y al proyecto. Muchos de sus colegas también trabajaron duro: Louise Brockett, Rachel Salzman, Brendan Curry, Steven Pace, Meredith McGinnis, Steve Attardo, Julia Druskin, Nancy Palmquist y Helen Thomaides, entre otros. Los libros, al igual que la diplomacia, son una institución golpeada por los tiempos cambiantes. Los de investigación requieren el compromiso de personas buenas y serias como estas.

Varios expertos en política exterior que respeto, entre ellos Ian Bremmer, Richard Haass y Samantha Vinograd, leyeron los manuscritos e hicieron comentarios que no tenían tiempo de hacer. Contribuyeron sobremanera a estas páginas. David Remnick, David Rohde y mis otros editores en *The New Yorker* me dieron consejos inestimables y toleraron amablemente el tiempo que me llevó concluir el libro.

Por último, nada de lo que hago sería posible sin mi familia y los amigos que me quedan después de que este libro me volviera irascible e inaccesible durante media década. Mi madre estuvo presente en cada una de mis llamadas exaltadas que acompañaban mis progresos, y en cada llamada desesperada cuando las cosas casi se desmoronan. Jon Lovett, que normalmente cobra por este tipo de cosas, proporcionó innumerables comentarios. Jennifer Harris, siento haberme perdido tu boda para ir a entrevistar a un caudillo. Te juro que ensayé la canción.

Notas

Los números de las páginas que aparecen enumeradas se corresponden con la edición impresa de este libro. Pueden usar la función de búsqueda de su dispositivo para localizar los términos concretos en el texto.

PRÓLOGO. *La mataza de Mahogany Row*

13 «Que escoja un embajador»: *Las leyes de Manú.*

14 «Si nos dejan, construimos un foso»: Conversación con un funcionario del Servicio Exterior que me pidió anonimato debido a la crítica a la seguridad de la embajada implícita en el comentario, 20 de febrero de 2012.

14 «Su viaje ese mes de enero»: Goldschmidt, Pierre, «A Realistic Approach Toward a Middle East Free of WMD», *Carnegie Endowment for International Peace*, 7 de julio de 2016, carnegieendowment.org/2016/07/07/realistic-approach-toward-middle-east-free-of-wmd-pub-64039.

14 «afán verdaderamente quijotesco»: Entrevista del autor con Thomas Countryman, 22 de junio de 2017.

14 «Fue una reunión importante»: Entrevista del autor con Thomas Countryman, 22 de junio de 2017.

15 «Lo intento»: Entrevista del autor con Thomas Countryman, 22 de junio de 2017.

16 «Uno de esos burócratas sin rostro»: «The Case of Thomas Countryman», *Seattle. Politics Google Group*, 26 de febrero de 2017, https://groups.google.com/forum/#!topic/seattle.politics/hVTxKDgCdbU.

16 «Rey de la fiesta»: «Former Assistant Secretary of State Rocks Bodacious Mullet on MSNBC», *Washington Free Beacon*, 1 de febrero de 2017, freebeacon.com/national-security/former-assistant-secretary-of-state-rocks-bodacious-mullet-on-msnbc/.

16 «No tengo buenas noticias»: Entrevista del autor con Thomas Countryman, 22 de junio de 2017.

16 «No tenía ni idea»: Entrevista del autor con Thomas Countryman, 22 de junio de 2017.

17 «¿Qué hay de la reunión en Roma?»: Entrevista del autor con Thomas Countryman, 22 de junio de 2017.

18 «No es justo»: Entrevista del autor con Thomas Countryman, 22 de junio de 2017.

18 «Nadie puede hacerlo mejor que yo»: Gharib, Malaka, «From AIDS To Zika: Trump On Global Health And Humanitarian Aid», NPR, 9 de noviembre de 2016, https://www.npr.org/sections/goatsandsoda/2016/11/09/501425084/from-aids-to-zika-trump-on-global-health-and-humanitarian-aid y Clarke, Hilary *et al.*, «Alarm bells ring for charities as Trump pledges to slash foreign aid budget», CNN, 1 de marzo de 2017, www.cnn.com/2017/02/28/politics/trump-budget-foreign-aid/index.html.

18 «no se hizo nada de eso»: Entrevista del autor con Thomas Countryman, 22 de junio de 2017.

19 «profunda desconfianza en los funcionarios públicos»: Entrevista del autor con Thomas Countryman, 22 de junio de 2017.

19 «en la oficina de control de armas»: Entrevista del autor con Thomas Countryman, 22 de junio de 2017.

19 «librarse de todos los que pudieran»: Entrevista del autor con Thomas Countryman, 22 de junio de 2017.

20 «Hoy»: Entrevista del autor con Thomas Countryman, 22 de junio de 2017.

20 «Una sucia jugarreta»: Entrevista del autor con Thomas Countryman, 22 de junio de 2017.

20 «No cuelgue»: Entrevista del autor con Thomas Countryman, 22 de junio de 2017.

21 «los Ferraris del personal del Departamento de Estado»: Entrevista del autor con Erin Clancy en Los Ángeles, 1 de junio de 2017.

21 «¿Habéis oído los rumores?»: Entrevista del autor con Erin Clancy en Los Ángeles, 1 de junio de 2017.

22 «Acabamos de saber»: Entrevista del autor con Erin Clancy en Los Ángeles, 1 de junio de 2017.

22 «Sin motivo»: Entrevista del autor con Erin Clancy en Los Ángeles, 1 de junio de 2017.

22 «Van a despedirnos a todos»: Entrevista del autor con Erin Clancy en Los Ángeles, 1 de junio de 2017.

23 «Nos ven como a auténticos intrusos»: Entrevista del autor con Erin Clancy en Los Ángeles, 1 de junio de 2017.

24 «No estoy al tanto de eso»: Entrevista del autor con Rex Tillerson, 4 de enero de 2018.

25 «Sin precedentes»: Gramer, Robbie, De Luce, Dan y Lynch, Colum., «How the Trump Administration Broke the State Department», *Foreign Policy*, 31 de julio de 2017, foreignpolicy.com/2017/07/31/how-the-trump-administration-broke-the-state-department; Chalfant, Morgan, «Trump's War on the State Department», *The Hill*, 14 de julio de 2017, thehill.com/homenews/administration/341923-trumps-war-on-the-state-department y véase, p. ej., Dreyfuss, Bob, «How Rex Tillerson Turned the State Department into a Ghost Ship», *Rolling Stone*, 13 de julio de 2017, www.rollingstone.com/politics/features/rex-tillerson-turned-the-state-department-into-a-ghost-ship-w492142.

25 «la diplomacia entre mejor con mano dura»: Entrevista del autor con James Baker, 22 de enero de 2018.

26 «el desplome se aceleró»: Konyndyk, Jeremy, «Clinton and Helms Nearly Ruined State. Tillerson Wants to Finish the Job», *Politico*, 4 de mayo de 2017, www.politico.com/magazine/story/2017/05/04/tillerson-trump-state-department-budget-cut-215101.

26 «En el transcurso de la década de 1990»: «A Foreign Affairs Budget for the Future: Fixing the Crisis in Diplomatic Readiness», Stimson Center, octubre de 2008, https://www.stimson.org/sites/default/files/file-attachments/A_Foreign_Affairs_Budget_for_the_Future_11_08pdf_1.pdf.

26 «Esto es lo que pasó»: «A Foreign Affairs Budget for the Future: Fixing the Crisis in Diplomatic Readiness», Stimson Center, octubre de 2008, https://www.stimson.org/sites/default/files/file-attachments/A_Foreign_Affairs_Budget_for_the_Future_11_08pdf_1.pdf.

26 «menos embajadas y consulados»: Lippman, Thomas, «U.S. Diplomacy's Pre-

sence Shrinking», *Washington Post*, 3 de junio de 1996, https://www.washingtonpost.com/archive/politics/1996/06/03/us-diplomacys-presence-shrinking/4d1d817e-a748-457d-9b22-1971bb1cb934/?utm_term=.d3faf19815ad.

27 «improvisar una antena parabólica»: Lippman, Thomas, «U.S. Diplomacy's Presence Shrinking», *Washington Post*, 3 de junio 1996, https://www.washingtonpost.com/archive/politics/1996/06/03/us-diplomacys-presence-shrinking/4d1d817e-a748-457d-9b22-1971bb1cb934/?utm_term=.d3faf19815ad.

27 «habían eliminado»: «The Last Time @StateDept Had a 27% Budget Cut, Congress Killed A.C.D.A. and U.S.I.A», *Diplopundit*, 31 de marzo de 2017, https://diplopundit.net/2017/03/31/the-last-time-statedept-had-a-27-budget-cut-congress-killed-acda-and-usia/.

27 «facilitar el presente»: Friedman, Thomas, «Foreign Affairs; the End of Something», *New York Times*, 26 de julio de 1995, www.nytimes.com/1995/07/26/opinion/foreign-affairs-the-end-of-something.html.

27 «carecía de la preparación y los recursos»: «A Foreign Affairs Budget for the Future: Fixing the Crisis in Diplomatic Readiness», Stimson Center, octubre de 2008, https://www.stimson.org/sites/default/files/file- attachments/A_Foreign_Affairs_Budget_for_the_Future_11_08pdf_1.pdf.

27 «como nunca antes»: Entrevista del autor con Colin Powell en Washington, 29 de agosto de 2017.

28 «categorías «blandas»»: Por ejemplo, Los Fondos de Apoyo Económico (FSE) se triplicaron de 2300 millones de dólares en el año fiscal 2001 a 6100 millones de dólares en el año fiscal 2017, con 3700 millones de dólares de aumento de 3800 millones de dólares procedentes de OCO. De forma similar, la OCO representó casi todo el aumento de la Asistencia Internacional para Desastres, que pasó de 299 millones a 2000 millones de dólares. Lo mismo ocurre con el aumento del presupuesto de Asistencia a la Migración y los Refugiados (de 698 millones de dólares a 2800 millones de dólares). Al mismo tiempo, la Fundación Interamericana, la Fundación para el Desarrollo de África y otras categorías presupuestarias «blandas» se mantuvieron sin cambios. «Congressional Budget Justification Department of State, Foreign Operations, and Related Programs: Fiscal Year 2017», Departamento de Estado de Estados Unidos y «Congressional Budget Justification, Foreign Operations, Fiscal Year 2002», Departamento de Estado de Estados Unidos.

28 «ha cedido un montón de autoridad»: Entrevista del autor con Madeleine Albright, 15 de diciembre de 2017.

28 «El vicepresidente tenía unas ideas muy muy firmes»: Entrevista del autor con Colin Powell en Washington, 29 de agosto de 2017.

28 «La tentación de la proximidad»: Entrevista del autor con Henry Kissinger, 4 de diciembre de 2017.

29 «no nos hicimos con el país para dirigirlo»: Entrevista del autor con Colin Powell en Washington, 29 de agosto de 2017.

29 «insurgencia mortífera»: Konyndyk, Jeremy, «Clinton and Helms Nearly Ruined State. Tillerson Wants to Finish the Job», *Politico*, 4 de mayo de 2017, www.politico.com/magazine/story/2017/05/04/tillerson-trump-state-department-budget-cut-215101.

29 «Dólares de los contribuidores»: Lake, Eli, «SIGIR Audit Finds Some U.S. CERP Funds Went to Insurgents in Iraq», *Daily Beast*, 29 de abril de 2012, www.thedailybeast.com/sigir-audit-finds-some-us-cerp-funds-went-to-insurgents-in-iraq.

30 «Consejero legal del Departamento de Estado»: Boumediene v. Bush, 553 US 723 (2008).

30 «habían tenido consecuencias tóxicas»: Konyndyk, Jeremy, «Clinton and Helms Nearly Ruined State. Tillerson Wants to Finish the Job», *Politico*, 4 de mayo de 2017, www.politico.com/magazine/story/2017/05/04/tillerson-trump-state-department-budget-cut-215101.

30 «los sucesos en Irak»: «Text: Obama's Cairo Speech», *New York Times*, 4 de junio de 2009, http://www.nytimes.com/2009/06/04/us/politics/04obama.text.html.

31 «Lute, adjunto de Jones»: «Donald Trump Would Have the Most Generals in the White House Since WWII», *ABC News*, 8 de diciembre de 2016, http://abcnews.go.com/Politics/donald-trump-generals-white-house-world-war-ii/story?id=44063445.

31 «la administración Obama vendió más armas que ninguna otra»: Weisgerber, Marcus, «Obama's Final Arms-Export Tally More than Doubles Bush's», *Defense One*, 8 de noviembre de 2016, www.defenseone.com/business/2016/11/obamas-final-arms-export-tally-more-doubles-bushs/133014 y Farid, Farid, «Obama's Administration Sold More Weapons Than Any Other Since World War II», *Vice News*, 3 de enero de 2017, https://motherboard.vice.com/en_us/article/qkjmvb/obamas-administration-sold-more-weapons-than-any-other-since-world-war-ii.

31 «más cosas bien que mal»: Entrevista del autor con Hillary Clinton, 20 de noviembre de 2017.

31 «puro pensamiento military»: «SUBJECT: AT THE CROSSROADS». Informe de Richard Holbrooke a Hillary Clinton, 10 de septiembre de 2010. Véase la conversación en detalle más abajo.

32 «comunicación «extraoficial»»: DeYoung, Karen, «How the Obama White House Runs Foreign Policy», *Washington Post*, 4 de agosto de 2015, https://www.washingtonpost.com/world/national-security/how-the-obama-white-house-runs-foreign-policy/2015/08/04/2befb960-2fd7-11e5-8353-1215475949f4_story.html?utm_term=.ffae45cd1509 y DeYoung, Karen, «Obama's NSC Will Get New Power», *Washington Post*, 8 de febrero de 2009, www.washingtonpost.com/wp-dyn/content/article/2009/02/07/AR2009020702076.html.

32 «escribió The New York Times»: Buckley, Cara, «A Monster of a Slip», *New York Times*, 16 de marzo de 2008, www.nytimes.com/2008/03/16/fashion/16samantha.html.

32 «tez de marfil»: Roig-Franzia, Manuel, «Samantha Power: learning to play the diplomat's game», *Washington Post*, 4 de abril de 2014, https://www.washingtonpost.com/lifestyle/magazine/samantha-power-learning-to-play-the-diplomats-game/2014/04/03/1ea34bae-99ac-11e3-b88d-f36c07223d88_story.html.

32 «fondo azul celeste»: Sullivan, Robert, «Samantha Power Takes on the Job of a Lifetime as Ambassador to the U.N», *Vogue*, 14 de octubre de 2013, www.vogue.com/article/samantha-power-americas-ambassador-to-the-un.

32 «Ya está bien con la larga cabellera pelirroja de Samantha Power»: Carmon, Irin, «Enough With Samantha Power's Flowing Red Hair», *Jezebel*, 30 de marzo de 2011, www.jezebel.com/5787135/have-you-heard-about-samantha-powers-flowing-red-hair.

33 «El cuello de botella es muy ancho»: Entrevista del autor con Samantha Power, 10 de julio de 2017.

33 ejercía un control más férreo incluso sobre la política»: Entrevista del autor con un alto responsable anónimo.

33 «Es la queja eterna de las agencias»: Entrevista del autor con Susan Rice, 19 de enero de 2018.

34 «impotencia adquirida»: Entrevista del autor con Susan Rice, 19 de enero de 2018.

34 «tenía la sensación de no poder moverse»: Entrevista del autor con Samantha Power, 10 de julio de 2017.

34 «están intentando finiquitarla»: Entrevista del autor con Susan Rice, 19 de enero de 2018.

34 «trabajaban por encima de su nivel de experiencia»: Davidson, Joe, «Gaps Persist in Midlevel Foreign Service Positions», *Washington Post*, 16 de julio de 2012, https://www.washingtonpost.com/blogs/federal-eye/post/gaps-persist-in-midlevel-foreign-service-positions/2012/07/16/gJQAHEdwoW_blog.html?tid=a_inl&utm_term=.7eccb98aee1d.

34 «un descenso incluso en comparación con los años 1990»: «Five Year Workforce and Leadership Succession Plan FY2016 to FY2020», Departamento de Estado, Oficina de Recursos Humanos, septiembre de 2016, https://www.state.gov/documents/organization/262725.pdf.

34 «tan solo una cuarta parte»: «American Diplomacy at Risk», American Academy of Diplomacy, reimpreso por la Association for Diplomatic Studies and Training, abril de 2015, http://adst.org/american-diplomacy-at-risk.

34 «debe dirigir una diplomacia global»: Entrevista del autor con George P. Shultz, 19 de enero de 2018.

35 «80 por ciento de probabilidades de que la discutan»: Entrevista del autor con Henry Kissinger, 4 de diciembre de 2017.

35 «No hay tiempo para entrar en procesos burocráticos»: Entrevista del autor con Condoleezza Rice, 3 de agosto de 2017.

36 «inclinarte por el Pentágono»: Entrevista del autor con Condoleezza Rice, 3 de agosto de 2017.

36 «se han creado nuevas instituciones»: Entrevista del autor con Henry Kissinger, 4 de diciembre de 2017.

37 «La espada de Damocles pende sobre la democracia»: Entrevista del autor con Hillary Clinton, 20 de noviembre de 2017.

PRIMERA PARTE. *Los últimos diplomáticos*
1. Mitos americanoss

42 «Pacto de París»: «Diplomatic Gains in the Early 19th Century» Departamento de Estado, Oficina del Historiador, https://history.state.gov/departmenthistory/short-history/concl y «A Return to Isolationism», Departamento de Estado, Oficina del Historiador, https://history.state.gov/departmenthistory/short-history/return.

42 «temor al cólera»: «A Foreign Policy of Inaction», Departamento de Estado, Oficina del Historiador, https://history.state.gov/departmenthistory/short-history/inaction.

42 «triplicó su fuerza de trabajo»: «Embarrassment Brings Change», Departamento de Estado, Oficina del Historiador, https://history.state.gov/departmenthistory/short-history/embarrasment.

43 «terminaron definiendo la Guerra Fría»: Rojansky, Matthew, «George Kennan is Still the Russia Expert America Needs», *Foreign Policy*, 22 de diciembre de 2016, foreignpolicy.com/2016/12/22/why-george-kennan-is-still-americas-most-relevant-russia-expert-trump-putin-ussr/.

43 «por culpa de los que creíamos mejores y más brillantes, a muchos de nuestros amigos los mataron en Vietnam»: Entrevista del autor con John Kerry, 21 de noviembre de 2017.

45 «Es uno de los grandes mitos americanos»: Entrevista del autor con Henry Kissinger, 4 de diciembre de 2017.

2. Lady talibán

47 «tenían incluso un acrónimo»: «Pakistan: Extrajudicial Executions by Army in Swat», Human Rights Watch, 16 de julio de 2011, https://www.hrw.org/news/2010/07/16/pakistan-extrajudicial-executions-army-swat.

48 «financiaron a Pakistán»: «Factbox: U.S. has allocated $20 billion for Pakistan», Reuters, 21 de abril de 2011, http://www.reuters.com/article/us-pakistan-usa-aid-factbox-idUSTRE73K7F420110421.

51 «soñolienta población maderera»: Mathieu, Stephanie, «Home Grown: Native Travels Globe as Diplomat», *Daily News* (WA), 16 de noviembre de 2007, http://tdn.com/business/local/home-grown-native-travels-globe-as-diplomat/article_c1384a98-0a14-51d0-9fde-5b03d87ab082.html.

52 «Y se vanagloriaba de ello»: Entrevista del autor con Robin Raphel, 30 de junio de 2016.

52 «Raphel... empezó a salir»: Griffin, Tom, «Rarified Air: UW Rhodes Scholars Since 1960», Universidad de Washington, marzo de 2004,https://www.washington.edu/alumni/columns/march04/rhodes04.html.

52 «político en ciernes llamado Bill Clinton»: Stanley, Alessandra, «Most Likely to Succeed», *New York Times*, 22 de noviembre de 1992, http://www.nytimes.com/1992/11/22/magazine/most-likely-to-succeed.html?pagewanted=all.

52 «Clinton sopesó varias estrategias»: «The 1992 Campaign; A Letter by Clinton on His Draft Deferment: "A War I Opposed and Despised"», *New York Times*, 13 de febrero de 1992, http://www.nytimes.com/1992/02/13/us/1992-campaign-letter-clinton-his-draft-deferment- war-opposed-despised.html.

52 «me apasiona ser desapasionada»: Entrevista del autor con Robin Raphel, 30 de junio de 2016.

3. Dick

54 «puerta giratoria detrás de ti»: Halberstam, David, *War in a Time of Peace: Bush, Clinton, and the Generals*, Nueva York: Scribner, 2001, p. 186.

54 «No está muy bien enseñado»: Halberstam, David, *War in a Time of Peace: Bush, Clinton, and the Generals*, Nueva York: Scribner, 2001, p. 17.

55 «alpinismo»: Holbrooke, Richard, *To End a War*, Nueva York: Random House, 2011, loc. 179. Kindle.

55 «visitó la clase de Holbrooke»: Gordon, Meryl, «Ambassador A-List», *New York*, http://nymag.com/nymetro/news/people/features/1748/index3.html.

55 «peor fiasco diplomático»: Chollet, Derek y Power, Samantha, *The Unquiet American: Richard Holbrooke in the World*, Nueva York: PublicAffairs, 2012, p. 47. Kindle.

56 «noche de junio»: Chollet, Derek y Power, Samantha, *The Unquiet American: Richard Holbrooke in the WorldK*, Nueva York: PublicAffairs, 2012, p. 78. Kindle.

57 «jabón gratis»: Informe sin publicar, reimpreso en Chollet, Derek y Power, Samantha, *The Unquiet American: Richard Holbrooke in the World*, Nueva York: PublicAffairs, 2012, p. 86. Kindle.

57 «tiempo en el terreno»: Halberstam, David, *War in a Time of Peace: Bush, Clinton, and the Generals*, Nueva York: Scribner, 2001, p. 181.
57 «americanos sumidos en semejante desorganización»: «Memorandum from Richard Holbrooke of the White House Staff to the President's Special Assistant (Komer)», Foreign Relations of the United States, 1964-1968. Volumen IV, Vietnam, 1 de diciembre de 1966, Documento 321.
57 «concebida defectuosamente»: Chollet, Derek y Power, Samantha, *The Unquiet American: Richard Holbrooke in the World*, Nueva York: PublicAffairs, 2012, p. 90. Kindle.
57 «para que le buscaran un hueco»: Halberstam, David, *War in a Time of Peace: Bush, Clinton, and the Generals*, Nueva York: Scribner, 2001, p. 188.
58 «Holbrooke siempre quiere hablar»: Packer, George, «The Last Mission», *New Yorker*, 28 de septiembre de 2009, http://www.newyorker.com/magazine/2009/09/28/the-last-mission.
58 «torpedear las conversaciones»: Farrell, John Aloysius, «Yes, Nixon Scuttled the Vietnam Peace Talks», *Politico Magazine*, 9 de junio de 2014, http://www.politico.com/magazine/story/2014/06/yes-nixon-scuttled-the-vietnam-peace-talks-107623.
58 «el equipo perdió dos meses»: Holbrooke, Richard, *To End a War*, Nueva York: Random House, 2011, loc. 3111. Kindle.
58 «Un final de la guerra negociado»: Holbrooke, Richard, *To End a War*, Nueva York: Random House, 2011, loc. 8208-8211, Kindle.
58 «Me estaba preguntando durante cuánto tiempo»: Clemons, Steve «Afghanistan War: What Richard Holbrooke Really Thought», *Huffington Post*, 17 de mayo de 2011, https://www.huffingtonpost.com/steve-clemons/afghanistan-war-what-rich_b_862868.html.
59 «No era la pregunta adecuada»: Entrevista del autor con Henry Kissinger, 4 de diciembre de 2017.
59 «intentamos aplicar en Vietnam»: Holbrooke, Richard, «The American Experience in Southeast Asia, 1946-1975», Washington, 29 de septiembre de 2010, Keynote Address.

4. El caso Mango

60 «bailaba y actuaba»: Leiby, Richard, «Who is Robin Raphel, the State Department Veteran Caught up in Pakistan Intrigue?», *Washington Post*, 16 de diciembre de 2016, https://www.washingtonpost.com/lifestyle/style/who-is-robin-raphel-the-state-department-veteran-caught-up-in-pakistan-intrigue/2014/12/16/cf03cf08410beb_story.html?utm_term=.c44eab67b086.
60 «Era ideal»: Entrevista del autor con Robin Raphel, 30 de junio de 2016.
61 «más urgente y exigente»: Entrevista del autor con Robin Raphel, 30 de junio de 2016.
61 «SI NO LEES LIBROS»: Crile, George, *Charlie Wilson's War*, Nueva York: Grove Press, 2007, loc. 352. Kindle.
61 «Esto significa más dinero»: «December 26, 1979: Memo to President Carter Gives Pakistan Green Light to Pursue Nuclear Weapons Program», www.historycommons.org/timeline.jsp?timeline=aq_khan_nuclear_network_tmln&aq_khan_nuclear_network_tmln_us_intelligence_on_pakistani_nukes=aq_khan_nuclear_network_aq_khan_nuclear_network_tmln_soviet_afghan_war_connections.
62 «buscaba la bomba atómica»: «Reflections on Soviet Intervention in Afghanis-

tan», nota para el presidente de Zbigniew Brzezinski, Dece International History Project.

62 «engrosaron de decenas a centenares de millones»: Coll, Steve, *Ghost Wars*, Londres: Penguin, 2004, p. 65. Kindle.

62 «Mimad a los paquistaníes»: Coll, Steve, *Ghost Wars*, Londres: Penguin, 2004, pp. 55, 58. Kindle.

62 «morirá sin remedio»: «Your Meeting with Pakistan President...» Nota de Shultz a Reagan, 29 de noviembre de 1982, y «Visit of Zia-ul-Haq», f 1982, reimpreso en el Cold War International History Project, Wilson Center.

62 «lo conseguimos»: Entrevista del autor con George P. Shultz, 19 de enero de 2018.

63 «fácil hacer la vista gorda»: Coll, Steve, *Ghost Wars*, Londres: Penguin, 2004, p. 66. Kindle.

63 «Zia mintió: Coll, Steve, *Ghost Wars*, Londres: Penguin, 2004, p. 64. Kindle.

63 «no hay duda»: Hersh, Seymour, «On the Nuclear Edge», *New Yorker*, 29 de marzo de 1993, http://www.newyorker.com/magazine/1993/03/29/on-the-nuclear-edge.

63 «sobre el largo plazo»: Smith, Hedrick, «A Bomb Ticks in Pakistan», *New York Times Magazine*, 6 de marzo de 1988, http://www.nytimes.com/198 pakistan. html?pagewanted=all.

63 «desollar vivos a los soldados capturados»: Crile, George, *Charlie Wilson's War*, Nueva York: Grove Press, 2007, loc. 379. Kindle.

63 «Tendría que haberle pegado un tiro»: Entrevista del autor con Milton Bearden, 28 de abril de 2016.

64 «yihadistas más queridos»: Coll, Steve, *Ghost Wars*, Londres: Penguin, 2004, pp. 86, 153. Kindle.

64 «anunció que la Guerra encubierta era rentable»: Coll, Steve, *Ghost Wars*, Londres: Penguin, 2004. P. 68. Kindle.

64 «fue el amor de su vida»: Entous, Adam, «The Last Diplomat», *Wall Street Journal*, 2 de diciembre de 2016, https://www.wsj.com/articles/the-last-diplomat-1480695454.

64 «Hercules»: Robert MacFarlane, «The Late Dictator», *New York Times*, 15 de junio de 2008, p. BR12.

65 «mantuvo alejada a la CIA»: Epstein, Edward Jay, «Who Killed Zia», *Vanity Fair*, septiembre de 1989.

65 «en un informe secreto»: Epstein, Edward Jay, «Who Killed Zia», *Vanity Fair*, September 1989.

65 «Pero la vida sigue»: Entrevista del autor con Robin Raphel, 30 de junio de 2016.

65 «hemos ganado»: Crile, George, *Charlie Wilson's War*, Nueva York: Grove Press, 2007, loc. 110. Kindle.

66 «hablo en nombre de Pakistán»: Fineman, Mark, «She Hails U.S. Support for Pakistani Democracy: Bhutto Wins Ovation in Congress», *Los Angeles Times*, http://articles.latimes.com/1989-06-08/news/mn-1927_1_bhutto-pakistani-democracy-pro-democracy.

66 «uno de los presentes ese día»: Entrevista del autor con el cabildero americano anónimo para Pakistán, 17 de marzo de 2017.

66 «pruebas irrefutables»: Windrem, Robert, «Pakistan's Nuclear History Worries Insiders», *NBC News*, 6 de noviembre de 2007, www.nbcnews.com/id/21660667/ns/nbc_nightly_news_with_brian_williams/t/pakistans-nuclear-history-worries-insiders/#.WPj5OfnyuUl.

66 «enmienda Pressler»: «U.S. Legislation on Pakistan (1990-2004)», PBS, 3 de oc-

Robin Raphel Under Lens for Alleged Spying», *Times of India*, 7 de noviembre de 2014, http://timesofindia.indiatimes.com/world/us/Pakistan-lobbyist-Robin-Raphel-under-lens-for-alleged-spying/articleshow/45073087.cms.

69 «durante tres semanas»: Entrevista del autor con Robin Raphel, 30 de junio de 2016.

70 «30 por ciento extra: «Top Hardship Assignments in the Foreign Service», *Diplopundit*, 14 de julio de 2009, https://diplopundit.net/2009/07/14/top-ha service.

70 «regresar rápidamente al servicio público»: Leiby, Richard, «Who is Robin Raphel, the State Department veteran caught up in Pakistan intrigue?» *Washington Post*, 16 de diciembre de 2014, https://www.washingtonpost.com/lifestyle/style/who-is-robin-raphel-the-state-department-veteran-caught-up-in-pakistan-intrigue/2014/12/16/cf03cf08410beb_story.html?utm_term=.59cd5ed4b662.

5. La otra Red Haqqani

71 «llamado Husain»: Public papers of William J. Clinton, 5 de mayo de 1993, disponible en https://books.google.com/books? id=MSPhAwAAQBAJ&pg=PA1263&lpg=PA1263&dq=Ranasinghe+Premadasa+funeral&source=bl&ots=WvCzewwlRN&sig=Sn2i7_ Sn2i7_SLyqKJSktRdC6qDIkCUeQ&hl=en&sa=X&ved=0ahUKEwi0kejcoIrTAhXoiFQKHRMzAjQ4ChDoAQhJMAk#v=onepage&q=raphel&f=false.

71 «se labró su propio camino»: Entrevista telefónica del autor con Husain Haqqani, 29 de marzo de 2017.

72 «se imbuyó de perspectivas occidentales»: Haqqani, Husain, *Pakistan: Between Mosque and Military*, Washington: Carnegie Endowment for International Peace, 2005, loc. 101. Kindle.

72 «citando el Corán: Haqqani, Husain, «The Day I Broke With the Revolution«, *Asian Wall Street Journal*, 23 de abril de 1998, p. 7. Haqqani, Husain. Kindle.

72 «Far Eastern Economic Review»: Fineman, Mark, «Million Mourn at Funeral for Pakistan's Zia», *Los Angeles Times*, 21 de agosto de 1988, articles.latimes.com/1988-08-21/news/mn-1149_1_president-zia/2.

72 «aportar cierto equilibrio»: Entrevista del autor con Husain Haqqani, 28 de marzo de 2015.

73 «material de apoyo»: Haqqani, Husain, *Magnificent Delusions: Pakistan, the United States, and an Epic History of Misunderstanding*, Nueva York: PubliAffairs, 2013, p. 271. Kindle.

73 «lo metieron en un coche que aguardaba»: Landler, Mark, «Adroit Envoy States Case for Pakistan», *New York Times*, 8 de mayo de 2009, www.nytimes.com/2009/05/09/world/asia/09envoy.html.

73 «Estaba convencido de que la llamada le había salvado la vida»: «Pakistan: Country Reports on Human Rights Practices», Departamento de Estado. Oficina de Democracia, Human Rights and Labor, 23 de febrero de 2000, https://www.state.gov/j/drl/rls/hrrpt/1999/441.htm.

74 «Vine a Estados Unidos»: Entrevista del autor con Husain Haqqani, 29 de marzo de 2017.

74 «Estado rentista»: Haqqani, Husain, *Magnificent Delusions: Pakistan, the United States, and an Epic History of Misunderstanding*, Nueva York: PubliAffairs, 2013, pp. 323-324. Kindle.

74 «nueva relación»: Haqqani, Husain, *Magnificent Delusions: Pakistan, the United*

States, and an Epic History of Misunderstanding, Nueva York: PublicAffairs, 2013, pp. 324. Kindle.

74 «haré responsable»: «Bhutto Said She'd Blame Musharraf if Killed». CNN, 28 de diciembre de 2007, edition.cnn.com/2007/WORLD/asiapcf/12/27/bhutto. security.

75 «Sus partidarios se arremolinaron»: Farwell, James, *The Pakistan Cauldron: Conspiracy, Assassination & Instability*, Lincoln, NE: Potomac Books, 2011, p. 135.

75 «entre cadáveres»: Rashid, Ahmed, *Descent into Chaos: The U.S. and the Disaster in Pakistan, Afghanistan, and Central Asia*, Londres: Penguin, 2 2010, p. 207; y Coleman, Isobel, *Paradise Beneath Her Feet: How Women Are Transforming the Middle East*, Nueva York: Random House, 2013, p. 127.

74 «acusaciones de corrupción»: Walsh, Declan, «Zardari Rejects Claim of al-Qaida Link to Bhutto's Murder», *Guardian* (Manchester), 1 de enero de 2008, https://www.theguardian.com/world/2008/jan/01/pakistan.international1.

75 «Durante el exilio de Bhutto»: Haqqani, Husain, *Magnificent Delusions: Pakistan, the United States, and an Epic History of Misunderstanding*, Nueva York, PublicAffairs, 2013, p. 323. Kindle.

75 «se dirigió a Washington»: «Haqqani Presents Credentials to Bush», *Dawn*, 7 de junio de 2008, https://www.dawn.com/news/306395.

75 «extensión de Estados Unidos»: Rashid, Ahmed, *Descent into Chaos: The U.S. and the Disaster in Pakistan, Afghanistan, and Central Asia*, Londres: Penguin, 2009.

76 «leal a los cerdos»: Khan, Asad Rahim, «The Magnificent Delusions of Husain Haqqani», *Express Tribune*, 28 de septiembre de 2015, https://tribune.com.pk/story/963896/the-magnificent-delusions-of-husain-haqqani/.

6. Duplicidad

78 «al menos 100 000 personas»: «Bosnia war dead figure announced», BBC, 21 de junio de 2007, http://news.bbc.co.uk/2/hi/europe/6228152.stm y Tabeau, Ewa y Bijak, Jakub, «Casualties of the 1990s War in Bosnia-Herzegovina: A Critique of Previous Estimates and the Latest Results», Dependencia de Demografía, Oficina del Fiscal del Tribunal Penal Internacional para la ex Yugoslavia, 15 de septiembre de 2003, http://archive.iussp.org/members/restricted/publications/Oslo03/5-con-tabeau03.pdf.

78 «¿A quién si no?»: Chollet, Derek y Power, Samantha, *The Unquiet American: Richard Holbrooke in the World*, Nueva York: PublicAffairs, 2012, pp. 203-204. Kindle.

79 «acuerdo insostenible»: «Kosovo, Genocide and the Dayton Agreement», *Wall Street Journal*, 1 de diciembre de 2005.

79 «Hasta la vista»: Chollet, Derek y Power, Samantha, *The Unquiet American: Richard Holbrooke in the World*, Nueva York: PublicAffairs, 2012, p. 164. Kindle.

79 «una vez autorizados los bombardeos»: Chollet, Derek y Power, Samantha, *The Unquiet American: Richard Holbrooke in the World*, Nueva York: PublicAffairs, 2012, p. 2. Kindle.

79 «colgado de un cable»: «Richard Holbrooke Image in TIME Magazine Calling Him Diplomatic Acrobat of the Week», *The History Project*, 1 de enero de 1996, https://www.thehistoryproject.com/media/view/6236.

79 «Sé que él quería ser secretario de Estado»: Entrevista del autor con Madeleine Albright, 15 de diciembre de 2017.

80 «administración Gore»: Traub, James, «Holbrooke's Campaign», *New York Times Magazine*, 26 de marzo de 2000, www.nytimes.com/2000/03/26/magazine/holbrooke-s-campaign.html and *The Diplomat*, dir. David Holbrooke, HBO Documentary Films, 2015, 1:04:48: «I will say most people were justified in believing he was first in line».

80 «colaborado con Pakistán»: Woodward, Bob y Ricks, Thomas, «CIA Trained Pakistanis to Nab Terrorist But Military Coup Put an End to 1999 Plot», *Washington Post*, 3 de octubre de 2001, www.washingtonpost.com/wp-dyn/content/article/2007/11/18/AR2007111800629.html.

80 «concitarse el apoyo de Pakistán»: Rashid, Ahmed, *Descent into Chaos: The U.S. and the Disaster in Pakistan, Afghanistan, and Central Asia*. Londres: Penguin, 2009, pp. 25-30.

80 «revertió la dirección»: Iftikar, Ali, «Powell Defends U.S. support to Pakistan», *Nation*, 9 de septiembre de 2004, ref. en Rashid, Ahmed, *Descent into Chaos: The U.S. and the Disaster in Pakistan, Afghanistan, and Central Asia*, Londres: Penguin, 2009.

81 «no estuviera necesariamente de acuerdo con todos los detalles»: Rashid, Ahmed, *Descent into Chaos: The U.S. and the Disaster in Pakistan, Afghanistan, and Central Asia*, Londres: Penguin, 2009, p. 28, citando al ministro de Asuntos Exteriores Abdul Sattar.

81 «una tregua en los bombardeos»: Filkins, Dexter y Gall, Carlotta, «Pakistanis Again Said to Evacuate Allies of Taliban», *New York Times*, 24 de noviembre de 2001 y Hersh, Seymour, «The Getaway», *New Yorker*, 28 de enero de 2002, http://www.newyorker.com/magazine/2002/01/28/the- getaway-2.

81 «insistió Rumsfeld»: Haider, Masood, «No Pakistani Jets Flew into Afghanistan Says U.S», *Dawn*, 2 de diciembre de 2001 y Rashid, Ahmed. *Descent into Chaos: The U.S. and the Disaster in Pakistan, Afghanistan, and Central Asia*, Londres: Penguin, 2009, p. 91. Kindle.

81 «fue un error»: Entrevista del autor con fuente anónima de la CIA, 19 de julio de 2016.

82 «nunca dice la verdad al cien por cien»: Entrevista del autor con Husain Haqqani, 29 de marzo de 2017.

82 «Estados Unidos no tenía «otro socio mejor»: Warrick, Joby, «CIA Places Blame for Bhutto Assassination», *Washington Post*, 18 de enero de 2008, www.washingtonpost.com/wp-dyn/content/article/2008/01/17/AR2008011703252.html and Entrevista del autor con General Michael Hayden, en persona en sus oficinas en Washington, DC, 17 de mayo de 2017.

82 «los aliados del infierno»: Entrevista del autor con General Michael Hayden, en persona en sus oficinas en Washington, DC, 17 de mayo de 2017.

83 «toda la verdad!!»: «Email del general Pasha a Ronan Farrow», 22 de septiembre de 2016.

83 «Mire, lo que quiero decir»: Entrevista del autor con el general Michael Hayden, en persona en sus oficinas de Washington, 17 de mayo de 2017.

84 «ataques devastadores»: Rashid, Ahmed, *Taliban: Militant Islam, Oil and Fundamentalism in Central Asia*, 2ª edición, New Haven: Yale University Press, 2010, p. 227.

84 «Estados Unidos estaba perdiendo»: Rashid, Ahmed, *Taliban: Militant Islam, Oil and Fundamentalism in Central Asia*, 2ª edición, New Haven: Yale University Press, 2010, p. 234, y «Deadliest Month Yet for U.S. in Afghanistan», *CBS News*, 30 de agosto de 2011, www.cbsnews.com/news/deadliest-month-yet-for-us-in-afghanistan.

7. La casa de la fraternidad

85 «la documentación ya no es lo que era»: Holbrooke, Richard, «The American Experience in Southeast Asia, 1946-1975», Washington, DC, 29 de septiembre de 2010, Keynote Address.

86 «para los cotilleos de ambos partidos»: Roberts, Roxanne, «Don't Gloat, Don't Pout: The Golden Rule of Elite Washington Inaugural Parties», *Washington Post*, 17 de enero de 2017, https://www.washingtonpost.com/lifestyle/style/dont-gloat-dont-pout-the-golden-rule-of-elite-washington-inaugural-parties/2017/01/17/f0c512da-d8f5-11e6-9a36-1d296534b31e_story.html?utm_term=.15242dfb588a.

87 «No podías estar con él»: Halberstam, David, *War in a Time of Peace: Bush, Clinton, and the Generals*, Nueva York: Scribner, 2001, p. 181.

87 «Se puso a hacer llamadas»: Packer, George, «The Last Mission», *New Yorker*, 28 de septiembre de 2009, http://www.newyorker.com/magazine/2009/09/28/the-last-mission.

88 «¿Por qué no estaba en el grupo?»: «Richard Holbrooke», *Charlie Rose*, publicado el 8 de agosto de 2008, ttps://charlierose.com/videos/11639.

88 «resentida»: Ioffe, Julia, «Susan Rice Isn't Going Quietly», *New Republic*, 20 de diciembre de 2012, https://newrepublic.com/article/111353/susan-rice-isnt-going-quietly y Milibank, Dana, «Susan Rice's Tarnished Resume», *Washington Post*, 16 de noviembre de 2012, https://www.washingtonpost.com/opinions/dana-milbank-susan-rices-tarnished-resume/2012/11/16/55ec3382-3012-11e2-a30e-5ca76eeec857_story.html?utm_term=.b42e179a05cc.

89 «perdería el favor de»: Woodward, Bob, *Obama's Wars*, Nueva York: Simon & Schuster, 2011, p. 377. Kindle.

89 «Departamento de Estado de Holbrooke»: Allen, Jonathan y Parnes, Amie, *HRC: State Secrets and the Rebirth of Hillary Clinton*, Nueva York: Crown/Archetype, 2014, p. 73. Kindle.

89 «sin la mochila»: Woodward, Bob, *Obama's Wars*, Nueva York: Simon & Schuster, 2011, p. 377. Kindle.

89 «casa de la fraternidad»: Mastromonaco, Alyssa, «To Bro or Not to Bro?», *Lenny Letter*, 22 de marzo de 2017, www.lennyletter.com/work/advice/a766/to-bro-or-not-to-bro/ y Leibovich, Mark, «Man's World at White House? No Harm, No Foul, Aides Say», *New York Times*, 24 de octubre de 2009, www.nytimes.com/2009/10/25/us/politics/25vibe.html.

90 «Creo que su actividad arrolladora»: Entrevista del autor con Hillary Clinton, 20 de noviembre de 2017.

90 «Dos días después»: Kurtz, Howard, «Media Notes: Making Nice», *Washington Post*, 18 de noviembre de 2008, www.washingtonpost.com/wp-dyn/content/article/2008/11/18/AR2008111800923_2.html.

90 «¿Estás de broma, no?»: *The Diplomat*, dir. David Holbrooke. HBO Documentary Films, 2015, 1:05:44.

90 «Obama se molestó»: Woodward, Bob, *Obama's Wars*, Nueva York: Simon & Schuster, 2011, p. 211. Kindle. (Nota: Esta anécdota ha pasado a ser una leyenda. Woodward la sitúa más tarde, inmediatamente antes de que Holbrooke aceptara su trabajo en la administración. Según Gelb y otros, tuvo lugar durante esa primera reunión en Chicago.)

90 «con cierta condescendencia»: Entrevista del autor con Henry Kissinger, 4 de diciembre de 2017.

91 «"Con muchos parámetros", el más difícil»: *The Diplomat*, dir. David Holbrooke, HBO Documentary Films, 2015, 1:07:27.
91 «he querido medirme»: Holbrooke, Richard, *To End a War*, Nueva York: Random House, 2011, loc. 1101-1102. Kindle.

8. Misión imposible

92 «India, Pakistán y Afganistán»: Kamen, Al, «Special Envoys Give Career Diplomats Special Heartburn», *Washington Post*, 15 de diciembre de 2008, www.washingtonpost.com/wp-dyn/content/article/2008/12/14/AR2008121401898.html.
92 «exigirá acuerdos regionales»: Holbrooke, Richard, «The Next President: Mastering a Daunting Agenda», *Foreign Affairs*, septiembre/octubre 2008, https://www.foreignaffairs.com/articles/2008-09-01/next-president.
92 «En Bosnia»: Chollet, Derek y Power, Samantha, *The Unquiet American: Richard Holbrooke in the World*, Nueva York: PublicAffairs, 2012, p. 204. Kindle.
93 «infinitamente complejo»: «President Obama Delivers Remarks to State Department Employees», *Washington Post*, 22 de enero de 2009, www.washingtonpost.com/wp-dyn/content/article/2009/01/22/AR2009012202550.html.
93 «importancia de la diplomacia»: «President Obama Delivers Remarks to State Department Employees», *Washington Post*, 22 de enero de 2009, www.washingtonpost.com/wp-dyn/content/article/2009/01/22/AR2009012202550.html.
93 «mi antiguo compañero de habitación»: «State Department Personnel Announcement», reimpreso en CSPAN, 22 de enero de 2009, https://www.c-span.org/video/transcript/?id=981.
93 «título sui generis»: Packer, George, «The Last Mission», *New Yorker*, 28 de septiembre de 2009, http://www.newyorker.com/magazine/2009/09/28/the-last-mission.
93 «un artículo en Foreign Policy»: Holbrooke, Richard, «The Machine That Fails», *Foreign Policy*, 14 de diciembre de 2010, foreignpolicy.com/2010/12/14/the-machine-that-fails/.
94 «Esto es algo que no querrá perderse»: Nasr, Vali, «The Inside Story of how the White House Diplomacy Let Diplomacy Fail in Afghanistan», *Foreign Policy*, 4 de marzo de 2013, http://foreignpolicy.com/2013/03/04/the-inside-story-of-how-the-white-house-let-diplomacy-fail-in-afghanistan.
94 «Soy muy hábil»: Packer, George, «The Last Mission», *New Yorker*, 28 de septiembre de 2009, http://www.newyorker.com/magazine/2009/09/28/the-last-mission.
97 «Pasa de esa mierda»: Chat de Google con un entonces reciente graduado en Yale Law School que pidió anonimato por temor a que afectara a su carrera política.
97 «el rodeo habrá sido penoso»: «U.S. Diplomat Holbrooke Dies After Tearing Aorta», *NBC News*, 14 de diciembre de 2010, www.nbcnews.com/id/40649624/ns/politics/t/us-diplomat-holbrooke-dies-after-tearing-aorta/#.WPoYJtLyvIV.
97 «me dijo un alto rango militar»: Entrevista del autor con oficial militar de alto rango que solicitó el anonimato debido a lo delicado de la declaración.
98 «brillante»: Entrevista del autor con Hillary Clinton, 20 de noviembre de 2017.
98 «más aviones que yo»: Packer, George, «The Last Mission», *New Yorker*, 28 de septiembre de 2009, http://www.newyorker.com/magazine/2009/09/28/the-last-mission.
99 Intentaron darle alcance, en vano: «David Petraeus LITERALLY Runs Away

From Bilderberg Questions», YouTube. WeAreChange, 11 de junio de 2016, https://www.youtube.com/watch?v=a3x0mSdGY9I.

99 «un disparo de un M-16 le alcanzó el pecho»: «Lasting Ties Mark Gen. Petraeus' Career», NPR, 6 de febrero de 2007, www.npr.org/templates/story/story.php?storyId=7193883.

99 «una comida al día»: Ackerman, Spencer, «The Petraeus Workout», *American Prospect*, 4 de septiembre de 2007, prospect.org/article/petraeus-workout y McDougall, Christopher, «The Petraeus Workout», *Daily Beast*, 25 de junio de 2010, www.thedailybeast.com/articles/2010/06/25/general-petraeus-workout-routine.html.

100 «acontecimientos que escapaban a su control»: Cambanis, Thanassis, «How We Fight: Fred Kaplan's "Insurgents", on David Petraeus», *New York Times*, 24 de enero de 2013, www.nytimes.com/2013/01/27/books/review/fred-kaplans-insurgents-on-david-petraeus.html; Taqfeed, Mohammed. «Al- Sadr Extends Mehdi Army Cease-Fire», CNN, 22 de febrero de 2008, www.cnn.com/2008/WORLD/meast/02/22/iraq.main/index.html.

100 «prueba a la COIN»: Allen, Jonathan y Parnes, Amie, *HRC: State Secrets and the Rebirth of Hillary Clinton*, Nueva York: Crown/Archetype, p. 72. Kindle.

100 «contrainsurgencia agresiva»: Entrevista del autor con Hillary Clinton, 20 de noviembre de 2017.

101 «dijo que estaba más cómodo»: Landler, Mark, *Alter Egos: Hillary Clinton, Barack Obama, and the Twilight Struggle Over American Power*, Nueva York: Random House, 2016, loc. 1680. Kindle.

101 «Su trabajo debería consistir»: Chandrasekaran, Rajiv, *Little America: The War Within the War for Afghanistan*, Nueva York: Vintage, loc. 3620. Kindle.

101 «"Soy Barack Obama"»: Chandrasekaran, Rajiv, *Little America: The War Within the War for Afghanistan*, Nueva York: Vintage, loc. 3620. Kindle.

102 «General, valoro que esté haciendo su trabajo»: Woodward, Bob, *Obama's Wars*, Nueva York: Simon & Schuster, 2011, p. 80. Kindle.

102 «tercer copresidente»: Broadwell, Paula y Loeb, Vernon, *All In: The Education of General David Petraeus*, Nueva York: Penguin, 2012.

102 «fantasmas»: Woodward, Bob, *Obama's Wars*, Nueva York: Simon & Schuster, 2011, p. 97. Kindle.

102 «habla realmente así»: Landler, Mark, *Alter Egos: Hillary Clinton, Barack Obama, and the Twilight Struggle Over American Power*, Nueva York: Random House, 2016, loc. 1488. Kindle.

103 «su voz sonaba cansada»: *The Diplomat*, dir. David Holbrooke. HBO Documentary Films, 2015, 1:31:25.

103 «Estaba increíblemente desconcertado»: Entrevista del autor con Hillary Clinton, 20 de noviembre de 2017.

103 «dominación militar»: Rosenberg, Matthew, «Richard C. Holbrooke's Diary of Disagreement With Obama Administration», *New York Times*, 22 de abril de 2015, https://www.nytimes.com/2015/04/23/world/middleeast/richard-c-holbrookes-diary-of-disagreement-with-the-obama-administration.html.

103 «no los leían»: Nasr, Vali, «The Inside Story of how the White House Diplomacy Let Diplomacy Fail in Afghanistan», *Foreign Policy*, 4 de marzo de 2013, http://foreignpolicy.com/2013/03/04/the-inside-story-of-how-the-white-house-let-diplomacy-fail-in-afghanistan.

104 «Estaba convencida»: Entrevista del autor con Hillary Clinton, 20 de noviembre de 2017.

105 «Mi postura»: *The Diplomat*, dir. David Holbrooke, HBO Documentary Films, 2015, 1:14:00.

105 «habría una opción de "bajo riesgo"»: Nasr, Vali, «The Inside Story of how the White House Diplomacy Let Diplomacy Fail in Afghanistan», *Foreign Policy*, 4 de marzo de 2013, http://foreignpolicy.com/2013/03/04/the-inside-story-of-how-the-white-house-let-diplomacy-fail-in-afghanistan.

106 «con una fecha de vencimiento»: Landler, Mark, «At U.S.-Afghan Meetings, Talk of Nuts and Bolts», *New York Times*, 13 de mayo de 2010, www.nytimes.com/2010/05/14/world/asia/14karzai.html.

106 «ninguna conversación en absoluto sobre la diplomacia»: Nasr, Vali, «The Inside Story of how the White House Diplomacy Let Diplomacy Fail in Afghanistan», *Foreign Policy*, 4 de marzo de 2013, http://foreignpolicy.com/2013/03/04/the-inside-story-of-how-the-white-house-let-diplomacy-fail-in-afghanistan.

9. Con pies de plomo

108 «Estás aquí por tus artículos»: Entrevista del autor con Umar Cheema por Skype en su casa en Pakistán, 5 de septiembre de 2016.

108 «Pensé en mi hijo»: Entrevista del autor con Umar Cheema, por Skype en su casa en Pakistán, 5 de septiembre de 2016.

109 «La CIA interceptó»: Mazzetti, Mark, *The Way of the Knife: The CIA, a Secret Army, and a War at the Ends of the Earth*, Nueva York: Penguin, 2014, p. 292.

109 «67 por ciento de las muertes»: «60 Journalists Killed in Pakistan Since 1992/ Motive Confirmed», Comité para la Protección de los Periodistas, https://cpj.org/killed/asia/pakistan.

109 «Innumerables periodistas»: Gall, Carlotta, *The Wrong Enemy: America in Afghanistan, 2001-2014*, Boston: Houghton Mifflin Harcourt, 2014, p. xx (prólogo).

110 «Nadie decía literalmente una palabra»: Entrevista del autor con Umar Cheema, por Skype en su casa en Pakistán, 5 de septiembre de 2016.

110 «¿Puedo contar con tu ayuda?»: Entrevista del autor con el general Michael Hayden, en persona en sus oficinas en Washington, 17 de mayo de 2017.

110 «Cuando descubrimos»: Entrevista telefónica del autor con Leon Panetta, 6 de mayo de 2016.

111 «Siempre andabas con pies de plomo»: Entrevista telefónica del autor con Leon Panetta, 6 de mayo de 2016.

111 «Todo era rarísimo»: Entrevista del autor con Ambassador Anne Patterson, 12 de mayo de 2016.

112 «Lo cual es verdad, en el fondo»: Entrevista del autor con Ambassador Anne Patterson, 12 de mayo de 2016.

112 «Yo vengo aquí, señor presidente»: Entrevista del autor con Ambassador Anne Patterson, 12 de mayo de 2016.

112 «no tener que reconocer nunca»: Entrevista telefónica del autor con Leon Panetta, 6 de mayo de 2016.

112 «¡¡¡Que Leon tome la palabra!!!»: Mensaje de texto enviado por el general Pasha al autor.

113 «teníamos a un equipo técnico de Estados Unidos»: Entrevista del autor con el general pakistaní en la embajada de Pakistán en Washington, 6 de enero de 2017.

113 «no se produjeron ataques»: Entrevista del autor con el general pakistaní en la embajada de Pakistán en Washington, 6 de enero de 2017.

114 «Nadie está preguntando»: Entrevista del autor con el general pakistaní en la embajada de Pakistán en Washington, enero de 2017.

114 «la relación era muy transaccional»: Entrevista del autor con el general David Petraeus, en persona en sus oficinas en Nueva York, 25 de mayo de 2016.

115 «entregar los datos de los vuelos»: Haqqani, Husain, *Magnificent Delusions: Pakistan, the United States, and an Epic History of Misunderstanding*, Nueva York: PublicAffairs, 2013, p. 342. Kindle.

115 «cientos de solicitudes»: Haqqani, Husain, *Magnificent Delusions: Pakistan, the United States, and an Epic History of Misunderstanding*, Nueva York; PublicAffairs, 2013, p. 342. Kindle.

116 «maquillar un montón de problemas»: Entrevista del autor con Husain Haqqani, en persona, despacho del Hudson Institute, Washington, 6 de enero de 2017.

10. Campesino Holbrooke

117 «ochocientos millones de dólares más»: Chandrasekaran, Rajiv, *Little America: The War Within the War for Afghanistan*, Nueva York: Vintage, 2013. Kindle.

117 «el cultivo de la adormidera»: Chandrasekaran, Rajiv, *Little America: The War Within the War for Afghanistan*, Nueva York: Vintage, 2013, loc. 1525. Kindle.

118 «ayuda agrícola sin paliativos»: Chandrasekaran, Rajiv, *Little America: The War Within the War for Afghanistan*, Nueva York: Vintage, 2013, loc. 1646. Kindle.

119 «Campesino Holbrooke»: Landler, Mark. «At U.S.-Afghan Meetings, Talk of Nuts and Bolts.» *New York Times*, 13 de mayo de 2010, www.nytimes.com/2010/05/14/world/asia/14karzai.html.

119 «diez a uno»: Tarnoff, Curt, «Afghanistan: U.S. Foreign Assistance», Servicio de Investigación del Congreso, 12 de agosto de 2010, https://fas.org/sgp/crs/row/R40699.pdf.

119 «De 2008»: Tarnoff, Curt, «Afghanistan: U.S. Foreign Assistance», Servicio de Investigación del Congreso, 12 de agosto de 2010, https://fas.org/sgp/crs/row/R40699.pdf.

119 «un mar de proyectos de desarrollo»: «Recipient Profile: International Medical Corps», USAspending.gov, https://www.usaspending.gov/transparency/Pages/RecipientProfile.aspx?DUNSNumber=186375218&FiscalYear=2012.

119 «permitir que las comunidades inestables que participan de la COIN»: Request for Application RFA 306-09-545, Community Based Stability Grants (CBSGs) Program, USAID, 3 de septiembre de 2009, p. 4.

121 «Empezaron a presionar»: Rozen, Laura, «Special Liaison: Holbrooke Appoints Mia Farrow's Son as NGO Liaison», *Politico*, 22 de octubre de 2009, www.politico.com/blogs/laurarozen/1009/Special_liaison_Holbrooke_appoints_Mia_Farrows_son_as_liaison_to_NGOs.html.

11. Menos discutir

124 «Recuerde una cosa»: Entrevista del autor con Husain Haqqani, 29 de marzo de 2017.

124 «los tres bandos estaban dispuestos a dejar que su gente muriera»: Holbrooke, Richard, *To End a War*, Nueva York: Random House, 2011, loc. 2930-2931. Kindle.

124 «En el subcontinente»: Entrevista del autor con Husain Haqqani, 29 de marzo de 2017.

124 «El papel regional que Holbrooke había ambicionado»: Kessler, Glen, «Mitchell and Holbrooke to be Named Envoys», *Washington Post*, enero de 2009, www.voices.washingtonpost.com/44/2009/01/mitchell-and-holbrooke-to-ben.html.

125 «negarse a enviar a nadie de la India»: Rozen, Laura, «India's Stealth Lobbying Against Holbrooke's Brief», *Foreign Policy*, 24 de enero de 2009, foreignpolicy. com/2009/01/24/indias-stealth-lobbying-against-holbrookes-brief.

125 «Qué podría satisfacer: Entrevista del autor con Husain Haqqani, 29 de marzo de 2017.

127 «Es una suma respetable»: Nasr, Vali, «The Inside Story of how the White House Diplomacy Let Diplomacy Fail in Afghanistan», *Foreign Policy*, 4 de marzo de 2013, http://foreignpolicy.com/2013/03/04/the-inside-story-of-how-the-white-house-let-diplomacy-fail-in-afghanistan.

127 «trabajamos arduamente en el Capitolio»: Entrevista del autor con el general David Petraeus en persona, en sus oficinas de Nueva York, 25 de mayo de 2016.

127 «les traían sin cuidado»: Entrevista del autor con Alan Kronstadt, 18 de agosto de 2016.

128 «Una afrenta»: «Pakistan Media Reaction: Kerry-Lugar Bill, Terrorism, India-American-Pakistan October 20, 2009», telegrama publicado por WikiLeaks, 09ISLAMABAD2543, 1 de octubre de 2009, www.scoop.co.nz/stories/WL0910/S02256/cablegate-pakistan-media-reaction-kerry- lugar-bill-terrorism.htm/.

128 «expresó su agravio»: Perlez, Jane and Khan, Ismail, «Aid Package from U.S. Jolts Army in Pakistan», *New York Times*, 7 de octubre de 2009, www.nytimes. com/2009/10/08/world/asia/08pstan.html.

128 «Husain Haqqani cometió una auténtica estupidez»: Entrevista telefónica del autor con Mohsin Kamal, 14 de noviembre de 2016.

128 «la palabra c»: Holbrooke, Richard, «Special Briefing on Secretary Clinton's Recent Trip to Afghanistan and Pakistan», Departamento de Estado de Estados Unidos, 23 de noviembre de 2009, https://2009-2017.state.gov/p/sca/rls/rmks/2009/132307.htm.

129 «Toyota renovado»: Entous, Adam, «The Last Diplomat», *Wall Street Journal*, 2 de diciembre de 2016, https://www.wsj.com/articles/the-last- diplomat-1480695454.

130 «nunca se materializó»: Entrevista del autor con Robin Raphel, 30 de junio de 2016.

130 «La verdad es que»: Entrevista del autor con Robin Raphel, 30 de junio de 2016.

130 «No comprendí»: Entrevista del autor con Robin Raphel, 30 de junio de 2016.

131 «mejor prensa que nosotros»: Sullivan, Jake, «Baseball Cap», email a Hillary Clinton, 15 de septiembre de 2010, publicado por WikiLeaks, https://wikileaks. org/clinton-emails/emailid/1751.

132 «la marca»: Salmon, Felix, «U.S.A.I.D.'S PR Problem», Reuters, 13 de octubre de 2010, blogs.reuters.com/felix- salmon/2010/10/13/usaids-pr-problem/ y Crilly, Rob, «Pakistan Aid Workers in Row with U.S. Over Stars and Stripes "Logo"», *Telegraph* (RU), 11 de octubre de 2010, www.telegraph.co.uk/news/worldnews/asia/pakistan/8056123/Pakistan-aid-workers-in-row-with-US-over-Stars-and-Stripes-logo.html.

132 «No nos pongan una diana en la espalda»: Worthington, Samuel, «We're Aiding Pakistan. Don't Put a Target on our Backs», *Washington Post*, 10 de octubre de 2010, http://www.washingtonpost.com/wp-dyn/content/article/2010/10/08/AR2010100802665.html.

132 «pronunciarme»: Asunto: INTERACTION OP-ED ON BRANDING IN PAKISTAN, intercambio de emails entre Judith McHale y Hillary Clinton, 10 de octubre de 2010, obtenido a través de WikiLeaks, https://wikileaks.org/clinton-emails/emailid/1476.

132 «artículo de opinión»: Shah, Rajiv, «From the American People», *Huffington Post*, www.huffingtonpost.com/dr-rajiv-shah/from-the-american-people_1_b _772736.html.

134 «La ayuda humanitaria desvió»: Entrevista del autor con Alan Kronstadt, 18 de agosto de 2016.

135 «soltó de un tirón a los periodistas»: «U.S., Pakistan Seek to Build Trust With Talks», NPR, 25 de marzo de 2010, www.npr.org/templates/story/story. php?storyId=125153658.

135 «llevaba estancado»: Landler, Mark, «Afghanistan and Pakistan Sign a Trade Deal, Representing a Thaw in Relations», *New York Times*, 18 de julio de 2010, www.nytimes.com/2010/07/19/world/asia/19diplo.html.

135 «la India parecía dispuesta»: Raman, Sunil, «Why India Wants to Enter Af-Pak Trade and Transit Agreement», *Swarajya*, 7 de enero de 2016, https://swarajyamag.com/world/why-india-wants-to-enter-af-pak-trade-and-transit-agreement.

135 «política del agua»: «Agriculture Secretary Vilsack Announces U.S. Members of Three Working Groups Under the U.S.-Afghanistan-Pakistan Trilateral», USDA, No. 0529.09, 26 de octubre de 2009, webcache.googleusercontent.com/ search?q=cache:zX- i8OahGE8J:www.usda.gov/wps/portal/usda/usdamobile %3Fcontentid%3D2009/10/0529.xml+&cd=1&hl=en&ct=clnk&gl=us.

136 «La sequía podía desencadenar»: Qiu, Jane, «Stressed Indus River Threatens Pakistan's Water Supplies», *Nature*, 29 de junio de 2016, www.nature.com/ news/stressed-indus-river-threatens-pakistan-s-water-supplies-1.20180.

136 «deshielo de los glaciales»: Mandhana, Niharika, «Water Wars: Why India and Pakistan are Squaring Off Over Their Rivers», *Time*, 16 de abril de 2012, content.time.com/time/world/article/0,8599,2111601,00.html.

136 «si estaba de guasa»: Woodward, Bob, *Obama's Wars*, ed. Kindle, Simon & Schuster, 2011, p. 210.

136 «Tratado de las Aguas del Indo»: Kugelman, Michael, «Why the India-Pakistan War Over Water Is So Dangerous», *Foreign Policy*, 30 de septiembre de 2016, http://foreignpolicy.com/2016/09/30/why-the-india-pakistan-war-over-water-is-so-dangerous-indus-waters-treaty.

137 «las cosas estaban funcionando de verdad»: Entrevista del autor con el general David Petraeus, en persona en sus oficinas en Nueva York, 25 de mayo de 2016.

12. A-Rod

138 «escogiendo sus palabras con esmero»: Ahmed, Rashid, *Pakistan on the Brink*, Nueva York: Penguin, 2013. p. 114.

138 «Steiner haciendo playback»: «Steiner Stirbt den Bollywood-Tod», *Spiegel TV*, 25 de abril de 2015, www.spiegel.de/video/indien-botschafter-michael- steiner-bollywood-video-video-1572700.html.

139 «sitios web»: Reuter, Christopher, Schmitz, Gregor Peter, y Stark, Holger», How German Diplomats Opened Channel to Taliban», *Spiegel*, 10 de enero de 2012, www.spiegel.de/international/world/talking-to-the-enemy-how-german-diplomats-opened-channel-to-taliban-a- 808068-2.html.

138 «agente triple»: «How a Triple Agent Duped the CIA», *Daily Beast*, 20 de junio de 2011, http://www.thedailybeast.com/articles/2011/06/20/cia-base-attack-in-afghanistan-how-a-triple-agent-duped.

139 «castillos alemanes tradicionales»: Ahmed, Rashid, *Pakistan on the Brink*, Nueva York: Penguin, 2013, p. 114.

140 «Harry's Tap Room»: Clinton, Hillary, *Hard Choices*, NuevaYork: Simon & Schuster, 2014, loc 2747. Kindle.

140 «Recuerde este momento»: Clinton, Hillary, *Hard Choices*, Nueva York: Simon & Schuster, 2014, loc.2729. Kindle.

141 «amor por los Yankees»: Gordon, Meryl, «Ambassador A-List», *New York*, http://nymag.com/nymetro/news/people/features/1748/index3.html.

141 «Si esto funciona»: Nasr, Vali, «The Inside Story of how the White House Diplomacy Let Diplomacy Fail in Afghanistan», *Foreign Policy*, 4 de marzo de 2013, http://foreignpolicy.com/2013/03/04/the-inside-story-of-how-the-white-house-let-diplomacy-fail-in-afghanistan.

142 «no se prestan a ninguna reconciliación»: «White Paper of the Interagency Policy Group's Report on U.S. Policy toward Afghanistan and Pakistan», Gobierno de Estados Unidos, Oficina de la Casa Blanca, 2009, edocs.nps.edu/govpubs/wh/2009/Afghanistan_Pakistan_White_Paper.pdf.

142 «tabú»: *The Diplomat*, dir. David Holbrooke. HBO Documentary Films, 2015, 1:19:40.

143 «a bordo»: Chandrasekaran, Rajiv, *Little America: The War Within the War for Afghanistan*, Nueva York: Vintage, loc. 3599. Kindle.

143 «un recordatorio violento»: Márquez, Miguel, «Holbrooke Gets Very Close Look at Afghan War», *ABC News*, 21 de junio de 2010, http://abcnews.go.com/WN/Afghanistan/ambassador-holbrookes-plane-attacked-marja-afghanistan/story?id=10973713.

144 «otro email»: Hastings, Michael, «The Runaway General», *Rolling Stone*, 22 de junio de 2010, http://www.rollingstone.com/politics/news/the-runaway-general-20100622.

144 «con un poco más de tesón»: Entrevista del autor con el general David Petraeus, en persona en sus oficinas en Nueva York, 25 de mayo de 2016.

145 «Ahora no»: Chandrasekaran, Rajiv, *Little America: The War Within the War for Afghanistan*, Nueva York: Vintage, loc. 3610. Kindle.

145 «vía muerta»: Chandrasekaran, Rajiv, *Little America: The War Within the War for Afghanistan*, ed. Kindle, Nueva York: Vintage, loc. 3554. Kindle.

145 «Nosotros no delegamos nuestra política exterior»: Chandrasekaran, Rajiv, *Little America: The War Within the War for Afghanistan*, Nueva York: Vintage, loc. 3569. Kindle.

145 «lucha ardua y constante»: *The Diplomat*, dir. David Holbrooke. HBO Documentary Films, 2015, 1:20:00.

147 «tenían la confianza del presidente»: Chandrasekaran, Rajiv, Little America: *The War Within the War for Afghanistan*, Nueva York: Vintage, loc. 3515. Kindle.

147 «planeara su estrategia de salida»: Chandrasekaran, Rajiv, Little America: *The War Within the War for Afghanistan*, Nueva York: Vintage, loc. 3515. Kindle.

147 «Los asistentes de la Casa Blanca me dijeron»: Entrevista del autor con Hillary Clinton, 20 de noviembre de 2017.

148 «rayaba en la arrogancia»: *The Diplomat*, dir. David Holbrooke, HBO Documentary Films, 2015, 1:29:00.

148 «mejor esta tensión»: Schulman, Daniel, «State Department Launches Afghanistan Leak Probe», *Mother Jones*, 27 de enero de 2010, http://www.motherjones.com/politics/2010/01/state-department-launches-afghan-leak-probe.

148 «no era un filtrador»: Landler, Mark, *Alter Egos: Hillary Clinton, Barack Obama, and the Twilight Struggle Over American Power*, Nueva York: Random House, 2016, loc. 1746. Kindle.

148 «sí que le gustaba hablar con periodistas»: «State Department Launches Afghan Leak Probe», *Mother Jones*, enero de 2010, www.motherjones.com/politics/2010/01/state-department-launches-afghan-leak-probe.

149 «repleto de fotografías»: Packer, George, «The Last Mission», *New Yorker*, 28 de septiembre de 2009, http://www.newyorker.com/magazine/2009/09/28/the-last-mission.

149 «parece mentira que estés haciendo»: Conversación con Kati Marton, 13 de abril de 2017.

149 «Obviamente Richard se ha descarriado»: Clinton, Hillary, «PACKER ARTICLE», mensaje a Cheryl Mills, 16 de septiembre de 2009. Email publicado por WikiLeaks, https://wikileaks.org/clinton-emails/emailid/15835.

149 «Tú no entiendes»: Hirsch, Michael, «Richard Holbrooke's Decline and Fall, as Told in Clinton Emails», *Politico*, 1 de julio de 2015, www.politico.com/story/2015/07/richard-holbrookes-hillary-clinton-emails-119649.

13. Prometedme que pararéis la guerra

150 «Creo que ya lo tengo»: Hirsch, Michael, «Richard Holbrooke's Decline and Fall, as Told in Clinton Emails», *Politico*, 1 de julio de 2015, www.politico.com/story/2015/07/richard-holbrookes-hillary-clinton-emails-119649.

151 «Sigo creyendo»: «SUBJECT: AT THE CROSSROADS», nota de Richard Holbrooke a Hillary Clinton, 10 de septiembre de 2010.

153 «solo la India»: Wright, Tom, «No Pakistan on President Obama's India Trip», *Wall Street Journal*, 21 de octubre de 2010, https://blogs.wsj.com/indiarealtime/2010/10/21/no-pakistan-on-president-obama%E2%80%99s-india-trip.

155 «Lo mejor que se puede alcanzar»: «SUBJECT: AT THE CROSSROADS», nota de Richard Holbrooke a Hillary Clinton, 10 de septiembre de 2010.

157 «Siempre estaba esperando»: *The Diplomat*, dir. David Holbrooke, HBO Documentary Films, 2015, 1:33:00.

158 «Por fin el presidente»: *The Diplomat*, dir. David Holbrooke, HBO Documentary Films, 2015, 1:34:00.

158 «estaba colorado»: Landler, Mark, *Alter Egos: Hillary Clinton, Barack Obama, and the Twilight Struggle Over American Power*, Nueva York: Random House, 2016, loc. 1768. Kindle.

159 «a su médico personal»: *The Diplomat*, dir. David Holbrooke, HBO Documentary Films, 2015, 1:35:00; Clinton, Hillary, *Hard Choices*, Nueva York: Simon y Schuster, 2014, loc. 2779; Alter, Jonathan, «Richard Holbrooke's Lonely Mission», *Newsweek*, 16 de enero de 2011, www.newsweek.com/richard-holbrookes-lonely-mission-67057; y Roig-Franzia, Manuel, «Searching for Richard Holbrooke», *Washington Post*, 20 de octubre de 2015, https://www.washingtonpost.com/lifestyle/style/searching-for-richard-holbrooke/2015/10/20/84d62ee4-7747-11e5-b9c1-f03c48c96ac2_story.html?utm_term=.da8936547d62.

160 «Pues tendrá que prometerme»: Landler, Mark, *Alter Egos: Hillary Clinton, Barack Obama, and the Twilight Struggle Over American Power*, Nueva York: Random House, 2016, loc. 1781. Kindle.

160 «Holbrooke estaba bromeando»: Chandrasekaran, Rajiv y DeYoung, Karen, «Holbrooke's War Remark Called Banter, Not Entreaty», *Washington Post*, 15 de diciembre de 2010, www.washingtonpost.com/wp-dyn/content/article/2010/12/14/AR2010121407701.html.

161 «fusionarla con el homenaje a Holbrooke»: «Holiday Reception», Departamento

de Estado de Estados Unidos, 13 de diciembre de 2010, https://video.state.gov/detail/videos/category/video/709543962001/?autoStart=true.

177 «cuando recibió la llamada»: Mills, Cheryl, «FW: Harper's Bazaar: 'Hillary Clinton: Myth and Reality», mensaje a Hillary Clinton, 17 de febrero de 2017, email publicado por WikiLeaks, No. C05777693, 7 de enero de 2016, https://wikileaks.org/clinton- emails/Clinton_Email_January_7_Release/C05777693.pdf.

164 «mes de diciembre»: Entrevista del autor con Hillary Clinton, 20 de noviembre de 2017.

14. Nadie al timón

165 «pasaría desapercibido»: McKelvey, Tara. «The CIA's Last-Minute Osama bin Laden Drama.» *Daily Beast,* 9 de mayo de 2011, www.thedailybeast.com/articles/2011/05/10/raymond-davis-the-cias-last-minute-osama-bin-laden-drama.html.

165 «víctima del sueño americano»: Conrad, Jim, «The Walls Come Down at Powell Valley High», WCYB, 21 de mayo de 2014, www.wcyb.com/news/virginia/the-walls-come-down-at-powell-valley-high_20160524074842261/14089434.

166 «tranquilo, seguro de sí mismo»: Walsh, Declan, «A C.I.A. Spy, a Hail of Bullets, Three Killed, and a U.S.-Pakistan Diplomatic Row», *Guardian* (Manchester), 20 de febrero de 2011, https://www.theguardian.com/world/2011/feb/20/cia-agent-lahore-civilian-deaths y Mazzetti, Mark, *The Way of the Knife: The CIA, a Secret Army, and a War at the Ends of the Earth,* Nueva York: Penguin, 2014, p. 2.

378

167 «no es uno de los nuestros»: Mazzetti, Mark, *The Way of the Knife: The CIA, a Secret Army, and a War at the Ends of the Earth,* Nueva York: Penguin, 2014, p. 264.

167 «no están sujetos»: Tapper, Jake y Ferran, Lee, «President Barack Obama: Pakistan Should Honor Immunity for "Our Diplomat"», *ABC News,* 15 de febrero de 2011, abcnews.go.com/Blotter/raymond-davis-case-president-barack-obama-urges-pakistan/story?id=12922282.

167 «Si tenemos que trabajar»: Entrevista telefónica del autor con Leon Panetta, 6 de mayo de 2016.

168 «Es de lo más impredecible»: Entrevista telefónica del autor con Mohsin Kamal, 14 de noviembre de 2016.

169 «Ningún americano»: Entrevista telefónica del autor con Mohsin Kamal, 14 de noviembre de 2016.

169 «sacar discretamente a docenas de sus agentes»: Mazzetti, Mark, *The Way of the Knife: The CIA, a Secret Army, and a War at the Ends of the Earth,* Nueva York: Penguin, 2014, p. 276.

169 «no había nadie al timón»: Entrevista del autor con el general David Petraeus, en persona en sus oficinas en Nueva York, 25 de mayo de 2016.

169 «Clinton canceló»: DeYoung, Karen y Brulliard, Karin, «U.S.-Pakistan Relations Strained Further With Case of Jailed Diplomat», *Washington Post,* 8 de febrero de 2011, www.washingtonpost.com/wp-dyn/content/article/2011/02/07/AR2011020705790.html.

170 «Minutos después»: Yasif, Rana, «Raymond Davis Case: The Forgotten Victim», *Express Tribune,* 18 de marzo de 2011, https://tribune.com.pk/story/134313/the-forgotten-victim.

170 «Ey, ¿dónde estás?»: Entrevista telefónica del autor con Mohsin Kamal, 14 de noviembre de 2016.

170 «dejando atrás»: Schmidle, Nicholas, «Getting Bin Laden», *New Yorker*, 8 de agosto de 2011, www.newyorker.com/magazine/2011/08/08/getting-bin-laden y Meyers, Steven Lee y Bumiller, Elisabeth, «Obama Calls World «Safer» After Pakistan Raid», *New York Times*, 2 de mayo de 2011, http://www.nytimes.com/2011/05/03/world/asia/osama-bin-laden-dead.html.

170 «los paquistaníes eran incompetentes»: «U.S.-Pakistani Relations After the bin Laden Raid», Stratfor, 2 de mayo de 2011, https://www.stratfor.com/analysis/us-pakistani-relations-after-bin-laden-raid.

170 «seguimos hablando»: Brulliard, Karin y DeYoung, Karen, «Pakistani Military, Government Warn U.S. Against Future Raids», *Washington Post*, 6 de mayo de 2011, https://www.washingtonpost.com/world/pakistan-questions-legality-of-us-operation-that-killed-bin-   laden/2011/05/05/AFM2l0wF_story.html?tid=a_inl&utm_term=.9dce5bb83301.

170 «no fue aceptada»: Brulliard, Karin y Hussain, Shaiq, «Pakistani Spy Chief Offers to Resign», *Washington Post*, 13 de mayo de 2011, https://www.washingtonpost.com/world/2011/05/12/AFdoRh1G_story.html?utm_term=.e556f2485d1a.

170 «La gente no comprende»: Entrevista del autor con el general David Petraeus, en persona en sus oficinas en Nueva York, 25 de mayo de 2016.

171 «la política se reanudó»: Entrevista telefónica del autor con Leon Panetta, 6 de mayo de 2016.

171 «cómo apretarles las tuercas»: Brulliard, Karin y DeYoung, Karen, «Pakistani Military, Government Warn U.S. Against Future Raids», *Washington Post*, 6 de mayo de 2011, https://www.washingtonpost.com/world/pakistan-questions-legality-of-us-operation-that-killed-bin-   laden/2011/05/05/AFM2l0wF_story.html?tid=a_inl&utm_term=.9dce5bb83301.

171 «desveló la complejidad»: Entrevista del autor con el General Michael Hayden, en persona en su oficina de Washington, DC, 17 de mayo de 2017.

171 «daban el chivatazo a los combatientes de Al Qaeda»: Crilly, Rob, «Pakistan Accused of Tipping Off al-Qaeda Fighters Ahead of Raids», *Telegraph* (RU), 12 de junio de 2011, www.telegraph.co.uk/news/worldnews/al-qaeda/8571134/Pakistan-accused-of-tipping-off-al-Qaeda-fighters- ahead-of-raids.html.

171 «llevaba un buen cabreo»: Entrevista telefónica del autor con Leon Panetta, 6 de mayo de 2016.

172 «el auténtico brazo armado»: Barnes, Julian, Rosenberg, Matthew, y Entous, Adam, «U.S. Accuses Pakistan of Militant Ties», *Wall Street Journal*, 23 de septiembre de 2011, https://www.wsj.com/articles/SB1000142405311190456390457658676026333810.

172 «recriminaciones»: DeYoung, Karin y Partlow, Joshua, «Afghans Saw Commando Unit Was Attacked Before Airstrike Was Called on Pakistan», *Washington Post*, 28 de noviembre de 2011, https://www.washingtonpost.com/world/afghans-say-unit-was-attacked-before- airstrike/2011/11/28/gIQAX6ZY5N_story.html?hpid=z1&utm_term=.f70a1c3d2b3a.

172 GLOC: Coleman, Jasmine, «Pakistan Halts NATO Supplies After Attack Leaves Soldiers Dead», *Guardian* (Manchester), 26 de noviembre de 2011, https://www.theguardian.com/world/2011/nov/26/pakistan-halts-nato-supplies-attack.

134 sesenta días de suministros: Entrevista telefónica con el general John Allen, 2 de septiembre de 2016.

172 «funcionó»: Martinez, Luis, «Afghanistan War: Closed Pakistan Routes Costing U.S. $100 Million a Month», *ABC News*, 13 de junio de 2012, abcnews.

379

go.com/blogs/politics/2012/06/afghanistan-war-closed-pakistan-routes-cos-ting-u-s-100-million-a-month.

173 «se escribe "alivio"»: Sherman, Wendy, «THANK YOU», email a Hillary Clin-ton, 2 de julio de 2012, publicado por WikiLeaks, https://wikileaks.org/clinton-emails/emailid/20254 y Clinton, Hillary, «Re; Thanks», email a Bill Burns, 3 de julio de 2012, publicado por WikiLeaks, https://wikileaks.org/clinton-emails/emailid/7553.

173 «una cosa muy triste»: Entrevista telefónica del autor con el general John Allen, 2 de septiembre de 2016.

173 «varapalo»: Entrevista del autor con Alan Kronstadt, 18 de agosto de 2016.

173 «colaborar»: Clinton, Hillary. *Hard Choices*, Nueva York: Simon & Schuster, 2014, loc. 3457-3458. Kindle.

174 «afganos a la cabeza»: Yusufzai, Mushtaq, Williams, Abigail, Burton, Brinley, «Taliban Begins Secret Peace Talks With U.S., Afghan Officials: Sources», *NBC News*, 18 de octubre de 2016, www.nbcnews.com.

15. La nota

175 «saldrían mal»: Entrevista del autor con Husain Haqqani, Hudson Institute Office, Washington, 6 de enero de 2017.

176 «eliminar a los elementos extremistas»: Ijaz, Mansoor, «Time to Take on Pakistan's Jihadi Spies», *Financial Times*, 10 de octubre de 2011, https://www.ft.com/content/5ea9b804-f351-11e0-b11b-00144feab49a y «Confidential Me-morandum: Briefing for Adm. Mike Mullen, Chairman, Joint Chiefs of Staff», 9 de mayo de 2011, *Washington Post*, www.washingtonpost.com/wp-srv/world/documents/secret-pakistan- memo-to-adm-mike-mullen.html.

176 «aprobar visados»: «Gilani Granted Controversial Visa-Issuing Powers to Haqqani, Letter Reveals», *GeoTV News*, 24 de marzo de 2017, https://www.geo.tv/latest/135334-Gilani-granted-controversial-visa-issuing-powers-to-Haqqani-letter-reveals.

176 «no aprobar visados»: «Hussain Haqqani Renewed Visas to 36 C.I.A. Agents in Pakistan Despite Foreign Office Warning», *Times* (Islamabad), 25 de marzo de 2017, https://timesofislamabad.com/hussain-haqqani-renewed-visas-to-36-cia-agents-in-pakistan-despite-foreign- office-warning/2017/03/25.

176 «un chaquetero»: Entrevista del autor con Husain Haqqani, Hudson Institute Office, Washington, 6 de enero de 2017.

177 «completamente superado»: Entrevista del autor con Husain Haqqani, Hudson Institute Office, Washington, 6 de enero de 2017.

177 «Dios te ha dado»: Ignatius, David, «Mansoor Ijaz, Instigator Behind Pakistan's "Memogate"», *Washington Post*, 22 de enero de 2012, https://www.washington-post.com/blogs/post-partisan/post/mansoor-ijaz-instigator-behind-pakistans-memogate/2012/01/22/gIQAcRdjJQ_blog.html?utm_term=.a2243babdf37.

178 «igual de pintoresca»: Ignatius, David, «Mansoor Ijaz, Instigator Behind Pakistan's "Memogate"», *Washington Post*, 22 de enero de 2012, https://www.washingtonpost.com/blogs/post-partisan/post/mansoor-ijaz-instigator-be-hind-pakistans- memogate/2012/01/22/gIQAcRdjJQ_blog.html?utm_term=.a2243babdf37 y Bergen, Peter, «What's Behind the Furor in Pakistan?», CNN, 25 de noviembre de 2011, www.cnn.com/2011/11/24/opinion/bergen-memo-gate-pakistan.

178 «designara como el culpable»: Nelson, Dean, «Imran Khan Blame by Pakistan U.S. Envoy for Links to Army Plot», *Telegraph* (RU), 21 de noviembre de 2011,

www.telegraph.co.uk/news/worldnews/asia/pakistan/8904605/Imran-Khan-blamed-by-Pakistan-US-envoy-for-links-to- army-plot.html.

178 «se descargó las pruebas»: Kiessling, Hein, *Faith, Unity, Discipline: The* Inter-Service-*Intelligence (ISI) of Pakistan*, Londres: Hurst, 2016, loc. 4277. Kindle.

178 «víctima de su propia cortesía»: Entrevista del autor con Husain Haqqani, Hudson Institute Office, Washington, 6 de enero de 2017.

179 «Seré como Houdini»: Entrevista del autor con Husain Haqqani, Hudson Institute Office, Washington, 6 de enero de 2017.

179 «relevo rutinario de la guardia»: Entrevista del autor con Husain Haqqani, Hudson Institute Office, Washington, 6 de enero de 2017.

180 «imprecisiones materiales»: «Email from Mansoor Ijaz to Ronan Farrow», 11 de marzo de 2018.

181 «contra bin Laden»: Haqqani, Husain, «Yes, the Russian ambassador met Trump's team. So? That's what we diplomats do», *Washington Post*, 10 de marzo de 2017, https://www.washingtonpost.com/posteverything/wp/2017/03/10/yes-the-russian-ambassador-met-trumps-team-so-thats-what-we-diplomats-do/.

181 «hasta convertirse en la confirmación»: «Pakistan Army Reacts to Hussain Haqqani's Article», *The News* (Pakistan), 29 de marzo de 2017, https://www.thenews.com.pk/latest/195267-Pakistan-Army-reacts-to-Hussain-Haqqanis-article.

181 «La veracidad»: Iqbal, Anwar, «Haqqani Claims His «Connections» Led U.S. to Kill Osama», *Dawn*, 13 de marzo de 2017, https://www.dawn.com/news/1320175.

181 «Un año después»: Entrevista del autor con Husain Haqqani, Hudson Institute Office, Washington, 6 de enero de 2017.

381

16. Diplomacia de verdad

182 «era uno de mis casos»: Entrevista del autor con Robin Raphel, 6 de enero de 2017, Garden Cafe en Washington. Cassidy & Associates: Entrevista del autor con Robin Raphel, 6 de enero de 2017, Garden Cafe en Washington.

183 «sentido médico»: Entrevista del autor con Robin Raphel, 6 de enero de 2017, Garden Cafe en Washington.

183 «ya no es una empleada del Departamento»: Mazzetti, Mark y Apuzzo, Matt, «F.B.I. Is Investigating Retired U.S. Diplomat, a Pakistan Expert, Officials Say», *New York Times*, 7 de noviembre de 2014, https://www.nytimes.com/2014/11/08/us/robin-raphel-fbi-state-department- search.html?_r=0.

184 «era diplomacia»: Entrevista del autor con el embajador Richard Olson, 28 de septiembre de 2017.

184 «A los pocos meses»: Entous, Adam, «The Last Diplomat», *Wall Street Journal*, 2 de diciembre de 2016, https://www.wsj.com/articles/the-last- diplomat-1480695454.

185 «Todo el mundo odiaba Pakistán»: Entrevista del autor con Robin Raphel, 6 de enero de 2017, Garden Cafe en Washington.

185 «infracción penal»: Entous, Adam, «The Last Diplomat», *Wall Street Journal*, 2 de diciembre de 2016, https://www.wsj.com/articles/the-last- diplomat-1480695454.

185 «el ámbito de su trabajo»: Entrevista del autor con Robin Raphel, 16 de mayo de 2016, en Instituto de EE. UU. para la Paz.

187 «Nadie quiere contratarte»: Entrevista telefónica del autor con Robin Raphel, 30 de junio de 2016.

187 «Soy una mujer trabajadora»: Entrevista del autor con Robin Raphel, 6 de enero de 2017, Garden Café en Washington.

188 «No soy una espía»: Entrevista del autor con Robin Raphel, 6 de enero de 2017, Garden Cafe en Washington.

188 «no tienen ni idea»: Entrevista del autor con Robin Raphel, 6 de enero de 2017, Garden Cafe en Washington.

189 «criminalizara la diplomacia»: Entrevista del autor con un alto funcionario anónimo de Estados Unidos, 28 de septiembre de 2016.

SEGUNDA PARTE. *Dispara primero, no preguntes después*
17. Por regla general

191 «Corintios»: *La Sagrada Biblia*, versión de Reina Valera.

193 «la necesidad de un SRAP o no»: Entrevista del autor con Rex Tillerson, 4 de enero de 2018.

194 «a lanzar ataques»: Diamond, Jeremy, «How Trump is Empowering the Military-and Raising Some Eyebrows», *CNN Politics*, 26 de junio de 2017, www.cnn.com/2017/06/24/politics/trump-pentagon-shift-war-power-military/index.html.

194 «una nueva ofensiva»: Jaffe, Greg y Ryan, Missy», Up to 1,000 more U.S. troops could be headed to Afghanistan this spring», *Washington Post*, 21 de enero de 2018, https://www.washingtonpost.com/world/national-security/up-to-1000-more-us-troops-could-be-headed-to-afghanistan-this-spring/2018/01/21/153930b6-fd1b-11e7-a46b-a3614530bd87_story.html.

194 «diez de los veinticinco»: Ryan, Missy y Jaffe, Greg, «Military's Clout at White House Could Shift U.S. Foreign Policy», *Washington Post*, 28 de mayo de 2017, https://www.washingtonpost.com/world/national-security/military-officers-seed-the-ranks-across-trumps-national-security-council/2017/05/28/5f10c8c a-421d-11e7-8c25-44d09ff5a4a8_story.html?utm_term=.e50c3e38d779.

194 «la Casa Blanca terminó con la práctica de «asignar»»: Wadhams, Nick, «Tillerson Tightens Limits on Filling State Department Jobs», *Bloomberg Politics*, 28 de junio de 2017, https://www.bloomberg.com/news/articles/2017-06-28/ tillerson-puts-tighter-limits-on-filling-state-department-jobs; entrevistas del autor con funcionarios del Servicio Exterior, 1 de junio de 2017 y 30 de julio de 2017.

194 «ventas de armas americanas»: Mehta, Aaron, «U.S. on Track for Record Foreign Weapon Sales», *Defense News*, 26 de diciembre de 2016, www.defensenews. com/pentagon/2016/12/26/us-on-track-for-record-foreign-weapon-sales/.

195 «según varios empleados del Pentágono»: Browne, Ryan, «Amid Diplomatic Crisis Pentagon Agrees $12 Billion Jet Deal with Qatar», *CNN Politics*, 14 de junio de 2017, www.cnn.com/2017/06/14/politics/qatar-f35-trump-pentagon/ index.html.

195 «reanudaba las ventas de los jets de combate F-16»: Morello, Carol, «State Department Drops Human Rights as Condition for Fighter Jet Sale to Bahrain», *Washington Post*, 27 de marzo de 2017, https://www.washingtonpost. com/world/national-security/state-department-drops-human-rights-as- condition-for-fighter-jet-sale-to-bahrain/2017/03/29/6762d422-1abf-406e-aaff-fbc5a6a2e0ac_story.html?utm_term=.ba9bb8036665.

195 «desnudo en un sueño»: Lusher, Adam, «Senior U.S. Official Reduced to Very Awkward Silence When Asked About Saudi Arabia's Attitude to Democracy»,

Independent (RU), 31 de mayo de 2017, www.independent.co.uk/news/world/americas/us-politics/stuart-jones-state-department-saudi-arabia-democracy-iran-awkward-embarrassing-agonising-pause-most-a7764961.html.

196 «fantástico»: Conway, Madeline, «Trump: "We Are Very Much Behind" Egypt's el-Sisi», *Politico*, 4 de abril de 2017, https://www.politico.com/story/2017/04/trump-praises-egypt-abdel-fattah-el-sisi-236829.

196 «increíble»: Carter, Brandon, «Trump Praised Philippines' Duterte for "Unbelievable Job" on Drugs: Reports», *The Hill*, 23 de mayo de 2017, thehill.com/policy/international/334858-trump-praised-philippines-duterte-for-unbelievable-job-on-drugs-report.

196 «es importante que tratemos con sus líderes»: Entrevista del autor con James Baker, 22 de enero de 2018.

196 «qué pretende conseguir este presidente»: Entrevista del autor con John Kerry, 21 de noviembre de 2017.

196 «no les habían informado»: Scahill, Jeremy, Emmons, Alex y Grim, Ryan, «Trump Called Rodrigo Duterte to Congratulate Him on His Murderous Drug War: "You Are Doing An Amazing Job"», *Intercept*, 23 de mayo de 2017, https://theintercept.com/2017/05/23/trump-called- rodrigo-duterte-to-congratulate-him-on-his-murderous-drug-war-you-are-doing-an-amazing-job/.

196 «ese soy yo sin duda»: Entrevista del autor con Chris LaVine, 25 de junio de 2017.

197 «Algunas partes difíciles, básicas, de la diplomacia»: Entrevista del autor con Chris LaVine, 25 de junio de 2017.

197 «Las armas del ELS»: «U.S.-Trained Syrian Rebels Gave Equipment to Nusra: U.S. Military», Reuters, 26 de septiembre de 2015, www.reuters.com/article/us-mideast-crisis-usa-equipment-idUSKCN0RP2HO20150926.

197 «organización terrorista»: Entrevista del autor con un diplomático de carrera anónimo, 25 de junio de 2017.

197 «Juegan al trile»: Entrevista del autor con Chris LaVine, 25 de junio de 2017.

198 «un error muy grave»: Entrevista del autor con Abdullah Al-Mousa, 12 de septiembre de 2016.

198 «kurdos, turcos y rebeldes sirios lucharon encarnizadamente»: Gilbert, Benjamin, «Three U.S. Allies Are Now Fighting Each Other in Northern Syria», *Vice News*, 29 de agosto de 2016, https://news.vice.com/article/three-us-allies-are-now-fighting-each-other-in-northern-syria y Bulos, Nabih, Hennigan, W. J. and Bennett, Brian, «In Syria, Militias Armed by the Pentagon Fight Those Armed by the CIA», *Los Angeles Times*, 27 de marzo de 2016, www.latimes.com/world/middleeast/la-fg-cia-pentagon-isis-20160327-story.html.

198 «un error y de los gordos»: Entrevista del autor con Abdullah Al-Mousa, 12 de septiembre de 2016.

199 «el programa del Pentágono es falso»: Entrevista del autor con Osama Abu Zaid, 12 de septiembre de 2016.

199 «apoyo encubierto de la CIA a los elementos rebeldes»: «Trump to Send Arms to Kurdish YPG in Syria», Al Jazeera, 10 de mayo de 2017, www.aljazeera.com/news/2017/05/trump-send-arms-kurdish-ypg-syria-170509190404689.html y Jaffe, Greg y Entous, Adam, «Trump Ends Covert C.I.A. Program to Arm Anti-Assad Rebels in Syria, A Move Sought By Moscow», *Washington Post*, 19 de julio de 2017, https://www.washingtonpost.com/world/national-security/trump-ends-covert-cia-program-to-arm-anti-assad-rebels-in-syria-a-move-sought-by-moscow/2017/07/19/b6821a62-6beb-11e7-96ab-5f38140b38cc_story.html?utm_term=.ade66898dd5e.

383

199 «completamente corrosivas»: Entrevista del autor con Chris LaVine, 25 de junio de 2017.
199 «apoyar la oposición legítima»: Entrevista del autor con Hillary Clinton, 20 de noviembre de 2017.
199 «estaban conmigo en esto»: Entrevista del autor con Chris LaVine, 25 de junio de 2017.
200 «se ha vuelto imposible estar sinceramente en desacuerdo»: Entrevista del autor con Chris LaVine, 25 de junio de 2017.
201 «la palabra «socio»»: [«]Full Transcript of President Obama's Commencement Address at West Point», *Washington Post*, 28 de mayo de 2014, https://www.washingtonpost.com/politics/full-text-of-president-obamas-commencement-address-at-west-point/2014/05/28/cfbcdcaa-e670-11e3-afc6-a1dd9407abcf_story.html.

18. Dostum: dice la verdad y desaconseja mentir

202 «fragmentos de cráneo»: Entrevista del autor con Jennifer Leaning, 6 de septiembre de 2016.
203 «Physicians for Human Rights: Entrevista del autor con John Heffernan, 25 de mayo de 2015.
205 «voluminosos bíceps»: Rashid, Ahmed, *Taliban: Militant Islam, Oil and Fundamentalism in Central Asia*, 2ª edición, New Haven, CT: Yale University Press, 2010, p. 56. Kindle.
205 «reducido a papilla»: Rashid, Ahmed. *Taliban: Militant Islam, Oil and Fundamentalism in Central Asia*, 2ª edición, New Haven, CT: Yale University Press, 2010, p. 56. Kindle.
206 «Es usted un buen compañero»: Entrevista del autor con General Dostum, en persona en el Palacio Vicepresidencial en Kabul, Afganistán, 29-30 de agosto.
207 «mi amigo»: Williams, Brian Glyn, *The Last Warlord: The Life and Legend of Dostum, the Afghan Warrior Who Led U.S. Special Forces to To Topple the Taliban Regime*, Chicago: Chicago Review Press, 2013, p. 80
207 «de un bebé!»: Entrevista del autor con el general Dostum, en persona en el Palacio Vicepresidencial en Kabul, Afganistán, 29-30 de agosto de 2016.
207 «llevaran rifles»: Filkins, Dexter, aTaking a Break from War With a Game Anything but Gentle», *New York Times*, 2 de enero de 2009, www.nytimes.com/2009/01/03/world/asia/03afghan.html.
208 «era imbatible»: Entrevista del autor con el general Dostum, en persona en el Palacio Vicepresidencial en Kabul, Afganistán, 29-30 de agosto de 2016.
208 «toda ella pestañas falsas»: Crile, George, *Charlie Wilson's War*, Nueva York: Grove Press, 2007, loc. 1288-1289. Kindle.
208 «El Congreso destinó más dinero a los combatientes»: Coll, Steve, Ghost Wars, Londres: Penguin, 2004, p. 101. Kindle.
208 «no eran suicidas»: Entrevista del autor con Milton Bearden, 28 de abril de 2016.
209 «a su abogado a sacar las uñas»: «Socialite Joanne Herring wins "War"», *New York Daily News*, 11 de diciembre de 2007, http://www.nydailynews.com/entertainment/gossip/socialite-joanne-herring-wins-war-article-1.276411.
210 «reflexionó abiertamente sobre su deserción»: Williams, Brian Glyn, *The Last Warlord: The Life and Legend of Dostum, the Afghan Warrior Who Led U.S. Special Forces to Topple the Taliban Regime*, Chicago: Chicago Review Press, 2013, p. 80.
210 «la balanza de poder»: Williams, Brian Glyn, *The Last Warlord: The Life and*

Legend of Dostum, the Afghan Warrior Who Led U.S. Special Forces to Topple the Taliban Regime, Chicago: Chicago Review Press, 2013, p. 146.

210 «campaña de violaciones»: Coll, Steve, *Ghost Wars*, Londres: Penguin, 2004, p. 262. Kindle.

211 «reuniones con los talibanes»: Rubin, Michael, «Taking Tea with the Taliban», *Commentary*, 1 de febrero de 2010, https://www.commentarymagazine.com/articles/taking-tea-with-the-taliban.

211 «la congelación de los activos talibanes»: Rashid, Ahmed, *Taliban: Militant Islam, Oil and Fundamentalism in Central Asia*, 2ª edición, New Haven, CT Yale University Press, 2010, p. 217.

211 «vínculos cada vez más estrechos con Osama bin Laden: Rashid, Ahmed, *Descent into Chaos: The U.S. and the Disaster in Pakistan, Afghanistan, and Central Asia*, Londres: Penguin, 2009, p. 73.

211 «resolución pacífica»: «The Situation in Afghanistan and its Implications for International Peace and Security», Consejo de Seguridad de la Asamblea General de las Naciones Unidas, 21 de septiembre de 1999, https://unama.unmissions.org/sites/default/files/21%20September%201999.pdf.

211 «Pakistán colaboró con los talibanes»: Rashid, Ahmed, *Descent into Chaos: The U.S. and the Disaster in Pakistan, Afghanistan, and Central Asia*, Londres: Penguin, 2009, p. 53.

212 «Pregunta corta»: Entrevista del autor con el general Dostum, en persona en el Palacio Vicepresidencial de Kabul, Afganistán, 29-30 de agosto de 2016.

213 «lo que quieras»: Entrevista del autor con el general Dostum, en persona en el Palacio Vicepresidencial de Kabul, Afganistán, 29-30 de agosto de 2016.

213 «los caudillos y los bandidos»: Mazzetti, Mark, *The Way of the Knife: The CIA, a Secret Army, and a War at the Ends of the Earth*, Nueva York: Penguin, p. 32. Kindle.

213 «Fue absurdo»: Entrevista del autor con Robin Raphel Instituto de Estados Unidos para la Paz, 16 de mayo de 2016.

214 «Ese fue nuestro gran error»: Entrevista del autor con Robin Raphel Instituto de Estados Unidos para la Paz, 16 de mayo de 2016.

214 «El Acuerdo de Bonn»: Rubin, Barnett, «What I Saw in Afghanistan», *New Yorker*, 1 de julio de 2015, https://www.newyorker.com/news/news-desk

214 «pasar a cuchillo a ancianos, niños»: Coll, Steve, Ghost Wars, Londres: Penguin, 2004, p. 263. Kindle.

214 «obligarlas a casarse»: «RIC Query-Afghanistan», Servicio de Ciudadanía e Inmigración de los Estados Unidos, BCIS Resource Information Ce query-afghanistan-27-may-2003; «UN Opposes Afghanistan Bill Giving Immunity to War Criminals», Asociación Revolucionaria de las Mujeres de Afganistán, 2 de febrero de 2007, http://www.rawa.org/temp/runews/2007/02/02/un-opposes-afghanistan-bill-giving-immunity-to-war-criminals.html.

214 «milicias de Noor»: Raghavan, Sudarsan, «Afghanistan's Defining Fight: Technocrats vs. Strongmen», *Washington Post*, 12 de abril de 2015, https://ww rise-of-a-new-afghanistan/2015/04/12/73e052ae-b091-11e4-bf39-5560f3918d4b_story.html?tid=a_inl&utm_term=.6d12c65413a4.

215 «la agencia había estado cultivando su relación»: Entrevista del autor con Hank Crumpton, 19 de julio de 2016.

215 «Ey, ¿cómo va la cosa?» *Legion of Brothers*, dir. Greg Barker, CNN films 2017, 9:30.

215 «el caballo seguía cabalgando»: *Legion of Brothers*, dir. Greg Barker, CNN films 2017, 9:30.

216 «ahora hemos vuelto atrás en el tiempo»: Entrevista del autor con Bart, 5 de septiembre de 2016.

216 «en una cuneta»: *Legion of Brothers*, dir. Greg Barker, CNN films 2017, 9:30.

216 «es un gran país»: Entrevista del autor con el general Dostum, en persona en el Palacio Vicepresidencial de Kabul, Afganistán, 29–30 de agosto de 2016.

217 «lograron en el campo de batalla»: Entrevista del autor con Hank Crumpton, por teléfono, 19 de julio de 2016.

217 «Kunduz»: Anderson, Jon Lee, «The Surrender», *New Yorker*, 10 de diciembre de 2001, http://www.newyorker.com/magazine/2001/12/10/the-surrender.

217 «se rindieron pacíficamente»: Stewart, Richard W, «The United States Army in Afghanistan, October 2001-March 2002: Operation Enduring Freedom», Ejército de EE. UU., http://www.history.army.mil/html/books/070/70-83/cmhPub_70-83.pdf.

217 «el doble»: Las afirmaciones de las fuerzas de EE. UU., los líderes de la Alianza del Norte y los periodistas independientes varían significativamente. Véase, por ejemplo: «Thousands of Taliban Fighters Surrender in Kunduz» Haaretz, 24 de noviembre de 2001, http://www.haaretz.com/news/thousands-of-taliban-fighters-surrender-in-kunduz-1.75571.

217 «ubicación de la que no puedo hablar»: Entrevista del autor con Bart, 5 de septiembre de 2016.

218 «asesinando a un agente de la CIA»: Sennott, Charles M, «The First Battle of the 21st Century: Returning to the Site of America's Earliest Casualty in Afghanistan», *Atlantic*, 5 de mayo de 2015.

218 «Los cuerpos»: Entrevista del autor con el general Dostum, en persona en el Palacio Vicepresidencial de Kabul, Afganistán, 29-30 de agosto de 2016.

218 «del precio que pagamos por correr demasiado deprisa»: Entrevista del autor con Hank Crumpton, 19 de julio de 2016.

218 «está hablando de los prisioneros»: Entrevista del autor con Jennifer Leaning, 22 de mayo de 2015.

219 «La Cruz Roja hizo su primer intento de acceder»: James Risen del *New York Times* también informó de que los oficiales militares de EE. UU. bloquearon las investigaciones iniciales de la Cruz Roja: http://wwww.nytimes.com/2009/07/11/world/asia/11afghan.html.

219 «pudieron establecer contacto»: Entrevista del autor con Jennifer Leaning, 6 de septiembre de 2016.

219 «¿Dónde estaba el resto?»: Entrevista del autor con John Heffernan, 25 de mayo de 2015.

220 «actos de vandalismo»: Raghavan, Sudarsan, «Afghanistan's Defining Fight: Technocrats vs. Strongmen», *Washington Post*, 12 de abril de 2015, https://www.washingtonpost.com/world/asia_pacific/former-warlords-test-the-rise-of-a-new-afghanistan/2015/04/12/73e052ae-b091-11e4-bf39-5560f3918d4b_story.html?tid=a_inl&utm_term=.fe112937980d.

220 «acusado de acosar»: Centro para el Progreso Americano, «Profiles of Afghan Power Brokers», 26 de octubre de 2009, https://www.americanprogress.org/issues/security/news/2009/10/26/6734/profiles-of-afghan-power-brokers/.

220 «corrupción desenfrenada»: Human Rights Watch, «*Today We Shall All Die: Afghanistan's Strongmen and the Legacy of Impunity*». 2015, https://www.hrw.org/sites/default/files/report_pdf/afghanistan0315_4up.pdf.

220 «amplia variedad de actividades criminales»: «Cable: 06KABUL2962_a», publicado por WikiLeaks, https://wikileaks.org/plusd/cables/06KABUL2862_a.html.

220 «estragos similares»: Peceny, Mark y Bosin, Yury», Winning with Warlords in Afghanistan», *Small Wars & Insurgencies*, 22:4, 603–618, www.unm. edu/~ybosin/documents/winning_with_warlords_2011.pdf.

221 «preferían matarse por asuntos de vacas»: Partlow, Joshua, «Dostum, a Former Warlord Who Was Once America's Man in Afghanistan, May Be Back https://www.washingtonpost.com/world/dostum-a-former-warlord-who-was-once-americas-man-in-afghanistan-may-be-back/2014/04/23/9d1a7 utm_term=.61ff3c408558.

222 «cómo utilizar a los americanos»: Entrevista del autor con Robert Finn, 2 de junio de 2016.

222 «pocas ganas»: Risen, James, «U.S. Inaction Seen After Taliban P.O.W.'s Died», *New York Times*, 10 de julio de 2009, www.nytimes.com/2009/07/11/world/asia/11afghan.html.

222 «¿Por dónde empezamos?»: Risen, James, «U.S. Inaction Seen After Taliban P.O.W.'s Died», *New York Times*, 10 de julio de 2009, www.nytimes. com/2009/07/11/world/asia/11afghan.html.

223 «estas son responsabilidades»: Transmisión de la entrevista de la CNN, 12 de julio de 2009, transcripción disponible en *Daily Kos* en https://www.dailykos. com/stories/2009/7/13/753057/-.

224 «condenado a treinta meses de cárcel»: «Ex-CIA officer Kiriakou "made peace" with leak decision», *BBC News*, 28 de febrero de 2013, http://www.bbc.com/ news/world-us-canada-21610806.

224 «Enterrarlo»: Entrevista del autor con John Kiriakou, 3 de junio 2016.

224 «Me decepcionó muchísimo»: Entrevista del autor con John Kiriakou, 3 de junio 2016.

224 «no había tenido miramientos»: Entrevista del autor con John Kerry, 21 de noviembre de 2017.

224 «lo habría interpretado mal»: Entrevista del autor con Frank Lowenstein, 5 de agosto de 2016. Lowenstein también cuestiona la credibilidad de Kiriakou, refiriéndose a los cargos criminales que más tarde se le imputaron por filtrar información clasificada, y sugiriendo que «él no es [Kiriakou] ⬛déjame averiguar la manera más educada de decir esto⬛ no el tipo más fiable del mundo».

222 «que lo investigarían»: Currier, Cora, «White House Closes Inquiry Into Afghan Massacre-and Will Release No Details», *ProPublica*, 31 de julio de 2013, 2013, https://www.propublica.org/article/white-house-closes-inquiry-into-afghan-massacre-and-will-release-no-details.

225 «una serie de agujeros grandes»: Lasseter, Tom, «As Possible Afghan War-Crimes Evidence Removed, U.S. Silent», *McClatchy*, 11 de diciembre de 2008, www.mcclatchydc.com/news/nation-world/world/article24514951.html.

225 «obstrucción literal»: Entrevista telefónica del autor con Susannah Sirkin, 22 de mayo de 2015.

226 «los derechos de las mujeres»: Entrevista del autor con el general Dostum, en persona en el Palacio Vicepresidencial de Kabul, Afganistán, 29-30 de agosto.

227 «un inadaptado»: Entrevista del autor con un exembajador de Estados Unidos, que habló bajo anonimato por lo delicado de sus comentarios, 31 de agosto 2016.

228 «otra persona»: Entrevista del autor con el general Dostum, en persona en el Palacio Vicepresidencial de Kabul, Afganistán, 29–30 de agosto de 2016.

228 «cargos de atrocidades»: Nordland, Rod, «Top Afghans Tied to '90s Carnage, Researchers Say», *New York Times*, 22 de julio de 2012, www.nytimes.com /2012/07/23/world/asia/key-afghans-tied-to-mass-killings-in-90s-civil-war. html.

228 «represalias violentas»: Wafe, Abdul Waheed», Former Warlord in Standoff With Police at Kabul Home», *New York Times*, 4 de febrero de 2008, www. nytimes.com/2008/02/04/world/asia/04afghan.html; Gall, Carlotta, «Ethnic Uzbek Legislator Beaten, Afghans Confirm», *New York Times*, 30 de junio de 2006, www.nytimes.com/2006/06/30/world/asia/30afghan.html.

228 «milicias de Junbish»: «Afghanistan: Forces Linked to Vice President Terrorize Villagers», Human Rights Watch, 31 de julio de 2016, https://www.hrw.org villagers.

228 «conocido asesino»: Partlow, Joshua, «Dostum, a Former Warlord Who Was Once America's Man in Afghanistan, May Be Back», *Washington Post*, former-warlord-who-was-once-americas-man-in-afghanistan-may-be-back/2014/04/23/9d1a7670-c63d-11e3-8b9a-8e0977a24aeb_story.html?utm_term=.353f99b7d698.

229 «denegación del visado»: Vasilogambros, Matt, «Afghanistan's Barred Vice President», *Atlantic*, 25 de abril de 2016, www.theatlantic.com/international/archive/2016/04/afghanistan-dostum-barred/479922/.

229 «se inventan lo que dicen en tu contra»: Entrevista del autor con el general Dostum, en persona en el Palacio Vicepresidencial de Kabul, Afganistán, 29-30 de agosto de 2016.

229 «se abalanzó»: Nissenbaum, Dion, «When Hillary (Almost) Met the Warlord», McClatchy, 22 de noviembre de 2009, blogs.mcclatchydc.com/jerusalem/2009/11/when-hillary-almost-met-the-warlord.html.

229 «Tengo la llave»: Entrevista del autor con el general Dostum, en persona en el Palacio Vicepresidencial de Kabul, Afganistán, 29-30 de agosto de 2016.

230 «Somos socios»: Entrevista del autor con el general Dostum, en persona en el Palacio Vicepresidencial de Kabul, Afganistán, 29-30 de agosto de 2016

230 «hacía saltos de tijera»: Rahim, Fazul, «Afghanistan's Warlord-Turned-VP Abdul Rashid Dostum Fights for Fitness», *NBC News*, http://www.nbcne dostum-fights-fitness-n265451.

230 «señor de la paz»: Entrevista del autor con el general Dostum, en persona en el Palacio Vicepresidencial de Kabul, Afganistán, 29-30 de agosto de 2016.

231 «los prisioneros»: Entrevista del autor con el general Dostum, en persona en el Palacio Vicepresidencial de Kabul, Afganistán, 29-30 de agosto de 2016.

231 «apilaron como leños»: Risen, James, «U.S. Inaction Seen After Taliban P.O.W.'s Died», *New York Times*, 10 de julio de 2009, http://www.nytimes.com/2009/07/11/world/asia/11afghan.html/.

232 «continuó durante días»: Barry, John, «The Death Convoy of Afghanistan», *Newsweek*, 25 de agosto de 2002, www.newsweek.com/death-convoy-afghanistan-144273 y Risen, James, «U.S. Inaction Seen After Taliban P.O.W.'s Died», *New York Times*, 10 de julio de 2009, www.nytimes.com/2009/07/11/world/asia/11afghan.html.

232 «Un cable top secret»: Telegrama diplomático de EE. UU., de la Oficina de Inteligencia e Investigación del Departamento de Estado a la Casa Blanca, OP 260221Z, 2008, Physicians for Human Rights, Case No. 200802926, 4 de agosto de 2008.

232 «el número de talibanes muertos»: telegramas de Dasht-i-Leili FOIA'd State y DOD, p. 19 en la paginación del Departamento de Estado, p. 32 del PDF.

232 «número real cerca de los 2000»: telegramas de Dasht-i-Leili FOIA'd State y DOD, p. 19 en la paginación del Departamento de Estado, p. 32 del PDF.

232 «un contenedor»: Entrevista del autor con el general Dostum, en persona en el Palacio Vicepresidencial de Kabul, Afganistán, 29-30 de agosto de 2016.

233 «se llama Hazarat Chunta»: Entrevista del autor con el general Dostum, en persona en el Palacio Vicepresidencial de Kabul, Afganistán, 29-30 de agosto de 2016.

234 «Se encogió de hombros»: Entrevista del autor con el general Dostum, en persona en el Palacio Vicepresidencial de Kabul, Afganistán, 29-30 de agosto de 2016.

234 «me dijo Raymond»: «A Mass Grave In Afghanistan Raises Questions», NPR, 22 de julio de 2009.

234 «trabajamos estrechamente con [Dostum]»: Entrevista del autor con Mark Nutsch, 7 de febrero de 2018.

235 «No presenciamos nada»: Entrevista del autor con Mark Nutsch, 7 de febrero de 2018.

236 «¡Me he pasado de tiempo!»: Entrevista del autor con el general Dostum, en persona en el Palacio Vicepresidencial de Kabul, Afganistán, 29-30 de agosto de 2016.

237 «talibanes habían tendido una emboscada»: «Afghan Vice-President Dostum Injured in Taliban Ambush», *Hindustan Times*, 17 de octubre de 2016, www.hindustantimes.com/world-news/taliban-militants-ambush-afghanistan-vice-president-s-convoy/story-UQdKiuhxtFoddiT6NUpwiK.html.

238 «se ve a Dostum»: Vídeo de Facebook colgado por Esmat Salehoghly Azimy, imágenes de ATV, subido el 25 de noviembre de 2016, https://www.facebook.com/esmat.azimy/videos/vb.100002358908259/1170150113073608/?type=2&theater.

238 «pruebas forenses»: Rasmussen, Sune Engel, «Vice-President Leaves Afghanistan Amid Torture and Rape Claims», *Guardian* (Manchester), 19 de mayo de 2017, https://www.theguardian.com/world/2017/may/19/vice-president-leaves-afghanistan-amid-torture-and-claims; Masha, Mujiib y Abed, Fahim, «Afghan Vice President Seen Abducting Rival», *New York Times*, 27 de noviembre de 2016, https://www.nytimes.com/2016/11/27/world/asia/afghan-vice-president-is-accused-of-assaulting-rival-and-taking-him-hostage.html?_r=0; Masha, Mujiib y Abed, Fahim, «Afghanistan Vice President Accused of Torturing Political Rival», *New York Times*, 13 de diciembre de 2016, https://www.nytimes.com/2016/12/13/world/asia/political-rival-accuses-afghanistan-vice-president-of-torturing-him.html?rref=collection%2Ftimestopic%2FDostum%2C%20Abdul%20Rashid&action=click&contentCollection=timestopics&region=stream&module=stream_unit&version=latest&contentPlacement=8&pgtype=collection.

238 «cargos de abusos físicos»: Wafa, Abdul Waheed, «Former Warlord in Standoff with Police at Kabul Home», *New York Times*, 4 de febrero de 2008.

238 «Nadie me devuelve»: Ahmed, Azam, «Afghan First Vice President, an Ex-Warlord, Fumes on the Sidelines», *New York Times*, 18 de marzo de 2015, https://www.nytimes.com/2015/03/19/world/asia/afghan-first-vice-president-an-ex-warlord-fumes-on-the-sidelines.html.

238 «investigación criminal»: «Afghan Vice-President Dostum Accused of Sex Assault», BBC, 13 de diciembre de 2016, www.bbc.com/news/world-asia-38311174.

238 «Ghani regresó»: Nordland, Rod y Sukhanyar, Jawad, «Afghanistan Police Surround Vice President's House», *New York Times*, 21 de febrero de 2 dostum-afghanistan.html.

239 «un grupúsculo de Al Qaeda»: Bearak, Max, «Behind the Front Lines in the Fight to "Annihilate" ISIS in Afghanistan», *Washington Post*, 23 de julio de 2017 front-

lines-in-the-fight-to-annihilate-isis-in-afghanistan/2017/07/23/0e1f88d2-
6bb4-11e7-abbc-a53480672286_story.html?utm_term=.391eec191eec1930b5.

239 «desperdiciando nuestro dinero»: Schwarz, Jon y Mackey, Robert, «All the Times Donald Trump Said the U.S. Should Get Out of Afghanistan», Intercept,
21 de agosto de 2017, https://theintercept.com/2017/08/21/donald-trump-
afghanistan-us-get-out/.

239 «Mattis ordenó»: «Full Transcript and Video: Trump's Speech on Afghanistan»,
New York Times, 21 de agosto de 2017, https://www.nytimes.com/2017/08/21/
world/asia/trump-speech-afghanistan.html; y Gordon, Michael, «Mattis Or-
ders First Group of Reinforcements to Afghanistan», New York Times, 31 de
agosto de 2017, https://www.nytimes.com/2017/08/31/us/politics/trump-mat-
tis-troops-afghanistan.html?rref=collection%2Ftimestopic%2FAfghanistan.

240 «compromisos de las tropas estadounidenses»: Rucker, Philip y Costa, Robert,
«"It's a Hard Problem": Inside Trump's Decision to Send More Troops to Send
more Troops to Aghanistan, Washington Post, 21 de agosto de 2017, https://
www.washingtonpost.com/politics/its-a-hard-problem-inside-trumps-de-
cision-to-send-more-troops-to-afghanistan/2017/08/21/14dcb126   utm_
term=.3255b6d552c7.

240 «Estamos con vosotros»: Nordland, Rod, «The Empire Stopper», New York Times, 29 de agosto de 2017, https://www.nytimes.com/2017/08/29/world/asia
rref=collection%2Ftimestopic%2FAfghanistan.

240 «nadie lo sabra»: Landay, Jonathan, «Despite Expected U.S. Troop Hike, No
End in Sight to Afghan War», Reuters, 22 de agosto de 2017, https://www.
expected-u-s-troop-hike-no-end-in-sight-to-afghan-war-idUSKCN1B2009.

240 «sin tener un secretario adjunto permanente»: Toosi, Nahal, «State's Afgha-
nistan-Pakistan Envoy Leaves, Spurring Confusion about U.S. Diplomacy in
Region», Politico, 23 de junio de 2017, www.politico.com/story/2017/06/23/
trump-administration-dissolves-afghanistan-pakistan-unit-239901.

240 «La infancia es la infancia»: Entrevista del autor con el general Dostum, en
persona en el Palacio Vicepresidencial de Kabul, Afganistán, 29-30 de agosto
de 2016.

19. Bestia blanca

243 «Somos gente normal»: Entrevista del autor con Sally y Micheal Evans, 6 de
octubre de 2016, en persona en su casa de Wooburn Green, Inglaterra.

244 «para estudiar árabe»: «Sally Evans Slams UK Anti-Terror "Failure"», BBC, 4 de
febrero de 2015, www.bbc.com/news/uk-england-beds-bucks-herts-31126913.

244 «Ningún dios te llevaría a hacer algo así»: Entrevista del autor con Sally y Micheal Evans, 6 de octubre de 2016, en persona en su casa de Wooburn Green,
Inglaterra,

245 «Thomas ha llamado»: Entrevista del autor con Sally y Micheal Evans, 6 de
octubre de 2016, en persona en su casa de Wooburn Green, Inglaterra.

246 «y gritos»: Entrevista del autor con Preeyam K. Sehmi, en el Westgate Mall,
Nairobi, 13 de diciembre de 2013.

246 «torturados macabramente»: Strauss, Gary, «Inside Kenya Shopping Mall, a
House of Horrors», USA Today, 27 de septiembre de 2013, http://www.usa-
today.com/story/news/2013/09/27/mall-victims-tortured-maimed-in-al-sha-
bab-attacks/2882299/.

246 «setenta y dos»: Soi, Nicholas y Dixon, Robyn, «Kenya says Nairobi
mall siege is over, with 72 dead», Los Angeles Times, 24 de septiembre de

http://www.latimes.com/world/la-fg-kenya-mall-20130925,0,3451298.
story#ixzz2pz9qg1hN.

246 «injerencia extranjera en Somalia»: Fieldstadt, Elisha, «Somali Terror Group al-Shabab Claims Responsibility for Kenya Mall Attack», *NBC News*, 21 de septiembre de 2013, https://www.nbcnews.com/news/other/somali-terror-group-al-shabab-claims-responsibility-kenya-mall-attack-f4B11223876.

246 «setenta y seis muertos»: «Hunt for Terrorists Shifts to "Dangerous" North Africa, Panetta Says», *NBC News*, 12 de diciembre de 2011, https://archive.li/WOplo.

246 «amenaza directa»: Kulish, Nicholas y Gettleman, Jeffrey, «U.S. Sees Direct Threat in Attack at Kenya Mall», *New York Times*, 25 de septiembre de 2013 http://www.nytimes.com/2013/09/26/world/africa/us-sees-direct-threat-in-attack-at-kenya-mall.html?_r=0&pagewanted=all.

246 «Egoístamente»: *My Son the Jihadi*, documental de Channel 4.

247 «no se prestaba a eso»: Entrevista del autor con Princeton Lyman, 27 de febrero de 2017.

248 «No hay necesidad»: Vick, Karl, «Al Qaeda Ally in Somalia is in Tatters», *Washington Post*, 24 de febrero de 2002, https://www.washingtonpost.com/archive/politics/2002/02/24/al-qaeda-ally-in-somalia-is-in-tatters/4a0dd409-2bbf-4e76-8131-0a5c9e78e86a/

248 «Los tribunales podían hacer gala de un conservadurismo brutal»: Okeowo, Alexis, «The Fight Over Women's Basketball in Somalia», *New Yorker*, 11 de septiembre de 2017.

248 «noventa y siete tribunales»: Hansen, Stig Jarle, *Al Shabaab in Somalia: The History and Ideology of a Militant Islamist Group, 2005-2012*, Oxford: Oxford University Press, 2013, p. 36. Kindle.

248 «puertos y aeropuertos»: «Mogadishu's Port Reopened», AlJazeera.com, 23 de agosto de 2006.

248 «acceso humanitario»: Telegrama diplomático de EE. UU. 06NAIROBI3441, del consejero de Economía John F. Hoover, Embajada de EE. UU. en Nairobi, «Horn of Africa, State-USAID. Humanitarian Cable Update Number 8», 8 de agosto de 2006, publicado por WikiLeaks, http://wikileaks.org/cable/2006/08/06NAIROBI3441.html.

248 «caudillos que creían laicos»: El caudillo somalí Yusuf Mohammed Siad «me dijo que la CIA se le acercó por primera vez en Dubái en 2004», Scahill, Jeremy, *Dirty Wars: The World Is a Battlefield*, Nueva York: Nation Books, 2013, p. 191. Kindle.

248 «entrada de armas»: Entrevista del autor con Matthew Bryden, realizada por teléfono desde Somalilandia, 11 de enero de 2014.

249 «muchos habían combatido»: «Luchamos contra estos caudillos en 1993 y ahora nos enfrentamos a algunos de ellos de nuevo», Ted Dagne, el principal analista de África para el Servicio de Investigación del Congreso, según lo citado por Wax y DeYoung, *Washington Post*, id. en 47.

249 «me ofrecieron dinero»: Scahill, Jeremy, «Blowback in Somalia», *Nation*, 7 de septiembre de 2011, https://www.thenation.com/article/blowback-somalia.

249 «supuestos terroristas islámicos»: Scahill, Jeremy, «Blowback in Somalia», *Nation*, 7 de septiembre de 2011, https://www.thenation.com/article/blowback-somalia.

249 «detenciones y asesinatos»: Wax, Emily y DeYoung, Karen, «U.S. Secretly Backing Warlords in Somalia», *Washington Post*, 17 de mayo de 2016, www.washidyn/content/article/2006/05/16/AR2006051601625.html.

250 «Están a la espera»: Scahill, Jeremy, «Blowback in Somalia», *Nation*, 7 de septiembre de 2011, https://www.thenation.com/article/blowback-somalia.

250 «se preguntó en voz alta»: Telegrama diplomático de EE. UU. 06NAIROBI1484, del embajador William M. Bellamy, Embajada de EE. UU. en Nairobi, «Ambassador to Yus Terror Not Directed at TFG», 4 de abril de 2006, publicado por WikiLeaks, http://wikileaks.org/cable/2006/04/06NAIROBI1484.html.

250 «Para ser sincera»: Entrevista del autor con Jendayi Frazer, 12 de enero de 2014.

250 «objetivos de gran valor»: Telegrama diplomático de EE. UU. 06NAIROBI2425 del embajador William M. Bellamy, Embajada de EE. UU. en Nairobi, «Somalia: A Strategy for Engagement» 2 de junio de 2006, publicado por WikiLeaks, http://wikileaks.org/ cable/ 2006/ 06/ 06NAIROBI2425.html.

251 «lo destinaron enseguida a Chad»: Graham, Bradley y DeYoung, Karen, «Official Critical of Somalia Policy is Transferred», *Washington Post*, 31 de mayo de 2006, www.washingtonpost.com/wp-dyn/content/article/2006/05/30/AR2006053001203.html.

252 «no había problema»: Entrevista del autor con Tekeda Alemu, 10 de marzo de 2017.

252 «lo enviaron»: Oloya, Opiyo, *Black Hawks Rising: The Story of AMISOM's Successful War against Somali Insurgents, 2007-2014*, Londres: Helion, 2016, loc. 1175. Kindle.

253 «despliegue de tropas de la Autoridad Intergubernamental para el Desarrollo»: Oloya, Opiyo, *Black Hawks Rising: The Story of AMISOM's Successful War against Somali Insurgents, 2007-2014*, Londres: 1175. Kindle.

253 «circo de tercera fila»: Entrevista del autor con el coronel Richard Orth, 2 de marzo de 2017.

253 «la agencia dirigía»: Entrevista del autor con el coronel Richard Orth, 2 de marzo de 2017.

254 «como se comportan las superpotencias»: Entrevista del autor con Tekeda Alemu, 10 de marzo de 2017.

254 «acaparamiento del poder»: Panapress, «U.S. Opposes Somalia Troops Deployment, Threatens Veto», *Panapress*, 17 de marzo de 2005, http://www.panapress.com/.

254 «combates brutales»: Mazzetti, Mark, «U.S. Signals Backing for Ethiopian Incursion Into Somalia», *New York Times*. 27 de diciembre de 2006.

254 «incontrolables»: Entrevista del autor con Tekeda Alemu, 10 de marzo de 2017.

254 «principal donante»: Staats, Sarah Jane, «What Next for U.S. Aid in Ethiopia», Centro para el Desarrollo Global, 27 de agosto de 2012, http://www.cgdev.org/blog/what-next-us-aid-ethiopia.

255 «más poderoso en la región»: «Ethiopia has the most powerful military in the region, trained by American advisors and funded by American aid Ethiopian Warplanes Attack Somalia», *New York Times*, 25 de diciembre de 2006, www.nytimes.com/2006/12/24/world/africa/24cnd-somalia.html.

255 «Teniendo en cuenta el caos»: Entrevista del autor con el general Michael Hayden, en persona en sus oficinas en Washington, 17 de mayo de 2017.

255 «desmantelamiento de la Unión Islámica»: Entrevista del autor con Simiyu Werunga, realizada en Nairobi, 14 de diciembre de 2013.

255 «en prisiones etíopes secretas»: Mitchell, Anthony, «U.S. Agents Visit Ethiopian Secret Jails», *Washington Post*, 3 de abril de 2007, www.washingtonpost.com/wp-dyn/content/article/2007/04/03/AR2007040301042_pf.html.

255 «violaciones de los derechos humanos»: Gettleman, Jeffrey, «Ethiopian Warplanes Attack Somalia», *New York Times*, 25 de diciembre de 2006, www.nytimes.com/2006/12/24/world/africa/24cnd-somalia.html.

255 «Cualquier acción etíope»: Nota de Azouz Ennifar, Representante Especial Adjunto para la misión en Etiopía y Eritrea, «Meeting with Secretary of State for African Affairs», 26 de junio de 2006, publicado por WikiLeaks, http://wikileaks.org/wiki/US_encouraged_Ethiopian_invasion_of_Somalia:_UN_meeting_memo_with_Jenday_Frazer,_Secretary_of_State_for_African_Affairs,_2006.

256 «consejeros y sus ayudantes»: Jelinek, Pauline, «U.S. Special Forces in Somalia», Associated Press, 10 de enero de 2007, http://www.washingtonpost.com/dyn/content/article/2007/01/10/AR2007011000438.html.

256 «propia aviación»: Vries, Lloyd, «U.S. Strikes in Somalia Reportedly Kill 31», CBS/AP, 8 de enero de 2007, http://www.cbsnews.com/news/us-strikes-i kill-31/.

256 «y dáselo»: Entrevista del autor con un ex alto responsable de Defensa, 2 de marzo de 2017.

256 «Lo de Somalia fue la caña»: Nota clasificada, 7 de enero de 2007, publicado por WikiLeaks, http://wikileaks.org/cable/2007/01/07ABUDHABI145.html.

256 «Protestas contras las fuerzas etíopes recién instauradas»: Scahill, Jeremy, Dirty Wars: The World Is a Battlefield, NuevaYork: Nation Books, 2013, p. 208. Kindle.

256 «una yihad legítima»: Entrevista del autor con Matthew Bryden, 11 de enero de 2014.

256 «la invasión fue de ayuda»: Entrevista del autor con Jendayi Frazer, 12 de enero de 2014.

256 «eran la línea dura»: Entrevista del autor con Matthew Bryden, 11 de enero de 2014.

257 «a «profanar» Somalia»: Comentarios de Ahmed Iman Ali, disponibles en http://www.metacafe.com/watch/7950113/al_kataib_media_lecture_by_ahmad_iman_ali_h.

257 «fortaleció su apoyo»: «Al Qaeda saw Somalia as an ideal front line for jihad and began increasing its support for al Shabaab», Scahill, Jeremy, D a Battlefield, Nueva York: Nation Books, 2013, p. 223. Kindle.

257 «Los índices de reclutamiento»: «Paradójicamente, al auge de Al-Shabaab contribuyeron los errores políticos de la comunidad internacional. Quizá la más conocida ocupación etíope, que creó un entorno fértil para el reclutamiento», Hansen, Stig Jarle, Al Shabaab in Somalia: The History and Ideolo Group, 2005-2012, Oxford: Oxford University Press, 2013, p. 49. Kindle.

257 «mayor período de crecimiento»: Entrevista del autor con Matthew Bryden, 11 de enero de 2014.

257 «organización terrorista»: Oficina del Coordinador de la Lucha contra el Terrorismo, designación de al-Shabaab como Organización Terrorista Extranjera, 26 de febrero de 2008, http://www.state.gov/j/ct/rls/other/des/102446.htm.

257 «yihad mundial»: «Al Qaeda's Morale Boost As It Formally Joins With Somalia's Al Shabaab», Telegraph (RU), 10 de febrero de 2012, http://www.telegraph.co.uk/news/worldnews/al-qaeda/9074047/Al-Qaedas-morale-boost-as-it-formally-joins-with-Somalias-al-Shabaab.html.

257 «creó el espacio»: Entrevista del autor con Jendayi Frazer, 12 de enero de 2014.

257 «recordó Frazer»: Terceros han informado también de que se excluyó la presencia de Etiopía de la AMISOM «con la esperanza de impedir la entrada de antietíopes a Al-Shabaab», Hansen, Stig Jarle, Al Shabaab in Somalia: The History and Ideology of a Militant Islamist Group, 2005-2012, Oxford: Oxford 2013, p. 117. Kindle.

257 «envió marines»: Edwards, Jocelyn, «U.S. Steps Up Training for African Force in Somalia», *Chicago Tribune*, 1 de mayo de 2012, http://articles. chicagotribune.com/2012-05-01/news/sns-rt-us-somalia-uganda-usa-bre84011e-20120501_1_shabaab-somalia-siad-barre.

258 «contratistas privados»: «Varias corporaciones militares privadas, en concreto Bancroft, estuvieron implicadas en ello y tenían consejeros en primera línea», Hansen, Stig Jarle, *Al Shabaab in Somalia: The History and Ideology of a Militant Islamist Group, 2005-2012*, Oxford: Oxford University Press, 2013, p. 118. Kindle.

258 «número de niños»: Nichols, Michelle, «Somalia Cases of Killing, Maiming, Abuse of Children Halved: UN», Reuters, 3 de junio 2013, http://www.reuters.com/article/2013/06/03/us-somalia-un-idUSBRE95216420130603.

258 «en manos de al-Shabaab»: Axe, David, «U.S. Weapons Now in Somali Terrorists' Hands», *Wired*, 2 de agosto de 2011, https://www.wired.com/2011/08/u-somali-terrorists-hands.

258 «su capacidad y sus tácticas se han sofisticado»: Entrevista del autor con Matthew Bryden, realizada por teléfono desde Somalilandia, 11 de enero de 2014.

258 «más de veinte»: Roggio, Bill y Weiss, Caleb, «Al-Shabaab Releases Video Showing Deadly Raid on Somali Military Base», *Business Insider*, 13 de noviembre de 2017, www.businessinsider.com/al-shabaab-attack-somali-military-base-video-2017-11?IR=T.

258 «nueva avalancha de bombardeos aéreos»: «U.S. Mounts Air Strike Against al Shabaab Militants in Somalia», Reuters, 15 de noviembre de 2017, https://www.reuters.com/article/us-usa-somalia/u-s-mounts-air-strike-against-al-shabaab-militants-in-somalia-idUSKBN1DF1ZK.

259 «Aspiran a perpetrar»: Entrevista del autor con Anders Folk, 25 de noviembre de 2013.

259 «estaba muy flaco»: Entrevista del autor con Sally y Micheal Evans, 6 de octubre de 2016, en persona en su casa de Wooburn Green, Inglaterra.

260 «Te quiero, mamá»: Entrevista del autor con Sally y Micheal Evans, 6 de octubre de 2016, en persona en su casa de Wooburn Green, Inglaterra.

260 «Esto nunca se borra»: Entrevista del autor con Sally y Micheal Evans, 6 de octubre de 2016, en persona en su casa de Wooburn Green, Inglaterra.

20. La primavera más corta

261 «habían avisado»: «Egypt Police to Break up Sit-in Protests within 24 Hours», Associated Press, 11 de agosto de 2013, http://www.cbc.ca/news/world/egypt-police-to-break-up-sit-in-protests-within-24-hours-1.1372985.

262 «intenté gritar»: Entrevista con Teo Butturini, 17 de enero de 2014.

262 «escondió en una bota»: Entrevista del autor con Teo Butturini, 18 de enero de 2015.

262 «se llevaron custodiados a los manifestantes»: Entrevista con Teo Butturini, 17 de enero de 2014.

262 «Plaza Tiananmen» de Egipto: La comparación ha sido empleada por varios comentaristas, entre ellos Amy Austin Holmes, profesora adjunta de sociología de la Universidad Americana de El Cairo, que se especializa en cuestiones militares y de movilización social en Egipto. Véase Holmes, «Why Egypt's Military Orchestrated A Massacre», *Washington Post*, 22 de agosto de 2014, http://www.washingtonpost.com/blogs/monkey-cage/wp/2014/08/22/why-egypts-military-orchestrated-a-massacre/.

262 «fuerza letal»: «All According to Plan: The Rab'a Massacre and Mass Killings of Protesters in Egypt», Human Rights Watch, agosto de 2014, http://www. hrw.org/sites/default/files/reports/egypt0814web.pdf.

263 «bloquear las salidas»: «The Weeks of Killing, State Violence, Communal Fighting, and Sectarian Attacks in the Summer of 2013», Egyptian Initiative for Personal Rights, junio de 2014, eipr.org/sites/default/files/reports/pdf/weeks_of_killing_en.pdf.

263 «llevaba semanas preocupándonos»: Entrevista del autor con la embajadora Anne Patterson, 12 de mayo de 2016.

263 «borracho de poder»: Khalifa, Sherif, *Egypt's Lost Spring: Causes and Consequences*, Santa Bárbara: Praeger, 2015.

263 «Hablamos»: Entrevista del autor con la embajadora Anne Patterson, 12 de mayo de 2016.

264 «marcó la diferencia»: Entrevista del autor con John Kerry, 21 de noviembre de 2017.

264 «ya nos habíamos dicho todo»: Entrevista del autor con la embajadora Anne Patterson, 12 de mayo de 2016.

264 «ninguna presión»: Entrevista del autor con Hazem Beblawi, oficinas de IMF, Washington, 30 de junio de 2017.

265 «No lamento nada»: Entrevista del autor con Hazem Beblawi, oficinas de IMF, Washington, 30 de junio de 2017.

265 «decisión del gabinete»: Entrevista del autor con Nabil Fahmy en Nueva York, 7 de abril de 2017.

266 «Las transiciones pueden descarrilar»: «In Tunisia, Clinton Cites Promise of Arab Spring», *CBS News*, 24 de septiembre de 2012, https://www.cbsnews.com/news/in-tunisia-clinton-cites-promise-of-arab-spring/.

267 «patrocinio soviético»: Williams, Carol, «Amid U.S.-Egypt Chill, el-Sisi Seeks Military Assistance from Russia», *Los Angeles Times*, 13 de febrero de 2014, http://articles.latimes.com/2014/feb/13/world/la-fg-wn-russia-egypt-sisi-putin-20140213.

267 «conflicto constante»: Moaz, Zeev, *Defending the Holy Land: A Critical Analysis of Israel's Security & Foreign Policy*, Ann Arbor: University of Michigan Press, 2009.

267 «con Israel»: Aloni, Shlomo, *Arab-Israeli Air Wars 1947-1982*, Oxford: Osprey, 2001.

267 «por la tierra»: Oren, Michael, Discurso en el Washington Institute, 2 de julio de 2002, http://www.washingtoninstitute.org/policy-analysis/view/the-six-day-war-and-its-enduring-legacy.

267 «reclamar el Sinaí»: Pace, Eric, «Anwar el-Sadat, the Daring Arab Pioneer of Peace with Israel», *New York Times*, 7 de octubre de 1981, http://www.nytimes.com/learning/general/onthisday/bday/1225.html.

267 «se prolongaron hasta la década de 1970»: Mørk, Hulda Kjeang, «The Jarring Mission» (tesis de maestría, Universidad de Oslo), http://www.duo.uio.no/publ/IAKH/2007/58588/HuldaxMxrkxxMasteropgavexixhistorie.pdf.

267 «la paz era la vía»: Pace, Eric, «Anwar el-Sadat, the Daring Arab Pioneer of Peace with Israel», *New York Times*, 7 de octubre de 1981, http://www.nytimes.com/learning/general/onthisday/bday/1225.html.

267 «presidente Jimmy Carter»: «Walter Mondale, su vicepresidente, se sorprendió por el hecho de que, el primer día de su mandato, Carter anunció que la paz en Oriente Medio era una prioridad. Los asesores más cercanos de Carter le dijeron que debía esperar hasta su segundo mandato para arriesgar su frágil capital

político...», Wright, Lawrence, *Thirteen Days in September: Carter, Begin, and Sadat at Camp David*, Nueva York: Knopf, 2004, p. 6.

267 «Egipto e Israel en Camp David»: Discurso del presidente Carter en el 25° aniversario de los acuerdos, Washington, 16 de septiembre de 2003, https://www.cartercenter.org/news/documents/doc1482.html.

268 «se comprometía a»: Entrevista con Laurence Wright, «"13 Days In September" Examines 1978 Camp David Accords», NPR, 16 de septiembre de 2014, https://www.npr.org/2014/09/16/348903279/-13-days-in-september-examines-1978-camp-david-conference.

268 «financiar Egipto»: Sharp, Jeremy M, «Egypt: Background and U.S. Relations», Servicio de Investigación del Congreso, 5 de junio de 2014, www.fas.org/sgp/crs/mideast/RL33003.pdf.

268 «a 1,3 mil millones»: Sharp, Jeremy M., «Egypt: Background and U.S. Relations», Servicio de Investigación del Congreso, 5 de junio de 2014, www.fas.org/sgp/crs/mideast/RL33003.pdf.

268 «ayuda militar»: Sharp, Jeremy M., «Egypt: Background and U.S. Relations», Servicio de Investigación del Congreso, 5 de junio de 2014, www.fas.org/sgp/crs/mideast/RL33003.pdf.

268 «80 por ciento del armamento de Egipto»: Plumer, Brad, «The U.S. Gives Egypt $1.5 Billion a Year in Aid. Here's What it Does», *Washington Post*, 9 de julio de 2013, http://www.washingtonpost.com/blogs/wonkblog/wp/2013/07/09/the-u-s-gives-egypt-1-5-billion-a-year-in-aid-heres-what-it-does/.

268 «13 500 veces»: Thompson, Mark, «U.S. Military Aid to Egypt: An IV Drip, With Side-Effects», *Time*, 19 de agosto de 2016, www.swampland.time.com/2013/08/19/u-s-military-aid-to-egypt-an-iv-drip-with-side-effects/.

268 «la revolución de propagaba»: «The January 25 Revolution», en *Arab Spring: A Research and Study Guide*, Biblioteca de la Universidad de Cornell, 2010, guides.library.cornell.edu/c.php?g=31688&p=200748%20%20Id.

268 «desde el desempleo masivo»: «The January 25 Revolution», en *Arab Spring: A Research and Study Guide*, Biblioteca de la Universidad de Cornell, 2010, guides.library.cornell.edu/c.php?g=31688&p=200748%20%20Id.

268 «proclamó que el régimen era «estable»»: «Nuestra evaluación es que el gobierno egipcio es estable y está buscando formas de responder a las necesidades e intereses legítimos del pueblo egipcio». Al día siguiente, animó «a todas las partes a ejercer la moderación y contener la violencia»; «Clinton Calls for Calm, Restraint in Egypt», *CBS News*, 26 de enero de 2011, https://www.cbsnews.com/news/clinton-calls-for-calm-restraint-in-egypt/.

269 «debe seguir en funciones»: Fahim, Kareem, Landler, Mark y Shadid, Anthony, «West Backs Gradual Egyptian Transition», *New York Times*, 5 de febrero de 2011, www.nytimes.com/2011/02/06/world/middleeast/06egypt.html?pagewanted=all&_r=0.

269 «la dimisión»: Fahim, Kareem, Landler, Mark y Shadid, Anthony, «West Backs Gradual Egyptian Transition», *New York Times*, 5 de febrero de 2011, www.nytimes.com/2011/02/06/world/middleeast/06egypt.html?pagewanted=all&_r=0.

269 «escaso efecto»: «The January 25 Revolution», en *Arab Spring: A Research and Study Guide*, Biblioteca de la Universidad de Cornell, 2010, guides.library.cornell.edu/c.php?g=31688&p=200748%20%20Id.

269 «primeras elecciones libres»: Childress, Sarah, «The Deep State: How Egypt's Shadow State Won Out», *Frontline*, 17 de septiembre de 2013, http://www.pbs.org/wgbh/pages/frontline/foreign-affairs-defense/egypt-in-crisis/the-deep-state-how-egypts-shadow-state-won-out/.

269 «Sam LaHood»: Monteforte, Filippo, «Egypt Cracks Down on NGOs», *Newsweek*, 6 de febrero de 2012, www.newsweek.com/egypt-cracks- down-ngos-65823.

269 «muy muy perturbador»: Entrevista con la embajadora Anne Patterson, 12 de mayo de 2016.

269 «obtuvo la presidencia»: Carlstom, Greg, «Meet the Candidates: Morsi vs Shafiq», Al-Jazeera, 24 de junio de 2012, www.aljazeera.com/indepth/spotlight/egypt/2012/06/201261482158653237.html.

269 «sanguijuelas»: «Morsi Called Israelis "Descendants of Apes and Pigs"», *Haaretz*, 4 de enero de 2013, https://www.haaretz.com/israel-news/morsi-called-israelis-descendants-of-apes-and-pigs-in-2010-video-1.491979.

270 «severas políticas sociales»: Black, Ian, «Egypt's Muslim Brotherhood Poised to Prosper in Post-Mubarak New Era», *Guardian* (Manchester), https://www.theguardian.com/world/2011/may/19/muslim-brotherhood-poised-prosper-egypt.

270 «enfrentarse a protestas callejeras»: Black, Ian, «Egypt's Muslim Brotherhood Poised to Prosper in Post-Mubarak New Era», *Guardian* (Manchester), https://www.theguardian.com/world/2011/may/19/muslim-brotherhood-poised-prosper-egypt.

270 «mucho más brutal»: Entrevista con la embajadora Anne Patterson, 12 de mayo de 2016.

270 «al menos 2 500 civiles»: Hamid, Shadi, «Rethinking the U.S.-Egypt Relationship: How Repression is Undermining Egyptian Stability and What the United States Can Do», Brookings, 3 de noviembre de 2015, https://www.brookings.edu/testimonies/rethinking-the-u-s-egypt- relationship-how-repression-is-undermining-egyptian-stability-and-what-the-united-states-can-do/.

270 «egipcios estaban «desaparecidos»»: Hamid, Shadi, «Rethinking the U.S.-Egypt Relationship: How Repression is Undermining Egyptian Stability and What the United States Can Do», Brookings, 3 de noviembre de 2015, https://www.brookings.edu/testimonies/rethinking-the-u-s-egypt-relationship-how-repression-is-undermining-egyptian-stability-and-what-the-united-states-can-do/.

270 «escala sin precedentes»: Hamid, Shadi, «Rethinking the U.S.-Egypt Relationship: How Repression is Undermining Egyptian Stability and What the United States Can Do», Brookings, 3 de noviembre de 2015, https://www.brookings.edu/testimonies/rethinking-the-u-s-egypt-relationship-how-repression-is-undermining-egyptian-stability-and-what-the-united-states-can-do/.

271 «amenazados»: Hamid, Shadi, «Rethinking the U.S.-Egypt Relationship: How Repression is Undermining Egyptian Stability and What the United States Can Do», Brookings, 3 de noviembre de 2015, https://www.brookings.edu/testimonies/rethinking-the-u-s-egypt-relationship-how-repression-is-undermining-egyptian-stability-and-what-the-united-states-can-do/.

271 «ya habían muerto»: Hamid, Shadi, «Rethinking the U.S.-Egypt Relationship: How Repression is Undermining Egyptian Stability and What the United States Can Do», Brookings, 3 de noviembre de 2015, https://www.brookings.edu/testimonies/rethinking-the-u-s-egypt-relationship-how-repression-is-undermining-egyptian-stability-and-what-the-united-states-can-do/.

271 «fuera de la zona de guerra»: Entrevista del autor con Frank Lowenstein, 5 de agosto de 2016.

271 «receta para radicalizar»: Entrevista telefónica del autor con Tony Blinken, 12 de mayo de 2016.

271 «cláusula del golpe de Estado»: Oficina del senador Patrick Leahy, Disposiciones

relativas a la situación de Egipto en la Ley de Asignaciones del Departamento de Estado y de Operaciones Extranjeras del año fiscal 12, 3 de julio de 2013, http://www.leahy.senate.gov/press/provisions-relevant-to-the-situation-in-egypt-in-the-fy12-state-department-and-foreign-operations-appropriations-law_.

271 «debidamente elegido»: Hughes, Dana y Hunter, Molly, «President Morsi Ousted: First Democratically Elected Leader Under House Arrest», *ABC News*, 3 de julio de 2013, http://abcnews.go.com/International/president-morsi-ousted-democratically-elected-leader-house-arrest/story? id=19568447.

272 «complicadas contorsiones»: Hudson, John, «Obama Administration Won't Call Egypt's Coup a Coup», *Foreign Policy*, 8 de julio de 2013, foreignpolicy.com/2013/07/08/obama-administration-wont-call-egypts-coup-a-coup.

272 «golpe de Estado no sería llamado así»: Ackerman, Spencer y Black, Ian, «U.S. Trims Aid to Egypt as Part of Diplomatic "Recalibration"», *Guardian* (Manchester), 9 de octubre de 2013, http://www.theguardian.com/world/2013/oct/09/obama-cuts-military-aid-egypt.

272 «reanudó el suministro»: Broder, Jonathan, «The Winter of Egypt's Dissent», *Newsweek*, 6 de enero de 2015, http://www.newsweek.com/2015/01/16/winter-egypts-dissent-296918.html.

272 «escalada de represión»: Después de demostrar sobradamente que fueron juicios falsos, los condenaron a siete años de prisión a cada uno. Uno de ellos, un reportero egipcio-canadiense llamado Mohammed Fahmy, fue condenado a tres años más por recoger un casquillo de bala usado después de una protesta.

272 «congeló secreta y temporalmente»: Gordon, Michel R, y Landler, Mark, «In Crackdown Response, U.S. Temporarily Freezes Some Military Aid to Egypt», *New York Times*, 9 de octubre de 2013, disponible en http://www.nytimes.com/2013/10/10/world/middleeast/obama-military-aid-to-egypt.html?pagewanted=all&_r=0.

272 «lo del Sinaí»: Entrevista con la embajadora Anne Patterson, 12 de mayo de 2016.

273 «ya estaba comprometida»: Entrevista del autor con Sarah Leah Whitson, 17 de marzo de 2017.

273 «flujo de fondos»: Entrevista con la embajadora Anne Patterson, 12 de mayo de 2016.

272 auditoría: Asher-Schapiro, Avi, «The U.S. Isn't Making Sure Its Military Aid to Egypt Stays Out of the Wrong Hands», *Vice News*, 17 de mayo de 2016, https://news.vice.com/article/the-us-isnt-making-sure-its-military-aid-to-egypt-stays-out-of-the-wrong-hands.

273 «miles de millones de dólares»: Entrevista del autor con el congresista Adam Schiff, 20 de enero de 2015.

273 «Arabia Saudí»: «Egypt Signs $350 mln in Oil, Power Financing Deals with Saudi», Reuters, 1 de noviembre de 2014, https://www.reuters.com/article/idUSL5N0SR0H520141101.

273 «paquetes de ayudas cada vez mayores»: «Russia, Egypt Seal Preliminary Arms Deal Worth $3.5 Billion: Agency», Reuters, 17 de septiembre de 2014, http://www.reuters.com/article/2014/09/17/us-russia-egypt-arms-idUSKBN0HC19T20140917.

274 «Tenemos influencia, eso está claro»: Entrevista del autor con John Kerry, 21 de noviembre de 2017.

274 «la última baza»: Entrevista del autor con Frank Lowenstein, 5 de agosto de 2016.

274 «despiadado es una buena palabra»: Entrevista del autor con el general Michael Hayden, en persona en sus oficinas en Washington, 17 de mayo de 2017.

275 «fueron básicamente las mismas»: Entrevista del autor con Samantha Power, 10 de julio de 2017.

275 «dinero a Túnez»: Entrevista del autor con Samantha Power, 10 de julio de 2017.

275 «dos presidentes hablándose el uno al otro»: Entrevista del autor con Nabil Fahmy en la ciudad de Nueva York, 7 de abril de 2017.

276 «Nos están disparando»: Entrevista del autor con Teo Butturini, 17 de enero de 2014.

21. Medianoche en el rancho

280 «No ayudan a nadie»: Entrevista del autor con Freddy Torres, 4 de noviembre de 2016.

280 «Al final, sus sospechas se confirmaron»: «IIR: Cashiered Colonel Talks Freely About the Army He Left Behind (Laser Strike)», Information Report 178798311, El Departamento de Defensa al Director de Inteligencia, Washington, nsarchive2.gwu.edu//NSAEBB/NSAEBB266/19971224.pdf.

281 «más de 3000»: «On Their Watch: Evidence of Senior Army Officers' Responsibility for False Positive Killings in Colombia», Human Rights Watch, 24 de junio de 2015, https://www.hrw.org/report/2015/06/24/their-watch/evidence-senior-army-officers-responsibility-false- positive-killings.

281 «Directiva #29»: «False Positives», Colombia Reports, 14 de marzo de 2017, https://colombiareports.com/false-positives/.

281 «no había pruebas que indicaran»: Declaración del profesor Philip Alston, Relator Especial de las Naciones Unidas sobre la Misión de las Ejecuciones Extrajudiciales en Colombia, 8-18 de junio de 2009», Oficina del Alto Comisionado de las Naciones Unidas para los Derechos Humanos, 18 de junio de 2009, http://newsarchive.ohchr.org/EN/NewsEvents/Pages/DisplayNews.aspx?NewsID=9219&LangID=E.

281 «los investigadores descubrieron»: «False Positives», Colombia Reports, 14 de marzo de 2017, https://colombiareports.com/false-positives/.

282 «Instituto de Cooperación para la Seguridad Hemisférica»: «The Rise and Fall of "False Positive" Killings in Colombia: The Role of U.S. Military Assistance, 2000-2010», Beca de Reconciliación y Observatorio de Derechos Humanos Colombia-Europa-Estados Unidos, mayo de 2014, http://archives.forusa.org/sites/default/files/uploads/false-positives-2014-colombia-report.pdf.

282 «Jaime Lasprilla»: «The Rise and Fall of "False Positive" Killings in Colombia: The Role of U.S. Military Assistance, 2000-2010», Beca de Reconciliación y Observatorio de Derechos Humanos Colombia-Europa-Estados Unidos, mayo de 2014, http://archives.forusa.org/sites/default/files/uploads/false-positives-2014-colombia-report.pdf.

282 «actividad antiguerrillera agresiva»: «Unclassified Cable 200202961», de la Embajada Americana en Bogotá al Secretario de Estado, Washington, http://nsarchive2.gwu.edu//NSAEBB/NSAEBB266/19941021.pdf.

282 «pasado de asesinatos»: «Colombian Counterinsurgency: Steps in the Right Direction», Agencia Central de Inteligencia. Memorando de la Dirección de Inteligencia, Oficina de Análisis de África y América Latina, 26 de enero de 1994, nsarchive2.gwu.edu//NSAEBB/NSAEBB266/19940126.pdf.

282 «cómputo de bajas»: «IIR: Cashiered Colonel Talks Freely About the Army He Left Behind (Laser Strike)», Information Report 178798311. El Departamento de Defensa al Director de Inteligencia, Washington, nsarchive2.gwu.edu//NSAEBB/NSAEBB266/19971224.pdf.

283 «Plan Colombia»: Entrevista del autor con Andrés Pastrana, 29 de septiembre de 2016.

284 «una gran preocupación»: «In U.S., 65% Say Drug Problem "Extremely" or "Very Serious"», encuestas Gallup, 28 de octubre de 2016, news.gallup.com/poll/196826/say-drug-problem-extremely-serious.aspx?g_source=position1&g_medium=related&g_campaign=tiles.

284 «amenazan directamente»: Clinton, Bill, «Remarks at the Council of the Americas 30th Washington Conference», 2 de mayo de 2000, www.presidency.ucsb.edu/ws/?pid=58427.

284 «dos batallas que se han convertido en una»: Entrevista del autor con la embajadora Anne Patterson, 23 de junio 2016.

284 «disposiciones sobre los derechos humanos»: «Clinton Waives Rights Standards», CBS News, 22 de agosto de 2000, https://www.cbsnews.com/news/clinton-waives-rights-standards/.

284 «reservaba 1,3 mil millones de dólares»: Shifter, Michael, «Plan Colombia: A Retrospective», Americas Quarterly, verano de 2012, www.americasquarterly.org/node/3787.

285 «le das piedras»: Dan Gardner, «Losing the Drug War», Ottawa Citizen, 6 de septiembre, citado en Villar, Olivier y Cottel, Drew, Cocaine, Death Squads, and the War on Terror: U.S. Imperialism and Class Struggle in Colombia, Nueva York: Monthly Review Press, 2011.

285 «funciones de contrapropaganda»: US Army Special Warfare School, «Subject: Visit to Colombia, February 26, 1962» Declassified Documents Reference Series (Arlington, VA: Carrollton Press, 1976), citado en Villar, Olivier y Cottel, Drew, Cocaine, Death Squads, and the War on Terror: U.S. Imperialism and Class Struggle in Colombia, Nueva York: Monthly Review Press, 2011.

285 «estrategia «corazones y espíritus»»: «The History of the Military-Paramilitary Partnership», Human Rights Watch, 1996, https://www.hrw.org/reports/1996/killer2.htm.

286 «organizar a los ciudadanos comunes»: Dyer, Chelsey, «50 Years of U.S. Intervention in Colombia», Colombia Reports, 4 de octubre de 2013, https://colombiareports.com/50-years-us-intervention-colombia/.

286 «unidades de autodefensa»: Manual de campo de 1963 sobre las fuerzas de contrainsurgencia del ejército de EE.UU. (FM 31-22), 82-84, citado en Villar, Olivier y Cottel, Drew, Cocaine, Death Squads, and the War on Terror: U.S. Imperialism and Class Struggle in Colombia, Nueva York: Monthly Review Press, 2011.

286 «cursos»: Michael McClintock, «Instruments of Statecraft: U.S. Guerrilla Warfare, Counterinsurgency, and Counterterrorism», 1992, citado en Villar, Olivier y Cottel, Drew, Cocaine, Death Squads, and the War on Terror: U.S. Imperialism and Class Struggle in Colombia, Nueva York: Monthly Review Press, 2011.

286 «reconocieron la contradicción moral»: Villar, Olivier y Cottel, Drew, Cocaine, Death Squads, and the War on Terror: U.S. Imperialism and Class Struggle in Colombia, Nueva York: Monthly Review Press, 2011.

287 «la sangre y la acumulación de capital»: Villar, Olivier y Cottel, Drew, Cocaine, Death Squads, and the War on Terror: U.S. Imperialism and Class Struggle in Colombia, Nueva York: Monthly Review Press, 2011.

287 «primer mandato de Reagan»: Villar, Olivier y Cottel, Drew, Cocaine, Death Squads, and the War on Terror: U.S. Imperialism and Class Struggle in Colombia, Nueva York: Monthly Review Press, 2011.

287 «las FARC habían multiplicado»: Molano, Alfredo, «The Evolution of the FARC: A Guerrilla Group's Long History», NACLA, https://nacla.org/article/evolution-farc-guerrilla-groups-long-history.

288 «Los paramilitares estaban en todas partes»: «United Self-Defense Forces of Colombia», Stanford University, 28 de agosto de 2015, web.stanford.edu/group/mappingmilitants/cgi-bin/groups/view/85.

288 «eran brutales»: «United Self-Defense Forces of Colombia», Stanford University, 28 de agosto de 2015, web.stanford.edu/group/mappingmilitants/cgi-bin/groups/view/85.

288 «narcoguerrillas»: Villar, Olivier y Cottel, Drew, *Cocaine, Death Squads, and the War on Terror: U.S. Imperialism and Class Struggle in Colombia*, Nueva York: Monthly Review Press, 2011.

288 «informantes»: Smyth, Frank, «Still Seeing Red: The C.I.A. Fosters Death Squads in Colombia», *Progressive*, 3 de junio 1998, www.franksmyth.com/the-progressive/still-seeing-red-the-cia-fosters-death-squads-in-colombia/.

289 «La tasa de homicidios»: Shifter, Michael, «Plan Colombia: A Retrospective», *Americas Quarterly*, verano de 2012, www.americasquarterly.org/node/3787.

289 «embolsaron millones»: Marcella, Gabriel *et al.*, «Plan Colombia: Some Differing Perspectives», junio de 2001, www.dtic.mil/dtic/tr/fulltext/u2/a392198.pdf.

289 «no se atrevía a entrar»: Shifter, Michael, «Plan Colombia: A Retrospective», *Americas Quarterly*, verano de 2012, www.americasquarterly.org/node/3787.

289 «Más de 700 000 colombianos»: Shifter, Michael, «Plan Colombia: A Retrospective», *Americas Quarterly*, verano de 2012, www.americasquarterly.org/node/3787.

289 «descuartizar a sus víctimas»: Wilkinson, Daniel, «Death and Drugs in Colombia», Human Rights Watch, 2 de junio de 2011, publicado en *New York Review of Books*, https://www.hrw.org/news/2011/06/02/death-and-drugs-colombia.

289 «situación execrable»: Entrevista del autor con el general Barry McCaffrey, 22 de junio de 2016.

289 «protesta a escala nacional»: «Revolutionary Armed Forces of Colombia-People's Army», Stanford University, 15 de agosto de 2015, web.stanford.edu/group/mappingmilitants/cgi-bin/groups/view/89.

290 «intentar conseguir la paz»: Entrevista del autor con el presidente Andrés Pastrana y el jefe de personal Jaime Ruiz, 29 de septiembre de 2016.

290 «asesinatos políticos de la izquierda»: Villar, Olivier y Cottel, Drew, *Cocaine, Death Squads, and the War on Terror: U.S. Imperialism and Class Struggle in Colombia*, Nueva York: Monthly Review Press, 2011.

290 «bombas inteligentes de fabricación americana»: Priest, Dana, «Covert Action in Colombia», *Washington Post*, 21 de diciembre de 2013, www.washingtonpost.com/sf/investigative/2013/12/21/covert-action-in-colombia/?utm_term=.3c65ec066eb6.

290 «terrorismo de Estado secreto»: «Colombia: San Vicente del Caguan After the Breakdown of the Peace Talks» y Villar, Olivier y Cottel, Drew, *Cocaine, Death Squads, and the War on Terror: U.S. Imperialism and Class Struggle in Colombia*, Nueva York: Monthly Review Press, 2011.

291 ««encarcelados» en granjas»: Wilkinson, Daniel, «Death and Drugs in Colombia», Human Rights Watch, 2 de junio de 2011, publicado en *New York Review of Books*, https://www.hrw.org/news/2011/06/02/death-and-drugs-colombia.

291 «una paparrucha»: Entrevista del autor con el general Barry McCaffrey, 22 de junio de 2016.

401

292 «Los asesinatos se atajaron a casi la mitad»: Shifter, Michael, «Plan Colombia: A Retrospective», *Americas Quarterly*, verano de 2012, www.americasquarterly. org/node/3787.

292 «conversaciones de paz»: «Colombia», Freedom House, 2007, https://freedomhouse.org/report/freedom-world/2007/colombia.

292 «Intentamos que el Congreso firmara un Acuerdo de Libre Comercio con Colombia»: Entrevista del autor con Condoleezza Rice, 3 de agosto de 2017.

293 «intervención política más exitosa» Entrevista del autor con General Barry McCaffrey, 22 de junio de 2016.

TERCERA PARTE. *Presente en la destrucción*
22. *El estado del secretario*

298 «paisajes del Oeste americano»: Sanger, David, Harris, Gardiner, Landler, Mark, «Where Trump Zigs, Tillerson Zags, Putting Him at Odds with White House», *New York Times*, 25 de junio de 2017, https://www.nytimes.com/2017/06/25/world/americas/rex-tillerson-american- diplomacy.html?_r=1.

298 «Rex Allen y John Wayne»: Filkins, Dexter, «Rex Tillerson at the Breaking Point», *New Yorker*, 16 de octubre de 2017, https://www.newyorker.com/magazine/2017/10/16/rex-tillerson-at-the-breaking-point.

298 «conducía una camioneta que vendía pan»: Filkins, Dexter, «Rex Tillerson at the Breaking Point», *New Yorker*, 16 de octubre de 2017, https://www.newyorker.com/magazine/2017/10/16/rex-tillerson-at-the-breaking-point.

299 «se conoció en los Boy Scouts»: Osborne, James, «Exxon Mobil CEO Rex Tillerson Is an Eagle Scout to the Core», *Dallas Morning News*, 6 de septiembre de 2014.

299 «una fortuna personal»: Filkins, Dexter, «Rex Tillerson at the Breaking Point», *New Yorker*, 16 de octubre de 2017, https://www.newyorker.com/magazine/2017/10/16/rex-tillerson-at-the-breaking-point.

299 «Yo no quería este trabajo»: McPike, Erin, «Trump's Diplomat», *Independent Journal Review*, 21 de marzo de 2017, https://ijr.com/2017/03/814687-trumps-diplomat/.

299: «interesante»: Entrevista del autor con Rex Tillerson, 4 de enero de 2018.

299 «Soy el nuevo»: «Welcome Remarks to Employees», secretario de Estado Rex Tillerson, Washington, 2 de febrero de 2017, https://www.state.gov/secretary/remarks/2017/02/267401.htm.

300 «El ambiente era bueno»: Entrevista del autor con Erin Clancy en Los Ángeles, 1 de junio de 2017.

300 «Esto sí que es una opción diferente»: Entrevista del autor con una Fuente cercana a la Casa Blanca, 23 de enero de 2018.

300 «A la prensa tienes que subírtela al avión»: Entrevista del autor con el asociado de Condoleezza Rice, 23 de enero de 2018. Véase asimismo Stelter, Brian, «Journalists outraged by Tillerson's plan to travel without press», *CNN*, 10 de marzo de 2017, http://money.cnn.com/2017/03/10/media/rex-tillerson-state-department-no-press/index.html.

300 «No puedo valorar qué está pasando dentro»: Entrevista del autor con Condoleezza Rice, 3 de agosto de 2017.

300 «Yo no voy a la mía»: Entrevista del autor con Rex Tillerson, 4 de enero de 2018.

301 «como el del Washington Post»: Gearan, Anne y Morello, Carol, «Secretary of State Rex Tillerson spends his first weeks isolated from an anxious bureau-

cracy», *Washington Post*, 30 de marzo de 2017, https://www.washingtonpost. com/world/national-security/secretary-of-state-rex-tillerson-spends-his-first-weeks-isolated-from-an-anxious-bureaucracy/2017/03/30/bdf8ec86-155f-11e7-ada0- 1489b735b3a3_story.html?utm_term=.0ea61ef83e7d.

301 «cumplir semejante norma»: Entrevista del autor con miembro del equipo de seguridad del secretario Tillerson, 20 de julio de 2017.

301 «cuello de botella»: Johnson, Eliana y Crowley, Michael, «The Bottleneck in Rex Tillerson's State Department», *Politico*, 4 de junio de 2017, www.politico. com/story/2017/06/04/rex-tillerson-state-department-bottleneck-239107.

301 «Sé leer un mapa»: Entrevista del autor con un responsable anónimo del Servicio Exterior, 25 de junio de 2017.

301 «tres filas del auditorio: «Welcome Remarks to Employees», secretario de Estado Rex Tillerson, Washington, 2 de febrero de 2017, https://www.state. gov/secretary/remarks/2017/02/267401.htm; «Remarks to U.S. Department of State Employees», secretario de Estado Rex Tillerson, Dean Acheson Auditorium, Washington, 3 de mayo de 2017, https://www.state.gov/secretary/ remarks/2017/05/270620.htm; anécdota sobre la reacción del público a la entrevista del autor con un responsable del Servicio Exterior, 26 de junio de 2017.

301 «La cuestión es que el señor Tillerson no es consciente»: Entrevista del autor con Colin Powell en Washington, 29 de junio de 2017.

302 «mucho de ombliguismo interno»: Entrevista del autor con un responsable anónimo del Servicio Exterior, 28 de julio de 2017.

302 «se negó a responder a más de tres»: Entrevista del autor con un responsable anónimo del Servicio de Exterior, 28 de julio de 2017.

302 «Acabábamos de bombardear Siria»: Entrevista del autor con un responsable del Servicio Exterior, 28 de julio de 2017.

303 «el máximo es de dos páginas»: Entrevista del autor con un diplomático de carrera anónimo del Servicio Exterior, 25 de junio de 2017.

303 «Cuarenta años en Exxon»: Entrevista del autor con una fuente cercana a la Casa Blanca, 23 de enero de 2018.

303 «rumores de su destitución»: Parker, Ashley *et al.*, «White House readies plan to replace Tillerson with Pompeo at State, install Cotton at CIA», *Washington Post*, 30 de noviembre de 2017, https://www.washingtonpost.com/news/post-politics/wp/2017/11/30/white-house-readies-plan-to-replace-tillerson-with-pompeo-install-cotton-at-cia/?utm_term=.5f455d49d416.

304 «prácticamente al mismo tiempo»: Schwirtz, Michael, «US Accuses Syria of New Chemical Weapons Use», *New York Times*, 23 de enero de 2018, https:// www.nytimes.com/2018/01/23/world/middleeast/syria-chemical-weapons-ghouta.html.

304 «menospreciando en público»: Entrevista del autor con un ayudante de Tillerson, 24 de enero de 2017.

304 «Nunca había visto nada igual a cómo la trató»: Entrevista del autor con una fuente cercana a la Casa Blanca, 23 de enero de 2018.

304 «una persona muy atenta, decente y de fuertes principios»: Entrevista del autor con Steven Goldstein, 24 de enero de 2018.

304 «La única persona por la que debo preocuparme»: Entrevista del autor con Rex Tillerson, 4 de enero de 2018.

305 «No puedes ir de macho alfa arrogante»: Entrevista del autor con una fuente cercana a la Casa Blanca, 23 de enero de 2018.

305 «no nos conocíamos en absoluto»: Entrevista del autor con Rex Tillerson, 4 de enero de 2018.

306 «restableciendo algunos de los fondos humanitarios»: Rogin, Josh, «Tillerson prevails over Haley on Palestinian funding», *Post and Courier*, 16 de enero de 2018, https://www.postandcourier.com/opinion/commentary/tillerson-pre-vails-over-haley-on-palestinian-funding/article_2b1b2972-fafd-11e7-81e6-7f2974b7274f.html.

306 «no era solo Jared»: Entrevista del autor con una fuente cercana a la Casa Blanca, 23 de enero de 2018.

306 «una conversación directa»: Entrevista del autor con un ayudante de Tillerson, 22 de diciembre de 2017.

307 «No hay razón para sentirse frustrado»: Entrevista del autor con Rex Tillerson, 4 de enero de 2018.

307 «la nuestra se construye en torno a nuevos métodos»: Entrevista del autor con Brian Hook, 13 de diciembre de 2017.

307 «Kushner, según fuentes de la Casa Blanca»: Labott, Elise y Borger, Gloria, «Kushner's foreign policy gamble fuels Tillerson feud», CNN, 4 de diciembre de 2017, http://www.cnn.com/2017/12/04/politics/jared-kushner-rex-tiller-son-middle-east/index.html.

308 «Powell recordó un tira y afloja similar»: Entrevista del autor con Colin Powell en Washington, 29 de junio de 2017.

308 «Puede que le guste»: Entrevista del autor con Colin Powell en Washington, 29 de agosto de 2017.

308 «nuestro nuevo Secretario de Estado»: Tuit de Donald J. Trump, 13 de marzo de 2018, 5:44 h.

308 «no ha hablado con el presidente»: Parker, Ashley *et al.*, «Trump ousts Tiller-son, will replace him as secretary of state with CIA chief Pompeo», *Washington Post*, 13 de marzo de 2018, https://www.washingtonpost.com/poli-tics/trump-ousts-tillerson-will-replace-him-as-secretary-of-state-with-cia-chief-pompeo/2018/03/13/30f34eea-26ba-11e8-b79d-f3d931db7f68_story.html?utm_term=.04ffab6fcaab.

308 «hace buenas preguntas, preguntas difíciles»: Erickson, Amanda, «The one in-terview that explains Mike Pompeo's foreign policy approach», *Washington Post*, 13 de marzo de 2018, https://www.washingtonpost.com/news/world-views/wp/2018/03/13/the-one-interview-that-explains-mike-pompeos-fore-ign-policy-approach/?utm_term=.07fe3e4ee7a4.

308 «siempre en la misma longitud de onda»: Cohen, Zachary y Merica, Dan, «Un-like Tillerson, Trump says Pompeo "always on same wavelength"», CNN, 13 de marzo de 2018, https://www.cnn.com/2018/03/13/politics/mike-pompeo-secretary-of-state-trump/index.html.

23. El mosquito y la espada

310 «Soy un hombre muy metódico, de procedimientos»: Entrevista del autor con Rex Tillerson, 4 de enero de 2018.

310 «Tuve que alejarme»: Entrevista del autor con un responsable anónimo del Servicio de Exterior, 25 de junio de 2017.

310 «Es grotesco»: Entrevista del autor con un responsable anónimo del Servicio de Exterior, 25 de junio de 2017.

310 «Se me ocurren algunas palabras para su campo»: Entrevista del autor con un responsable anónimo del Servicio de Exterior, 28 de junio de 2017.

311 «había salido directamente de la película Trabajo basura» Hudson, John, «This State Department Employee Survey is Straight Out of "Office Space"»,

BuzzFeed News, 4 de mayo de 2017, https://www.buzzfeed.com/johnhudson/leaked-state-department-survey-suggests-diplomacy-work-is-a? utm_term=.wfJm3MEPYL#.gfYwg1GevR.

311 «o se queman»: Schwartz, Felicia, «State Department Workers Vent Grievances Over Trump, Tillerson, Cite Longer-Term Issues», *Wall Street Journal*, 4 de julio de 2017, https://www.wsj.com/articles/state-department-workers-vent-grievances-over-trump-tillerson-cite-longer-term-issues-1499194852.

311 «La gente no habla con optimismo»: Encuesta de Insigniam, 2017, p. 43, filtrado por una fuente anónima del Servicio Exterior.

311 «así como del pueblo americano»: Encuesta de Insigniam, 2017, p. 43, filtrado por una fuente anónima del Servicio Exterior.

312 «El primer presupuesto de la administración: «America First: A Budget Blueprint to Make America Great Again», Oficina de Administración y Presupuesto de la Casa Blanca, 16 de marzo de 2017, https://www.whitehouse.gov/sites/whitehouse.gov/files/omb/budget/fy2018/2018_blueprint.pdf.

312 «La Casa Blanca quería eliminar toda la financiación»: «What We Do», Instituto de Estados Unidos para la Paz, https://www.usip.org/.

312 «Evisceraría los programas de salud»: Konyndyk, Jeremy, «Trump's aid budget is breathtakingly cruel-cuts like these will kill people», *Guardian* (Manchester), 31 de mayo de 2017, https://www.theguardian.com/global-development-professionals-network/2017/may/31/trumps-aid-budget-is-breathtakingly-cruel-cuts-like-these-will-kill-people.

312 «del sellado de pasaportes y de la liberación de rehenes»: Van Schaack, Beth, «Why is Tillerson Shuttering the State Dept.'s Global Justice Bureau?», *Newsweek*, 18 de julio de 2017, www.newsweek.com/why-tillerson-shuttering-state-depts-global-justice-bureau-638246 y Tapper, Jake, «White House Memo Suggests Moving Refugee Bureau from State Department to DHS», *CNN Politics*, 30 de junio de 2017, www.cnn.com/2017/06/28/politics/refugee-bureau-state-department-dhs/index.html.

312 «Por primera vez»: Rogin, Josh, «State Department Considers Scrubbing Democracy Promotion from its Mission», *Washington Post*, 1 de agosto de 2017, https://www.washingtonpost.com/news/josh-rogin/wp/2017/08/01/state-department-considers-scrubbing-democracy-promotion-from-its-mission/?utm_term=.28ffdcf307e7.

312 «suspendemos toda participación en el USAID»: Wadhams, Nick, «Tillerson's State Overhaul Faces Mutiny as USAID Weighs Its Role», *Bloomberg*, 24 de enero de 2017, https://www.bloomberg.com/news/articles/2018-01-24/tillerson-s-overhaul-at-state-in-doubt-as-usaid- suspends-role.

313 *«Esto es una pérdida de tiempo absoluta»:* Harris, Gardiner, «Will Cuts Hurt Diplomacy? Tillerson Tries to Ease Senate's Worries», *New York Times*, 13 de junio 2017, https://www.nytimes.com/2017/06/13/world/rex-tillerson-senate-state-department.html.

313 *«presente en la destrucción»: «Cardin Challenges Tillerson on Administration's State Dept., Foreign Assistance Budget Request», Comité de Relaciones Exteriores del Senado, 13 de junio 2017,* https://www.foreign.senate.gov/press/ranking/release/cardin-challenges-tillerson-on-administrations-state-dept-foreign-assistance-budget-request.

313 «Rechazó un paquete de 80 millones de dólares»: Toosi, Nahal, «Tillerson spurns $80 million to counter ISIS, Russian propaganda», *Politico*, 2 de agosto de 2017, www.politico.com/story/2017/08/02/tillerson-isis-russia-propaganda-241218.

314 *«Las relaciones de Tillerson en el Capitolio se desgastaron»:* Rubin, Jennifer,

405

«Tillerson unites D's and R's-they all ridicule his testimony», *Washington Post*, 15 de junio de 2017, https://www.washingtonpost.com/blogs/right-turn/wp/2017/06/15/tillerson-unites-ds-and-rs-they-all-ridicule-his-testimony/.

314 *«Tillerson no quería el dinero»:* Entrevista del autor con Madeleine Albright, 15 de diciembre de 2017.

314 *«yo no hago así las cosas»:* Entrevista del autor con Rex Tillerson, 4 de enero de 2018.

315 *«relación de costes-eficacia»:* Lockie, Alex, «Mattis Once Said if State Department Funding Gets Cut "Then I Need to Buy More Ammunition"», *Business Insider*, 27 de febrero de 2017, http://www.businessinsider.com/mattis-state-department-funding-need-to-buy-more-ammunition-2017-2.

315 *«posición de fuerza»:* Read, Russ, «Mattis: A Strong Military is Crucial to Effective Diplomacy», *Daily Caller*, 22 de marzo de 2017, http://dailycaller.com/2017/03/22/mattis-a-strong-military-is-crucial-to-effective-diplomacy.

315 «eviscerado el aparato civil de la política extranjera»: «America First: A Budget Blue-print to Make America Great Again», Oficina de Administración y Presupuesto de la Casa Blanca, 16 de marzo de 2017, https://www.whitehouse.gov/sites/whitehouse.gov/files/omb/budget/fy2018/2018_blueprint.pdf.

315 «Más de 1300 diplomáticos iban a recibir una carta de despido»: Harris, Gardiner, «State Department to Offer Buyouts in Effort to Cut Staff», *New York Times*, 10 de noviembre de 2017, https://www.nytimes.com/2017/11/10/us/politics/state-department-buyouts.html.

315 «Levantó tal indignación»: Harris, Gardiner, «State Dept. Restores Job Offers to Students After Diplomat Outcry», *New York Times*, 30 de junio de 2017, https://www.nytimes.com/2017/06/30/us/politics/state-department-students-foreign-service.html.

315 «suspendió bruscamente su participación»: Hellman, Joel, «SFS Voices Concern for Suspension of Current Pickering, Rangel Fellows», Universidad de Georgetown, 21 de junio de 2017, https://sfs.georgetown.edu/sfs-voices-concern-suspension-current-pickering-rangel-fellows/ y «State Department Withdraws from Top Recruitment Program, Sowing Confusion», *Foreign Policy*, 28 de julio de 2017, http://foreignpolicy.com/2017/07/28/state-department-withdraws-from-top-recruitment-program-sowing-confusion/.

315 «la tasa más baja de interés»: Lippman, Daniel y Toosi, Nahal, «Interest in U.S. diplomatic corps tumbles in early months of Trump», *Politico*, 12 de agosto de 2017, http://www.politico.com/story/2017/08/12/trump-state-department-foreign-service-interest-plummets-241551.

315 *«cuando vemos escrito en la pared»:* Entrevista del autor con John Kerry, 21 de noviembre de 2017.

316 *«No fueron fáciles»:* Entrevista del autor con Rex Tillerson, 4 de enero de 2018.

316 «El puesto permanecería vacante»: Dawsey, Josh, Eliana Johnson y Alex Isenstadt, «Tillerson Blows Up at Top White House Aide», *Politico*, 28 de junio de 2017, www.politico.com/story/2017/06/28/tillerson-blows-up-at-white-house-aide-240075.

316 *«Nuestra carencia de personal es tal»:* Entrevista del autor con un ayudante anónimo del Departamento de Estado, 5 de julio de 2017.

317 *«tamaño inimaginable»:* Holbrooke, Richard, «The Machine That Fails», *Foreign Policy*, 14 de diciembre de 2010, foreignpolicy.com/2010/12/14/the-machine-that-fails/.

317 *«exceso de capas administrativas»:* Entrevista del autor con James Baker, 22 de enero de 2018.

317 «*de pe a pa»:* Entrevista del autor con un ayudante anónimo del Departamento de Estado, 5 de julio de 2017.

318 «*Creo que es un recorte radical»:* Entrevista del autor con George P. Shultz, 19 de enero de 2018.

318 «*una idea especialmente pésima»* Entrevista del autor con Condoleezza Rice, 3 de agosto de 2017.

318 «*daño incalculable»:* Entrevista del autor con Madeleine Albright, 15 de diciembre de 2017.

319 «*descabellado»:* Entrevista del autor con Hillary Clinton, 20 de noviembre de 2017.

319 «Esta «puede usarla»»: Entrevista del autor con Colin Powell en Washington, 29 de junio de 2017.

319 «*El coste es enorme»:* Entrevista del autor con John Kerry, 21 de noviembre de 2017.

319 «*una espada para matar un mosquito»:* Entrevista del autor con Chris LaVine, 25 de junio de 2017.

24. La debacle

320 «*¿Por qué tendría que certificar?»:* Gearan, Anne, «"He threw a fit": Trump's anger over Iran deal forced aides to scramble for a compromise», *Washington Post*, 11 de octubre de 2017, https://www.washingtonpost.com/politics/he-threw-a-fit-trumps-anger-over-iran-deal-forced-aides-to-scramble-for-a-compromise/2017/10/11/6218174c-ae94-11e7-9e58-e6288544af98_story.html?utm_term=.0c4e86e19d9b.

321 «lo sortearía»: Winter, Jana, Gramer, Robbie y de Luce, Dan, «Trump Assigns White House Team to Target Iran Nuclear Deal, Sidelining State Department», *Foreign Policy*, 21 de julio de 2017, foreignpolicy.com/2017/07/21/trump-assigns-white-house-team-to-target-iran-nuclear-deal-sidelining-state-department/.

321 «*desmantelar el desastroso acuerdo»:* «*Full Speech of Donald Trump's Speech to AIPAC»*, *Times of Israel*, 22 de marzo de 2016, www.timesofisrael.com/donald-trumps-full-speech-to-aipac/.

321 «*tonto del culo»:* Diamond, Jeremy, «Trump Suggests U.S. "Dumb Son of a Bitch" on Iran Deal», *CNN Politics*, 17 de diciembre de 2015, www.cnn.com/2015/12/16/politics/donald-trump-iran-deal-rally-arizona/index.html.

321 «*revisar ese acuerdo catastrófico»:* Nakamura, David y Viebeck, Elise, «Trump Chooses Sen. Jeff Session for Attorney General, Rep. Mike Pompeo for C.I.A. Director», *Washington Post*, 18 de noviembre de 2016, https://www.washingtonpost.com/politics/trump-chooses-sen-jeff-sessions-for-attorney-general-rep-mike-pompeo-for-cia-director-transition-sources-say/2016/11/18/a0c170ae-ad8e-11e6-a31b- 4b6397e625d0_story.html?utm_term=.828961f2e7c8.

321 «*Irán ha recibido un aviso* oficial»: Parker, Ashley, «Trump to Iran: Be Thankful for "Terrible" Nuclear Deal», *Washington Post*, 2 de febrero de 2017, https://www.washingtonpost.com/news/post-politics/wp/2017/02/02/trump-to-iran-be-thankful-for-terrible-nuclear-deal/? utm_term=.8c68545f04cc.

321 «*Irán está jugando con fuego»:* Tweet from Donald J. Trump, 3 de febrero de 2017, 3:28.

321 «inquietaba a las potencias occidentales»: Parker, Ashley, «Trump to Iran: Be Thankful for "Terrible" Nuclear Deal», *Washington Post*, 2 de febrero de 2017, https://www.washingtonpost.com/news/post-politics/wp/2017/02/02/trump-to-iran-be-thankful-for-terrible-nuclear-deal/? utm_term=.8c68545f04cc.

321 «al menos tres ciudadanos americanos estaban retenidos»: Rogin, Josh, «The U.N. General Assembly Gives Trump a Chance to Confront Iran on American Hostages», *Washington Post*, 18 de septiembre de 2017, https://www.washingtonpost.com/opinions/global-opinions/the-un-general-assembly-gives-trump-a-chance-to-confront-iran-on-american-hostages/2017/09/17/571e58 84-9a52-11e7-82e4-f1076f6d6152_story.html? utm_term=.2a1ca4033041.

321 «*El acuerdo nuclear con Irán fue controvertido*»: Pasha-Robinson, Lucy, «Theresa May Warns Donald Trump About "Iran's Malign Influence" During Speech to Republicans in Philadelphia», *Independent* (RU), 26 de enero de 2017, www.independent.co.uk/news/theresa-may-donald-trump-iran-malign-influence-philadelphia-republican-speech-a7548491.html.

322 «Después de la prueba de misiles balísticos»: Morello, Carol y Gearan, Anne, «Trump Administration Sanctions Iran Over Missile Test», *Washington Post*, 3 de febrero de 2017, https://www.washingtonpost.com/world/national-security/trump-administration-sanctions-iran-on-missile-test/2017/02/03/dfb-101ce-4107-409e-ab45-f49449e92c1f_story.html?utm_term=.dc32d5c48c32 y Cunningham, Eric, «Iran Calls New U.S. Sanctions a Violation of Nuclear Deal», *Washington Post*, 3 de agosto de 2017, https://www.washingtonpost.com/world/middle_east/iran-calls-new-us-sanctions-a-violation-of-nuclear-deal/2017/08/03/f22d9464-7218-11e7-8c17-533c52b2f014_story.html? utm_term=.234b3e17e8d3.

322 «Han violado muchos elementos diferentes de este trato»: Morello, Carol, «U.S. Extends Waivers on Iran Sanctions but Warns It's an Interim Move», *Washington Post*, 14 de septiembre de 2017, https://www.washingtonpost.com/world/national-security/us-extends-sanctions-against-iran-but-warns-its-an-interim-move/2017/09/14/1d4ba5ee-9953-11e7-b569-3360011663b4_story.html?utm_term=.50c1d20aaa10.

322 «Irán incumple claramente nuestras expectativas»: Wadhams, Nick, «Tillerson Says Iran "Clearly in Default" of Nuclear Deal's Terms», Bloomberg, 14 de septiembre de 2017, https://www.bloomberg.com/news/articles/2017-09-14/tillerson-says-iran-clearly-in-default-of-iran-deal-s-terms.

322 «*está cometiendo un grave error*»: Stanley-Becker, Isaac y Kirchner, Stephanie, «Angela Merkel Predicts Showdown with U.S. over Climate at G-20», *Washington Post*, 29 de junio de 2017, https://www.washingtonpost.com/world/angela-merkel-predicts-showdown-over-climate-at-g-20/2017/06/29/76bf6678-5a84-11e7-aa69-3964a7d55207_story.html?utm_term=.fbe49000547c.

323 «*Otros países están ahora a la cabeza*»: Entrevista del autor con John Kerry, 21 de noviembre de 2017.

323 «*Él prefirió renunciar*»: Morello, Carol, «Senior Diplomat in Beijing Resigns over Trump's Climate Change Decision», *Washington Post*, 5 de junio de 2017, https://www.washingtonpost.com/world/national-security/senior-diplomat-in-beijing-embassy-resigns-over-trumps-climate-change-decision/2017/06/05/3537ff8c-4a2e-11e7-a186-60c031eab644_story.html?utm_term=.c89251a58514.

323 «*vendrá de otra parte*»: Rank, David, «Why I Resigned From the Foreign Service after 27 Years», *Washington Post*, 23 de junio 2017, https://www.washingtonpost.com/opinions/why-i-resigned-from-the-foreign-service-after-27-years/2017/06/23/6abee224-55ff-11e7-ba90-   f5875b7d1876_story.html?utm_term=.b78438fb1b53.

323 «iba a endurecer»: Kunovic, Martina, «Five Things You Need to Know About

Trump's Cuba Policy-And Who It Will Hurt», *Washington Post*, 22 de junio de 2017, https://www.washingtonpost.com/news/monkey-cage/wp/2017/06/22/five-things-you-need-to-know-about-trumps-cuba-policy-and-who-it-will-hurt/?utm_term=.af14570d57d0.

324 «no fue informado del cambio de política hacia Cuba»: Entrevista del autor con un responsable del Departamento de Estado, 1 de junio de 2017.

324 «no voy a descartar una opción militar»: Fabian, Jordan y Greenwood, Max, «Trump Does Not Rule Out Military Action in Venezuela», *The Hill*, 11 de agosto de 2017, thehill.com/homenews/administration/346265-trump-does-not-rule-out-military-action-in-venezuela.

325 «Trump improvisó»: Glasser, Susan, «Trump National Security Team Blindsided by NATO Speech», *Politico*, 5 de junio de 2017, www.politico.com/magazine/story/2017/06/05/trump-nato-speech-national-security-team-215227.

325 *«fuego, furia y un poder»:* Vitali, Ali, «Trump Vows North Korea Threat Will Be Met With "Fire and Fury"», *NBC News*, 9 de agosto de 2017, http://www.nbcnews.com/politics/white-house/trump-vows-north-korea-could-be-met-fire-fury-n790896.

325 *«una lluvia de ruinas»:* Davos, Julie Hirschfeld, «Trump's Harsh Language on North Korea Has Little Precedent, Experts Say», *New York Times*, 8 de agosto de 2017, https://www.nytimes.com/2017/08/08/us/politics/trumps-harsh-language-on-north-korea-has-little-precedent-experts- say.html.

325 *«no fue planeado, fue espontáneo»:* Walcott, Josh, «Trump's "fire and fury" North Korea remark surprised aides: officials», *Reuters*, 9 de agosto de 2017, https://www.reuters.com/article/us-northkorea-missiles-usa-idUSKBN1A-P26D.

325 «están ahora plenamente posicionadas, bloqueadas y cargadas»: Berlinger, Joshua, *et al.*, «Tillerson dials back rhetoric after Trump's North Korea "fire and fury" threats», *CNN*, 9 de agosto de 2017, 7www.cnn.com/2017/08/09/politics/north-korea-donald-trump/index.html.

326 «se llevó una mano a la cara»: Selk, Avi, «John Kelly's Facepalm at Trump's U.N. Speech: Exasperation, Exhaustion or No Big Deal», *Washington Post*, 20 de septiembre de 2017, https://www.washingtonpost.com/news/the-fix/wp/2017/09/20/john-kellys-facepalm-at-trumps-u-n-speech-exasperation-exhaustion-or-no-big-deal/?utm_term=.c596752186c4.

326 *«no tendremos más remedio que destruir Corea del Norte»:* Trump, Donald, «Remarks by President Trump to the 72nd Session of the United Nations General Assembly», Naciones Unidas, Nueva York, 19 de septiembre de 2017.

326 *«Viejo lunático»:* Griffiths, James, «What is a "Dotard"?», CNN, 22 de septiembre de 2017, www.cnn.com/2017/09/22/asia/north-korea- dotard/index.html y «Full Text of Kim Jong-un's Response to President Trump», *New York Times*, 22 de septiembre de 2017, https://www.nytimes.com/2017/09/22/world/asia/kim-jong-un-trump.html?_r=0.

326 *«Hombrecillo misil»:* Tuit de Donald J. Trump, 23 de septiembre de 2017, 8:08 h.

326 *«completamente alineados»:* Entrevista del autor con Rex Tillerson, 4 de enero de 2018.

326 *«maravilloso secretario de Estado»:* Tuit de Donald J. Trump, 1 de octubre de 2017, 7:30 h.

327 «canciller Angela Merkel»: Brechenmacher, Victor, «Merkel takes swipe at Trump's fiery North Korea comments», *Politico*, 8 de agosto de 2017, www.politico.eu/article/merkel-takes-swipe-at-trumps-fiery-north-korea-comments/.

327 *«Yo estoy en contra de amenazas de este tipo»:* Thurau, Jens, «Chancellor Angela Merkel: "There is a Clear Disagreement with Trump on North Korea"», DW, 20 de septiembre de 2017, www.dw.com/en/chancellor-angela-merkel-there-is-a-clear-disagreement-with-trump-on-north-korea/a- 40608769.

327 «Corea del Norte hizo trampas»: Hill, Christopher R., *Outpost: A Diplomat at Work*, Nueva York: Simon & Schuster, 2015. Kindle.

328 «alejándose por completo»: Lippman, Thomas, «N. Korea-U.S. Nuclear Pact Threatened», Washington Post, 6 de julio de 1998, www.washingtonpost.com/wpsrv/inatl/longterm/korea/stories/nuke070698.htm y Ryan, Maria, «Why the US' 1994 Deal with North Korea Failed—and What Trump Can Learn From It», *The Conversation*, 19 de julio de 2017, theconversation.com/why-the-uss-1994-deal-with-north-korea-failed-and-what-trump-can-learn-from-it-80578.

328 «usar armas nucleares»: «Nuclear Posture Review», 8 de enero de 2002, web.stanford.edu/class/polisci211z/2.6/NPR2001leaked.pdf.

328 «condenas belicosas»: Ryan, Maria, «Why the US' 1994 Deal with North Korea Failed-and What Trump Can Learn From It», *The Conversation*, 19 de julio de 2017, theconversation.com/why-the-uss-1994-deal-with-north-korea-failed-and-what-trump-can-learn-from-it-80578.

328 *«estamos buscando algunos diplomáticos»:* Hill, Christopher R., *Outpost: A Diplomat at Work*, Nueva York: Simon & Schuster, 2015, p. 195. Kindle.

328 *«robots»:* Hill, Christopher R., *Outpost: A Diplomat at Work*, Nueva York: Simon & Schuster, 2015, p. 229. Kindle.

328 *«Holbrooke habría cancelado»:* Entrevista telefónica del autor con Christopher Hill, 12 de septiembre de 2017.

328 «Holbrooke se presentó»: Hill, Christopher R., *Outpost: A Diplomat at Work*, Nueva York: Simon & Schuster, 2015, pp. 215, 237, 253. Kindle.

328 *«Puede que nunca tengan otro igual»:* Hill, Christopher R., *Outpost: A Diplomat at Work*, Nueva York: Simon & Schuster, 2015, p. 225. Kindle.

329 «Estaban cortando en pedazos secciones de los gruesos tubos»: Hill, Christopher R., *Outpost: A Diplomat at Work*, Nueva York: Simon & Schuster, 2015, p. 229. Kindle.

329 *«repitiera el mismo error»: «Full Text of Abe's Address at U.N. General Assembly»*, Japan Times, 21 de septiembre de 2017, https://www.japantimes.co.jp/news/2017/09/21/national/politics-diplomacy/full-text-abes-address-u-n-general-assembly/#.Wchp18iGPIU.

329 *«Nunca se lo tomaron en serio»:* Entrevista telefónica del autor con Christopher Hill, 12 de septiembre de 2017.

329 *«no puedo hablar de eso»:* Entrevista del autor con Hillary Clinton, 20 de noviembre de 2017.

330 *«Si salimos»:* Entrevista del autor con Condoleezza Rice, 3 de agosto de 2017.

330 «parecer responsables sin comprometerse»: «China Says Six-Party Talks Resumption Not Easy, But in the Right Direction», Reuters, 6 de agosto de 2017, https://www.reuters.com/article/us-asean-philippines-china-northkorea-mi/china-says-six-party-talks-resumption-not-easy- but-in-the-right-direction-idUSKBN1AM089.

330 «reunirse personalmente con el líder de Corea del Norte, Kim Jong Un»: Gaouette, Nicole *et al.*, «US starts to prep for North Korea summit even as Pyongyang remains silent», CNN, 13 de marzo de 2018, https://www.cnn.com/2018/03/13/politics/trump-korea-summit-early-prep/index.html.

331 *«muy lejos de las negociaciones»:* Lauter, David, «Trump's risky, but bold ap-

proach to North Korea», *Los Angeles Times*, 9 de marzo de 2018, http://www.latimes.com/politics/la-pol-essential-politics-20180309-story.html.

331 «muchos en la jerarquía de la política exterior temían»: Lewis, Jeffrey, «Trump is walking into Kim Jong Un's Trap», *Washington Post*, 13 de marzo de 2018, https://www.washingtonpost.com/news/theworldpost/wp/2018/03/13/trump-north-korea/?utm_term=.4167c5ee8b24.

331 «El presidente Xi instó a Estados Unidos»: «President Xi meets U.S. Secretary of State», *Xinhua*, 19 de marzo de 2017, news.xinhuanet.com/english/2017-03/19/c_136140432.htm.

331 *«cooperación en beneficio mutuo»:* Brunnstrom, David, «Tillerson Affirms Importance of Constructive U.S.-China Ties», Reuters, 22 de febrero de 2017, https://www.reuters.com/article/us-usa-china-tillerson/tillerson-affirms-importance-of-constructive-u-s-china-ties-idUSKBN1602TL?il=0.

332 *«Barack Obama se negó a hacer»:* Beech, Hannah, «Rex Tillerson's Deferential Visit to China», *New Yorker*, 21 de marzo de 2017, www.newyorker.com/news/news-desk/rex-tillersons-deferential-visit-to-china; «Did America's Top Diplomat Inadvertently Offer China a New Great Power Relationship?», *Japan Times*, 21 de marzo de 2017, http://www.japantimes.co.jp/news/2017/03/21/asia-pacific/politics-diplomacy-asia-pacific/americas-top-diplomat-inadvertently-offer-china-new-great-power-relationship/.

332 *«Cree en el beneficio mutuo»:* Entrevista del autor con Brian Hook, 13 de diciembre de 2017.

333 «ver cómo un perro te rompe con ahínco el tapizado»: Entrevista del autor con un responsable anónimo del Departamento de Estado, 1 de junio de 2017.

333 «La tendencia es sorprendente»: Zhang, Junyi, «Order from Chaos: Chinese Foreign Assistance, Explained», *Order from Chaos* (blog de Brookings), 19 de julio de 2016, https://www.brookings.edu/blog/order-from-chaos/2016/07/19/chinese-foreign-assistance-explained/.

333 «10 mil millones de dólares al año»: Shambaugh, David, «China's Soft-Power Push», *Foreign Affairs*, julio/agosto de 2015, https://www.foreignaffairs.com/articles/china/2015-06-16/china-s-soft-power-push.

333 «Pekín está ganando influencia»: Lynch, Colum, «China Eyes Ending Western Grip on Top U.N. Jobs With Greater Control Over Blue Helmets», *Foreign Policy*, 2 de octubre de 2016, http://foreignpolicy.com/2016/10/02/china-eyes-ending-western-grip-on-top-u-n-jobs-with-greater-control-over-blue-helmets/.

334 «China está explorando un papel mediador»: Putz, Catherine, «Can China Help Mediate Between Afghanistan and Pakistan?», *Diplomat*, 13 de junio 2017, thediplomat.com/2017/06/can-china-help-mediate-between-afghanistan-and-pakistan/.

334 «La población sudanesa, sometida a brutalidades»: Johnson, Keith, «China's African Adventure», *Foreign Policy*, 24 de abril de 2014, foreignpolicy.com/2014/04/24/chinas-african-adventure/.

334 «influencia única para exigir la paz»: Farrow, Ronan, «China's Crude Conscience», *Wall Street Journal*, 10 de agosto de 2016, https://www.wsj.com/articles/SB115515906133031402.

334 «China intervino rápidamente»: Morimoto, Andy, «Should America Fear China's Alternative to the TP?», *Diplomat*, 17 de marzo de 2016, thediplomat.com/2016/03/should-america-fear-chinas-alternative-to-the-tp/.

334 «iniciativa una franja, una ruta»: Ayres, Alyssa, «Trump To Cut Foreign Aid Budgets, Opening South and Central Asia's Door to Chinese Influence», *Forbes*,

4 de mayo de 2017, https://www.forbes.com/sites/alyssaayres/2017/05/04/trump-to-cut-foreign-aid-budgets-opening-south-and-central-asias-door-to-chinese-influence/#77e273a75f50.

334 «Es una herida completamente autoinfligida»: Entrevista del autor con John Kerry, 21 de noviembre de 2017.

EPÍLOGO. *El recurso de primera instancia*

339 «dos maneras de solucionar una disputa militar»: Cicerón, *Sobre los deberes.*

340 *«reordenación de la diplomacia»:* Entrevista telefónica del autor con Ben Rhodes, 18 de agosto de 2017.

340 *«los gritos que atravesaban las paredes»:* Entrevista telefónica del autor con Jon Finer, 11 de septiembre de 2017.

341 «todo el hotel las había oído»: Lakshmana, Indira A. R., «If You Can't Do This Deal… Go Back to Tehran», *Politico Magazine,* 25 de septiembre de 2015, www.politico.com/magazine/story/2015/09/iran-deal-inside-story-213187?paginate=false.

341 «barritas de cereales»: Viser, Matt, «Twizzlers, String Cheese, and Mixed Nuts (in Larger Quantities) Fuel Iran Nuclear Negotiations», *Boston Globe,* 7 de julio de 2015, https://www.bostonglobe.com/news/world/2015/07/07/twizzlers-string-cheese-and-mixed-nuts-large-quantities-fuel-iran-nuclear-negotiators/zun8dliHFISaCV8yzrTVNO/story.html.

342 «gritó Zarif»: Gay, John Allen, «Why is Iran's Foreign Minister So Angry?», *National Interest,* 9 de julio de 2015, nationalinterest.org/blog/the-buzz/why-irans-foreign-minister-so-angry-13303.

342 «el diplomático por antonomasia»: Itkowitz, Colby, «Bill Burns, a "Diplomat's Diplomat" Retires», *Washington Post,* 11 de abril de 2014, https://www.washingtonpost.com/blogs/in-the-loop/wp/2014/04/11/bill-burns-a-diplomats-diplomat-retires/?utm_term=.4e10e71e949a.

342 *«el próximo Bill Burns»:* Entrevista del autor con John Kerry, 21 de noviembre de 2017.

343 *«abrió una nueva fase»:* Entrevista telefónica del autor con William Burns, 14 de septiembre de 2017.

343 «asfixiaron todos los sectores de la economía iraní»: Solomon, Jay, *The Iran Wars: Spy Games, Bank Battles, and the Secret Deals That Reshaped the Middle East,* Nueva York: Random House, 2016, loc. 2385-2386. Kindle.

343 «Omán»: Entrevista telefónica del autor con William Burns, 14 de septiembre de 2017.

344 *«podría haber una apertura»:* Entrevista telefónica del autor con William Burns, 14 de septiembre de 2017.

344 «parte de las negociaciones en Muscat»: Entrevista telefónica del autor con Jon Finer, 11 de septiembre de 2017.

344 «Los momentos más románticos de las negociaciones del acuerdo con Irán»: Fuller, Jaime, «The Most Romantic Moments of the Iran-Deal Negotiations», *New York,* 16 de julio de 2015, nymag.com/daily/intelligencer/2015/07/most-romantic-moments-of-the-iran-deal.html.

344 «programa de enriquecimiento muy muy limitado»: Entrevista del autor con Wendy Sherman, 13 de septiembre de 2017.

345 «cubo de Rubik»: Entrevista del autor con Wendy Sherman, 13 de septiembre de 2017.

345 «regalo de broma»: Lakshmana, Indira A. R., «If You Can't Do This Deal … Go

Back to Tehran», *Politico Magazine*, 25 de septiembre de 2015, www.politico. com/magazine/story/2015/09/iran-deal-inside-story-213187?paginate=false.

345 «Estaba bastante concentrada»: Entrevista del autor con Wendy Sherman, 13 de septiembre de 2017.

346 «la guerra es el fracaso de la diplomacia»: Kerry, John, «Iran Accord Address and Presser», Austria Center, Viena, Austria, 14 de julio de 2015, www.americanrhetoric.com/speeches/johnkerryiranaccord.htm.

346 «diera al traste con los primeros logros de la diplomacia secreta»: Lake, Eli, «Why Obama Let Iran's Green Revolution Fail», *Bloomberg View*, 25 de agosto de 2016, https://www.bloombergquint.com/opinion/2016/08/24/why-obama-let-iran-s-green-revolution-fail.

346 «Irán amenazó con»: Solomon, Jay, *The Iran Wars: Spy Games, Bank Battles, and the Secret Deals That Reshaped the Middle East*, Nueva York: Random House, 2016, loc. 219-225. Kindle.

347 «afirmaciones de que Irán había hecho trampas»: Gladstone, Rick, «Arms Control Experts Urge Trump to Honor Iran Nuclear Deal», *New York Times*, 13 de septiembre de 2017, https://www.nytimes.com/2017/09/13/world/middleeast/iran-nuclear-deal-trump.html.

347 «rompecabezas»: Haley, Nikki, «Nikki Haley Address on Iran and the JCPOA», American Enterprise Institute, 5 de septiembre de 2017.

347 «sin disparar un solo tiro»: Entrevista telefónica del autor con William Burns, 14 de septiembre de 2017.

347 «no íbamos a librarnos de tener una confrontación»: Entrevista del autor con John Kerry, 21 de noviembre de 2017.

347 «secretamente a la carrera de la bomba»: Entrevista telefónica del autor con Jon Finer, 11 de septiembre de 2017.

348 «siempre dejará que desear»: Entrevista telefónica del autor con William Burns, 14 de septiembre de 2017.

348 «Así es como se veían los complejos acuerdos negociados»: Hronesvoa, Jessie, «A Flawed Recipe for How to End a War and Build a State: 20 Years Since the Dayton Agreement», *London School of Economics and Political Science Blog*, 14 de diciembre de 2015, blogs.lse.ac.uk/europblog/2015/12/14/a-flawed-recipe-for-how-to-end-a-war-and-build-a-state-20-years-since-the-dayton-agreement/.

348 «Si abandonamos este acuerdo»: Entrevista telefónica del autor con Jon Finer, 11 de septiembre de 2017.

349 «Trump lo ha hecho al revés, con bravatas»: Entrevista del autor con John Kerry, 21 de noviembre de 2017.

350 «más de ochenta especialistas en control de armas»: Gladstone, Rick, «Arms Control Experts Urge Trump to Honor Iran Nuclear Deal», *New York Times*, 13 de septiembre de 2017, https://www.nytimes.com/2017/09/13/world/middleeast/iran-nuclear-deal-trump.html.

350 *«Había tanto que hacer»*: Entrevista del autor con Thomas Countryman, 22 de junio de 2017.

351 «Y eso me pareció confuso»: «Tom Countryman's Farewell: A Diplomat's Love Letter to America», *Diplopundit*, 2 de febrero de 2017, https://diplopundit.net/2017/02/02/tom-countrymans-farewell-a-diplomats-love-letter-to-america.

351 «embajadores legendarios»: «Tom Countryman's Farewell: A Diplomat's Love Letter to America», *Diplopundit*, 2 de febrero de 2017, https://diplopundit.net/2017/02/02/tom-countrymans-farewell-a-diplomats-love-letter-to-america.

351 «política exterior sin profesionales»: «Tom Countryman's Farewell: A Diplomat's Love Letter to America», *Diplopundit*, 2 de febrero de 2017, https://diplopundit.net/2017/02/02/tom-countrymans-farewell-a-diplomats-love-letter-to-america.

352 «Pekín llevará la batuta»: «Tom Countryman's Farewell: A Diplomat's Love Letter to America», *Diplopundit*, 2 de febrero de 2017, https://diplopundit.net/2017/02/02/tom-countrymans-farewell-a-diplomats-love-letter-to-america.

352 «¿Por qué íbamos a hacer eso?»: Entrevista del autor con Wendy Sherman, 13 de septiembre de 2017.

352 «debería ser la herramienta de primer recurso»: Entrevista telefónica del autor con William Burns, 14 de septiembre de 2017.

353 «El servicio público puede cambiar las cosas»: Holbrooke, Richard. *To End a War*. Nueva York: Random House, 2011, loc. 2930-2931. Kindle.

353 «¿Quién necesita embajadas?»: Entrevista telefónica del autor con William Burns, 14 de septiembre de 2017.

354 «no proliferación»: Entrevistas del autor con Brian Hook, 5 de julio de 2017 y 13 de diciembre de 2017.

ESTE LIBRO UTILIZA EL TIPO ALDUS, QUE TOMA SU NOMBRE
DEL VANGUARDISTA IMPRESOR DEL RENACIMIENTO
ITALIANO, ALDUS MANUTIUS. HERMANN ZAPF
DISEÑÓ EL TIPO ALDUS PARA LA IMPRENTA
STEMPEL EN 1954, COMO UNA RÉPLICA
MÁS LIGERA Y ELEGANTE DEL
POPULAR TIPO
PALATINO

GUERRA POR LA PAZ
SE ACABÓ DE IMPRIMIR
UN DÍA DE PRIMAVERA DE 2021,
EN LOS TALLERES GRÁFICOS DE EGEDSA
ROÍS DE CORELLA 12-16, NAVE 1
SABADELL (BARCELONA)